Geschichte 2

kurz & klar

von

Albrecht Sellen

Auer Verlag GmbH

Gedruckt auf umweltbewusst gefertigtem, chlorfrei gebleichtem
und alterungsbeständigem Papier.

5. Auflage. 2003
Nach der Neuregelung der deutschen Rechtschreibung
© by Auer Verlag GmbH, Donauwörth
Alle Rechte vorbehalten
Das Werk und seine Teile sind urheberrechtlich geschützt. Jede Nutzung in anderen als den gesetzlich zugelassenen Fällen bedarf der vorherigen schriftlichen Einwilligung des Verlages. Hinweis zu § 52 a UrhG: Weder das Werk noch seine Teile dürfen ohne eine solche Einwilligung eingescannt und in ein Netzwerk eingestellt werden. Dies gilt auch für Intranets von Schulen und sonstigen Bildungseinrichtungen.
Abbildungen: Karl Friedrich
Gesamtherstellung: Ludwig Auer GmbH, Donauwörth
ISBN 3-403-02512-8

Inhaltsverzeichnis

Die Französische Revolution

Überblick	6
Ursachen der Revolution	6
Beginn der Revolution	7
Verlauf der Revolution	8
Die Verfassungsrevolution	8
Revolutionskrieg und Republik	9
Sansculottenherrschaft und legaler Terror	10
Die Rückkehr zu den Anfängen	11
Zeittafel	12

Die Napoleonische Zeit

Überblick	13
Der Staatsstreich Napoleons	13
Die Innenpolitik	14
Die Außenpolitik	14
Auswirkungen auf das Reich	16
Die preußischen Reformen	17
Die Befreiungskriege	19
Zeittafel	20

Vom Wiener Kongress zur Märzrevolution

Überblick	21
Der Wiener Kongress	21
Die territorialen Veränderungen	22
Die deutsche Frage	22
Die Burschenschaften	24
Die Karlsbader Beschlüsse	24
Erhebungen in Europa	25
Lateinamerika und die Monroe-Doktrin	26
Die Julirevolution in Frankreich	26
Auswirkungen der Julirevolution	27
Deutschland nach der Julirevolution	28
Pauperismus und soziale Unruhen	28
Die Februarrevolution in Frankreich	29
Die Märzrevolution in Deutschland	30
Die Reaktionszeit	33
Krimkrieg und italienische Einigung	34
Zeittafel	36

Die industrielle Revolution

Überblick	37
Voraussetzungen der industriellen Revolution	37
Die Industrialisierung in Deutschland	39
Die soziale Frage	40
Die Arbeiterbewegung	41
Grundzüge des Marxismus	42
Sozialistengesetz und Sozialgesetze	43
Zeittafel	44

Der moderne Imperialismus

Überblick	45
Begriffsbestimmung	45
Territoriale Schwerpunkte	46
Afrika	46
China	47
Der Aufstieg Japans	49
Russischer Kontinentalimperialismus	50
Zeittafel	51

Das Deutsche Kaiserreich

Die Ära Bismarck

Überblick	52
Otto von Bismarck	52
Die Lückentheorie	53
Preußisch-Österreichischer Krieg	53
Der Norddeutsche Bund	55
Deutsch-Französischer Krieg	55
Die Reichsgründung	57
Die Reichsverfassung	58
Die Parteien im Reichstag	58
Liberale Parteien	58
Konservative Parteien	59
Zentrumspartei	59
Sozialistische Parteien	59
Der Kulturkampf	59
Sozialisten- und Sozialgesetze	60
Die Außenpolitik Bismarcks	60
Der »neue Kurs« Wilhelms II.	63
Zeittafel	64

Der Weg in den Weltkrieg

Überblick	65
Außenpolitik der wilhelminischen Zeit	65
Der Ausbruch des Ersten Weltkrieges	67
Der Verlauf des Ersten Weltkrieges	68
Bedeutung des Ersten Weltkrieges	70
Zeittafel	71

Die Russische Revolution

Überblick	72
Russland im 19. Jahrhundert	72
Die oppositionellen Kräfte	74
Die Revolution von 1905	75

Die Zeit zwischen den Revolutionen 76
Die Februarrevolution 1917 76
Die Oktoberrevolution 1917 77
Der russische Bürgerkrieg 79
Kriegskommunismus und NEP 80
Stalin 81
Stalins Wirtschaftspolitik 81
Die Verfassung von 1936 82
Zeittafel 84

Die Weimarer Republik

Überblick 85
Die Novemberrevolution 1918 85
    Die Endphase des Ersten Weltkrieges ... 85
    Parlamentarisierung der Verfassung 86
    Der Aufstand der Matrosen 86
    Der 9. November 1918 87
Die politischen Gruppierungen 87
Der Ebert-Groener-Pakt 88
Rätesystem oder parlamentarische
    Demokratie? 88
Spartakusaufstand 89
Die Weimarer Verfassung 90
Die Pariser Friedenskonferenzen 92
    Der Völkerbund 92
    Der Versailler Vertrag 93
    Die Neuordnung Ostmitteleuropas 94
Dolchstoßlegende und Kapp-Putsch 95
Republik ohne Republikaner 96
Die Inflation und das Krisenjahr 1923 97
Außenpolitische Erfolge 99
Die Weltwirtschaftskrise 101
Der Verfall der Republik 101
    Die Phase der Präsidialkabinette 102
    Ursachen für das Scheitern der Republik . 106
Zeittafel 107

Die Herrschaft des Nationalsozialismus

Überblick 108
Die nationalsozialistische Ideologie 108
Der Aufstieg der NSDAP 110
Der Weg in die Diktatur 110
Gleichschaltung im totalitären Staat 112
    Erziehung 112
    Arbeitswelt 113
    Kultur und Presse 113
Faschistische Bewegungen 114
Nationalsozialistische Wirtschaftspolitik 115
Die Verfolgung der Juden 117
Kirche und Nationalsozialismus 118
Nationalsozialistische Außenpolitik 119
Der Zweite Weltkrieg 123
Die »Endlösung« der Judenfrage 126
Widerstand im Dritten Reich 127
Zeittafel 130

Grundzüge der Weltgeschichte nach dem Zweiten Weltkrieg

Ost-West-Konflikt

Überblick 131
Die Anti-Hitler-Koalition 132
Friedensvorstellungen im Zweiten Weltkrieg .. 132
Die Konferenz von Jalta und die sowjetische
    Osteuropapolitik 132
Die Konferenz von Potsdam 134
Der Übergang zum Kalten Krieg 135
Die Verfestigung der Blöcke 136
Die Gründung der Volksrepublik China ... 136
Der Korea-Krieg 137
Ansätze zur Koexistenz 139
Krisen im Ostblock 139
Sowjetische Offensiven und Kubakrise 140
Der Vietnam-Krieg 141
Neue Ansätze einer Entspannungspolitik ... 143
Erneute Verhärtung 144
Die Ära Gorbatschow 145
    Perestroika und Glasnost 145
    Nationalitätenkonflikte 145
    Verfassungsänderungen 146
    Die neue Außenpolitik 147
Die Revolutionen in Osteuropa 147
Die Entwicklung in China 148
Die Krise der Perestroika 148
Der Zerfall der UdSSR 149
Die Neuordnung Russlands 149
Der jugoslawische Bürgerkrieg 151
Zeittafel 154

Der Nahost-Konflikt

Überblick 156
Krisenherd Nahost 156
Die zionistische Bewegung 157
Palästina bis zum Ausgang des Ersten
    Weltkriegs 157
Die Gründung des Staates Israel 158
Israels Kampf um die Unabhängigkeit 159
Jordanien 161
Der ägyptisch-israelische Ausgleich 161
Die Politik der PLO 162
Der Libanesische Bürgerkrieg 163
Islamischer Fundamentalismus 164
Iranische Revolution und Erster Golfkrieg ... 165
Der Zweite Golfkrieg 166
Der Friedensprozess in Nahost 167
Der 11. September 2001 168

Krieg gegen den Terror 169
Zeittafel 170

Nord-Süd-Konflikt

Überblick 171
Die Auflösung der Kolonialreiche 171
Merkmale der Entwicklungsländer 172
Ursachen des Entwicklungsrückstandes 173
Entwicklung der Nord-Süd-Beziehungen ... 174
Die ökologische Krise 176
Zeittafel 177

Deutsche Geschichte nach 1945

Überblick 178

Die Nachkriegszeit 1945–1949

Die »Stunde null« 179
Pläne zur Neuordnung Deutschlands 179
Die Entwicklung in der Sowjetischen
 Besatzungszone 181
Die Entwicklung in den Westzonen 182
Währungsreform und soziale Marktwirtschaft . 183
Die Berlin-Blockade 183
Überblick 1945–1949 184

Die Bundesrepublik Deutschland

Die Gründung der Bundesrepublik
 Deutschland 185
Die Verfassung der Bundesrepublik
 Deutschland 186

Westintegration und Wiederbewaffnung 187
Europäische Integration 188
Ost- und Deutschlandpolitik der Regierung
 Adenauer 189
Die innenpolitische Entwicklung unter
 Adenauer 192
Die Regierung Erhard 193
Die große Koalition 194
Die sozialliberale Koalition 195
Ost- und Deutschlandpolitik der
 sozialliberalen Koalition 197
Die Regierung Kohl 198

Die Deutsche Demokratische Republik

Die Gründung der DDR 199
Die Ära Ulbricht 199
   Der Ausbau der SED-Herrschaft 199
   Die Abschottung der DDR 201
Die Ära Honecker 202
Die Revolution in der DDR 1989/90 203

Die Wiedervereinigung Deutschlands 206

Deutschland nach der Wiedervereinigung ... 207
Die rot-grüne Koalition 210
Zeittafel 212

Register 214

Die Französische Revolution

Überblick

- Die Hauptursachen der Französischen Revolution liegen einerseits in dem immer anachronistischer werdenden System des Ancien régime mit seinen ökonomischen Schwierigkeiten, andererseits in der geistigen Bewegung der Aufklärung, die immer größere Bevölkerungskreise erfasst.
- Mit der Einberufung der Generalstände versucht Ludwig XVI. die längst überfällige *Reform* – der Schritt in die *Revolution* erfolgt am 17.6.1789, als sich die Abgeordneten des dritten Standes zur Nationalversammlung erklären.
- Der Verlauf »der« Französischen Revolution ist gekennzeichnet durch das Nacheinander und Ineinander verschiedener Revolutionen: Am Anfang (vor 1789) steht eine Adelsrevolte. Sie geht in einer Art Kettenreaktion über in die Revolutionen des Bürgertums (Verfassungsrevolution) und der städtischen Unterschichten (Sansculotten).
- Die Gefährdung der Revolution durch wirtschaftliche Probleme, militärische Bedrohung und gegenrevolutionäre Aufstände (Vendée) führt zur Diktatur des Wohlfahrtsausschusses und zur »legalen terreur«.
- Die Überspitzung des Terrors führt 1794 zum Putsch der Thermidorianer und zur Rückkehr zu den gemäßigten bürgerlichen Anfängen.
- Die weitere Geschichte Frankreichs und Europas – mit den Leitideen Nationalismus, Liberalismus, bald auch Sozialismus – hat in der Französischen Revolution gewissermaßen ihren Ausgangspunkt. Insofern lässt sich die Französische Revolution als Eröffnung der *Neuzeit* verstehen.
- Die Französische Revolution hat nicht nur in Frankreich den Absolutismus und das aus dem Mittelalter stammende Feudalsystem hinweggefegt, sondern das Gesicht Europas verändert. Die Prinzipien der Revolution – »Freiheit, Gleichheit, Brüderlichkeit« – haben ebenso wie die Idee der Nation ausgestrahlt auf die europäischen Nachbarn und – über deren Kolonien – auf die ganze Welt. Die Leitgedanken der Revolution, *Liberalismus* und *Nationalismus,* werden, trotz der nicht ausbleibenden Rückschläge, zu bestimmenden Faktoren des 19. und 20. Jahrhunderts.
- Das Bürgertum, im absolutistischen Staat ohne politische Rechte, erobert sich seinen Platz auf der politischen Bühne und löst die alte, von Adel und Klerus dominierte Ordnung ab: Mit der Französischen Revolution beginnt das *Bürgerliche Zeitalter.*
- Gleichzeitig gilt die »Große Revolution« der Franzosen als ein Modell, quasi als »Mutter der modernen Revolution«. Ursachen und Verlauf sind in gewisser Weise typisch und lassen sich, wenn man von konkreten zeitbedingten Faktoren absieht, auf viele spätere Revolutionen übertragen.

Ursachen der Revolution

Es lassen sich eine ganze Reihe von Ursachen nennen, die zum Teil weit in die Vergangenheit zurückreichen:

- die *katastrophale Finanzlage* Frankreichs, Ergebnis der verschwenderischen Hofhaltung und der zahlreichen Kriege der letzten Jahrzehnte
- die *Verkrustung* des absolutistischen Ständestaates, des *Ancien régime* (s. Bd. 1, Seite 149): Die Privilegierung der ersten beiden Stände (Klerus und Adel) bleibt erhalten, obwohl die sachlichen Voraussetzungen dafür nicht mehr vorhanden sind
- das Beharren der beiden ersten Stände auf ihrem *Vorrecht der Steuerfreiheit.* Sie wollen nicht nur die Beibehaltung ihrer Privilegien, sondern auch die Beschneidung der absolutistischen Macht. In letzterem Punkt decken sich ihre Interessen mit denen des Bürgertums
- die wirtschaftliche und kulturelle Potenz des Bürgertums, das der wesentliche Träger der wirtschaftlichen Entwicklung ist, dem aber in der alten Ständegesellschaft politische Mitsprache versagt ist. Gegen dieses aufstrebende Bürgertum kapselt sich der Adel immer mehr ab, je fragwürdiger seine eigene Position wird. Die Möglichkeit, als Bürger in den Adel aufzusteigen (Amtsadel), ist Ende des 18. Jahrhunderts nicht mehr gegeben. Damit ist aber eines der Ventile, durch das bisher die Unzufriedenheit des gehobenen Bürgertums entweichen konnte, verstopft
- die *Schwäche Ludwigs XVI.* Er unternimmt zwar mehrere Versuche, die notwendige Finanz- und Steuerreform durchzuführen, kapituliert aber im-

mer wieder vor »seinem« Adel. Er vermag weder seine absolutistische Macht auszuspielen, noch riskiert er ein Bündnis mit dem Bürgertum. Sein Handlungsspielraum wird zwischen diesen beiden Polen immer mehr aufgerieben.

- die *Bevölkerungsexplosion* im 18. Jahrhundert (um ca. 30 %) führt zur Verknappung von Arbeitsplätzen und zu einer *Proletarisierung* vor allem der Kleinbauern. Sie führt zugleich zu einer *Verschiebung der Alterspyramide:* 1789 sind nur mehr 24 % der Bevölkerung über 40 Jahre. Die jungen Leute bilden ein revolutionäres Potenzial.
- das rapide *Steigen der Preise* für Grundnahrungsmittel: Ein Arbeiter braucht fast seinen ganzen Lohn, um den Brotbedarf seiner Familie zu decken.
- der *soziale Gegensatz* zwischen Stadt und Land und innerhalb der Städte zwischen reichem Großbürgertum und verarmter Masse (»der Straße«)
- die Veränderung des geistigen Klimas und der Mentalität der Bevölkerung durch den breiten Einfluss der *Aufklärung* (s. Bd. 1, Seite 165), die mit ihren konkreten politischen Vorstellungen (Montesquieu, Sièyes u. a.) die revolutionäre Theorie liefert
- die *amerikanische Unabhängigkeitserklärung* und die Formulierung der Menschenrechte und des Rechtsstaatsprinzips von 1776 (»Virginian Bill of Rights«) (s. Bd. 1, Seite 170), die Vorbild und Ansporn werden

Beginn der Revolution

Schon unter dem Finanzminister *Turgot*[1] war das Programm der notwendigen Reform erarbeitet worden. Es sah die Beseitigung von Feudal- und Zunftrechten sowie eine allgemeine Grundsteuer, also die Aufhebung der bisherigen Steuerbefreiung der ersten beiden Stände, vor. Turgot scheitert jedoch am Widerstand des Adels, ebenso sein Nachfolger *Jacques Necker* (1783 entlassen, 1788 erneut berufen). Als die Probleme immer drückender werden, wendet sich Ludwig XVI. direkt an Adel und Klerus durch die

Einberufung der Notabelnversammlung[2]   1787.

Die Versammlung widersetzt sich dem Reformvorhaben jedoch, ebenso das dann einberufene

Pariser Parlament[3]   1788.

Diese *Adelsrevolte* ist ein wichtiger Auslöser für die Revolution. Denn jetzt muss der König dem allgemeinen Drängen nachgeben und, quasi als letztes Mittel, die

Generalstände   5.5.1789

einberufen, eine nach Ständen gegliederte, gewählte Vertretung des Volkes. Seit 1614 waren die Generalstände nicht mehr einberufen worden.

Die selbstbewussten Vertreter des dritten Standes sehen ihre Aufgabe in der Beseitigung der Missstände (Grundlage: über 40 000 Beschwerdebriefe), vor allem in der Finanz- und Steuerreform. Vorerst muss jedoch ein grundsätzliches Problem gelöst werden. Der 3. Stand verfügt zwar über ca. 600 Abgeordnete (1. und 2. Stand jeweils ca. 300), der Abstimmungsmodus nach Ständen (!) begünstigt jedoch die Privilegierten. Die Vertreter des 3. Standes – gestützt auf die Flugschrift des Abbé Sièyes: »Was ist der dritte Stand?« – fordern die Abstimmung nach Köpfen, das Majoritätsprinzip.

Ludwig XVI. lehnt die Forderung ab. Daraufhin erklären sich die Vertreter des 3. Standes, unterstützt von fortschrittlichen Mitgliedern der beiden ersten Stände, zur

Nationalversammlung   17.6.1789.

Mit diesem revolutionären Schritt beginnt im eigentlichen Sinne die Französische Revolution. Der König verwirft die Erklärung und fordert den 3. Stand zur Rückkehr in die alte Ordnung auf. Dieser weigert sich mit dem berühmten

Ballhausschwur   20.6.1789

des Grafen Mirabeau: Man werde nicht auseinander gehen, bis eine Verfassung ausgearbeitet sei. Nur der Gewalt der Bajonette werde man weichen. Ludwig XVI. muss nachgeben und die Nationalversammlung anerkennen (27.6.1789).

---

[1] Turgot (gest. 1781) ist Vertreter der sog. *physiokratischen* Wirtschaftstheorie (*physis* = Natur, *kratein* = herrschen), die im 18. Jahrhundert entsteht und sich gegen die staatliche Reglementierung durch den Merkantilismus (s. Bd. 1, Seite 149) wendet zugunsten des natürlichen Laufs der Wirtschaft (»laissez faire«). Die Physiokratie wird durch die Lehre Adam Smith' (s. Bd. 1, Seite 167) bald überholt.

[2] Versammlung herausragender (»notabilis«) Persönlichkeiten, die vom König ernannt werden und ihn beraten sollen. Seit 1626, weil im Widerspruch zum absolutistischen Prinzip, nicht mehr einberufen.

[3] Im Gegensatz zum modernen Begriff keine Repräsentativversammlung, sondern eine Adelsvertretung, deren Aufgabe die Überprüfung und Registrierung königlicher Erlasse war. Einen Einspruch des Parlaments konnte der König nur durch persönliche Anwesenheit überwinden (Lit de justice).

Verlauf der Revolution

Mit dem 17.6.1789 beginnt die sog. *Verfassungsrevolution*. Ihr Ziel ist nicht die Abschaffung des Königtums, aber die Beteiligung der Bürger an der Regierung, also eine konstitutionelle Monarchie. Sie orientiert sich vor allem an den Vorstellungen Montesquieus und dem Vorbild Englands. Ihr Träger ist das gehobene Bürgertum.

Daneben gibt es die *städtischen Unterschichten*, die wirtschaftliche Verbesserung anstreben und zur Idee der sozialen Gleichheit tendieren.

Drittens ist die *bäuerliche Bevölkerung* zu nennen. Ihr geht es um wirtschaftliche Verbesserung, vor allem um die Abschaffung der ungerechten und oft willkürlichen Feudallasten und Steuern.

Die Französische Revolution ist folglich keine einheitliche Bewegung, sondern ein kompliziertes Geflecht verschiedener revolutionärer Strömungen und Interessen. Sie beginnt als Verfassungsrevolution der bürgerlichen Eliten, wird dann mehr und mehr zu einer sozialen Revolution der Unterschichten, begleitet und beeinflusst von Bauernaufständen, ab 1792 auch vom Krieg, mündet in eine Terrorphase und kehrt ab 1794 schließlich zurück zu ihren bürgerlichen Anfängen. Am Ende steht die Militärdiktatur Napoleons.

Die Verfassungsrevolution

Am 17. Juni 1789 erklären sich die Abgeordneten des 3. Standes zur Nationalversammlung. Ihr Ziel ist die grundlegende Reform des Ancien régime. Grundlage dafür soll eine tragfähige Verfassung sein, die den Bürgern politische Mitsprache garantiert (ab 9.7.: »Verfassunggebende Nationalversammlung« bzw. »Konstituante«). Zwar hat der König nach einigem Zögern die Nationalversammlung akzeptiert; dennoch ist man nicht sicher, ob er sie wirklich will. Es gibt Gerüchte, der König lasse heimlich Truppen zusammenziehen, um seine alte Macht wiederherzustellen.

Diese Gerüchte, die wirtschaftliche Not der Pariser Bevölkerung (Lebensmittelknappheit, Arbeitslosigkeit) und schließlich die Meldung von der Entlassung des beim Volk beliebten Finanzministers *Necker* steigern die Erregung der Bevölkerung, die sich schließlich in einer spontanen Aktion bewaffnet und zum

Sturm auf die Bastille	14.7.1789

hinreißen lässt. Die Bastille, ein Bollwerk mitten in Paris, ist das Symbol der absolutistischen Willkürherrschaft. Ihre Eroberung durch die Pariser Bevölkerung gilt deshalb, obwohl politisch unbedeutend, bis heute als Beginn der »eigentlichen« Revolution: Der 14. Juli wird zum französischen Nationalfeiertag.

Auf dem Lande führen die Pariser Ereignisse zu Unruhen und Unsicherheit (»La Grande Peur«). Es kommt zu Aufständen und Erhebungen gegen die regionalen Feudalherren, gegen Adelige und Klöster. Unter dem Eindruck dieser *Bauernrevolution* erklären die Vertreter der beiden ersten Stände in der Nationalversammlung feierlich den Verzicht auf ihre Privilegien, also die

Abschaffung der Feudalität	4./5.8.1789.

Drei Wochen später proklamiert die Konstituante feierlich die

Menschen- und Bürgerrechte	26.8.1789,

die als programmatischer Vorspann (Präambel) der zukünftigen Verfassung vorangestellt werden sollen.

Die Anfangserfolge der Revolution, besonders die Erstürmung der Bastille, stärken das Selbstbewusstsein der unteren Bevölkerungsschichten, die nun konkrete Erfolge, vor allem eine bessere Versorgung mit Lebensmitteln einfordern. Um einen direkteren Einfluss auf die politischen Entscheidungen gewinnen zu können, werden König und Nationalversammlung durch den

Zug der Marktweiber nach Versailles 5./6.10.1789

gezwungen, nach Paris überzusiedeln. Dort stehen sie unter der direkten Kontrolle der »Straße«, der städtischen Unterschichten, die sich zunehmend politisieren und in sog. »Clubs« (z.B. Club des Feuillants, Club des Cordeliers, Jakobinerclub) ihr Sprachrohr finden. Die Vertreter dieser aktiven, vorwiegend aus dem Kleinbürgertum stammenden Gruppe nennen sich selbst die *Sansculotten*[1]. Sie sind gekennzeichnet durch

- einfache Arbeitskleidung, lange Hosen (siehe Anmerkung), rote phrygische Mütze (nach einem antiken Sklavenaufstand)
- militanten Republikanismus und Patriotismus
- ein starkes und aggressives Ressentiment gegen die Reichen; der Kapitalisierung stellen sie das eher rückwärts gewandte Ideal einer kleinbürgerlichen Lebensweise von Handwerkern und Ladenbesitzern gegenüber
- die Forderung nach niedrigen und festgesetzten Lebensmittelpreisen
- eine betont antiklerikale Einstellung; gewissermaßen als Ersatz pflegen sie einen Kult um die

---

[1] Als *culottes* werden die knielangen Hosen bezeichnet, die in der damaligen Kleiderordnung dem Adel und dem gehobenen Bürgertum vorbehalten sind. Die »Sans-Culottes« (= Ohne-Hosen) tragen dagegen lange Hosen.

»Revolutionsheiligen«, etwa den 1793 ermordeten *Jean-Paul Marat*
- eine betont plebejische Kultur im Gegensatz zu den aristokratischen verfeinerten und in ihren Augen dekadenten Sitten.

Die Institution der Monarchie bleibt in den beiden ersten Jahren der Revolution noch weitgehend unangefochten. Die einfachen Leute setzen noch Hoffnung in »ihren« König und auch die Mehrheit der Nationalversammlung strebt keineswegs die Abschaffung der Monarchie an, sondern nur ihre Kontrolle, ihre Bindung an eine Verfassung. Diese Einstellung ändert sich erst durch den

Fluchtversuch des Königs   21.6.1791,

der dessen geheime Verbindungen mit Österreich offenkundig macht (Ludwigs Gemahlin, Marie Antoinette, ist Österreicherin). Während die radikaleren Gruppierungen nun für die Absetzung Ludwigs XVI. und für die Einrichtung einer Republik eintreten, versucht die gemäßigte Richtung, ihre Idee der konstitutionellen Monarchie zu retten. Der Fluchtversuch des Königs wird als Entführung ausgegeben, eine republikanische Demonstration wird von der Bürgerwehr gewaltsam aufgelöst (17. Juli 1791: *Blutbad auf dem Marsfeld*), und Ludwig XVI. ist nun gezwungen, die von der Konstituante erarbeitete Verfassung zu akzeptieren. Die

erste Verfassung   3.9.1791

trägt deutlich den Stempel der bürgerlichen Eliten. Sie sieht ein *Zensuswahlrecht* vor, das die Bevölkerung in (wahlberechtigte) *Aktivbürger* und (nicht wahlberechtigte) *Passivbürger* unterteilt. Diese Manipulation zugunsten des Besitzbürgertums wird noch verstärkt durch die indirekte Wahl der Nationalversammlung und die Festlegung eines noch höheren Zensus für die Wahlmänner. Die Exekutive behält eine starke Stellung durch das Festhalten an der Erbmonarchie und das *Vetorecht des Königs*. Die Legislative wird von der Nationalversammlung (Gesetzgebende Versammlung) ausgeübt.

Bei dieser ersten Verfassung Frankreichs handelt es sich also um eine **konstitutionelle Monarchie.** Wesentliche liberale Forderungen der Aufklärung, wie Gewaltenteilung und Bindung des Königtums an eine Verfassung, sind in ihr erfüllt. Andererseits bieten das Vetorecht des Königs (»Monsieur Veto«) und besonders das Zensuswahlrecht viel Konfliktstoff, der vor dem Hintergrund der zunehmenden Politisierung der Unterschichten explosive Wirkung entfalten kann.

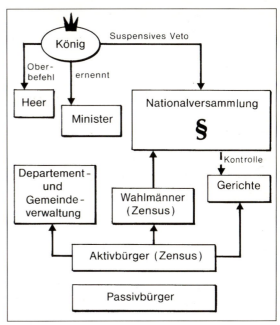

Die Verfassung von 1791

Revolutionskrieg und Republik

Der Anstoß dazu erfolgt von außen. Die auswärtigen Mächte, von absolutistischen Herrschern regiert, beobachten die Entwicklung in Frankreich mit Sorge. Sie fürchten ein Übergreifen der revolutionären Ideen auf ihre eigenen Länder. In der *Deklaration von Pillnitz (27. 8. 1791)* erklären sich der österreichische König, Kaiser des Heiligen Römischen Reiches deutscher Nation, und der König von Preußen solidarisch mit Ludwig XVI. und drohen indirekt mit einer militärischen Intervention.

Frankreich reagiert mit Empörung. In der Nationalversammlung gibt es heftige Debatten, ob man den Despoten im Namen der Freiheit den Krieg erkären solle oder nicht. Die Befürworter, die im Krieg auch eine willkommene Ablenkung von inneren Schwierigkeiten sehen, setzen die

Kriegserklärung Frankreichs[1]   20.4.1792

an Österreich durch. Auch Ludwig XVI. ist für den Krieg, freilich aus einem anderen Grund: Er setzt auf den Sieg der Österreicher und Preußen und erhofft sich die Rückkehr in seine alte Machtposition.

Der Krieg verläuft anfangs sehr zuungunsten Frankreichs. Die Feinde unter dem Oberbefehl des Herzogs von Braunschweig rücken siegreich gegen Paris vor. Als durch das *Manifest des Herzogs (25. 7. 1792;* Androhung der Zerstörung von Paris,

---

[1] In der Nacht vom 25. zum 26. April 1792 komponiert der Hauptmann Rouget de Lisle für die französische Rheinarmee ein Kriegslied, das später als „Marseillaise" berühmt wird (französische Nationalhymne).

falls dem König ein Haar gekrümmt werde) die heimliche Verbindung Ludwigs mit dem Feind deutlich wird, entlädt sich die Unzufriedenheit in der

Erstürmung der Tuilerien   10. 8. 1792

und der Verhaftung des Königs. Dieses Ereignis leitet die republikanische Phase ein und wird deshalb oft als *Zweite Revolution* bezeichnet.

Sie findet in einer militärisch äußerst kritischen Situation statt. Um gegen den äußeren Feind den Rücken frei zu haben, lässt der neue Justizminister *Danton* die

Septembermassaker   2.–6. 9. 1792

zu, die Ermordung der inhaftierten »Revolutionsfeinde«. Insgesamt werden mehrere Tausend Menschen brutal umgebracht.

Die Befreiung vom äußeren Druck bringt die

Kanonade von Valmy   20. 9. 1792,

die den Angriff der Alliierten stoppt. Die von der Ruhr geschwächten preußischen und österreichischen Truppen müssen sich zurückziehen. Einen Tag nach dem Sieg tritt in Paris die neue, nach allgemeinem Wahlrecht gewählte Volksversammlung – der *Nationalkonvent* – zusammen und proklamiert die

Republik   21. 9. 1792.

Mit dem 22. September 1792 beginnt das Jahr I des neuen Revolutionskalenders[1]. Im Konvent sind die Anhänger einer konstitutionellen Monarchie ausgeschaltet. Die politischen Pole werden nunmehr gebildet von den radikalen jakobinischen *Montagnards* (»Bergpartei«) und den gemäßigteren Republikanern (nach der Herkunft ihrer Abgeordneten *Girondisten* genannt). Dazwischen steht die breite Gruppe der Unentschiedenen: der »Sumpf« (le *Marais*) bzw. die »Ebene« (la *Plaine*).[2] In der Folgezeit gewinnen die Jakobiner, gestützt, aber zugleich auch getrieben durch die Sansculotten, im Konvent die Vormacht.

Sansculottenherrschaft und legaler Terror

Von Anfang an steht der Konvent unter dem Druck der Straße, d. h. der Sansculotten. Die dadurch geförderte Radikalität findet ihren ersten spektakulären Ausdruck in der

Hinrichtung Ludwigs XVI.   21. 1. 1793,

die vom Konvent nach heftiger Diskussion mit nur einer Stimme Mehrheit beschlossen wird. Die Hinrichtung eines Königs »von Gottes Gnaden« (eine Parallele bietet nur das Ende Karls I. von England, 1649, s. Bd. 1, Seite 144) ist ein unerhörtes Geschehen. Es löst gegenrevolutionäre Bewegungen aus, die die Republik an den Rand des Untergangs führen und sie im Kampf um ihre Existenz zur Mobilisierung aller Kräfte und zum Terror zwingen. So wird die Zeit vom Frühjahr 1793 bis zum Sommer 1794 zur blutigsten Phase der Revolution.

Die Gefahr kommt zum einen vom Ausland, das unter dem Eindruck der Hinrichtung Ludwigs erneut in die Offensive geht. Auch England tritt nun der antifranzösischen Koalition bei. Die Erfolge der Alliierten zwingen Frankreich zur totalen Mobilmachung, der

Levée en masse   August 1793,

die von *Lazare Carnot (1753–1823)* organisiert wird. Die neue Taktik ist gekennzeichnet durch

- die Aushebung von Massenheeren
- offensive Entscheidungsschlachten
- die Tirailleurtaktik[3]
- die Beförderung nach Tapferkeit und Leistung.

Die neue Taktik verändert die Kriegsführung. Anstelle der früheren Kabinettkriege tritt nun der *Volkskrieg* mit seinen Massenheeren und dem Ziel der Vernichtung des Gegners. Der neuen französischen Kriegsführung, getragen von revolutionärer und nationaler Motivation, sind die Gegner nicht gewachsen: 1795 tritt Preußen aus dem Krieg aus *(Sonderfrieden von Basel)*, 1796/97 siegt Frankreich – unter dem jungen General *Napoleon Bonaparte* – *über Österreich (Oktober 1797: Frieden von Campo Formio).*

Unbesiegt bleibt England, dessen übermächtiger Flotte Frankreich nichts entgegensetzen kann. Im Ägyptenfeldzug siegt Napoleon zwar zu Lande in der *Schlacht bei den Pyramiden (1798),* die Engländer unter Admiral *Nelson* schlagen jedoch Frankreich in der Seeschlacht bei *Abukir (1798).* Diese Konstellation – siegreiche Landkriege, aber Ohnmacht gegenüber Englands Seeherrschaft – prägt auch die weiteren Kriege der Napoleonischen Zeit (1799–1815).

Zum anderen wird die Republik von innen bedroht. In einzelnen Städten – Toulon, Lyon, Marseille –, vor allem aber in der Vendée (Westfrankreich, südlich der Loire) kommt es zu gegenrevolutionären Erhe-

---

[1] Jahresbeginn ist der 22. September; die Monatsnamen, die z. T. ja nach antiken »Tyrannen« (Juli, August) oder nach Gottheiten (Januar, März) benannt sind, werden geändert und bezeichnen jetzt Naturereignisse, z. B. Fructidor (Fruchtmonat), Thermidor (Hitzemonat), Brumaire (Nebelmonat) usw.

[2] Die Bezeichnungen beziehen sich auf die Sitzordnung, die im Konvent herrscht.

[3] Offene Schlachtordnung, die dem Einzelnen erlaubt, sich den Bedingungen des Geländes anzupassen; im Gegensatz zu den bis dahin üblichen geschlossenen Formationen.

bungen. In der Vendée verbünden sich die mit den jakobinischen Zwangsmaßnahmen (Requirierung von Lebensmitteln durch sansculottische Revolutionsarmeen, Zwangsrekrutierung von Soldaten) unzufriedenen Bauern mit Adel und Klerus zur *Grande armée royale et catholique* und erzielen zahlreiche Erfolge gegen die republikanischen Truppen (Eroberung von Fontenay, Saumur, Angers).

Erst im Dezember 1793/Januar 1794 wird der Aufstand niedergeschlagen. Zehntausende von Menschen werden grausam ermordet, die Vendée wird systematisch zerstört.

Krieg und Bürgerkrieg führen zu einer außerordentlichen Radikalisierung der Revolution. Die Pariser Sansculotten erzwingen in zwei Aufständen (31.5./2.6.1793 und 4./5.9.1793) die Verhaftung und Hinrichtung der gemäßigteren Konventsmitglieder (Girondisten) und die Erfüllung ihrer wirtschaftlichen Forderungen (Festlegung der Getreidepreise, Todesstrafe für Hamsterer und Wucherer u.a.). Die Sansculottenbewegung beherrscht in dieser Phase den Konvent.

In dieser Phase der äußeren Bedrohung und inneren Radikalisierung entwickeln *Danton* und *Robespierre* die Theorie der revolutionären Regierung: Die Revolution müsse sich durch Terror gegen ihre Feinde behaupten, um ihren Erfolg nicht aufs Spiel zu setzen (Danton: »Seid schrecklich, seid Volk!«). Nach Robespierre unterscheidet sich dieser *Terror* vom Despotismus, weil er sich auf die *Tugend* stützt.

Am 6. April 1793 wird der *Wohlfahrtsausschuss* eingerichtet, der in der Folgezeit immer mehr Macht auf sich vereinigt und schließlich eine »Diktatur des Schreckens« ausübt. »Verdächtige« können ohne rechtsstaatliche Formalitäten verurteilt und hingerichtet werden. Der Diktatur des Wohlfahrtsausschusses, in dem Robespierre zur allmächtigen Figur aufsteigt, gelingt es tatsächlich, der Bedrohungen von außen und innen Herr zu werden. Sie führt aber auch zur Selbstzerfleischung der maßgeblichen Revolutionäre (Hinrichtung von *Hébert, Desmoulins, Danton:* »Die Revolution frisst ihre Kinder«) und beschneidet den Einfluss der Sansculotten (Auflösung der sansculottischen Revolutionsarmeen, Hinrichtung der militanten Sansculottenführer um *Jacques Roux*).

Damit entzieht sie sich letztlich ihre eigene Basis. Es regt sich deshalb kein Widerstand, als nach beispielloser Schreckensherrschaft die verbliebenen gemäßigten Kräfte die

Verhaftung Robespierres 27.7.1794

wagen. Der allmächtige Robespierre, wie kein anderer Symbolfigur des Terrors, wird am 28. Juli hingerichtet.

Die Rückkehr zu den Anfängen

Nach dem Sturz Robespierres beginnt die Herrschaft der *Thermidorianer* (weil 27.7. = 9. Thermidor). Sie versuchen zu den gemäßigten, bürgerlichen Grundsätzen zurückzukehren:

- Rückkehr zur Religionsfreiheit
- Beschränkung des Wohlfahrtsausschusses auf Kriegsangelegenheiten
- Widerrufung der Ausnahmerechte der Revolutionsgerichte
- Schließung des Jakobinerclubs
- Rücknahme der von den Sansculotten erzwungenen Maximumgesetze, Rückkehr zum Wirtschaftsliberalismus

Die neue Verfassung *(Direktorialverfassung, 1795)* greift Elemente der Verfassung von 1791 auf und entwickelt ein System, um die Machtkonzentration in den Händen eines Einzelnen zu verhindern. Ihre Merkmale sind:

- Gewaltenteilung
- Zensuswahlrecht
- Wahl eines »Rates der 500« und eines »Ältestenrates« durch Wahlmänner
- Wahl eines Direktoriums (5 directeurs) als kollegiale Führungsspitze durch die beiden Räte

Die neue Ordnung wird aber sowohl von links wie von rechts bedroht:

Im Mai 1795 wird ein letzter Sansculottenaufstand niedergeschlagen, im Mai 1796 wird *Babeuf*[1], Gründer der Untergrundbewegung »Die Gleichen«, verhaftet.

Der *Gegenterror* vornehmlich junger Bürgersöhne (»jeunesse dorée«) richtet sich gegen Jakobinismus und Sansculottentum. Im Juni 1795 scheitert ein Landungsversuch von Emigranten; im Oktober 1795, erneut im Herbst 1797 und Sommer 1798 werden *royalistische Putschversuche* niedergeschlagen.

Um dem zunehmenden Gegendruck entgegenzuwirken, führen Direktoriumsmitglieder im September 1797 einen ersten Staatsstreich aus (sog. Triumvirat um Barras), am 9. November 1799 (= 18. Brumaire) einen zweiten: Napoleon Bonaparte, von seinem erfolglosen Ägyptenfeldzug zurückgekehrt, übernimmt als »Erster Konsul« praktisch die Alleinherrschaft und erklärt die Revolution für beendet.

---

[1] Babeufs Vorstellungen (Babouvismus) zielen auf radikale Verwirklichung der sozialen Gleichheit. Der Babouvismus gilt insofern als einer der Vorläufer des Kommunismus.

Zeittafel
Französische Revolution

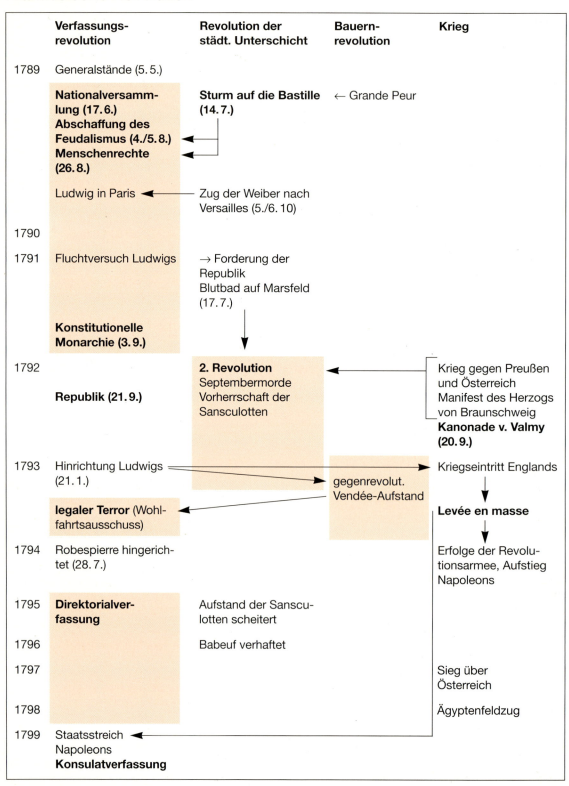

Die Napoleonische Zeit

Überblick

- Das nach den Revolutionswirren allgemein verbreitete Bedürfnis nach Ruhe und Ordnung bringt den durch militärische Erfolge berühmt gewordenen Napoleon Bonaparte an die Spitze des Staates.
- Vor allem durch den *Code civil* (1804) kann er das Bedürfnis nach Stabilität und Rechtssicherheit innenpolitisch befriedigen. Die außenpolitischen Erfolge sichern seine Herrschaft und ermöglichen sein plebiszitäres Kaisertum (ab 1804).
- Durch *Säkularisation und Mediatisierung* (1803) entstehen zwischen Österreich und Preußen starke Mittelstaaten, die sich 1806 im *Rheinbund* auf die Seite Frankreichs stellen. Damit endet das Heilige Römische Reich deutscher Nation.
- Es gelingt Napoleon jedoch nicht, die Seemacht England (Politik des europäischen Gleichgewichts) zu treffen. Der Versuch der *Kontinentalsperre* überspannt auf Dauer die französischen Kräfte.
- Die revolutionären Ideen des *Nationalismus* und *Liberalismus,* die durch die Siege der französischen Truppen in ganz Europa verbreitet werden, kehren sich allmählich gegen die napoleonische Fremdherrschaft um *(Preußische Reformen).*
- Das Desaster des *Russlandfeldzuges* und die sich anschließenden *Befreiungskriege* führen zum Sturz Napoleons.

Der Staatsstreich Napoleons

Napoleon Bonaparte, 1769 auf Korsika geboren, besucht die Militärschulen von Brienne und Paris und wird 1785 Artillerieleutnant. In den Kriegen und Bürgerkriegen der Revolution zeichnet er sich aus: Er schlägt 1793 im Auftrag des Konvents die Engländer zurück, die in der aufständischen Hafenstadt Toulon Fuß gefasst haben, und wird zum Brigadegeneral ernannt. Im Oktober 1795 schlägt er im Auftrag des Direktoriums den Royalistenaufstand in Paris nieder, 1797 unterstützt er Barras bei dessen Staatsstreich. Sein schneller und glänzender Sieg über Österreich (1796/97) stützt die stets gefährdete Herrschaft des Direktoriums und trägt Napoleon den Ruf eines Volkshelden ein, der selbst durch den Misserfolg des Ägyptenfeldzugs (1798/99) nicht geschmälert wird.

Dennoch wird die Herrschaft des Direktoriums immer unhaltbarer. Die Kritik an seiner Kriegspolitik (die eroberten »Schwester-Republiken« kosten viel Geld und binden Soldaten) wird lauter. Die Besetzung Roms und die Gefangennahme des Papstes (1798 Gründung der *Römischen Republik*) lassen die religiösen Konflikte in Frankreich wieder aufbrechen, wodurch wiederum die royalistische Opposition gestärkt wird. 1799 herrscht in Frankreich erneut Bürgerkrieg. Als einzige Macht, die einen Sieg der Royalisten verhindern und wesentliche Errungenschaften der Revolution retten könnte, bleibt die Armee – und das heißt: Napoleon.

Vorbereitet von *Sieyès*, dem Revolutionär der ersten Stunde (s. Seite 7), kommt es zum

Staatsstreich Napoleons
9.11.1799 (= 18. Brumaire)

und zur Errichtung der *Konsularverfassung*. Die Merkmale der neuen Verfassung, die sich in der Terminologie an die Verfassung der römischen Republik (s. Bd. 1, Seite 42) anlehnt, sind im Einzelnen:

- Napoleon als »Erster Konsul« ist oberster Befehlshaber, ernennt die Beamten und die 80 Senatsmitglieder und verfügt über die Gesetzesinitiative
- zwei weitere Konsuln haben beratende Funktion
- ein Staatsrat (Vorsitz: Napoleon) berät die Gesetze, ein Tribunat diskutiert sie, und ein Corps législatif stimmt ohne Diskussion über die Gesetzesvorschläge ab
- die Mitglieder von Tribunat und Corps législatif werden indirekt gewählt über vom Senat vorgeschlagene Notabeln

Trotz pseudodemokratischer Elemente handelt es sich praktisch um eine Alleinherrschaft, eine *Militärdiktatur* Napoleons. Napoleon lässt sich die autoritäre Konsularverfassung durch ein Plebiszit[1] absegnen. Die überwältigende Zustimmung erklärt sich aus

- der Sehnsucht nach Ruhe und Ordnung im Innern und einem siegreichen Frieden nach außen
- dem Wunsch nach effektivem Schutz der hauptsächlichen bürgerlichen Interessen (Rechtsgleichheit und Schutz des Eigentums)

---

[1] *Plebiszit* (lat. *plebis scitum*): Volksbeschluss, direkte Abstimmung durch die wahlberechtigte Bevölkerung.

- der Bereitschaft, nach all den Revolutionswirren ein autoritäres Regime zu akzeptieren, wenn es diese Wünsche erfüllen kann.

Da Napoleon genau diese Erwartungen erfüllt, zudem durch militärische und außenpolitische Erfolge dem Selbstbewusstsein der »Grande nation« schmeichelt, akzeptiert das Volk auch die weitere Karriere Napoleons, das *Konsulat auf Lebenszeit* (1802) und schließlich die

Kaiserkrönung   **1804.**

Die Innenpolitik

Napoleon bemüht sich, dem allgemeinen Bedürfnis nach Frieden und Ordnung entgegenzukommen. Seine Politik zielt auf Stabilisierung des Staates und Schaffung inneren Friedens. Drei Maßnahmen sind besonders hervorzuheben:

- der Ausgleich mit der katholischen Kirche im *Konkordat*[1] von 1801: Der Staat garantiert die Ausübung der katholischen Religion, besoldet die Geistlichen und ernennt die Bischöfe; die Kirche verzichtet auf die konfiszierten Kirchengüter und akzeptiert, dass jeder Geistliche zum Treueeid auf die Verfassung verpflichtet ist.

- die Schaffung einer einheitlichen Gesetzgebung im **Code civil**[2] bzw. Code Napoléon (1804). Der Code civil, ein in ganz Frankreich und für jeden Bürger gleichermaßen geltendes Recht, garantiert die Freiheit des Einzelnen, die Rechtsgleichheit (nur für die männliche Bevölkerung) und den Schutz des Eigentums. Mit der Einführung der Zivilehe wird der Einfluss der Kirche weiter zurückgedrängt. Der Code civil wird Vorbild für die bürgerliche Gesetzgebung in Europa.

- der Ausbau einer straff organisierten, zentralistischen Verwaltung mit von Napoleon persönlich ernannten Beamten. Frankreich wird in 89 Départements (Verwaltungsbezirke, Vorsteher: Präfekt) eingeteilt; diese werden weiter untergliedert in Arrondissements (Unterpräfekt) und Mairies (Gemeinden, Bürgermeister). Zu dieser Zentralisierung gehört auch der Ausbau eines staatlich kontrollierten Schulwesens mit vereinheitlichten Anforderungen und Lernstoffen, vor allem, um entsprechend geschulten Nachwuchs für Verwaltung, Justiz und Heer (Offiziere, Techniker) heranzuziehen.

Insgesamt gelingt es Napoleon, die dringend erwünschte Stabilität – sozial, wirtschaftlich und politisch – zum Nutzen des gehobenen Bürgertums herzustellen. Seine konsequenten Zentralisierungsmaßnahmen prägen Verwaltung und Schulwesen in Frankreich bis heute (z. B. Zentralabitur).

Die Außenpolitik

Hauptgegner Frankreichs ist England, das seit langem eine Politik des europäischen Gleichgewichts verfolgt (s. Bd. 1, Seite 155). England kann weder die französische Hegemonie auf dem Festland noch die wirtschaftlichen Nachteile akzeptieren, die ihm durch die französische Schutzzollpolitik erwachsen. England organisiert deshalb immer neue Bündnisse. Nach den vorläufigen Friedensschlüssen von *Lunéville* (1801, mit Österreich) und *Amiens* (1802, mit England) kommt es bald zur Wiederaufnahme der *Koalitionskriege.*

Obwohl Napoleon glänzende Siege zu Lande erzielt, kann er die Seemacht England nicht bezwingen. Typisch für diese Konstellation sind die Ereignisse des 3. und 4. Koalitionskrieges: Napoleon siegt in der

Dreikaiserschlacht bei Austerlitz
                                            Dezember 1805

gegen Österreich und Russland und besetzt Wien. Ein knappes Jahr später, nach dem Beitritt Preußens zur Koalition, schlägt er in der

Schlacht bei Jena und Auerstädt Oktober 1806

auch die preußische Armee und besetzt Berlin. Gegen die englische Flotte aber (unter Lord Nelson) muss er die schwere Niederlage in der

Seeschlacht bei Trafalgar   **Oktober 1805**

hinnehmen. Da eine militärische Lösung gegen England nicht möglich ist, versucht Napoleon mit der

Kontinentalsperre   **1806,**

England durch einen Wirtschaftskrieg zu treffen. Es gelingt ihm auch, Russland auf seine Seite zu ziehen. Im

Frieden von Tilsit   *1807,*

der auf Kosten Preußens geschlossen wird (Preußen verliert die Gebiete links der Elbe (ab 1807: Königreich Westfalen) sowie seine polnischen Erwerbungen (ab 1807: Großherzogtum Warschau)), schließt sich Russland der Kontinentalsperre an. Damit ist Frankreich unbestrittene Hegemonialmacht auf dem Festland; England aber bleibt unbesiegt.

---

[1] *Konkordat* (von lat. *concordare* = übereinstimmen): Vertrag zwischen einem Staat und dem Hl. Stuhl. Das Konkordat von 1801 hindert Napoleon freilich nicht, Papst Pius VII. 1809 im Zusammenhang mit der Durchsetzung der Kontinentalsperre gefangen zu setzen.

[2] *Code civil* (Kodex = Gesetzessammlung): Bürgerliches Gesetzbuch.

Die Napoleonische Zeit

Frankreich unter Napoleon

≡ Kaiserreich Frankreich und franz. besetzte Gebiete

▨ von Frankreich abhängige Staaten

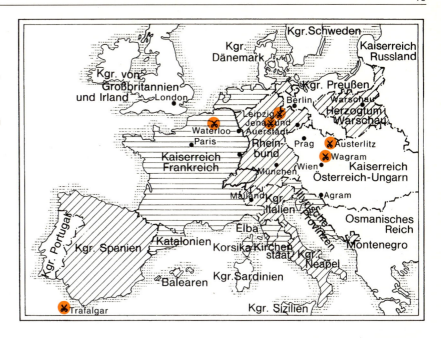

Um die Kontinentalsperre zu sichern, ist Frankreich gezwungen, in weiteren Ländern zu intervenieren, unter anderem in Spanien und Portugal, die von England unterstützt werden. Spanien verstrickt Frankreich in einen Guerilla-Krieg[1].

Überhaupt führt die französische Besatzungspolitik zu einer Stärkung des nationalen Bewusstseins in den betroffenen Ländern, die sich letztlich gegen Frankreich richtet. Unter dem Eindruck des spanischen Widerstandes kommt es zur

Erhebung Österreichs   1809

und dem *Tiroler Freiheitskampf* (sein Führer, *Andreas Hofer*, wird 1810 hingerichtet). Sie führen zur österreichischen Niederlage bei *Wagram* und zum *Frieden von Schönbrunn* (Oktober 1809), der Österreich erhebliche territoriale Verluste zufügt. Der Frieden wird 1810 durch die Hochzeit Napoleons mit der österreichischen Kaisertochter Marie-Louise besiegelt. 1811 wird Norddeutschland im Interesse der Kontinentalsperre annektiert.

Den Anstoß zur Wende der Ereignisse gibt Russland, das wegen wirtschaftlicher Schwierigkeiten 1811 aus der Kontinentalsperre austritt. Um die Wirtschaftsblockade gegen England aufrechterhalten zu können, ist Napoleon zur Intervention in Russland gezwungen. Der

Russlandfeldzug Napoleons   1812

endet trotz eines Aufgebots von ca. 700 000 Mann (der bis dahin größten Armee der Geschichte) und trotz des siegreichen Vordringens der Truppen in einem Desaster. Der Vormarsch bis Moskau und die Einnahme der Stadt nützen Napoleon nichts: Die Stadt ist leer und wird bei der Ankunft der Franzosen in Brand gesteckt. Durch den Versorgungsmangel gezwungen, muss die »Große Armee« den Rückzug im russischen Winter antreten und wird fast vollständig vernichtet (Nov. 1812: *Schlacht an der Beresina*).

Das Desaster des Russlandfeldzuges ist das Signal zur allgemeinen Erhebung gegen Napoleon, den so genannten *Befreiungskriegen* (s. Seite 19). In der

Völkerschlacht bei Leipzig   16.–19.10.1813

unterliegt Napoleon gegen die russisch-preußisch-österreichische Koalition, der 1814 die Einnahme von Paris gelingt. Napoleon wird nach Elba verbannt, die bourbonische Monarchie wiederhergestellt[2].

Im März 1815 kommt es zu einem Zwischenspiel, gewissermaßen dem retardierenden Moment im dramatischen Handlungsverlauf: Napoleon kehrt von Elba zurück, gewinnt die Truppen und errichtet die *Herrschaft der hundert Tage*. In der

---

[1] Guerilla (span. *guerra* = Krieg, *guerilla* = kleiner Krieg): ein Kleinkrieg, der nicht von regulären Truppen, sondern von Partisanengruppen geführt wird. Ziel ist die allmähliche Zermürbung des überlegenen Gegners.

[2] *Ludwig XVIII.* ist der Bruder des 1793 hingerichteten Ludwigs XVI. Er gibt sich die Ordnungszahl XVIII. mit Rücksicht auf den während der Revolution umgekommenen kleinen Sohn Ludwigs XVI., der der eigentliche Thronfolger gewesen wäre.

Schlacht bei Waterloo   Juni 1815

gegen *Blücher* und *Wellington* wird Napoleon endgültig besiegt und nun auf die kleine Atlantikinsel St. Helena verbannt. Dort ist er 1821 gestorben.

Auswirkungen auf das Reich

Der Frieden von Lunéville (1801) hat die *Abtretung des gesamten linken Rheinufers* an Frankreich festgelegt. Zugleich ist bestimmt worden, dass die deutschen Fürsten für ihre linksrheinischen Verluste *entschädigt* werden sollen.

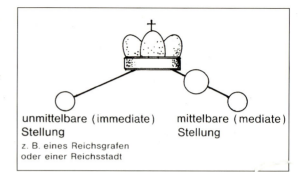

Im Herbst 1801 hat sich der neue russische Zar, Alexander I. (1801–1825), mit Frankreich geeinigt und dabei auch über die Neuordnung Deutschlands Konsens erzielt. Die betroffenen Fürsten (Preußen, Bayern, Württemberg, Baden u. a.) führen mittlerweile bereits Verhandlungen mit Frankreich. Österreich muss den Vereinbarungen zustimmen.

Die offizielle Regelung erfolgt im

Reichsdeputationshauptschluss[1]
Februar 1803

Er sieht folgende drei Punkte vor:
- *Säkularisaton:* »Verweltlichung«, d. h. Unterstellung kirchlicher Herrschaftsgebiete unter weltliche Fürsten. Die Auflösung der geistlichen Herrschaften, die ja ein Relikt des mittelalterlichen Feudalsystems sind, liegt ganz im Zuge der aufgeklärten Zeit und wird deshalb auch nach dem Ende der napoleonischen Herrschaft nicht rückgängig zu machen versucht. Zusätzlich zu dieser *Herrschaftssäkularisation* kommt es (in den einzelnen Ländern unterschiedlich) auch zu *Vermögenssäkularisationen,* d. h. zur Enteignung von Kirchengut.
- *Mediatisierung:* Aufhebung der Reichsunmittelbarkeit[2] der kleineren Reichsstände und fast aller Reichsstädte durch Unterstellung unter die Landeshoheit eines höheren Reichsstandes und Eingliederung seines Besitzes in dessen Territorium. Die Mediatisierung wurde bis 1806 auch auf die zahlreichen *Reichsritterschaften* ausgedehnt.
- *Flurbereinigung:* Durch Säkularisation und Mediatisierung wird die bisherige Zerstückelung des Reichs in Hunderte von kleinen und kleinsten Herrschaftsgebieten aufgehoben – zugunsten Preußens und der süddeutschen Mittelstaaten (Bayern, Baden, Württemberg u. a.), die jeweils ein Vielfaches ihres linksrheinischen Verlustes erhalten und ihr Herrschaftsgebiet arrondieren können. Im Süden entstehen so starke, territorial geschlossene Mittelstaaten.

Die Richtigkeit von Napoleons Politik, die auf eine bewusste Stärkung der Mittelstaaten zielt, zeigt sich im 3. Koalitionskrieg (ab 1805), in dem sich die süddeutschen Mittelstaaten auf die Seite Napoleons stellen und von diesem mit weiteren Mediatisierungen und *Rangerhöhungen* belohnt werden (Bayern und Württemberg werden Königreiche, Baden u. a. Großherzogtümer). Die Folge ist der

Rheinbund   1806.

16 Fürsten treten aus dem Reich aus, gründen unter französischem Protektorat den *Rheinbund* (später treten weitere Länder bei) und verpflichten sich gegenüber Napoleon zur Heeresfolge.

Der Rheinbund bedeutet eine Untergrabung der Reichseinheit. Deshalb legt Franz II.[3] die römische Kaiserkrone nieder. Die Abdankung Franz' II. ist das

Ende des Heiligen Römischen Reiches deutscher Nation[4]   6. August 1806.

---

[1] *Deputation* = Ausschuss; also der Hauptbeschluss eines Reichsausschusses, dem verschiedene Reichsfürsten angehören.

[2] Reichsunmittelbare Stände (Immediatstände) sind direkt dem Kaiser unterstellt, also unabhängig von einem Landesfürsten.

[3] Um eine Rangerniedrigung bei dem voraussehbaren Zusammenbruch des Röm. Reiches zu vermeiden (und auch als Antwort auf Napoleons Kaiserkrönung), hat sich Franz II. bereits 1804 als Franz I. zum Kaiser von Österreich ernannt.

[4] 800 hat der Frankenkönig Karl der Große das weströmische Kaisertum erneuert (translatio imperii) (s. Bd. 1, Seite 77). Nach Teilung des Frankenreiches lässt sich 962 der ostfränkische (deutsche) König Otto I. krönen (s. Bd. 1, Seite 85). Seitdem bleibt die *römische* Kaiserkrone an das deutsche Königtum gebunden (»deutscher Nation«), die Macht des Kaisers nimmt durch den Aufstieg der Partikulargewalten immer mehr ab. Das als anachronistisch empfundene Reich wird deshalb nach Napoleons Sturz auch nicht restauriert. – Ein *deutsches* Kaiserreich gibt es erst ab 1871.

Was Napoleon in seinen Plänen nicht einkalkuliert hat, ist die geistige Opposition, die sich allmählich formiert und sich im Bewusstsein ihrer nationalen Eigenart immer heftiger gegen die französische Fremdherrschaft richtet.

Diese *nationale Bewegung* hat sehr unterschiedliche Wurzeln. Schon in der Aufklärungszeit hat sich die deutsche Literatur, unter Berufung auf *Shakespeare*, vom Vorbild des französischen Dramas gelöst *(Lessing)*, eine Tendenz, die sich im *Sturm und Drang* fortsetzt (Goethe, Götz von Berlichingen; ders., Von deutscher Art und Kunst). *Schiller* gibt in seinen Dramen *Jungfrau von Orléans* (1801) und *Wilhelm Tell* (1804) Beispiele, wie sich ein Volk von fremder Unterdrückung befreit. Die Bewegung der *Romantik* entdeckt und glorifiziert die gemeinsame deutsche Vergangenheit und weckt durch ihre Sammlungen deutscher Volksliteratur (*Arnim/Brentano,* Des Knaben Wunderhorn, 1805/06; *Görres,* Deutsche Volksbücher, 1807) das Bewusstsein der nationalen Zusammengehörigkeit.

Durch Männer wie *Fichte* (Reden an die deutsche Nation, 1807/08), *Heinrich von Kleist* (Herrmannsschlacht, 1808), *Ernst Moritz Arndt, Theodor Körner* und andere erhalten die nationalen Bestrebungen eine deutlich antifranzösische Tendenz. – Ihnen allen gemeinsam, ermutigt auch durch das Beispiel Spaniens und den österreichischen Freiheitskampf (1809), wird das Ziel, die napoleonische Fremdherrschaft abzuschütteln. Napoleon wird so – ungewollt – der »Einiger des deutschen Volkes«.

Die preußischen Reformen

Preußen, das 1795 im Sonderfrieden von Basel aus der antifranzösischen Koalition ausgetreten ist, hat lange Zeit von der französischen Hegemonie eher profitiert und im Reichsdeputationshauptschluss (1803) seine Macht vergrößern können. 1806 aber lässt es sich zu einer überstürzten Kriegserklärung an Frankreich verleiten. Die Folge ist die vernichtende Niederlage der preußischen Armee bei *Jena und Auerstädt* (1806).

Nachdem Napoleon auch die Russen, den preußischen Bündnispartner, geschlagen hat, muss Preußen im Frieden von Tilsit (1807) gewaltige territoriale Verluste hinnehmen (s. Seite 15) und sinkt über Nacht zu einer drittklassigen Macht herab.

Die Niederlage hat die überlegene Macht der französischen Nationalarmee und des französischen Systems bewiesen. Wenn Preußen sich wieder erneuern und die alte Position zurückgewinnen will, ist es gezwungen, sein überlebtes System zu reformieren und die Neuerungen einzuführen, die Ursache der französischen Überlegenheit sind.

Damit sind der preußischen Reformbewegung die Ziele gesteckt: Es muss gelingen, die preußischen Untertanen für ihren Staat zu gewinnen und in ihnen dieselbe Motivation zu wecken, die auch die französichen Soldaten beseelt. Das ist aber nur möglich, wenn man die feudalen und absolutistischen Relikte abbaut und den Menschen die Freiheiten und Rechte zubilligt, die aus Untertanen Bürger machen – Bürger, die ein Interesse am Staat haben und sich dessen Sache zu ihrer eigenen machen, also national empfinden würden. Die im Volk schlummernden Kräfte, die der autoritäre Ständestaat nicht zur Entfaltung kommen ließ, müssen geweckt werden.

Die preußische Erneuerung sollte sich mit der nationalen Bewegung in Deutschland verbinden, zur Befreiung von Napoleon und schließlich zur Einigung Deutschlands führen.

Was in der kurzen Zeit von 1807 bis 1814 in Preußen geschieht, ist eine *Revolution von oben*. Die grundlegende Erneuerung wird als notwendig erkannt, diktiert vom Zeitgeist, doch die gewaltsame und blutige Umwälzung, wie sie im revolutionären Frankreich geschehen ist, soll auf jeden Fall vermieden werden. Die freiwillige Veränderung durch Einführung *»demokratischer Grundsätze in einer monarchischen Regierung«* (Hardenberg) soll der gewaltsamen vorbeugen.

Zur Durchführung des Reformwerks finden sich fähige und begabte Männer, allen voran der Feiherr *vom Stein*[1].

Die wichtigsten Maßnahmen der Reform sind:
- die *Bauernbefreiung* (1807): Aufhebung der Erbuntertänigkeit und Garantie der persönlichen Freiheit. Das *Regulierungsedikt* (1811) sieht die Ablösung der Frondienste durch Geldzahlung oder Landabgabe an den Gutsherren vor. Die Kehrseite dieser Maßnahme ist, dass sich auf diese Weise das Bauernland verkleinert, der Großgrundbesitz aber zunimmt. Viele Bauern geraten so in neue Abhängigkeit und sinken zu besitzlosen Landarbeitern herab.

---

[1] Reichsfreiherr Heinrich Friedrich Karl vom und zum Stein, geb. 1757, gest. 1831. Jurastudium in Göttingen, 1780 im preußischen Staatsdienst, 1804 Minister (Wirtschaft und Finanzen); entwickelt in der Nassauer Denkschrift (Juni 1807) sein Reformprogramm. Im Juli 1807 als leitender Minister berufen, organisiert er Bauernbefreiung, Städteordnung und Verwaltungsreform. Als ein Brief, in dem er Aufstandspläne gegen Napoleon entwickelt, in französische Hände fällt, wird Stein auf Druck Napoleons entlassen. Als Flüchtling lebt er in Prag und Brünn, ab 1812 ist er Berater des Zaren in Russland und beteiligt sich an den Befreiungskriegen. Nach dem Wiener Kongress zieht er sich ins Privatleben zurück.

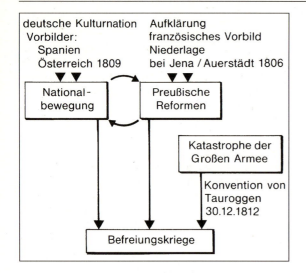

- *die Verwaltungsreform* (1808): Einrichtung von Fachministerien mit den Ressorts Inneres, Finanzen, Außenpolitik, Krieg und Justiz. Zentralisierung der Verwaltung durch Aufteilung des Staates in Provinzen (Oberpräsident), Regierungsbezirke (Präsident) und Kreise (Landrat).
- die *Städteordnung* (1808): Selbstverwaltung der Städte durch Wahl (Zensus) einer Stadtverordnetenversammlung, die ihrerseits den Magistrat der Stadt wählt.

Nach Steins Sturz führt *Karl August von Hardenberg*[1] die Reform fort:

- die *Aufhebung der Zünfte* (1811): Die Aufhebung des mittelalterlichen Zunftsystems (s. Bd. 1, Seite 104) und damit die Einführung der Gewerbefreiheit[2] fördert den freien Wettbewerb und die entsprechende Entfaltung wirtschaftlicher Kräfte, beseitigt aber auch die soziale Sicherung, die das Zunftwesen garantiert hat[3].
- die *Judenemanzipation* (1812): Anerkennung der Juden als gleichberechtigte Staatsbürger.
- die *Heeresreform* (1808–1814): Die Heeresreform ist verbunden mit den Namen *Scharnhorst, Gneisenau* und *Clausewitz.* Sie sieht folgende Neuerungen vor:

Abschaffung entehrender Strafen (Prügelstrafe, Spießrutenlauf), Öffnung der Offizierslaufbahn für Bürgerliche (Leistungsprinzip), Anpassung der Taktik an das französische Vorbild, Ausbildung einer militärischen Führungsschicht in der 1810 gegründeten Kriegsakademie.

Die Einführung der *allgemeinen Wehrpflicht,* die Armee und Nation miteinander verschmelzen soll, kann erst 1814 durchgeführt werden, weil Napoleons Friedensdiktat von 1807 die preußische Armee auf 42 000 Mann beschränkt hat. Diese Einschränkung ist durch das sog. *Krümpersystem* unterlaufen worden: Im Krümpersystem konnten durch kurze Ausbildungszeiten und raschen Wechsel der Rekruten eine größere Zahl Soldaten ausgebildet werden, als die napoleonischen Einschränkungen vorsahen.

- die *Bildungsreform* (1809/10) soll die geistigen Voraussetzungen für die Erneuerung Preußens schaffen. Sie ist vor allem das Werk *Wilhelm von Humboldts*[4].

In den Volksschulen wird der Drill durch eine Erziehung ersetzt, die eine natürliche Entfaltung der kindlichen Fähigkeiten anstrebt (nach den Vorstellungen des Schweizer Pädagogen *Joh. Heinrich Pestalozzi,* 1746–1827).

In den Gymnasien soll das Studium der klassischen Sprachen den Schülern zur Persönlichkeitsentwicklung, zu Bildung und Verantwortungsgefühl verhelfen (humanistisches Gymnasium[5]).

1810 gründet Humboldt die Berliner Universität (Freiheit von Lehre und Forschung), an die berühmte und auch national denkende Wissenschaftler (wie z. B. *Fichte*) berufen werden.

Die preußischen Reformen haben in kurzer Zeit wesentliche Voraussetzungen für die Modernisierung Preußens geschaffen und den Wiederaufstieg Preußens, v. a. wirtschaftlich und militärisch, ermöglicht.

---

[1] Hardenberg, geb. 1750, gest. 1822; Jurastudium, danach im hannoverschen Staatsdienst; 1791 preußischer Kriegsminister, 1804 Außenminister; auf Druck Napoleons 1807 entlassen; von 1810 bis 1822 Staatskanzler.

[2] Mit Einschränkungen in einigen Berufen.

[3] Eine wirkungsvolle soziale Sicherung wird erst mit Bismarcks Sozialgesetzgebung erreicht (s. Seite 43).

[4] Geb. 1767, gest. 1835; Jura- und Philosophiestudium, 1794 Privatgelehrter in Jena, Freundschaft mit Schiller und Goethe; Bildungsreisen; 1801–1808 Gesandter beim Vatikan, 1809 Kultusminister in Preußen, ab 1810 Gesandter in Wien, vertritt mit Hardenberg Preußen auf dem Wiener Kongress. Sein Widerstand gegen die Karlsbader Beschlüsse (s. Seite 25) führt 1819 zu seiner Entlassung.

[5] Kultur- und geistesgeschichtlich handelt es sich ja um die Epoche der *Klassik* (wegen ihrer überragenden Vertreter *Goethe* und *Schiller* auch »Weimarer Klassik«), die ihr Ideal in der Antike, vor allem in griechischer Kunst und Philosophie, sieht.

Unter dem Einfluss der Restauration (s. Seite 21) kommt aber eine Verfassungsreform nicht zustande. Dieses Problem wird erst 1848 wieder aufgegriffen, diesmal als Revolution von unten (s. Seite 33).

Die Befreiungskriege

Napoleons Russlandfeldzug von 1812 leitet die Wende in der europäischen Geschichte ein. Trotz der gewachsenen nationalen Opposition ist Frankreichs Vorherrschaft ungebrochen, und es ist bezeichnend, dass rund ein Drittel der »Großen Armee« aus Soldaten des Rheinbunds, Österreichs und Preußens besteht – während gleichzeitig in Petersburg eine Gruppe national gesinnter Emigranten um *Stein, Clausewitz* und *Arndt* die Sache des Zaren unterstützt.

Der erzwungene Rückzug und die Aufreibung der Großen Armee in der Schlacht an der *Beresina* (25. bis 28. November 1812) werden zum Fanal für die antinapoleonische Erhebung. Am 30. Dezember 1812 trifft der Befehlshaber des preußischen Hilfskorps, *Hans David Ludwig von Yorck,* eigenmächtig eine Vereinbarung mit den von *Clausewitz* beratenen Russen: Diese *Konvention von Tauroggen* (Neutralisierung der preußischen Truppen) ist der Beginn des Befreiungskrieges. Er entspricht der Stimmung der Bevölkerung und Friedrich Wilhelm III. muss sich, anfangs zögernd, beugen. Im *Vertrag von Kalisch* (28.2.1813) verbündet er sich mit Russland und erklärt Frankreich den Krieg (März 1813: »An mein Volk«).

Die **Völkerschlacht bei Leipzig** (Okt. 1813) besiegelt das Ende der napoleonischen Herrschaft. Österreich, dessen Außenpolitik seit 1809 von *Metternich* (s. Seite 21) geleitet wird, sieht als Vielvölkerstaat den nationalen Charakter des Krieges mit Bedenken und schließt sich erst am 11. August 1813 der antifranzösischen Koalition an, nachdem es mit Preußen und England die Wiederherstellung des europäischen Gleichgewichts als primäres Kriegsziel vereinbart hat. – Bereits in diesen Vereinbarungen werden die nationalen und liberalen Ziele der Volkserhebung gegen Napoleon verraten. Der *Wiener Kongress* (s. Seite 21f.) wird dies festschreiben. Der hoffnungsbesetzte Name »Befreiungskriege« erhält von daher einen schalen Beigeschmack.

Zeittafel
Napoleonische Zeit

1789		**Französische Revolution**
1792–1797	1. Koalitionskrieg	
1793	Beginn der militär. Karriere Napoleons (* 1769)	
1796/97	Sieg über Österreich	
1798/99	Ägyptenfeldzug	
9. 11. 1799	**Staatsstreich Napoleons**	
	(18. Brumaire)	
1799–1802	2. Koalitionskrieg	**Konsulats-verfassung**
1801	Konkordat	
	Frieden von Lunéville	
1802	Frieden vom Amiens	
1803	Reichsdeputationshauptschluss: territoriale Neuordnung im Hl. Röm. Reich deutscher Nation	
1804	**Kaiserkrönung Napoleons**	
	Code Civil (Code Napoléon)	
1805	3. Koalitionskrieg	
	Dreikaiserschlacht bei **Austerlitz**	
	Seeschlacht bei **Trafalgar**	
1806	**Rheinbund**	
	Ende des Hl. Röm. Reiches	
1806/1807	4. Koalitionskrieg	**Kaiserzeit (Empire)**
	Schlacht bei Jena u. Auerstädt	
	Kontinentalsperre	
1807	**Frieden von Tilsit**	
1807 ff.	**Preußische Reformen**	
1809	5. Koalitionskrieg	
	Guerillakrieg in Spanien	
	Erhebung Österreichs	
1810	Ehe Napoleons mit Marie-Louise von Österreich	
1811	Besetzung Norddeutschlands	
1812	**Russlandfeldzug**	**Befreiungs-kriege**
	→ Konvention von Tauroggen	
1813	Völkerschlacht bei **Leipzig**	
1814	Verbannung Napoleons (Elba)	
1815	Herrschaft der 100 Tage	
	Schlacht bei **Waterloo**	
	Verbannung Napoleons (St. Helena)	

Vom Wiener Kongress zur Märzrevolution

Überblick

- Die Restauration steht unter den Leitmotiven »Restauration«, »Legitimität« und »Solidarität« (der Herrscher),
- ist geprägt durch den österreichischen Ministerpräsidenten Metternich (System Metternich),
- ist ein letzter gemeinsamer Versuch der alten Mächte, die im Bürgertum vorherrschenden Gedanken des Liberalismus und Nationalismus zu ersticken (Heilige Allianz, Karlsbader Beschlüsse),
- zeigt bereits, vor allem in Frankreich, das Erstarken demokratischer und sozialistischer Ideen (Februarrevolution 1848). Das Bürgertum neigt aus Angst vor Radikalisierung zur Unterdrückung dieser Bewegungen;
- ist trotz der Unterdrückungsmaßnahmen durch eine Vielzahl nationalstaatlicher Erhebungen gekennzeichnet. Als neues Staatsgebilde entsteht 1830/31 das Königreich Belgien;
- kann auch die Unabhängigkeitsbewegung der spanischen Kolonien nicht verhindern. Die »neue Welt« löst sich von der »alten Welt« (Monroe-Doktrin);
- wird durch die 48er-Revolution beendet. Deren Scheitern führt in Deutschland vielfach zur Resignation des Bürgertums. Der politische Verzicht wird durch Konzentration auf den wirtschaftlichen Bereich kompensiert: Ab ca. 1850 beginnt in Deutschland die massive Industrialisierung.

Der Wiener Kongress

Vom Oktober 1814 bis Juni 1815 sind in Wien Monarchen und Minister in glanzvollem Rahmen (»Der Kongress tanzt«) versammelt, um nach über 20 Jahren Krieg einen dauerhaften europäischen Frieden zu begründen. Es ist der dritte große Friedenskongress der Neuzeit[1], dessen Regelungen im Großen und Ganzen bis 1914 Bestand haben sollen.

Der führende Kopf des Kongresses ist Fürst **Metternich**[2]. Neben ihm sind bestimmend Zar *Alexander* und sein Außenminister, Graf *Nesselrode,* der englische Außenminister *Castlereagh,* als Vertreter Preußens *Hardenberg* und *Humboldt,* und nicht zuletzt der französische Außenminister *Talleyrand,* der es versteht, die Rivalitäten der Siegermächte auszunutzen und so Frankreichs Großmachtstellung zu wahren.

Die Leitgedanken, die im Einzelnen die Beschlüsse des Kongresses bestimmen, sind *Restauration, Legitimität und Solidarität.*

- **Restauration** meint die Wiederherstellung der alten, vorrevolutionären Zustände sowohl in territorialer wie in politischer Hinsicht. Die Revolution und ihre napoleonische Fortführung werden gewissermaßen als historischer Unglücksfall, der vorrevolutionäre Zustand als Normalfall gedeutet. Praktisch bedeutet das: Frankreich wird wieder auf die Grenzen von 1792 beschränkt, die neu geschaffenen napoleonischen Staatsgebilde (z. B. die Königreiche Westfalen, Italien usw.) werden aufgelöst. – Eine vollständige Restauration aber findet nicht statt: Die Säkularisierungen und Mediatisierungen von 1803/1806 (s. Seite 16) werden nicht rückgängig gemacht.

- **Legitimität** (Gesetzmäßigkeit) meint die Wiedereinsetzung der alten Dynastien. Napoleon wird als *Usurpator*[3] angesehen, der die legitimen und gottgegebenen Herrschaftsverhältnisse in Europa revolutioniert habe. Das bedeutet Rückkehr der alten Herrscher, Ludwigs XVIII. in Frankreich, Ferdinands VII. in Spanien usw. Die Idee der *Volkssouveränität,* auf die sich die Revolution

---

[1] Nach dem Westfälischen Frieden 1648 (s. Bd. 1, Seite 142) und dem Frieden von Utrecht 1713 (s. Bd. 1, Seite 155).

[2] *1773, †1859; Jurastudium; 1795 Vermählung mit der Enkelin des österr. Staatsministers Kaunitz; österr. Gesandter in Dresden (1801), Berlin (1803) und Paris (1806), ab 1809 Außenminister; vermittelt 1810 die Ehe zwischen Marie-Louise von Österreich und Napoleon; nach Teilnahme Österreichs am Russlandfeldzug erst im Juni 1813 Beitritt zur antifranzösischen Koalition; 1814/15 treibende Kraft des Wiener Kongresses, bleibt er in der Restaurationsepoche die bestimmende Figur der europäischen Politik, sodass die Zeit von 1815 bis 1848 auch als *Ära Metternich* bezeichnet wird; 1848 durch die Revolution zur Flucht nach London gezwungen; 1851 Rückkehr nach Wien.

[3] Etwas usurpieren (lat. *usurpare*): widerrechtlich in Besitz nehmen.

und selbst Napoleon (Plebiszite) berufen, wird verworfen. Sie führe, da abhängig von der Launenhaftigkeit der Menschen, in der Praxis zu Willkür und Chaos. Nur die Souveränität eines Fürsten, der nichts und niemandem unterworfen sei als Gott und dem göttlichen (d. h. natürlichen) Gesetz, garantiere Ruhe, Ordnung und Gerechtigkeit. Diese Restaurationstheorie findet sich bei dem Staatsrechtslehrer *Carl Ludwig von Haller.* Der Titel seines Hauptwerkes hat der Epoche den Namen gegeben: »Restauration der Staatswissenschaft oder Theorie des natürlich-geselligen Zustandes, der Chimäre[1] des künstlich-bürgerlichen entgegengesetzt« (1816).

- **Solidarität** meint das gemeinsame Interesse der alten Mächte an der Bewahrung ihrer wiedergewonnenen Position, an deren Absicherung gegen alle oppositionellen und revolutionären Kräfte. Sie findet ihre eindrücklichste Verwirklichung in der so genannten *Heiligen Allianz* zwischen Russland, Österreich und Preußen (26. September 1815). Im Geiste wahrer »Brüderlichkeit«, als »Glieder der einen christlichen Nation«, deren verschiedene Zweige sie als »Familienväter« regierten, geloben sie sich gegenseitige »Hilfe und Beistand« – zur Stabilisierung ihrer Herrschaft und Unterdrückung liberaler Opposition. Alle europäischen Mächte (außer England und dem Kirchenstaat) treten der Allianz bei.

Die genannten drei Leitprinzipien des Kongresses verschleiern durch ihre positive Semantik ihren tatsächlichen, reaktionären Charakter und sprechen der liberalen und nationalen Bewegung Hohn: Nationale Erwägungen spielen in den Beschlüssen keine Rolle; die Legitimität, die nach liberal-aufgeklärter Auffassung nur einer Volksvertretung zukommen kann, wird einfach auf den absoluten Herrscher übertragen; das Ideal der Solidarität und »Brüderlichkeit« (Leitbild der französischen Revolution) wird für die Komplizenschaft der Herrschenden in Anspruch genommen. – Die Enttäuschung und der Zorn über diese reaktionäre Wende sind entsprechend groß.

Die territorialen Veränderungen

Schwierige Verhandlungen werden hinsichtlich der territorialen und damit auch machtpolitischen Fragen geführt. Zar Alexander, der sich als Befreier Europas ansieht, will als Dankgeschenk Polen. Preußen, nächst Russland die im Befreiungskrieg engagierteste Macht, spekuliert auf Sachsen, das auf französischer Seite gekämpft, anders als die übrigen Rheinbundstaaten aber nicht rechtzeitig den Seitenwechsel zu den Siegern geschafft hat.

Gegen solche Ansprüche stellen sich aber Österreich und England, die eine Verschiebung des Kräfteverhältnisses zugunsten einer Macht unbedingt verhindern und ein solides *Gleichgewicht der Mächte* herstellen wollen. Diese Absicht kommt auch Frankreich zugute, das im Sinne des Gleichgewichts als Großmacht erhalten bleiben muss. Frankreichs Außenminister Talleyrand stellt sich in dieser Frage auf die Seite Metternichs und Castlereaghs.

Das Ergebnis ist schließlich ein Kompromiss:

- *Preußen* erhält nur einen Teil Sachsens, das im Übrigen wiederhergestellt wird. Als Entschädigung erhält Preußen Gebiete im Rheinland und in Westfalen.
- *Russland* bekommt nur einen Teil Polens, das sog. *Kongresspolen,* in Personalunion.
- *England* behält Malta, Ceylon, die Kapkolonie und Helgoland und bekommt in Personalunion das neu gegründete Königreich Hannover.
- *Frankreich* bleibt im Besitzstand von 1792, muss aber die Saar (an Preußen) und Landau (an Bayern) abtreten.
- *Österreich* rundet sein Gebiet im Osten (Galizien), Süden (Dalmatien, Triest, Norditalien) und Westen (Tirol, Salzburg) ab und tritt dafür Vorderösterreich und die habsburgischen Niederlande ab.

Alles in allem bedeuten diese Regelungen die erneute Durchsetzung des europäischen Gleichgewichts, der *Pentarchie*[2]. Die führende Kontinentalmacht ist nun aber nicht mehr Frankreich, sondern Russland. England baut seine Seemacht weiter aus. Österreich arrondiert sein Territorium im Süden und Osten, wächst dadurch aber aus Deutschland heraus, während Preußen durch die von seinem Kernland getrennten Gebiete im Rheinland »in Deutschland hineinwächst« und die »Wacht am Rhein« gegen Frankreich übernimmt.

Die deutsche Frage

An eine Restauration des 1806 aufgelösten, alten Reiches denkt man in Wien nicht, aber ebenso wenig an die Bildung eines deutschen Nationalstaates, wie ihn die nationalen Kräfte fordern. Die Mittelstaa-

---

[1] *Chimaira* – Fabelwesen der griech. Mythologie; im übertragenen Sinne: Hirngespinst, Trugbild.

[2] *Pentarchie* (griech. = Fünferherrschaft); hier das System des ungefähren Gleichgewichts der fünf Großmächte England, Frankreich, Österreich, Preußen und Russland.

Vom Wiener Kongress zur Märzrevolution

Deutscher Bund

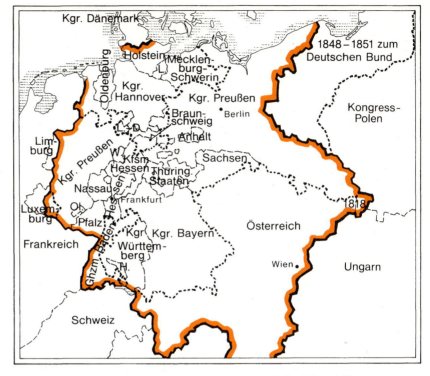

ten sehen darin eine Gefahr für ihre Souveränität, die Großmächte die Gefahr einer Störung des Gleichgewichts. Ihnen geht es darum, Mitteleuropa so stark zu machen, dass es ein Gegengewicht gegen hegemoniale Bestrebungen Frankreichs und Russlands bildet, es aber nicht so stark werden zu lassen, dass es selbst zur Hegemonialmacht würde. Die Lösung, die schließlich in der *Deutschen Bundesakte* (8. Juni 1815) gefunden wird, ist der **Deutsche Bund**:

- lockerer Bund von 35 Fürsten und 4 freien Städten
- Mitglieder sind auch nichtdeutsche Fürsten: der König von England (für Hannover), von Dänemark (für Holstein) und der Niederlande (für Luxemburg)
- Preußen und Österreich sind nur mit einem Teil ihres Staatsgebietes im Deutschen Bund vertreten
- Entsendung von Vertretern (je nach Größe ein bis vier) in den *Frankfurter Bundestag* (bzw. *Bundesversammlung*), einen reinen Gesandtenkongress[1]
- Vorsitz: Österreich
- Entscheidungen mit Zweidrittelmehrheit, bei Verfassungsänderungen mit Einstimmigkeit
- gemeinsames Handeln im Kriegsfall
- innenpolitische Souveränität der Mitgliederstaaten
- Art. 13 sieht vor, dass in den einzelnen Mitgliedsstaaten »landständische Verfassungen« gebildet werden sollen (das geschieht aber nur in einigen Mittelstaaten[2], besonders fortschrittlich in Baden, während Österreich und Preußen weiterhin absolutistisch regiert werden)

Der Deutsche Bund ist also kein handlungsfähiger Bundesstaat mit gemeinsamen Organen, sondern nur ein lockerer Staatenbund. Der Partikularismus[3] bleibt ebenso wie der Absolutismus bestehen. Die liberalen und nationalen Strömungen, die man in den Befreiungskriegen noch ausnutzte, werden jetzt (außer in England) kriminalisiert und verfolgt. So begründet der Wiener Kongress zwar eine Friedensordnung und ein im Wesentlichen funktionierendes System *(Metternich'sches System)*. Er tut dies aber gegen den Zeitgeist und kann trotz aller Unterdrückungsmaßnahmen den Aufstieg des Bürgertums und der liberalen Idee auf Dauer nicht verhindern.

Die Geschichte der Restaurationszeit ist folglich geprägt durch das Widerspiel der alten und neuen

---

[1] Also nicht zu vergleichen mit dem heutigen Bundestag (Volksvertretung).

[2] Sachsen-Weimar, Bayern, Baden, Württemberg und Hessen.

[3] Allerdings auf der Basis der Flurbereinigung von 1803/06, was im Vergleich zur territorialen Zersplitterung des alten Reiches ein erheblicher Fortschritt ist.

Kräfte – in Europa ebenso wie in den spanischen Kolonien (Lateinamerika). In den deutschen Staaten kann durch polizeistaatliche Maßnahmen die Opposition vorerst mundtot gemacht werden. Ausgelöst durch die französische Julirevolution von 1830 kommt es aber auch hier zu einer immer dichteren revolutionären Bewegung, die dann in der Märzrevolution von 1848 gipfelt. Die Phase von 1830 bis 1848 wird deshalb oft als **Vormärz**[1] bezeichnet, wobei die Betonung anders als beim Begriff der Restauration auf den Aktivitäten der Opposition liegt. Auch die kritische Literatur dieser Zeit wird unter dem Begriff Vormärz zusammengefasst.

Die Burschenschaften

Besonders die akademische Jugend in Deutschland, in der die Gedanken des Liberalismus und Nationalismus weit verbreitet sind und die größtenteils aktiv an den Befreiungskriegen beteiligt gewesen ist, dabei auch ihre Märtyrer und Idole (wie *Theodor Körner, 1791–1813*) gefunden hat, ist über die Restaurationspolitik des Wiener Kongresses maßlos enttäuscht. Weder nationale Einigung noch freiheitliche Verfassung sind erreicht, stattdessen nur das als völlig unzureichend empfundene System des Deutschen Bundes und das bloße Versprechen landständischer Verfassungen …

Als Reaktion bildet sich, zuerst in Jena, eine Vereinigung aller bislang in Landsmannschaften locker organisierten Studenten: die *Jenaische Burschenschaft* (= Studentenschaft, 12.6.1815).

Das Beispiel Jenas wird von anderen Universitäten aufgegriffen. Die überall entstehenden Burschenschaften schließen sich zur

Allgemeinen Deutschen Burschenschaft 18.10.1818

zusammen. Ihren »deutschen Studentenstaat« (E.M. Arndt) wollen sie als Vorgriff auf den ersehnten Nationalstaat verstehen. Ihr Programm (»Grundsätze und Beschlüsse des 18. Oktobers«) ist liberal-national: staatliche und wirtschaftliche Einheit, frei gewählte Volksvertretung, Bindung des Monarchen an das Gesetz (konstitutionelle Monarchie), Rechtsgleichheit, Bürgerrechte wie Freiheit der Person und Sicherheit des Eigentums. Ihr Wahlspruch lautet »Ehre, Freiheit, Vaterland«. Ihre, schon von der Jenaer Ur-Burschenschaft gewählte Farbe ist Schwarz-Rot-Gold, in Anlehnung an die Uniform des *Lützow'schen Freikorps*[2]. Schwarz-Rot-Gold wird zum Symbol der national-liberalen Bewegung und 1848 zur Farbe des künftigen Nationalstaates erklärt.

Schon 1817 haben die Burschenschaften auf sich aufmerksam gemacht und das Misstrauen der Obrigkeiten erregt. Auf dem

Wartburgfest 18./19.10.1817

sind rund 500 Burschenschaftler versammelt zum Gedenken der Reformation (1517 Thesenanschlag Luthers) und der Leipziger Völkerschlacht (16. bis 19.10.1813, s. Seite 15), »der Wiedergeburt des freien Gedankens und der Befreiung des Vaterlandes«.

Neben patriotischen Reden kommt es zur demonstrativen Verbrennung »undeutscher« und reaktionärer Schriften (z.B. der Bundesakte und Hallers »Restauration der Staatswissenschaft«, s. Seite 22) und einiger Symbole der militärischen Unterdrückung. Schon in diesem Akt, der an Luthers Verbrennung der päpstlichen Bannbulle erinnern soll, zeigt sich, dass es innerhalb der Bewegung auch radikalere Strömungen gibt. Hier sind die sog. »Unbedingten« oder »Schwarzen« zu nennen: Ihr Führer, der fanatische Privatdozent *Karl Follen,* inspiriert den Theologiestudenten *Karl Ludwig Sand,* der am 23. März 1819 den russischen Staatsrat und damals populären Lustspieldichter *August von Kotzebue* ermordet. Kotzebue hatte sich über die Burschenschaften lustig gemacht, galt zudem als russischer Agent, war also eine Art Symbolfigur der Reaktion. Anfang Juli kommt es zu einem weiteren (fehlgeschlagenen) Attentat auf den nassauischen Staatsrat *von Ibell,* das ebenfalls von der Follen-Gruppe beeinflusst ist.

Die Karlsbader Beschlüsse

Für Metternich bieten die Mordanschläge den geeigneten Anlass zur umfassenden Unterdrückung der liberal-nationalen Bewegung. In Absprache mit Preußen (Teplitzer Punktation, 1.8.1819) werden die Maßnahmen festgelegt, auf einer Konferenz in Karlsbad von weiteren Regierungen angenommen und schließlich vom Deutschen Bundestag bestätigt. Die

---

[1] Vielfach auch synonym für die Restauration in Deutschland, 1815–48, verwendet.

[2] Ein vom Freiherrn v. Lützow gebildetes Freikorps (»Schwarze Schar«), das besonders wegen seiner prominenten Mitglieder bekannt ist (Th. Körner, Joseph von Eichendorff); die Lützower trugen schwarze Jacken mit roten Aufschlägen und goldenen Knöpfen.

Karlsbader Beschlüsse　　　　　20.9.1819

sehen vor:

- Verbot der Burschenschaften
- Entlassung der politisch auffällig gewordenen Professoren und Publizisten (u. a. E. M. Arndt, L. Jahn, J. v. Görres)
- Überwachung der Universitäten
- Zensur
- Einrichtung einer Zentral-Untersuchungskommission in Mainz

Die Karlsbader Beschlüsse und die nun einsetzenden »Demagogenverfolgungen« haben die liberal-nationale Bewegung in Deutschland bis zum Beginn der 30er-Jahre gelähmt. Es kommt zu einer ersten Auswanderungswelle nach Amerika. Der erzwungene Rückzug als der Politik spiegelt sich in den kulturellen Strömungen der Zeit, besonders der Romantik (s. Seite 17). Obwohl in der Tendenz eher unpolitisch und affirmativ, hat die Romantik dennoch durch ihre Sammlungen deutscher Volkslieder und -märchen und durch die Glorifizierung der alten, mittelalterlichen Reichseinheit das nationale Bewusstsein wach gehalten. In diese Zeit fallen die Anfänge der Arbeit an den *Monumenta Gemaniae Historica,* der umfassenden Edition aller mittelalterlichen Quellen, ebenso wie an den grundlegenden philologischen Studien der *Brüder Grimm* zur deutschen Sprachgeschichte.

Erhebungen in Europa

Liberale, aufklärerische Ideen und nationales Selbstgefühl verbreiten sich auch in anderen Ländern, die unter dem Druck der Restauration zu leiden haben. Es kommt zu einer ganzen Reihe von Aufständen und Freiheitskämpfen in Europa und den spanischen Kolonien. Schon 1804–1812 erheben sich die *Serben* gegen die osmanische Herrschaft; in einem zweiten Aufstand 1815–17 erkämpfen sie ihre (freilich ständig bedrohte) Unabhängigkeit.

1820 kommt es in *Spanien* zu einem Aufstand gegen die reaktionäre Politik *Ferdinands VII. (1814–33); in Italien* führt die Erhebung gegen *Ferdinand I. von Neapel-Sizilien (1759–1825)* zu einer Ausbreitung der Revolution auf ganz Italien, wobei die Geheimbünde der *Carbonari* und der *Mafia*[1] eine wichtige Rolle spielen.

Gegenüber den spanischen und italienischen Aufständen »bewährt« sich die reaktionäre Interessenpolitik der Restaurationsmächte, wie sie in der »Heiligen Allianz« festgelegt worden ist. Auf den Kongressen von Troppau (1820), Laibach (1820/21) und Verona (1822) wird Österreich mit der Niederschlagung des italienischen, Frankreich mit der des spanischen Aufstandes beauftragt. England trägt diese Interventionspolitik nur zögernd mit und löst sich bald, endgültig nach dem Tod Castlereaghs (1822) unter dem neuen Außenminister *George Canning,* aus der antiliberalen Gruppe der Restaurationsmächte.

Das Ereignis, das in jener Zeit in Europa das meiste Aufsehen erregt und gewissermaßen zur Projektionsfläche der unterdrückten eigenen Wünsche wird, ist der

Griechische Freiheitskampf　　　　1821–29.

Die Hauptursache für den griechischen Unabhängigkeitskrieg ist, wie anderswo auch, die von Westeuropa ausgehende nationale Bewegung. Hinzu kommen das Beispiel Serbiens und der religiöse Gegensatz zwischen griechisch-orthodoxem und moslemischem Glauben. Die Vorbereitung der Erhebung in literarischen Clubs und Geheimbünden entspricht ebenfalls bekannten Mustern. – Was den griechischen Freiheitskampf dennoch zu einem ganz besonderen Ereignis macht und Sympathiekundgebungen und Hilfsaktionen in ganz Europa hervorruft, sind historische Reminiszenzen. Das klassische Griechenland ist die »Wiege des Abendlandes«, hat mit Sokrates, Platon, Aristoteles die Grundlagen der Philosophie des Idealismus gelegt, hat in der Kunst Werke »klassischer« Schönheit hervorgebracht, hat in der Politik des perikleischen Zeitalters (5. Jh. v. Chr.) erstmals die Demokratie verwirklicht, von der jetzt, im System Metternich, nur zu träumen ist. Die Wiederentdeckung der griechischen Antike im 18. Jahrhundert (etwa *Winckelmanns* »Gedanken über die Nachahmung der griechischen Werke in der Malerei und Bildhauerkunst«) hat die Literaturepoche der *Klassik* geprägt und zu einer im gebildeten Bürgertum weit verbreiteten Griechenbegeisterung geführt.

Die Erhebung Griechenlands gegen die Türkei ist deshalb für die europäische Öffentlichkeit mehr als ein nationaler Aufstand. Sie wird gedeutet als Kampf der Freiheit gegen den Despotismus, des Christentums gegen den Islam. Man erinnert sich an die Perserkriege (s. Bd. 1, Seite 24 f.) und die Abwehr der Türken 1683 vor Wien (s. Bd. 1, Seite 154). All dies führt zu einer Welle des Philhellenismus in Europa.

---

[1] *Carbonari* (ital. Köhler): 1807 gegründet mit dem Ziel der Unabhängigkeit Italiens; ihr Erkennungszeichen I.N.R.I. bedeutet: »Iustum necare reges Italiae« (»Es ist gerecht, Italiens Könige zu töten«). Der Geheimbund der *Mafia* entsteht im 18. Jh. auf Sizilien. Heute ist die Mafia wie die neapolitanische *Camorra* Kern des organisierten Verbrechens in Italien und durch sizilianische Auswanderer in den USA.

Es werden Gelder zur Unterstützung des Freiheitskampfes gesammelt; der griechenbegeisterte bayrische König *Ludwig I. (1825–48)* sendet Geld und Offiziere; viele Freiwillige schließen sich der griechischen Sache an, am berühmtesten der englische Romantiker *Lord Byron (1788–1824),* dessen Tod bei Missolunghi ganz Europa bewegt und zu einem Byron-Kult führt.

Auf der realpolitischen Ebene ist von der edlen Begeisterung nichts zu spüren. Von beiden Seiten wird der Krieg mit großer Härte und Grausamkeit geführt. Die europäischen Mächte verhalten sich vorerst abwartend. Der Krieg entwickelt sich immer mehr zu Griechenlands Ungunsten, zumal 1825 der ägyptische Pascha *Mehmed Ali* mit einer starken Flotte dem Sultan zu Hilfe kommt. 1826 fällt Athen, 1827 auch die Akropolis.

Eine Wende tritt erst mit dem Tod Zar Alexanders (Dez. 1825) ein. Sein Nachfolger, *Nikolaus I (1825 bis 1855),* dem an einer schwachen Türkei gelegen ist, tritt für Griechenland ein. England und Frankreich schließen sich an (1827 Londoner Vertrag), während Metternich entsprechend dem Legitimitätsprinzip den Aufstand verurteilt. Obwohl an einen regelrechten Krieg gar nicht gedacht ist, kommt es in der

Seeschlacht bei Navarino	1827

zur Vernichtung der ägyptisch-türkischen Flotte und zum türkisch-russischen Krieg (1828–29) Der

Frieden von Adrianopel	1829

ist von weit reichender Bedeutung:
- Russland gewinnt die Donaumündung
- Griechenland wird zum souveränen Staat (ab 1832 Königreich unter dem Bayern *Otto I.*)
- Die 1815 begründete Gemeinsamkeit der europäischen Mächte ist endgültig zerbrochen. Die eigenen Interessen setzen sich gegen das Legitimitätsprinzip durch
- Die erfolgreichen Erhebungen Serbiens und Griechenlands werden Anstoß für weitere nationale Erhebungen auf dem Balkan, die aufgrund der geopolitischen Lage sowohl die Interessen der Türkei als auch der europäischen Mächte berühren. Die *orientalische Frage* sorgt bis ins 20. Jahrhundert hinein für immer neue Spannungen, der Balkan wird das »Pulverfass Europas«.

Lateinamerika und die Monroe-Doktrin

Ebenfalls von großer Tragweite ist die Entwicklung in Lateinamerika. Auch hier haben sich, zumindest in der Oberschicht der reichen Kreolen, die Gedanken der Aufklärung verbreitet. Aber auch wirtschaftliche Interessen und das Vorbild der Nordamerikaner geben den Anstoß für die Loslösung vom Mutterland. Zudem ist die spanische Kolonialmacht während der napoleonischen Zeit in Europa gebunden und hat ihren Druck in den Kolonien zwangsläufig lockern müssen.

Diese Faktoren wirken zusammen und führen zu einer Welle von Unabhängigkeitsbewegungen. Mexiko, Venezuela, Kolumbien, Paraguay, Argentinien, Peru, Bolivien (nach dem Freiheitskämpfer *Simon Bolivar, 1783–1830*), Brasilien, Uruguay erkämpfen in dieser Phase von ca. 1815 bis ca. 1830 ihre Unabhängigkeit. Das bis in die Gegenwart fortwirkende Problem dieser Staatsbildungen liegt allerdings in ihrer wirtschaftlichen Rückständigkeit, dem Fehlen einer starken bürgerlichen Schicht, der krassen Polarisierung in Arm und Reich. Eine stabile politisch-wirtschaftliche Entwicklung der neuen Staaten bleibt deshalb aus.

Die Loslösung Lateinamerikas widerspricht natürlich den Prinzipien der Restauration. Dass es nicht zu einem Eingreifen der Restaurationsmächte kommt, liegt nicht zuletzt an den Interessen Nordamerikas und Englands, die sich beide vor allem wirtschaftliche Vorteile von einem dekolonialisierten Lateinamerika versprechen. Um einer Intervention der europäischen Mächte vorzubeugen, verkündet Präsident *Monroe (1817–25)* auf Anregung Englands die so genannte

Monroe-Doktrin	1823.

- Sie verwahrt sich gegen jede europäische Einmischung in die amerikanische Hemisphäre (»Amerika den Amerikanern!«), was sich vor allem gegen Spanien richtet, aber auch gegen russische Expansionsbestrebungen in Alaska.
- Sie proklamiert andererseits das Prinzip der Nicht-Intervention Amerikas in europäische Angelegenheiten.

Die welthistorische Bedeutung der Monroe-Doktrin liegt in der Festschreibung der Trennung Amerikas von den europäischen Kolonialmächten, von alter und neuer Welt. Diese Trennung bleibt Richtschnur der amerikanischen Politik (abgesehen von der Intervention 1917 im Ersten Weltkrieg) bis zum Zweiten Weltkrieg und der Entstehung des Ost-West-Konflikts, der Amerika auf Dauer in Westeuropa bindet (s. Seite 135).

Die Julirevolution in Frankreich

In Frankreich ist nach dem Ende Napoleons mit *Ludwig XVIII. (1814–24),* einem Bruder des hingerichteten Ludwigs XVI., die Dynastie der Bourbonen zurückgekehrt. Nach dem Zwischenspiel der 100

Tage (s. Seite 15) und einer kurzen Phase des »weißen Terrors« gegen die Napoleon-Anhänger stabilisiert sich die französische Monarchie auf der Grundlage der *Charte constitutionelle (1814),* einer oktroyierten[1] Verfassung, die zwar dem Königtum eine sehr starke (alleinige Gesetzesinitiative, Ernennung der Minister), aber keine absolutistische Macht einräumt. Es gibt ein Parlament, das nach englischem Vorbild aus einer Adelsvertretung und einer Abgeordnetenkammer besteht. Die Wahlen zur Abgeordnetenkammer sind freilich an einen hohen Zensus gebunden, sodass nur das Besitzbürgertum vertreten ist. Das Bürgertum wird denn auch zur stärksten Stütze dieser Monarchie, zumal seine in der Revolutionszeit erworbenen Gewinne ebenso wenig angetastet werden wie die erkämpften bürgerlichen Freiheiten (Code civil, s. Seite 14).

Ludwig XVIII. steht jedoch unter dem Druck der so genannten »Ultraroyalisten«, die eine Wiederherstellung des Absolutismus und der alten Adelsrechte, vor allem auch Erstattung des enteigneten ehemaligen Adelsbesitzes fordern. Einer der Ultras ist Karl X., Ludwigs Bruder, der 1824 die Nachfolge antritt, mittlerweile 67 Jahre alt. Durch eine Menge unpopulärer Maßnahmen (Entschädigung für Emigranten, Wiedereinführung der kirchlichen Schulaufsicht, Einschränkung der Pressefreiheit u. a.) weckt er den Oppositionsgeist. Als er 1830 angesichts einer liberalen Mehrheit das Parlament auflöst und den Wahlzensus erhöht, kommt es zur

Julirevolution   1830,

einem spontanen Aufstand der »Straße«. Gegen das Militär setzen die Aufständischen zum ersten Mal Barrikaden ein (eine Methode, die Schule macht). Nach dreitägigem Kampf (»les trois Glorieuses«) siegt die Revolution, Karl X. flieht nach England.

Das durch Karls X. Abdankung entstandene Machtvakuum können die Vertreter der liberalen, bürgerlichen Opposition füllen, indem sie *Louis Philippe von Orléans* zum neuen König ausrufen. So entsteht aus der Julirevolution keine Republik, sondern eine neue Monarchie, die sich jedoch deutlich von den vorangegangenen unterscheidet. Louis Philippe ist nicht König von Gottes Gnaden, sondern ein »König der Franzosen«, ein *roi citoyen (Bürgerkönig).* Die Minister sind in Zukunft dem Parlament verantwortlich; das Wahlrecht mit seiner Begünstigung der Besitzbürger bleibt, der Zensus wird jedoch gesenkt. Die Phase des Bürgerkönigtums (1830–48) begünstigt die wirtschaftliche Entwicklung Frankreichs.

Auswirkungen der Julirevolution

Die Erhebung in Frankreich, dem Mutterland der Revolution, wird zum Signal für andere:

Polen (genauer: das 1815 entstandene Kongresspolen) erhebt sich im November 1830 gegen die russische Herrschaft. Die Polen, deren jüngere Geschichte (die drei Teilungen und die Teilneugründungen erst durch Napoleon, dann durch den Wiener Kongress) unter dem Aspekt des liberal-nationalen Denkens als eine Kette von Vergewaltigung und Unrecht erscheint, finden bei den fortschrittlichen Kräften Europas ähnliche Sympathie wie vor kurzem die Griechen (Polenbegeisterung). Die realen Machtverhältnisse lassen aber keinen ähnlich glücklichen Ausgang zu: Polen gehört zum russischen Machtbereich und die Partner der Heiligen Allianz, Österreich und Preußen, die Komplizen der polnischen Teilungen, unterstützen den Zaren bei der brutalen Unterdrückung des Aufstandes und der anschließenden Russifizierung Polens[2]. Tausende polnischer Freiheitskämpfer fliehen in den Westen, v. a. nach Paris, und stärken die dortigen liberalen Bewegungen. Auch auf dem *Hambacher Fest* (s. Seite 28) treten polnische Redner auf.

Auch in Italien kommt es im Gefolge der Julirevolution zu Aufständen; sie werden wie schon 1821 von Österreich niedergeschlagen. Es formiert sich jedoch, gegründet von *Giuseppe Mazzini,* der Geheimbund *Giovane Italia (Junges Italien),* der bei der italienischen Einigungsbewegung eine führende Rolle spielen wird.

Erfolgreich ist dagegen der

Belgische Aufstand   1830.

1815 war auf dem Wiener Kongress das Königreich der *Vereinigten Niederlande* gegründet worden, ein Zusammenschluss der (nördlichen) Niederlande (seit 1648 unabhängig) und der vormals spanischen, dann österreichischen Niederlande. Von Anfang an aber gibt es Spannungen zwischen dem katholischen Süden und dem protestantischen Norden dieses Staatsgebildes. Sie entladen sich im August 1830 und führen zur

Unabhängigkeitserklärung Belgiens   4.10.1830.

Die Lösung der belgischen Frage wird von der englischen und französischen Diplomatie (immer noch: Talleyrand) vorbereitet und von den übrigen Großmächten anerkannt, ist also quasi eine Korrektur der Entscheidung von 1815. Belgien wird ein unabhängiges Königreich und für permanent neutral erklärt.

---

[1] *Oktroyieren:* aufdrängen, aufzwingen.

[2] Auch spätere Aufstände (1846 und 1863) scheitern; erst mit dem Weltkrieg entsteht im November 1918 wieder ein unabhängiges Polen.

Der erste König sollte ursprünglich ein Sohn Louis Philippes werden, was England zu verhindern weiß. Man einigt sich auf *Leopold I. von Sachsen-Coburg* (1831–56) als Kompromisskandidaten.

Die belgische Verfassung von 1831 wird zum Vorbild der liberalen Bewegung in Europa.

Deutschland nach der Julirevolution

Nach der durch die Karlsbader Beschlüsse von 1819 bewirkten Phase der Lähmung löst die Julirevolution in Deutschland eine neue Oppositionswelle aus. Sie äußert sich, entsprechend den verschiedenen Verfassungsrealitäten im partikularistischen Deutschland, sehr unterschiedlich. In *Braunschweig* wird der absolutistisch regierende Herzog davongejagt, sein Schloss in Brand gesteckt. In *Sachsen, Kurhessen, Hannover* werden den Monarchen Verfassungen abgerungen. Das generelle Erstarken der liberal-nationalen Kräfte, der Mut zur öffentlichen Demonstration, zeigt sich vor allem auf dem

Hambacher Fest   **27.–30. 5. 1832,**

einer revolutionären Kundgebung mit rund 30 000 Teilnehmern, darunter viele Polen und Franzosen. Einer der Organisatoren, *Philipp Jakob Siebenpfeiffer,* schließt seine Rede mit den Worten: »Es lebe das freie, das einige Deutschland! Hoch leben die Polen, der Deutschen Verbündete! Hoch leben die Franken (= Franzosen), der Deutschen Brüder, die unsere Nationalität und Selbstständigkeit achten! Hoch lebe jedes Volk, das seine Ketten bricht und mit uns den Bund der Freiheit schwört! Vaterland – Volkshoheit – Völkerbund hoch!«

1833, in Frankfurt, dem Sitz des Bundestages, erstürmt eine Gruppe von Studenten die Hauptwache, ein erfolgloses Unternehmen, das aber dennoch für den Stimmungswandel, das Wiederaufleben der Opposition, symptomatisch ist.

1834 verbreitet *Georg Büchner* den »Hessischen Landboten«, eine Flugschrift unter dem Motto »Friede den Hütten! Krieg den Palästen!« – eine radikale Abrechnung mit der kurhessischen Regierungspraxis.

1837 tritt Ernst August von Hannover seine Herrschaft an und erklärt die 1833 zugestandene Verfassung für ungültig. Aus der höchst konservativen Sichtweite des »monarchischen Prinzips«, nach dem eine Verfassung gewissermaßen nur ein Zugeständnis des Monarchen und nicht ein bindender Vertrag sei, wäre dieser Schritt vertretbar; aus Sicht der Liberalen ist er ein klarer Rechtsbruch, ein Staatsstreich. Im

Protest der Göttinger Sieben   **1837**

stellen sich sieben namhafte Professoren[1] der Universität Göttingen gegen die Aufhebung der Verfassung. Der König antwortet mit Amtsenthebung und Ausweisung. Dennoch setzt der mutige Protest der Sieben ein Zeichen.

Pauperismus und soziale Unruhen

Liberalismus und Nationalismus sind ohne Frage die treibenden Kräfte dieser ersten Hälfte des 19. Jahrhunderts. Sie werden getragen von der Schicht des Bürgertums, das seinen Anteil an der Macht fordert.

Es wäre aber zu einseitig, die Bewegung dieser Zeit ausschließlich als bürgerliche zu beschreiben. Es gibt daneben eine immer stärker werdende Unruhe, die von einer zunehmend verarmenden Unterschicht ausgeht und sich vor allem gegen Ende der Restaurationszeit in zahlreichen sozialen Aufständen entlädt. Sie heizen einerseits die revolutionäre Atmosphäre an, werfen andererseits aber auch Probleme und Perspektiven auf, die von den bürgerlichen Schichten am liebsten verdrängt würden und in ihren weiter gehenden Forderungen sogar zu einer Gefährdung der bürgerlich gemäßigten Zielvorstellungen werden.

Mehrere, sich gegenseitig verstärkende Ursachen führen zum **Pauperismus**[2], der Verarmung breiter Bevölkerungsschichten zu Beginn des 19. Jahrhunderts.

- Das *Bevölkerungswachstum* im 19. Jahrhundert: Die Bevölkerung wächst in Deutschland von ca. 26 Millionen im Jahre 1820 auf fast 33 Millionen im Jahre 1840; bis 1900 sind fast 57 Millionen erreicht. Die Ursachen liegen in der insgesamt besseren Ernährung, der dadurch bedingten geringeren Kindersterblichkeit, in einer geringeren »Krisensterblichkeit« (Kriege, Seuchen), aber auch im Wegfallen der früher üblichen Heiratsbeschränkungen. – Das Bevölkerungswachstum, oft als »demographische Revolution« bezeichnet,

---

[1] Unter ihnen die Germanisten Jacob und Wilhelm Grimm, heute noch bekannt wegen der Herausgabe von Grimms Märchen und des Grimm'schen Wörterbuchs, und der Historiker Friedrich Christoph Dahlmann, der 1848 Abgeordneter der Paulskirche wird.

[2] Der Begriff *Pauperismus* (lat. *pauper* = arm) bezeichnet die Massenarmut der vor- und frühindustriellen Zeit. Er ist zu unterscheiden von der sog. *sozialen Frage,* mit der die Proletarisierung im bereits entwickelten Industrialismus umschrieben wird (s. Seite 40).

führt zu einem Überangebot an Arbeitskräften, das von der in Deutschland noch unterentwickelten Industrie nicht aufgenommen werden kann. Da es soziale Absicherungen zu dieser Zeit noch nicht gibt, führt die Arbeitslosigkeit ins soziale Elend.

- Die Folgen der *Bauernbefreiung:* War die Bauernbefreiung (in Preußen 1807) vom Standpunkt der Menschenrechte, der Menschenwürde ein notwendiger, längst überfälliger Schritt, erweist sie sich rein wirtschaftlich-materiell doch als problematisch. Die soziale Sicherung durch den Grundherrn fällt weg und durch die Ablösung (in Land oder Geld) wird die Existenz vieler Bauern gefährdet. Die ungewollte Folge der Bauernbefreiung sind Landflucht und Verarmung (Tagelöhner).

- Den gleichen Effekt hat die Einführung der *Gewerbefreiheit* (in Preußen 1811). Das Zunftwesen (s. Bd. 1, Seite 104) hatte zwar die Freiheit des Einzelnen eingeschränkt, andererseits aber die soziale Absicherung der Zunftmitglieder gewährleistet. Die Einführung der Gewerbefreiheit führt zum Entstehen einer großen Zahl handwerklicher Kleinst- oder Alleinbetriebe, mit der Folge des Überangebots, des Konkurrenzkampfs und schließlich der Proletarisierung zahlreicher Handwerker.

Der zunehmende Pauperismus führt zu einer sozialen Gärung, die sich besonders in der Zeit nach 1840 in zahlreichen lokalen Unruhen entlädt. Am bekanntesten (nicht zuletzt durch das Gedicht Heines) ist der

Schlesische Weberaufstand   **1844.**

Das Elend der Leinenweber beginnt mit der sinkenden Nachfrage. Zum einen sind Baumwollprodukte billiger und gefragter, zum anderen wird die Konkurrenz des bereits weitgehend industrialisierten England immer stärker. Hinzu kommt das so genannte *Verlagssystem.* Die Weber in Schlesien produzieren in Heimarbeit für einen Verleger, der ihnen das Material verkauft und die fertigen Waren abkauft. Angesichts der Marktsituation senkt der Verleger die Preise für die fertige Ware immer mehr. Obwohl die Weber mitsamt Frauen und Kindern bis zu 16 Stunden täglich arbeiten, können sie nicht einmal mehr ein Existenzminimum erwirtschaften.

Die unvorstellbare Not dieser Menschen entlädt sich in einem spontanen Aufruhr, der sich gegen einige besonders harte und unbeliebte Verleger richtet und in der Plünderung und Zerstörung ihrer Wohnhäuser gipfelt. Der Aufstand wird schließlich von preußischem Militär unterdrückt.

Der Weberaufstand und andere soziale Erhebungen sind nicht eigentlich Ursache der 1848er-Revolution, tragen aber zu der revolutionären Stimmung des Vormärz bei und liefern Argumente für die in Ansätzen auftretenden radikaleren – demokratischen und teilweise auch schon sozialistischen – Richtungen der Oppositionsbewegung.

Die Februarrevolution in Frankreich

Das Jahr 1848 bringt eine Welle von revolutionären Erhebungen, die fast ganz Europa erfasst. Der Hauptimpuls geht wieder von Frankreich aus. Hier hat die durch den Bürgerkönig Louis Philippe begünstigte Industrialisierung und Kapitalisierung des Landes zum Entstehen eines Proletariats beigetragen, das sich, bedingt durch Wirtschaftskrisen und Missernten (1846/47), zunehmend radikalisiert. Im Zusammenhang dieser Entwicklung bilden sich sozialistische Vorstellungen heraus, die das immer deutlicher werdende Ungleichgewicht zwischen Besitzenden und Proletariern ausgleichen wollen (Frühsozialismus, s. Bd. 1, Seite 168). Die mehr wirtschaftlich und sozial orientierten Forderungen decken sich mit denen der Republikaner in der Forderung nach Abschaffung des Zensuswahlrechts, das eine kleine Schicht von Besitzbürgern begünstigt. Als die Regierung Wahlrechtsdemonstrationen verbietet, kommt es zur

Februarrevolution   **22.–24. 2. 1848**

(Barrikadenkämpfe wie 1830, Flucht Louis Philippes) und zur Ausrufung der *Zweiten Republik (1848–52).* Die sozialen Forderungen (»Recht auf Arbeit«) werden erfüllt durch die Einrichtung von Nationalwerkstätten (eine Idee des franz. Sozialisten *Louis Blanc, 1811–82,* der in der neuen Republik das Amt eines Arbeitsministers übernimmt).

Die Angst vor Radikalisierung, vor sozialem Umsturz führt aber trotz des nun eingeführten allgemeinen Wahlrechts zu einer deutlichen bürgerlichen Mehrheit in der neuen Nationalversammlung (April 48), die bald in Konflikt mit der sozialistischen Richtung gerät. Als sie das Experiment der Nationalwerkstätten für gescheitert erklärt, kommt es zum

Pariser Juni-Aufstand   **26.–29. 6. 1848,**

der vom Kriegsminister *Cavaignac* blutig niedergeschlagen wird (ca. 10 000 Tote). Die republikanisch-soziale Richtung ist damit vorerst ausgeschaltet. Das Bedürfnis nach Ruhe und Ordnung, kombiniert mit einem neu aufgelebten Napoleon-Kult (1840 Überführung der Leiche Napoleons von St. Helena, Beisetzung im Invalidendom), bringt Napoleons Neffen an die Spitze der Regierung. Ganz nach dem Vorbild seines Onkels lässt sich Louis Napoleon durch Plebiszite erst eine zehnjährige Präsidentschaft, schließlich 1852 das Kaisertum genehmigen. Dieses zweite Kaiserreich unter *Napoleon III.*[1] dauert bis zum Deutsch-Französischen Krieg 1870/71. Erst dann setzt sich in Frankreich endgültig die Republik durch (und ist in der Interpretation einiger Historiker die Französische Revolution von 1789 beendet).

Die Märzrevolution in Deutschland

Der aus Frankreich überspringende Funke zündet auch die erste deutsche Revolution. Die Ende Februar/Anfang März in Gang gesetzten Ereignisse sind sehr vielschichtig. Es lassen sich jedoch insgesamt vier Phasen erkennen, die sich freilich vielfach überschneiden:

1. In einer *ersten Phase* kommt es, ermutigt durch das französische Beispiel, überall in den deutschen Staaten zu spontanen Demonstrationen, Flugblattaktionen, Versammlungen, Petitionen. Die sog. **Märzforderungen** sind überall in etwa gleich: Sie zielen auf die bürgerlichen Rechte, v. a. auf Pressefreiheit, auf verfassungsstaatliche Ordnung und nationalstaatliche Einigung Deutschlands. Vereinzelt, besonders in den politischen Brennpunkten Berlin und Wien, kommt es zu Aufständen und Barrikadenkämpfen. In Berlin ist Friedrich Wilhelm IV. gezwungen, seine Truppen abzuziehen und den Toten der Straßenkämpfe (18./19.3.) seine Ehrerbietung zu erweisen: Vor den im Schlosshof aufgebahrten Leichen zieht der König seinen Hut – eine Geste von hohem Symbolwert – und verkündet, dass »Preußen ab sofort in Deutschland aufgehe« (21.3.). Auch in Wien kommt es zu einer blutigen Auseinandersetzung: Der verhasste Fürst Metternich, in dessen Person sich das gesamte System der Restauration beispielhaft verkörpert, ist gezwungen, abzudanken und zu fliehen (13.3.). Der überraschende Erfolg der Revolution, von den Revolutionären selbst kaum erwartet, führt in allen Staaten zum Nachgeben der Monarchen: Sie versprechen Verfassungen, übernehmen die Forderung nach einem deutschen Nationalstaat und setzen als Zeichen ihres guten Willens neue, liberale Minister ein, die *Märzminister.* Der Frankfurter Bundestag, immer noch die offizielle Vertretung des Deutschen Bundes, hebt unter dem Druck der Ereignisse die Karlsbader Beschlüsse auf und erklärt im Vorgriff auf die nationale Einigung die Farben der Burschenschaften (Schwarz-Rot-Gold, s. Seite 24) zur deutschen Farbe.

2. Sind durch die Anfangserfolge der Märzrevolution die Forderungen des Bürgertums praktisch erfüllt oder doch auf den richtigen Weg gebracht, so treten in der *zweiten Phase* all jene Tendenzen hervor, die über die gemäßigten bürgerlichen Vorstellungen hinauswollen. Es ist zum einen die republikanische Bewegung, die vor allem in den verfassungsmäßig am weitesten entwickelten süddeutschen Staaten hervortritt. Im April 1848 kommt es unter Führung *Friedrich Heckers* in Baden zu einer republikanischen Erhebung, an der auch der Vormärz-Dichter *Georg Herwegh* teilnimmt. Das Bürgertum sieht sich bedroht, der Aufstand wird durch Bundestruppen niedergeschlagen. Im September 1848 kommt es, im Zusammenhang mit der Schleswig-Holstein-Frage (s. Seite 32), erneut zu Unruhen. *Gustav Struve* proklamiert in Baden die deutsche Republik (21. September); in Frankfurt werden zwei konservative Abgeordnete der Paulskirche, *Fürst von Lichnowsky* und Generalmajor *von Auerswald,* ermordet. – Die bürgerliche Mehrheit der Nationalversammlung ist gezwungen, die Hilfe österreichischer und preußischer Truppen in Anspruch zu nehmen.

Zum anderen ist es die nationale Bewegung der Zeit, die eine Eigendynamik entwickelt. Denn nicht nur das deutsche Volk fordert nationale Selbstbestimmung, sondern auch die Italiener, Ungarn, Tschechen, die unter dem Dach des Vielvölkerstaates Österreich leben. Bereits im März kommt es zu nationalen Erhebungen in Italien, im April in Ungarn, im Juni in Prag – Bewegungen, die das Gefüge der Donaumonarchie zu zerbrechen drohen.

3. Die *dritte Phase* lässt sich beschreiben als ein Erlahmen, ein Versanden des revolutionären Stroms. Sie ist eng verknüpft mit der Geschichte der Nationalversammlung, des ersten frei gewählten Parlaments in Deutschland, das in der

Frankfurter Paulskirche   18. 5. 1848

zusammentritt. Es ist eine Versammlung gebildeter Bürger, Akademiker fast alle, allein über 100 Professoren (darunter Dahlmann und Jacob Grimm, zwei der Göttinger Sieben) und über 200 Juristen. Auch bekannte Schriftsteller wie E. M. Arndt und Ludwig Uhland tragen zur Qualität dieses *Honoratioren-* oder *Professorenparlaments* bei.

Die Versammlung steht jedoch vor schwierigen Problemen, deren Beratung Monate und Monate in Anspruch nimmt. So bleibt die Gunst der Stunde, die momentane Schwäche der monarchischen Gewalten, ungenutzt; und während das erste deutsche Parlament diskutiert, erstarken die alten Kräfte

---

[1] Die Zählung erfolgt mit Rücksicht auf den Sohn aus der Ehe Napoleons mit Marie-Louise von Österreich, der in Wien erzogen wird. Ab 1818 Herzog von Reichstadt (gest. 1832).

Die Märzrevolution in Deutschland (Überblick)

	Bürgerliche Revolution	Revolutionäre Eigendynamik: republikanische und nationale Erhebungen	Gegenrevolutionäre Kräfte
1848			
Ende Febr.	Versammlungen und Petitionen in verschiedenen Ländern: Märzforderungen		
8.3.	Bundestag erklärt Schwarz-Rot-Gold zu deutschen Bundesfarben	**Ungarn** fordern Verfassung und Eigenständigkeit, Loslösung von Österreich, ungarischer Reichstag	
13.–15.3.	1. Aufstand in Wien: **Flucht Metternichs**		
18.3.	Straßenkämpfe in Berlin	Aufstände in **Italien** (Mailand, Venedig) führen zum Guerra Santa (Hl. Krieg) gegen Österreich	
19.3.	Friedrich Wilhelm IV. ehrt die Toten der Kämpfe		
31.3.	Vorparlament in Frankfurt		
		April: republikanischer Aufstand in **Baden** (Hecker, Struve, Herwegh)	
15.5.	2. Aufstand in Wien; Flucht Ferdinands I.; Einberufung eines österreichischen Reichstages	Aufstand in **Schleswig** gegen Dänemark (wird im August von Preußen durch Waffenstillstand mit Dänemark beigelegt, gegen Willen der Nationalversammlung)	
18.5.	**Deutsche Nationalversammlung in Frankfurter Paulskirche**		
22.5.	Preußische Nationalversammlung in Berlin		
		2.–12.6. **Slawenkongress** in **Prag:** Forderung nach Umwandlung des österr. Staates in »Bund von gleichberechtigten Völkern«	
		13.–16.6. Aufstand tschechischer Radikaler	Niederschlagung des Aufstands (*Windischgrätz*)
27.6.	Provisorische Zentralgewalt (Erzherzog Johann von Österreich als Reichsverweser)	Juli: Aufstand in Lombardo-Venetien gegen Österreich	Juli/August: Unterdrückung des italienischen Aufstands durch *Radetzky*
16.9.	Nationalversammlung muss dem Waffenstillstand von Malmö zustimmen	18.9. Unruhen in Frankfurt Ermordung der konservativen Abgeordneten Lichnowsky und Auerswald	18.9. Niederschlagung der Frankfurter Unruhen durch Österreicher und Preußen
		21.9. **2. Badischer Aufstand:** Proklamation der deutschen Republik (Struve)	
6./7.10.	3. Aufstand in Wien		Ende Okt.: Eroberung Wiens (Windischgrätz); Hinrichtung von Aufständischen (R. Blum); Fürst Schwarzenberg Ministerpräsident
			10.11. General Wrangel rückt in Berlin ein
			5.12. Auflösung der preuß. NV; *oktroyierte Verfassung*
1849			
28.3.	Verabschiedung der deutschen Reichsverfassung in der Paulskirche		4.3. Auflösung des österreichischen Reichstages
		April: Absetzung der Habsburger, **Unabhängigkeitserklärung Ungarns**	3.4. **Ablehnung der Kaiserkrone durch Friedrich Wilhelm IV.**
30.5.	Rest der Nationalversammlung (»Rumpfparlament«) verlegt seinen Sitz nach Stuttgart	Mai: Aufstände in **Sachsen, Baden, Pfalz**	Mai–Aug. Niederschlagung des ungarischen Aufstands mit russischer Hilfe
			Mai–Juli Niederschlagung der Maiaufstände durch preußische Truppen
			18.6. Auflösung des Rumpfparlaments

und machen die schließlich gefundenen Lösungen zu Makulatur.

Das Parlament hat drei zentrale Probleme zu lösen:
- die Einrichtung einer provisorischen Reichsregierung
- die Festlegung der Grenzen des Nationalstaates
- die Erarbeitung einer Reichsverfassung

Die Frage der *provisorischen Zentralgewalt* wird überraschend schnell gelöst. Auf Antrag *Heinrich von Gagerns,* des Präsidenten der Nationalversammlung (»Ich tue einen kühnen Griff, und ich sage Ihnen: Wir müssen die provisorische Zentralgewalt selbst schaffen«), wird Ende Juni der als liberal bekannte österreichische *Erzherzog Johann* mit der Bildung einer Reichsregierung beauftragt. Das Problem dieser vorläufigen Regierung ist aber, dass sie ohne reale Macht bleibt, also keine wirkliche Exekutive sein kann. Österreich und Preußen, auch andere Staaten, sind nicht bereit, ihre Truppen der Reichsregierung zu unterstellen.

Die Ohnmacht dieser Regierung wird in der

**Schleswig-Holstein-Frage
März–September 1848**

offenbar. Die Herzogtümer Schleswig und Holstein sind seit 1460 in Personalunion mit dem Königreich Dänemark verbunden. Zugleich war ihnen 1460 garantiert worden, »auf ewig ungeteilt« zu bleiben. Ethnisch war Holstein deutsch, Schleswig zu ca. drei Vierteln. Holstein gehört seit 1815 zum Deutschen Bund, Schleswig nicht.

Das Problem spitzt sich zu, weil der dänische König Friedrich VII. keinen männlichen Erben hat. Nach dänischem Recht gilt zwar auch die weibliche, nach dem in den beiden Herzogtümern noch immer gültigen salischen Recht aber nur die männliche Erbfolge. Am 21.3.1848 verfügt nun die dänische Regierung die Aufnahme Schleswigs in den dänischen Staat, bricht also den alten Zustand der Personalunion. Dies ist das Signal für die deutsche Bewegung in Schleswig: Sie bildet eine provisorische Regierung in Kiel und fordert die Aufnahme in das zu bildende deutsche Reich. Preußische Truppen leisten Militärhilfe, in vollem Einverständnis mit der Nationalversammlung.

Das preußische Vorgehen ruft jedoch die Großmächte auf den Plan, die an den »Dardanellen des Nordens« interessiert sind. Russland droht massiv mit Krieg, England und Frankreich erklären sich ebenfalls gegen die Annexion Schleswigs. Dem Druck der Großmächte muss Preußen weichen. Es schließt im August 1848 den Waffenstillstand von Malmö und zieht seine Truppen zurück. – Obwohl es sich um einen Bundeskrieg handelt, die Zuständigkeit also bei der Frankfurter Paulskirche liegt, hat der preußische König eigenmächtig gehandelt und vollendete Tatsachen geschaffen. Mangels eigener Truppen ist die Nationalversammlung gezwungen, gegen ihren erklärten Willen dem Vertrag zuzustimmen, ein »Verrat«, der die Glaubwürdigkeit und Autorität der Paulskirche nachhaltig erschüttert.

Als kompliziert erweist sich die *nationale Frage.* Der Deutsche Bund von 1815 ist als Vorlage ungeeignet: Zu ihm gehören Gebiete, die nicht oder nur zum geringen Teil von Deutschen bewohnt sind: das überwiegend tschechische Königreich Böhmen, das überwiegend italienische Südtirol; aber auch in Mähren, der Steiermark, in Kärnten, Krain, Görz, Triest und Istrien liegt der Ausländeranteil über 50 %. – Andere Gebiete wiederum gehören nicht zum Deutschen Bund, obwohl sie einem deutschen Staat untertan sind und ihre Bevölkerung vorwiegend deutsch ist: Ostpreußen, Westpreußen und das Großherzogtum Posen. Die Eingliederung dieser Gebiete in den Deutschen Bund hatte Preußen seinerzeit abgelehnt, um durch den Besitz außerdeutscher Territorien seine Stellung als unabhängige Großmacht zu dokumentieren, wie ja auch Österreich mit Ungarn und Galizien nichtdeutsche Gebiete innehatte. – Andere Gebiete sind zum größten Teil von Deutschen bewohnt, unterstehen aber einer ausländischen Macht: So gehört das Elsass zu Frankreich, Schleswig zu Dänemark, die baltischen Provinzen zu Russland. Hier das Nationalitätenprinzip anzuwenden, hätte unweigerlich zum Krieg mit den entsprechenden Mächten führen müssen.

Bei derartig verwickelten und komplizierten Verhältnissen ist eine befriedigende Lösung schwer zu finden. Das Hauptproblem ist der Vielvölkerstaat Österreich. In einer berühmten Rede formuliert Dahlmann die Alternative, die wir mit den Begriffen **großdeutsch** und **kleindeutsch** bezeichnen: »entweder Auflösung Österreichs und Anschluss der deutsch-österreichischen Länder an Deutschland oder Erhaltung Gesamtösterreichs und Trennung aller seiner Bestandteile vom Deutschen Bundesstaat.« Dagegen stellt *Fürst Schwarzenberg,* der neue österreichische Ministerpräsident, in seinem Regierungsprogramm vom 27.11.1848 die Forderung: »Österreichs Fortbestand in staatlicher Einheit ist ein deutsches wie ein europäisches Bedürfnis.« Die Haltung Schwarzenbergs drängt den Gang der Ereignisse zur kleindeutschen Lösung. Die Regierung Gagern (ab 18.12.1848) beginnt bereits Verbindungen mit Preußen zu knüpfen. Als Anfang März 1849 Schwarzenberg die provozierende Forderung stellt, das ganze ungeteilte Österreich im Deutschen Staat aufzunehmen, bleibt nur noch die kleindeutsche Lösung.

Das dritte Problem ist die Erarbeitung einer *Verfassung*. Die Paulskirche verwendet viel Zeit auf die Formulierung der *Grundrechte*, die im Dezember 1848 veröffentlicht werden. Obwohl nie in Kraft getreten, werden sie doch bedeutsam als Vorbild für die Verfassungen von 1919 und 1949.

Es stellt sich ferner die Frage nach dem Staatsoberhaupt, das im Zuge der kleindeutschen Lösung praktisch nur noch der König von Preußen sein kann, ferner die Frage nach dem Wahlmodus (allgemeines Wahlrecht oder Zensus?) und der Beteiligung der Einzelstaaten.

Der Verfassungsentwurf, der am 28.3.1849 angenommen wird, sieht eine konstitutionelle Monarchie vor. Der Kaiser ernennt die Minister und beruft (bzw. löst auf) den Reichstag, der aus dem vom Volk direkt gewählten Volkshaus und dem Staatenhaus besteht, in dem die Vertreter der einzelnen Länderparlamente und -regierungen vertreten sind. Die Legislative liegt beim Reichstag, die Exekutive beim Kaiser.

4. Die *vierte Phase* der Revolution, weitgehend parallel zur dritten, ist charakterisiert durch das Wiedererstarken der alten Mächte. Österreich geht mit Militärgewalt gegen die nationalen Erhebungen in seinem Reichsgebiet vor. Die tschechischen, italienischen und ungarischen Aufstände werden von *Radetzky* und *Windischgrätz* unterdrückt, Ende Oktober wird Wien zurückerobert, zahlreiche Revolutionäre werden hingerichtet (darunter *Robert Blum*, Abgeordneter der Frankfurter Paulskirche, die sich auch bei dieser Provokation als ohnmächtig erweist). Der im Juni gewählte österreichische Reichstag wird im März 1849 aufgelöst.

Auch in Berlin kehrt im November 1848 das Militär zurück *(General Wrangel)*, wird die preußische Nationalversammlung aufgelöst. Es kommt aber weder in Preußen noch in Österreich zu einer völligen Wiederherstellung des alten Zustandes. Vielmehr werden in beiden Staaten Verfassungen oktroyiert, die immerhin gewisse liberal-konstitutionelle Zugeständnisse enthalten.

In dieser Zeit beendet die Paulskirche ihre Arbeit an der Verfassung des (klein)deutschen Reiches, die aber angesichts der gegenrevolutionären Erfolge keine Chance mehr bekommt. Friedrich Wilhelm IV. lehnt die ihm angebotene Kaiserkrone ab.

Damit ist das Werk der Frankfurter Paulskirche, das so hoffnungsvoll begonnen hat, gescheitert. Das Parlament löst sich auf. Nur ein kleiner, vorwiegend von radikaleren Abgeordneten beherrschter Rest bleibt zurück: das *Rumpfparlament*. Am 30.5.49 verlegt es seinen Sitz nach Stuttgart, wo es am 18.6.49 von württembergischem Militär auseinander getrieben wird. Aufstände in Baden, der Pfalz

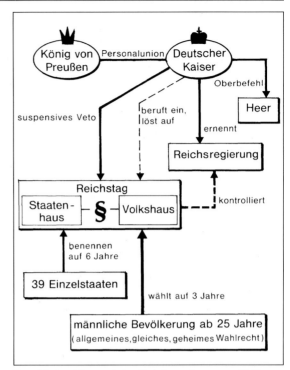

Frankfurter Entwurf der Reichsverfassung 1849

und im Rheinland werden noch 1849 von preußischen Truppen niedergeschlagen.

Das klägliche Ende erzeugt im Volk eine Stimmung tiefer Resignation. Viele der Enttäuschten wandern nach Amerika aus, die anderen kapitulieren vor den realen Machtverhältnissen. Der Weg ist geebnet für die sog. **Realpolitik**. Es ist symptomatisch, dass das Werk, dem der Begriff der Realpolitik entnommen ist, unmittelbar nach dem Scheitern der bürgerlichen Revolution in Deutschland erscheint *(L. von Rochau, Grundlagen der Realpolitik, 1853)*.

Heinrich Heine schreibt in seinem Gedicht »Im Oktober 1849«:

»Es muss der Held nach altem Brauch
Den tierisch rohen Mächten unterliegen«

und charakterisiert den Rückzug des Bürgers aus der Politik in die Idylle des häuslichen Bereiches, der Gartenlaube, des Spitzweg-Milieus:

»Wir treiben jetzt Familienglück. –
Was höher strebt, das ist von Übel.«

Die Reaktionszeit

Die Phase nach der gescheiterten Märzrevolution (bis 1858/59) wird als **Reaktionszeit** bezeichnet. Sie ist gekennzeichnet durch

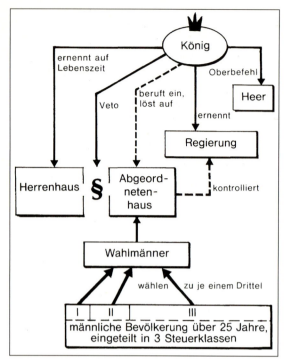

Preußische Verfassung von 1850

- die weitgehende Rücknahme der liberalen Zugeständnisse in den deutschen Staaten
- erneute Unterdrückung der Opposition
- die Wiederherstellung des Deutschen Bundes
- eine zunehmende wirtschaftliche Liberalisierung als Ausgleich für die erzwungene politische Enthaltsamkeit des Bürgertums. In diesem Sinne ist der Begriff der »Doppelrevolution« (Wehler) von 1848/49 zu verstehen. Politisch ist sie gescheitert, wirtschaftlich ist sie erfolgreich und führt zur rapiden Industrialisierung Deutschlands.

In *Preußen* tritt am 31.1.1850 die Ende 1848 oktroyierte, inzwischen im konservativen Sinne revidierte Verfassung in Kraft. Sie garantiert zwar die Bürgerrechte, ist aber ansonsten monarchisch ausgerichtet. Der König bleibt »von Gottes Gnaden«, ernennt die Regierung, hat den Oberbefehl über das Heer und das Vetorecht gegenüber der Legislative. Diese besteht aus einem Herrenhaus mit vom König auf Lebenszeit ernannten Mitgliedern, vorwiegend Adligen, und einem Abgeordnetenhaus, das nach dem **Dreiklassenwahlrecht** gewählt wird. Danach werden die männlichen Bürger über 25 Jahren in ihrem jeweiligen Wahlbezirk in drei Steuerklassen eingeteilt, die jeweils ein Drittel des gesamten Steueraufkommens dieses Bezirks umfassen. Jede Klasse bestimmt ein Drittel der Wahlmänner, die ihrerseits die Vertreter der Abgeordnetenkammer wählen. In besonders krassen Fällen kann es sogar vorkommen, dass ein Einzelner das erforderliche Steuerdrittel zahlt und dann als alleiniger Wähler der Klasse I ein Drittel der Wahlmänner bestimmt. Dieses *timokratische*[1] System führt dazu, dass eine kleine Schicht vermögender Männer zwei Drittel der Wahlmänner stellt und dadurch eine konservative Mehrheit im Abgeordnetenhaus garantiert. Insgesamt bedeutet diese Verfassung, die bis 1918 in Kraft bleibt, den Sieg der Reaktion in Preußen.

Die ungelöste nationale Frage versucht Preußen durch eine (kleindeutsche) Fürstenunion zu regeln, stößt aber auf den Widerstand Österreichs, das sich nicht aus Deutschland herausdrängen lassen will und eine Wiederbelebung des Deutschen Bundes anstrebt. Preußen muss auf Druck Russlands nachgeben und im Vertrag von Olmütz (1850) der Wiederherstellung des Deutschen Bundes unter österreichischem Vorsitz zustimmen.

Das 1850 vordergründig hergestellte Einvernehmen kann den **österreichisch-preußischen Dualismus** aber nicht verdecken. Er zeigt sich z.B. in der *Zollvereinsfrage,* bei der es Preußen gelingt, Österreichs Aufnahme in den bestehenden Zollverein (s. Seite 39) zu verhindern und sich so die eigene wirtschaftliche Vormachtstellung zu sichern.

Krimkrieg und italienische Einigung

Die Position Österreichs wird auch durch zwei außenpolitische Ereignisse erschüttert: den Krimkrieg und die nationale Einigung Italiens. Der

Krimkrieg   **1853–56**

wird von Zar Nikolaus I. ausgelöst, dessen europäische Position durch das Bündnis mit Österreich, das er bei der Niederschlagung des Ungarnaufstands und bei der Wiederherstellung des Deutschen Bundes unterstützt hat, gestärkt ist (»Gendarm Europas«). Nun greift er erneut, wie schon 1826, die expansive Politik gegen das Osmanische Reich auf und rückt unter einem Vorwand (Schutz der orthodoxen Christen) in die Donaufürstentümer ein. Gegen das russische Vorgehen wenden sich die Westmächte, England und Frankreich, und senden eine Flotte ins Schwarze Meer (Belagerung von Sewastopol Okt. 1854–Sept. 1855). Der Krimkrieg, übrigens der erste »Stellungskrieg« der Geschichte, endet mit der russischen Niederlage und einem Prestigegewinn Napoleons III., der den

Frieden von Paris   1856

---

[1] *Timokratie* (griech.): Herrschaft des Besitzes, des Geldes.

vermittelt. Er hat aber auch wichtige Auswirkungen auf die Mächtekonstellation insgesamt und damit auch auf den deutschen Dualismus. Österreich nämlich, aus Angst vor einem weiteren Ausgreifen Russlands an seiner Ostflanke, tritt nach langem Zögern der englisch-französischen Koalition bei (»Revolution in den außenpolitischen Beziehungen Österreichs«), während Preußen neutral bleibt und auch den Deutschen Bund auf Neutralität verpflichtet. Die antirussische Politik Österreichs führt zu einer russisch-preußischen Annäherung und eröffnet Preußen einen größeren Handlungsspielraum in der deutschen Frage, ist sogar eine der Voraussetzungen für die Reichsgründung 1871 (s. Seite 57).

Dem Bündnis Englands und Frankreichs ist (1855) auch *Sardinien-Piemont* beigetreten, die einzige unabhängige Monarchie im zersplitterten Italien, dessen Norden von Österreich, dessen Süden von der bourbonischen Dynastie beherrscht wird. Alle bisherigen Erhebungen des *Risorgimento*[1] (1820, 1830, zuletzt 1848) sind gescheitert und grausam unterdrückt worden (1848/49 über 1000 Hinrichtungen im österreichischen Gebiet).

Aufgrund dieser Erfahrungen versucht *Camillo Cavour,* Ministerpräsident Piemont-Sardiniens, unterstützt von König *Viktor Emanuel,* die Einigung Italiens auf diplomatischem Weg zu bewirken. Die Teilnahme am Krimkrieg und die dadurch geknüpften Kontakte zu Frankreich sind ein erster Schritt. Es gelingt Cavour weiter, Napoleon III. für die italienische Sache zu gewinnen (Geheimabkommen von Plombières, 1858): Im Falle eines österreichischen Angriffs würde sich Frankreich auf Seite der Italiener stellen.

Cavour muss nun dafür sorgen, dass dieser Fall eintritt: Gezielte Provokationen fordern im April 1859 ein österreichisches Ultimatum und die anschließende Kriegserklärung heraus, die Österreich formal als Angreifer erscheinen lässt. In den Schlachten von *Magenta* und *Solferino* wird Österreich von den französisch-piemontesischen Truppen geschlagen. Napoleon III. aber, der mittlerweile Angst vor der eigenen Courage bekommt und ein Eingreifen Preußens und des Deutschen Bundes fürchten muss, schließt mit Kaiser *Franz Joseph* den *Waffenstillstand von Villafranca,* nach dem Österreich lediglich die Lombardei abtreten soll (über Frankreich an Piemont). Das restliche Italien

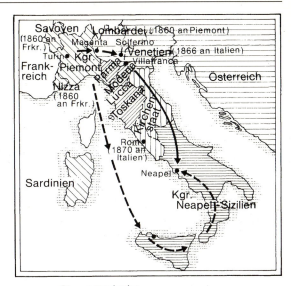

→ Piemontesische Truppen (1860)
--→ Garibaldi (1860)

Die Einigung Italiens

soll, unter Vorsitz des Papstes, nach dem Vorbild des Deutschen Bundes organisiert werden.

Dieses Modell aber, das Cavour und der nationalen Bewegung überhaupt nicht genügen kann, wird durch den Gang der Ereignisse überholt. Am 11. Mai 1860 landet der Freischärler *Garibaldi*[2] mir nur 1000 Anhängern auf Sizilien, erhält Zulauf vonseiten der Bevölkerung und beginnt vom Süden her mit der Eroberung des bourbonischen Königreichs Neapel-Sizilien (»Zug der Tausend«).

Piemontesische Truppen kommen ihm zu Hilfe, nicht zuletzt um die Führungsrolle Piemonts zu wahren; gemeinsam erobert man Neapel. Im März 1861 tritt in Turin das erste Parlament Italiens zusammen und begründet das

Königreich Italien	März 1861

unter Viktor Emanuel. Das noch österreichische Venetien wird im Oktober 1866 dazugewonnen (im Zusammenhang mit dem preuß.-österr. Krieg), der Kirchenstaat (im Zusammenhang mit dem deutsch-französischen Krieg 1870/71) im Jahre 1870 besetzt. 1871 wird *Rom* die Hauptstadt Italiens, die Hoheit des Papstes auf den *Vatikanstaat* beschränkt.

---

[1] (ital. Wiedererstehung): a) die auf die ital. Einigung zielenden Bestrebungen des 19. Jahrhunderts, b) als Epochenbegriff die ital. Geschichte von 1815 bis 1870.

[2] Giuseppe Garibaldi (1807–82), schließt sich 1833 Mazzinis Bewegung an (Junges Italien); nach einem gescheiterten Aufstand 1834 Flucht nach Südamerika; 1848 Rückkehr und Beteiligung an der Erhebung gegen Österreich; nach erneutem Exil in Amerika 1854 Rückkehr nach Piemont.

Frankreich erhält gewissermaßen als Dankeschön die bislang piemontesischen Gebiete Nizza und Savoyen.

Das Rote Kreuz

Der Schweizer *Henri Dunant (1828–1910)* sieht bei der Schlacht von Solferino 1859 die Brutalität des Krieges und die völlig unzureichende medizinische Versorgung der Verwundeten (Dunant, Un souvenir de Solférino, 1862). Unter dem Eindruck dieser Erfahrung regt er die Gründung des *Internationalen Komitees zur Unterstützung der Verwundeten* an (1863), 1876 umbenannt in *Internationales Komitee vom Roten Kreuz.* Das Deutsche Rote Kreuz (DRK) wird 1921 gegründet.

Die erste **Genfer Konvention** vom 22.8.1864 trifft ein Abkommen über die Bergung und Pflege verwundeter Soldaten. Weitere Konventionen folgen – zum Schutz von Zivilpersonen im Krieg, von Kriegsgefangenen, von Flüchtlingen. Das IRK nimmt daneben allgemeine karitative Aufgaben wahr, vor allem Krankenpflege und Hilfe in Katastrophenfällen.

Zeittafel
Vom Wiener Kongress zur Märzrevolution

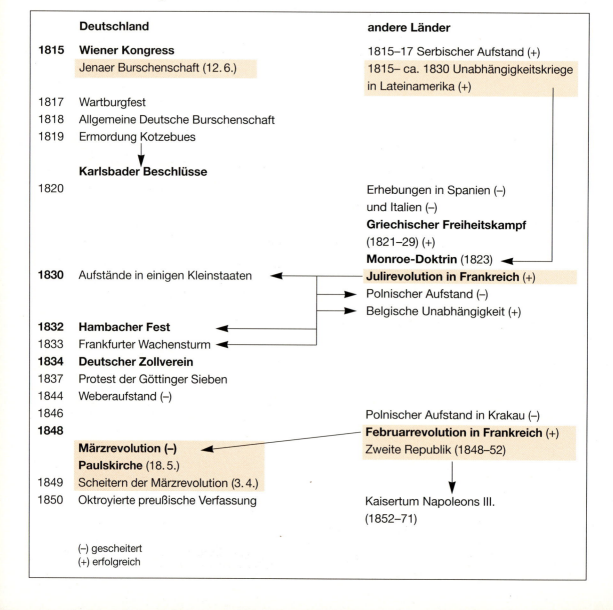

Die industrielle Revolution

Überblick

- Der Prozess der Industrialisierung beginnt Ende des 18. Jahrhunderts in England. Er ist noch nicht abgeschlossen.
- Er führt zu einer radikalen Veränderung der traditionellen Lebensformen; deshalb ist der Begriff der »industriellen *Revolution*« gerechtfertigt.
- Eine Folge der Industrialisierung ist die *soziale Frage*, die Proletarisierung und Verelendung eines großen Teils der Bevölkerung.
- Im Bemühen um eine Lösung der sozialen Frage formiert sich die *Arbeiterbewegung,* die von den aristokratischen und bürgerlichen Führungsschichten als Bedrohung angesehen wird. Maßgeblichen Einfluss auf die Bewegung gewinnt die Lehre von Karl Marx (Marxismus, s. Seite 42 f.). Versuche, die sozialistischen Parteien zu unterdrücken (in Deutschland: *Sozialistengesetz*), erweisen sich auf Dauer als vergeblich.
- Eine weitere, mittlerweile unübersehbare Folge der Industrialisierung ist die *ökologische Frage*. Sie ist eines der vorrangigen Probleme der Gegenwart.

Voraussetzungen der industriellen Revolution

Parallel zu den politischen Revolutionen der Zeit vollzieht sich, anfangs noch unbemerkt, der Prozess der Industrialisierung. Er beginnt Ende des 18. Jahrhunderts in England, greift im 19. Jahrhundert auf den Kontinent über und entwickelt sich im 20. Jahrhundert weltweit.

Dieser Prozess wird, erstmals 1837 von dem französischen Sozialisten Adolph Blanqui, als **industrielle Revolution** bezeichnet. Es ist in der Tat eine »Umwälzung«, eine Revolutionierung der wirtschaftlichen, technischen und sozialen Verhältnisse, die auch die Lebensformen des Einzelnen radikal verändert haben – und noch immer verändern. Denn die industrielle Revolution ist noch keineswegs abgeschlossen: Mikroelektronik, Computerisierung, Weltraumfahrt, Gentechnologie, Atomenergie, Umweltzerstörung usw., die zentralen und brennenden Probleme der Gegenwart also, sind die gegenwärtigen Erscheinungsformen dieser Entwicklung.

Die industrielle wird oft mit der *neolithischen (jungsteinzeitlichen) Revolution* verglichen, was in gewisser Weise seine Berechtigung hat. Der Begriff »neolithische Revolution« bezeichnet den Übergang von der über eine Million Jahre währenden steinzeitlichen Lebensform des Jäger- und Sammlertums zur Sesshaftwerdung, also zur Agrarkultur (Anbau von Getreide, Haustierhaltung, Vorratswirtschaft), die zur Entstehung von geschlossenen Siedlungen, schließlich von Städten und den frühen Hochkulturen führt. Während aber die neolithische Revolution eine Kultur schafft, die über Jahrtausende mehr oder weniger konstant bleibt, ist die industrielle Revolution durch eine Eigendynamik gekennzeichnet,

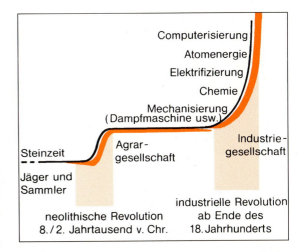

die in immer schnellerem Tempo immer neue Techniken produziert, die mittlerweile so kompliziert sind, dass sie nur noch von Spezialisten durchschaut werden können. Es hat nie in der Geschichte eine so atemberaubende Entwicklung gegeben, wie wir sie heute erleben.

Für die Auslösung dieser Entwicklung sind mehrere Faktoren verantwortlich, die gerade in England in der 2. Hälfte des 18. Jahrhunderts in besonderem Maße gegeben sind und deshalb England zum »Vorreiter« der Industrialisierung machen.

- Das rasche Bevölkerungswachstum (*demographische Revolution;* zu den Ursachen s. Seite 28) setzt genügend Arbeitskräfte frei, die der aufkommenden Industrie zur Verfügung stehen.
- Die deutliche Erhöhung der Erträge in der Landwirtschaft (*Agrarrevolution*) ermöglicht die Ernährung der wachsenden Bevölkerungszahl. Obwohl der Anteil der Landwirte an der Gesamtbevölke-

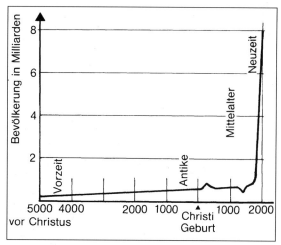

Entwicklung der Weltbevölkerung

rung sinkt (in England von 1750 bis 1810 von ca. 70 % auf ca. 35 %), wächst die Produktion.

Die Gründe für diese Agrarrevolution liegen

– in der Abkehr von der mittelalterlichen Dreifelderwirtschaft: Lag früher das Land jeweils im dritten Jahr brach, wird der Boden jetzt durch den Anbau von Blattfrüchten (Kohl, Futterpflanzen, Kartoffeln) genutzt und zugleich mit Nährstoffen versorgt
– in einer gezielten Flurbereinigung: Die Zusammenlegung verstreuten Besitzes ermöglicht effektivere Anbaumethoden. Die Aufteilung des wenig genutzten Gemeindebesitzes (Allmende) führt zu einer erheblichen Ausweitung der kultivierten Fläche und zu entsprechender Produktionssteigerung
– in verbesserten Kultivierungstechniken (Sämaschine, Dreieckpflug, später Kunstdünger)

• Die wachsende *Nachfrage* nach Gütern aufgrund entsprechender *Kaufkraft*. Beides ist bewirkt durch die Produktionsgewinne in der Landwirtschaft. Hinzu kommen aber gerade bei der See- und Weltmacht England der *Überseehandel,* die Erschließung neuer Märkte und die Kolonien (z. B. Indien als Absatzmarkt und Rohstofflieferant). Auch die Verstädterung spielt eine wichtige Rolle (Impuls z. B. für Steinkohlebergbau).

• Ausreichendes *Kapital,* das in neue Produktionszweige *investiert* werden kann, ist in England in reichem Maß durch die im Überseehandel erzielten Gewinne vorhanden. Seine Vormachtstellung als Welthandelsmacht hat England in den Kriegen gegen Frankreich im 18. Jahrhundert endgültig gefestigt (1763 Frieden von Paris, s. Bd. 1, Seite 160).

• Die *technische Revolution:* Erfindungen, Resulta-

te der frühneuzeitlichen Wende zum Rationalismus und zur experimentellen Methode, werden angesichts der plötzlich gegebenen wirtschaftlichen Verwertbarkeit gezielt in den Dienst der aufkommenden Industrie gestellt. Die stetigen Verbesserungen der Maschinen (Produktionssteigerung, Qualitätsverbesserung) und der Zwang, auf neue Herausforderungen mit neuen Techniken zu reagieren *(Innovationsdruck),* führen zu einer sich eigendynamisch beschleunigenden technischen Revolution.

• Geistige Voraussetzungen *(mentale Revolution):* Wesentliche Gedanken der Aufklärung, wie Freiheit, Selbstentfaltung, Recht auf Eigentum, Fortschrittsglauben, wirken sich nicht nur im politischen, sondern auch im wirtschaftlichen Bereich aus (Wirtschaftsliberalismus). Zwischen den politischen Revolutionen der Zeit und der industriellen Revolution besteht ein enger Zusammenhang: »Menschenrechte und Dampfmaschine gehören zusammen« (Conze). In England tritt als zusätzlicher Motor der Industrialisierung die calvinistische Auffassung hinzu, nach der wirt-

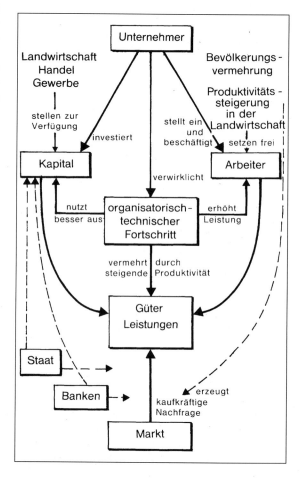

Die industrielle Revolution

schaftlicher Erfolg ein Zeichen der Auserwähltheit sei. Diese Auffassung begünstigt die Entstehung eines erheblichen Potenzials an Unternehmerpersönlichkeiten.

Wichtige Erfindungen
1733 Kay's fliegendes Weberschiffchen
1735 Koks aus Steinkohle
1766 Hochofen
1768 Spinnmaschinen
1769 Dampfmaschine
1785 Mechanischer Webstuhl
1807 Dampfschiff
1814 Dampflokomotive
1834 Mähmaschine
1840 Künstlicher Dünger
1856 Stahlgewinnung
1861 Telefon
1866 Dynamomaschine
1876 Ottomotor
1878 Elektromotor
1879 Glühbirne
1885 Auto
1897 Dieselmotor
1903 Motorflugzeug

Die Industrialisierung in Deutschland

Die Entwicklung in Deutschland bleibt lange Zeit hinter der englischen zurück. Zwar steigt auch hier die Bevölkerungszahl rapide an, doch bleibt im Unterschied zu England die Produktionssteigerung in der Landwirtschaft mit ihren positiven Auswirkungen (Nachfrage, Produktionssteigerung, Arbeitsplätze) aus. Erst unter dem Druck der napoleonischen Hegemonie werden veraltete Strukturen reformiert, Abhängigkeiten und Zwänge beseitigt (preußische Reformen, s. Seite 17 f.). Für die im Gefolge der Bauernbefreiung und der Gewerbefreiheit freigesetzten Arbeitskräfte gibt es aber vorerst keine Industrie, die sie auffangen könnte. So führt der Bevölkerungszuwachs in Deutschland vorerst zu Massenarbeitslosigkeit und -verarmung (Pauperismus, s. Seite 28), noch verstärkt durch die Konkurrenz des industrialisierten England, die sich z.B. auf das Textilgewerbe in Schlesien katastrophal auswirkt (s. Seite 29).

Nachteilig für die wirtschaftliche Entwicklung ist auch der deutsche Partikularismus – mit seinem handelspolitischen Regionalismus, seinen Zollschranken und der dadurch bedingten Verteuerung der Waren. Für eine Beseitigung dieser handelshemmnisse setzt sich besonders der Volkswirtschaftler *Friedrich List (1789–1846)* ein, Mitbegründer des *Deutschen Handels- und Gewerbevereins* (1819). Nach verschiedenen Vorstufen (preußisch-hessischer und bayrisch-württembergischer Zollverein, Mitteldeutscher Handelsverein) kommt es 1833 zum Zusammenschluss von 18 Bundesstaaten und zur Gründung des

Deutschen Zollvereins	**1834**

und damit zur Schaffung eines einheitlichen Wirtschaftsraumes, der die Binnennachfrage verstärkt und die beginnende Industrialisierung beschleunigt. Österreich bleibt dem Zollverein fern; spätere Beitrittsversuche (Zollvereinsfrage 1849/50) werden von Preußen verhindert. So wird der wirtschaftliche Zusammenschluss im Deutschen Zollverein zur Vorstufe, zum Motor der politischen (klein)deutschen Einigung von 1871.

Der entscheidende Anstoß zur Industrialisierung in Deutschland geht vom Eisenbahnbau aus. Der Bau der ersten

Eisenbahnstrecke (Nürnberg–Fürth)	**1834**

geht auf die Initiative einiger weniger Persönlichkeiten zurück (*Harkort, List* u.a.), wird dann aber zum großen Geschäft, in das von allen Seiten, vor allem auch von staatlicher, Kapital fließt. Der Eisenbahnbau führt zu einem gewaltigen Bedarf an Kohle und Eisen. Dazu müssen entsprechend große Zechen und Hütten angelegt werden (Ruhrgebiet), die wiederum für ihren Betrieb Maschinen benötigen. Die neu entstehenden Industrien schaffen ebenso wie der Streckenbau und der Eisenbahnbetrieb eine wachsende Zahl von Arbeitsplätzen. So setzt in Deutschland der Eisenbahnbau die industrielle Dynamik in Bewegung, die dann allmählich auch zu einer Erhöhung der Massenkaufkraft und entsprechender Nachfrage führt. Um die großen Projekte zu finanzieren, entstehen Aktiengesellschaften und Großbanken. Ab ca. 1880 führt die Entwicklung der Elektrotechnik und der chemischen Industrie zu einem zweiten Industrialisierungsschub, wobei die deutsche Industrie sogar den Vorreiter England überflügelt. Die heutige Entwicklung im Bereich der Mikroelektronik wird vielfach als dritte industrielle Revolution bezeichnet.

Die Industrialisierung des 19. Jahrhunderts ist noch getragen von einem ungebrochenen Fortschrittsglauben. In der Gegenwart wird immer deutlicher, dass der industrielle Fortschritt auch erhebliche Gefahren birgt und der Kontrolle entgleiten kann. Die Erschöpfung der Ressourcen, die Gefahren der Atomenergie, die fortschreitende Umweltzerstörung, die wachsenden Verkehrsprobleme usw. lassen vermuten, dass die *Grenzen des Wachstums* erreicht oder schon überschritten sind. Es wird wohl noch lange eines der größten Probleme der heutigen Zeit bleiben, die Entwicklung der Industrialisierung in vernünftige Bahnen zu lenken.

Die soziale Frage

Die rapide industrielle Entwicklung bringt neue Probleme mit sich:

- Entstehung eines wachsenden Industrieproletariats durch den Zuzug Arbeit suchender Menschen vom Land in die Industriegebiete
- Wohnungsnot und -elend (Slums, winzige Wohnungen für große Familien, miserable hygienische Verhältnisse)
- Entwurzelung aus den bisherigen sozialen Bindungen (Dorf, Großfamilie) und Trennung von Arbeits- und Lebensraum
- niedrige Löhne und lange Arbeitszeit als Folge des Überangebotes an Arbeitskräften. Die Kluft zwischen reichen Fabrikbesitzern und Proletariat wird immer krasser
- Frauen- und Kinderarbeit; bei den niedrigen Löhnen kann die Existenz einer Arbeiterfamilie nur gesichert werden, wenn Frauen und Kinder (oft 12 Stunden am Tag) mitarbeiten
- ständige existenzielle Gefährdung; da es keine Versicherungen, keinen Arbeiterschutz etc. gibt, können Krankheiten, Unfälle, Entlassung aufgrund von Konjunkturschwankungen usw. zur völligen Verelendung führen
- Abhängigkeit; um seinen Arbeitsplatz nicht zu verlieren, ist der Arbeiter gezwungen, sich den Vorstellungen des Fabrikbesitzers unterzuordnen. Die Abhängigkeiten gehen in den patriarchalisch geführten Unternehmen bis in den privaten Bereich (Heiratserlaubnis, politische Meinung)

All diese Probleme und Missstände werden als *Arbeiterfrage* oder **soziale Frage** bezeichnet. In England, dem Vorreiter der Industrialisierung, werden sie zuerst sichtbar (Friedrich Engels, Die Lage der arbeitenden Klasse in England, 1845).

Es gibt schon früh Ansätze zur Lösung der sozialen Frage, wobei höchst unterschiedliche Motive eine Rolle spielen:

- *christliche Nächstenhilfe:* Aus kirchlicher Initiative gehen zahlreiche Einrichtungen hervor:
  - *Kolpingverein,* ein Verein zur Betreuung wandernder Gesellen, gegr. 1846 von *Adolf Kolping,* erst Schuhmachergeselle, dann Priester
  - die *Bodelschwingh*-Anstalten in Bethel
  - die *Caritas* (1897)
  - Die *Innere Mission,* begründet von *Johann Hinrich Wichern (1808–81),* fasst verschiedenste Einrichtungen zur Linderung wirtschaftlicher und sozialer Not zusammen (Kinder- und Jugendheime, Altenpflege, Fürsorge für Prostituierte, Bahnhofsmission usw.).
  - die christlichen *Arbeitervereine* (Unterstützung in Krankheits- und Todesfällen)
  - Die (evangelische) *Christlich-Soziale Arbeiterpartei,* gegründet 1878 von *Adolf Stoecker,* Hofprediger Kaiser Wilhelms I., tritt für entschiedene soziale Verbesserungen ein, aber im Rahmen eines monarchischen Obrigkeitsstaates (»soziales Königtum«).
  - Die päpstliche Enzyklika »Rerum novarum« (1891) ruft Unternehmer und Staat zu sozialer Gerechtigkeit und aktiver Sozialpolitik auf.

Die kirchlichen Institutionen haben viel Not gelindert. An eine politische Emanzipation der Arbeiter denkt man nicht.

- *private Initiativen der Unternehmer:* Viele Unternehmer sorgen im Rahmen ihres Betriebes für soziale Absicherungen. Sie richten z. B. Betriebskrankenkassen, Kantinen, Bibliotheken usw. ein, bauen Arbeitersiedlungen oder fördern durch günstige Darlehen den Bau eines Eigenheims. Diese Einrichtungen bleiben im Rahmen einer patriarchalisch bestimmten Betriebsauffassung. Die politisch-soziale Abhängigkeit der Arbeiter wird nicht beseitigt (»Alles für den Arbeiter, nichts durch den Arbeiter«).
- *genossenschaftliche Initiativen:* Vorbild für die Selbsthilfeorganisationen der Arbeiter sind die in England entstandenen *Trade Unions.* Ihre Ziele sind: Verbesserung der Arbeitsbedingungen, Absicherung in Notfällen, Arbeiterbildung, genossenschaftliche Hilfe für konkrete Zwecke (z. B. die von *Friedrich Wilhelm Raiffeisen* 1847 gegründete ländliche Genossenschaft). Stärkstes Kampfmittel ist der Streik.

Bei den *Gewerkschaften,* die erstmals 1845/48 (Zigarrenarbeiter und Buchdrucker), dann ab den 60er-Jahren des 19. Jahrhunderts in Deutschland entstehen, gibt es verschiedene ideologische Richtungen, etwa die liberal orientierten *Hirsch-Duncker'schen Gewerkvereine*[1], sozialistische Gewerkschaften (Allgem. Deutscher Arbeiterschaftsverband (Lassalle) und Internationale Gewerkschaftsgenossenschaften (Bebel, Liebknecht), 1875 zusammengeschlossen) und christliche Gewerkschaften.

---

[1] Gegr. 1868 von Max Hirsch (1832–1905) und Franz Duncker (1822–88), Abgeordnete der Deutschen Fortschrittspartei.

- revolutionäre Veränderungen der Gesellschaft: Ziel der *sozialistischen Bewegungen* ist nicht nur die Verbesserung der materiellen Lage der Arbeiter, sondern eine generelle Veränderung der gesellschaftlichen Verhältnisse mit dem Ziel sozialer Gerechtigkeit. Solche Ideen hat es immer wieder gegeben, schon in der Antike bei Platon und in der christlichen Urgemeinde, in der Neuzeit unter anderem bei Thomas Müntzer (s. Bd. 1, Seite 128), Campanella, Jean-Jacques Rousseau (»Über die Ungleichheit der Menschen«, 1755) und Babeuf (»Manifest der Gleichen«, 1795; s. Seite 11). Mit der Entwicklung der industriellen Revolution und der daraus erwachsenden sozialen Frage aber verschärft sich das Problem der sozialen Ungleichheit und verlangt nach konkreten Lösungen.

Den entscheidenden Einfluss auf die entstehenden sozialistischen Arbeiterparteien üben die Arbeiten von *Karl Marx (1818–83)* und *Friedrich Engels (1820 bis 95)* aus. Sie bieten nicht nur eine umfassende Beschreibung und Analyse der wirtschaftlichen und sozialen Lage ihrer Zeit[1], sondern erheben darüber hinaus den Anspruch, die Gesetzmäßigkeit des Geschichtsverlaufs erkannt zu haben und deshalb wissenschaftlich begründete Prognosen über die zukünftige Entwicklung liefern zu können. Gerade dieser noch ganz in der Tradition der Aufklärung wurzelnde Zukunftsoptimismus, der prophetische Charakter des Marxismus, hat viel zu seiner weltbedeutenden Rolle beigetragen und ihn zu einer Ersatzreligion werden lassen. Auch die deutsche Arbeiterbewegung, die Sozialdemokratie, entwickelt sich in der Auseinandersetzung mit der marxistischen Theorie, teilt jedoch nicht deren Vorstellungen über den Weg in die sozialistische Gesellschaft. Während die kapitalistische Gesellschaftsordnung nach Marx nur durch eine kommunistische *Revolution* beseitigt werden kann, entscheidet sich die Sozialdemokratie für den Weg der *Reformen,* der *Evolution.*

Die Arbeiterbewegung

Die Anfänge der organisierten Arbeiterbewegung in Deutschland sind bereits im Vormärz (s. Seite 24) zu finden. Zuerst im liberaleren Ausland, nach 1840 auch in Deutschland bilden sich Handwerker- und Arbeiterbildungsvereine, etwa der 1837 gegründete »Bund der Gerechten« *(Wilhelm Weitling),* aus dem 1847 der »Bund der Kommunisten« hervorgeht, für den Marx und Engels das

Kommunistische Manifest   1848

schreiben. Im Laufe der 48er-Revolution kommt es, angeregt durch den Schriftsetzer *Stephan Born,* zum

Allgemeinen Deutschen Arbeiterkongress
23. 8.–3. 9. 1848

und zur Gründung einer im Gegensatz zum »Bund der Kommunisten« in ganz Deutschland verbreiteten, eher sozialreformerisch orientierten *Arbeiterverbrüderung.*

Nach dem Scheitern der Revolution, in der Reaktionszeit (s. Seite 33 f.), werden die Arbeiterbewegungen zwar verboten, völlig unterdrücken lassen sie sich jedoch nicht. Im Zusammenhang mit dem Regierungsantritt Wilhelms I. (1861), der als liberal gilt und eine »Neue Ära« in Preußen einzuleiten scheint, kommt es zur Neubildung zahlreicher Arbeiter(bildungs)vereine und Genossenschaften, meist von liberaler Seite inspiriert *(Schulze-Delitzsch, 1808–93).* Erst der Versuch, sich von der bürgerlich-liberalen Bevormundung zu lösen, führt dann zur Gründung des

Allgemeinen Deutschen Arbeitervereins (ADAV)   23. 5. 1863,

der ersten deutschen Arbeiterpartei. Ihr führender Kopf ist **Ferdinand Lassalle (1825–64).** Er geht aus vom *Ehernen Lohngesetz,* demzufolge der Arbeitslohn stets auf einem minimalen Niveau bleibe, das gerade Existenzfristung und Fortpflanzung ermögliche. Bei höheren Löhnen nämlich steige die Arbeiterzahl durch Vermehrung der Arbeiterbevölkerung, was den Unternehmern erlaube, die Löhne zu senken. Dieser Kreislauf sei innerhalb des kapitalistischen Systems nicht zu durchbrechen. Deshalb tritt Lassalle für die Schaffung von Arbeiter-Produktivgenossenschaften ein, die den Arbeiterstand quasi zu seinem eigenen Unternehmer machen und die Trennung von Arbeitslohn und Unternehmergewinn aufheben würden. Um diese Politik durchzusetzen, baut er auf Reformen und staatliche Hilfe, die allerdings durch die parlamentarische Vertretung der Arbeiter – also über das allgemeine und direkte Wahlrecht – erzwungen werden muss. Im Unterschied zu Marx vertraut der ADAV also auf Reformen und staatliche Hilfe (Staatssozialismus).

Ebenfalls 1863 wird von einer Gruppe, die sich nicht an Lassalle orientiert, der *Vereinstag Deutscher Arbeitervereine (VDAV)* gegründet, in dem **August Bebel (1840–1913)** und **Wilhelm Liebknecht (1826–1900)** federführend sind. Sie sind enger an Marx orientiert und treten der 1864 auf Initiative von Marx und Engels gegründeten *Internationalen Arbeiter-Assoziation (IAA)* bei. Aus dem VDAV geht die Gründung der

---

[1] Vor allem in den Werken »Zur Kritik der politischen Ökonomie« (1859) und »Das Kapital« (1. Band, 1867).

> **Sozialdemokratischen Arbeiterpartei (SDAP)**
> **August 1869**

hervor. ADAV und SDAP, programmatisch nicht so sehr unterschieden, schließen sich unter dem Druck der beginnenden Verfolgung (s. Seite 43) zur

> **Sozialistischen Deutschen Arbeiterpartei**
> **Mai 1875**

zusammen (*Gothaer Programm*), die sich nach der Aufhebung des Sozialistengesetzes umbenennt in

> **Sozialdemokratische Partei Deutschlands (SPD)   1891.**

Da sich Lassalles Vorstellungen von einer mit staatlicher Hilfe durchzuführenden Reform in der Phase der Sozialistenverfolgung als unrealistisch erwiesen haben, ist der Einfluss marxistischer Denkweisen im *Erfurter Programm* gewachsen. Von Marx übernommen ist die Auffassung vom permanenten Klassenkampf ebenso wie die Überzeugung, dass der Übergang in die sozialistische Gesellschaft geschichtsnotwendig sei. Hinsichtlich des Zieles besteht also Übereinstimmung zwischen Sozialdemokratie und Marxismus, nicht aber hinsichtlich des Weges. Während Marx – als Voraussetzung der künftigen Revolution – auf die Zuspitzung des Klassengegensatzes hinarbeiten will, ist die SPD zur Kooperation mit dem bürgerlichen System bereit (Arbeit im Reichstag). Gleichzeitig aber will sie über das allgemeine Wahlrecht und die Gewinnung der parlamentarischen Mehrheit die Verhältnisse schaffen, die dann den Übergang zur sozialistischen Gesellschaft ermöglichen. Wie Wilhelm Liebknecht es formuliert hat: »Das Revolutionäre liegt nicht in den Mitteln, sondern in dem Ziel!« Das Erfurter Programm sieht also, abweichend von dem marxistisch-kommunistischen Vorstellungen, die taktische Kombination von revolutionärem Ziel und reformistischer Praxis vor. Die SPD sollte »eine revolutionäre, nicht aber Revolutionen machende Partei« sein (Kautsky).

Grundzüge des Marxismus

- Im Unterschied zu den bislang herrschenden Auffassungen ist das Weltbild von Marx und Engels *materialistisch:* Nicht Ideen bestimmen die Geschichte, sondern die ökonomischen Verhältnisse (»Es ist nicht das Bewusstsein der Menschen, das ihr Sein, sondern umgekehrt ihr gesellschaftliches Sein, das ihr Bewusstsein bestimmt«). Die ökonomischen Verhältnisse sind nach Marx bedingt durch die *Produktivkräfte* (Werkzeuge, Mittel, Fähigkeiten, deren sich der Mensch zur Gestaltung seiner Welt bedienen kann) und die *Produktionsverhältnisse* (u. a. Eigentumsverhältnisse, unter denen die Menschen leben und arbeiten).

- Geschichte ist die *Geschichte von Klassenkämpfen.* Marx unterscheidet fünf Phasen:
  - klassenlose Urgesellschaft
  - Sklavenhaltergesellschaft
  - Feudalgesellschaft
  - bürgerlich-kapitalistische Gesellschaft
  - kommunistische Gesellschaft

  Die jeweils herrschende Klasse verfügt dabei über die jeweils fortschrittlichsten Produktivkräfte und ist so in die Lage gesetzt, den restlichen Teil der Bevölkerung zu beherrschen. Da sich die Produktivkräfte aber entwickeln, während die Produktionsverhältnisse die Tendenz zur Beharrung haben, kommt es zu revolutionären Spannungen, die schließlich zum Übergang in die nächste Phase führen. Diese Entwicklung ist nach Marx zwangsläufig, sie kann nur beschleunigt oder verlangsamt werden.

- Der Übergang zu einer neuen Stufe vollzieht sich jeweils durch eine *Revolution,* in der die Träger der fortschrittlicheren Produktivkräfte die Herrschaft gewaltsam übernehmen. So wird in den bürgerlichen Revolutionen die grundbesitzende Feudalgesellschaft abgelöst durch die bürgerlichen Kräfte, die im Besitz der Manufakturen und Fabriken sind. Diese etablieren sich nunmehr als herrschende Klasse (Bourgeoisie), provozieren aber durch ihre Herrschaft das Aufkommen der nächsten Klasse, des Proletariats.

- Die ökonomische Basis *(Unterbau)* ist bestimmend für das Bewusstsein und Denken der Menschen. Der *Überbau* (Politik, Kultur, Philosophie Justiz, Religion …) spiegelt jeweils die Interessen der herrschenden Schicht, ist also jeweils ein Fortschritt im Vergleich zur vorherigen Phase, wird aber dann ein Herrschaftsinstrument gegenüber der jetzt unterdrückten Klasse. Zum Beispiel sei die Ideologie der Aufklärung (Naturrecht, Rechtsgleichheit, Recht auf Eigentum (!) usw.) Kampfmittel der aufkommenden bürgerlichen Klasse gegen den Feudalismus, diene dann aber im entfalteten kapitalistischen System der Unterdrückung des Proletariats.

- Die kapitalistische Produktionsweise führt auf der einen Seite zu einer wachsenden *Verelendung* des Proletariats (immer niedrigere Löhne usw.), auf der anderen Seite zu einer immer größeren Konkurrenz der Kapitalisten untereinander (Absinken der Mittelschichten ins Proletariat), also zu einer bislang ungekannten *Polarisierung* der Gesellschaft in wenige Kapitalisten und die Masse des Proletariats.

- Da es angesichts der Polarisierung in Arm und Reich keinen Markt mehr für die wachsende Produktion gebe, komme es zu *Überproduktionskrisen* und damit zur Krise des kapitalistischen Systems überhaupt.

- In dieser Phase werde die Herrschaft der Bourgeoisie durch eine proletarische Revolution beseitigt, die Produktionsmittel würden enteignet und in Gemeineigentum überführt (sozialisiert).

- Da aufgrund der Polarisierung der bürgerlich-kapitalistischen Phase die Klassengegensätze vereinfacht worden seien, es also keine Klasse mehr unterhalb des Proletariats gebe, habe mit der kommunistischen Revolution auch die Geschichte der Klassenkämpfe ihr Ende gefunden. Nach einer Phase der *Diktatur des Proletariats* beginne die klassenlose, kommunistische Gesellschaft, das Ziel der geschichtlichen Entwicklung *(teleologische[1] Geschichtsauffassung)*,

- Da der Überbau die ökonomischen Verhältnisse spiegele, führe der Übergang in die klassenlose Gesellschaft zu einer Änderung des Bewusstseins. Gefühle wie Neid, Wunsch nach Eigentum usw. fielen fort. Auch der Staat, in der Klassengesellschaft ein Herrschaftsapparat, werde in der klassenlosen Gesellschaft überflüssig und sterbe allmählich ab.

- Damit wird nach Marx/Engels auch die *Entfremdung* des Menschen aufgehoben, die durch Arbeitsteilung und Privatisierung der Produktionsmittel hervorgerufen worden ist. An die Stelle der Entfremdung treten die Selbstverwirklichung und Befreiung des Menschen (»jeder nach seinen Fähigkeiten, jedem nach seinen Bedürfnissen«).

Sozialistengesetz und Sozialgesetze

Zwischen dem Gothaer und dem Erfurter Programm liegt die Zeit der Sozialistengesetze (1878–90), mit denen der Staat versucht, Gewerkschaften und Arbeiterpartei auszuschalten. Den Anlass für das »Gesetz gegen die gemeingefährlichen Bestrebungen der Sozialdemokratie« bieten zwei Attentatsversuche auf Kaiser Wilhelm I., obwohl keiner der Täter der Sozialdemokratie angehörte.

Sozialistengesetz   Oktober 1878:

- Verbot aller sozialdemokratischen, sozialistischen oder kommunistischen Vereine und Verbindungen

- Verbot aller entsprechenden Versammlungen

- Verbot aller entsprechenden Druckschriften

- Gefängnisstrafe oder/und Ausweisung von Personen, die dem Gesetz zuwiderhandeln

Die drastischen Maßnahmen des Sozialistengesetzes machen jede öffentliche Parteiarbeit unmöglich. Die Kandidatur von Einzelpersonen für den Reichstag und die Landtage ist die einzige legale Möglichkeit, die bleibt und die mit wachsendem Erfolg – trotz oder gerade wegen der Unterdrückung – genutzt wird. Der Stimmenanteil der Sozialdemokratie wächst ab 1881 stetig. Davon abgesehen organisiert sich die Partei im Untergrund und im Ausland, wo sie ihre Parteitage abhält und von wo sie Zeitschriften (»Der Sozialdemokrat«) und andere Druckerzeugnisse nach Deutschland schmuggelt.

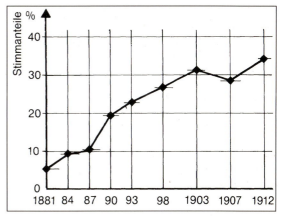

Stimmanteile der Sozialdemokraten bei den Reichstagswahlen von 1881 bis 1912

Da die Unterdrückung der Sozialdemokratie nicht gelingt, ergänzt Bismarck die repressiven Maßnahmen durch betont arbeiterfreundliche Sozialgesetze (»Zuckerbrot und Peitsche«). Die unübersehbaren Härten des sozialen Systems sollen gemildert, die Arbeiter so für den Staat gewonnen und der Sozialdemokratie entfremdet werden. Die

Sozialgesetzgebung   ab 1883

führt ein staatliches System der Sozialversicherung ein, das für ganz Europa vorbildhaft wird:

– Krankenversicherung (1883)

– Unfallversicherung (1884)

– Invaliditätsversicherung (1889)

Die durch das Sozialistengesetz bewirkte Ausgrenzung eines immer größeren Teils der Bevölkerung hat den Klassengegensatz verschärft. 1890 wird das Sozialistengesetz aufgehoben.

---

[1] Von griech. *telos* = Ziel.

Zeittafel
Industrielle Revolution

2. Hälfte 18. Jh.	**Beginn der Industrialisierung** in England (v. a. Baumwollindustrie): »Vorreiter« England	
1766	Hochofen	
1768 ff.	Spinnmaschinen	**soziale Frage**
1769	Dampfmaschine	
1814	Dampflokomotive	erste Gewerkvereine in England
1833		erstes Fabrikgesetz in England
1834	**Deutscher Zollverein Eisenbahnstrecke Nürnberg–Fürth**	
	»nachholende« Industrialisierung in Deutschland (v. a. Eisenbahn, Schwerindustrie) und anderen Ländern	sozialdemokrat. Arbeiterbewegung in England (Chartismus) (1839 ff.)
1840	Kunstdünger	
1845/48		Anfänge der Gewerkschaftsbewegung in Deutschland
1848		**Kommunistisches Manifest** (Marx / Engels)
1863		ADAV (Lassalle)
1865	BASF (Beginn der chemischen Großindustrie)	
1869		SDAP (Bebel/Liebknecht)
1875		Sozialistische Deutsche Arbeiterpartei
1876	Ottomotor	
1878	Elektromotor	**Sozialistengesetz** (1878–1890)
1879	Glühbirne	
1883 ff.		**Sozialgesetzgebung** Bismarcks
1885	Auto (Benz)	
1891		SPD

Der moderne Imperialismus

Überblick

- Imperialismus bezeichnet im engeren Sinne die Phase von ca. 1880 bis 1914, in der die europäischen Großmächte sowie Japan und die USA um die Aufteilung der Erde kämpfen. Die territorialen Schwerpunkte der imperialistischen Politik liegen in Afrika und China.
- Die Ursachen der imperialistischen Politik sind vielfältig. Vor allem sind zu nennen: Industrialisierung, wachsender Nationalismus, sozialdarwinistische Theorien und Ablenkung von inneren Problemen (Sozialimperialismus).
- Der Wettlauf um Kolonien und Einflussgebiete führt zu zahlreichen außenpolitischen Krisen (Faschodakrise, Marokkokrisen, Russisch-Japanischer Krieg usw.). Diese Krisen und die dadurch geförderte allgemeine Aufrüstung (in Deutschland vor allem die Flottenpolitik) gehören zu den auslösenden Faktoren des Ersten Weltkrieges.
- Der Imperialismus in einer verschleierten »informellen« Form (wirtschaftliche Abhängigkeit) besteht bis heute fort.

Begriffsbestimmung

Imperialismus bezeichnet im weiteren Sinne eine Expansionspolitik, die auf Vergrößerung und Machterweiterung (Imperium) zielt. In dieser Bedeutung hat es Imperialismus in der Geschichte immer gegeben (Alexander-, Römerreich). Auch Versuche heutiger Großmächte, ihr Einflussgebiet militärisch oder wirtschaftlich zu erweitern, werden von der Gegenseite als imperialistisch bezeichnet, wobei der Begriff heute eindeutig negativ besetzt ist.

Im engeren Sinne, als Epochenbegriff, bezeichnet Imperialismus die Phase von ca. 1880 bis 1914, in der die europäischen Großmächte, aber auch Japan und die USA, in einem hektischen Wettlauf um den Erwerb von Kolonien und die Aufteilung der Erde kämpfen.

Dieser sog. **klassische Imperialismus** ist auch zu unterscheiden vom Kolonialismus der frühen Neuzeit. *Kolonialismus* bezeichnet den Erwerb von Kolonien in der Folge des Entdeckungszeitalters (15. Jh.), vor allem durch Spanien und Portugal, später durch die Niederlande, England und Frankreich, mit dem Ziel der wirtschaftlichen Ausbeutung und der missionarischen Durchdringung der neu entdeckten Gebiete (s. Bd. 1, Seite 115 ff.).

Die imperialistische Politik basiert demgegenüber auf neuen Voraussetzungen:

- der *Industrialisierung* und den *machtstaatlichen Rivalitäten* des 19. Jahrhunderts. Der Erwerb von Kolonien wird jetzt als vorbeugende Absicherung der wirtschaftlichen (Rohstoffe, Absatzmärkte) und damit auch der politischen Machtstellung interpretiert. Es geht – ähnlich wie im Monopoly-Spiel – um die rasche Besetzung von Positionen, die wirtschaftlich und/oder strategisch auf lange Sicht von Bedeutung werden könnten.
- der Vorstellung, dass ein Zurückbleiben im kolonialen Wettlauf auf Dauer die eigene Großmachtstellung gefährde. Diese Angst, besonders bei den bislang zu kurz gekommenen Mächten, führt zu einem Wettrennen um die wenigen noch unbesetzten Plätze. Dabei ist der Blick nicht auf den tatsächlichen, sondern eher auf den zukünftig möglichen Vorteil gerichtet (»to peg out claims for posterity«).
- dem inzwischen grassierenden *Nationalismus*. Das nationale Denken und Fühlen des früheren 19. Jahrhunderts, das auf nationale Einigung gezielt, dieses Recht aber auch den anderen Völkern zugebilligt hat, ist jetzt vielfach übersteigert zu einer Überschätzung der eigenen Nation (*Chauvinismus*[1]) geworden.
- den Vorstellungen von der Überlegenheit der eigenen »Rasse« und vom »Kampf ums Dasein«. Diese Ideen berufen sich auf die Lehre von *Charles Darwin* (1809–82), vor allem auf die Selektionstheorie, nach der sich beim Kampf ums Überleben nur die stärksten und entwickeltsten Vertreter einer Art durchsetzten und so auch zur ständigen Höherentwicklung der Art beitrügen (natürliche Auslese). – Die Übertragung dieser Theorie auf das menschliche Zusammenleben wird als *Sozialdarwinismus* bezeichnet. Er dient als wissenschaftliche Rechtfertigung der Kolonialherrschaft und wird später ein zentraler Punkt der nationalsozialistischen Rassenideologie (s. Seite 109).

---

[1] *Chauvinismus:* übersteigerter, »säbelrasselnder« Nationalismus; genannt nach der Figur des Rekruten Chauvin in dem Lustspiel »La cocarde tricolore« von 1831.

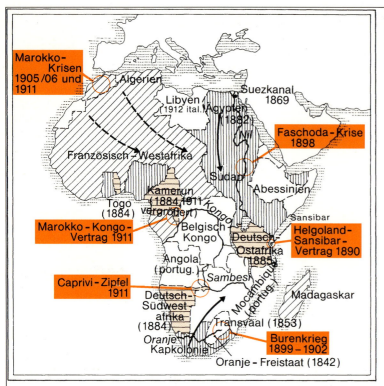

- dem *Sendungsbewusstsein,* das auf der Vorstellung von der eigenen kulturellen Überlegenheit beruht und daraus die Pflicht ableitet, die »unterentwickelten« Völker zu zivilisieren. Der englische Schriftsteller Rudyard Kipling (u. a.: Das Dschungelbuch) hat dies in einem Gedicht als »Bürde des weißen Mannes« verherrlicht.

- dem Versuch, durch eine gewissermaßen publikumswirksame Außenpolitik von den inneren Schwierigkeiten abzulenken und vor allem die potenziell revolutionären Kräfte der Arbeiterschaft zu integrieren *(Sozialimperialismus).*

Territoriale Schwerpunkte

Die Phase des Imperialismus fällt in eine Zeit, in der ein Großteil der Erde bereits von den klassischen Kolonialmächten besetzt ist und ehemalige Kolonien sich bereits losgelöst haben (Amerika). Die Tatsache, dass es nur noch wenige Gebiete gibt, die infrage kommen, zugleich aber mehr Mächte, die ihren Anspruch anmelden, führt zu der charakteristischen Verschärfung des kolonialen Wettlaufs dieser Zeit. Hauptschauplätze werden Afrika, dessen Inneres noch weitgehend unerforscht ist, und Ostasien, vor allem China.

Afrika

Der afrikanische Kontinent ist lange Zeit vor allem wegen des Sklavenhandels von Interesse gewesen, und es gibt zahlreiche Handelsplätze an den Küsten. Das Verbot des Sklavenhandels Anfang des 19. Jahrhunderts macht diese Niederlassungen unattraktiv. Größere Kolonien gibt es kaum: im Süden die *Kapkolonie (1806 britisch)* und die *Burenrepubliken*[1] sowie die portugiesischen Kolonien *Angola* und *Mocambique,* im Norden *Algerien* (bis dahin türkisch), das ab 1830 in langen Kämpfen unter französische Herrschaft kommt. Ägypten, Libyen, Tunesien, die sich noch (seit dem 16. Jahrhundert) unter türkischer Herrschaft befinden, werden angesichts der Schwäche der Türkei zu Einstiegsfeldern des europäischen Imperialismus. Ägypten gewinnt für England eine besondere Bedeutung durch den Bau des *Suez-Kanals (1869),* der den Seeweg nach Indien verkürzt.

Den Anstoß für die Aufteilung Afrikas bietet die Besetzung *Tunesiens* durch Frankreich (1881) und *Ägyptens* durch England (1882). Damit beginnt die »Balgerei um Afrika« (scramble for Africa), an der sich auch die neuen Kolonialmächte Deutschland und Italien beteiligen.

---

[1] *Buren* (ndl. Bauern), Nachkommen niederländischer und deutscher Siedler (seit 1652) in Südafrika, gründen nördlich der Kapkolonie den *Oranje-Freistaat (1842)* und *Transvaal (südafrikanische Republik) (1853).*

In dieser Phase, in der die kolonialen Interessen der Großmächte aufeinander prallen, gelingt es dem eben gegründeten Deutschen Reich, einige Kolonien in Afrika zu erwerben. Innerhalb von zwei Jahren (1884/85) erklärt es *Südwestafrika, Togo, Kamerun* und *Deutsch-Ostafrika* zu »Schutzgebieten« und stellt sie unter deutsche Verwaltung. Es geht Bismarck, der gegenüber der Kolonialpolitik skeptisch bleibt, nicht (wie später Wilhelm II.) um Groß- und Weltmachtpolitik, sondern um den Schutz des Handels gegen die ausländische Konkurrenz.

In der deutschen Öffentlichkeit ist die Kolonialpolitik durchaus populär. Schon 1882 wird der *Deutsche Kolonialverein* gegründet, 1884 die *Gesellschaft für Deutsche Kolonisation*, die sich 1887 zur *Deutschen Kolonialgesellschaft (DKG)* zusammenschließen (bis 1914 ca. 40000 Mitglieder). Noch einflussreicher sind der

Alldeutsche Verband	1891,

der mit seiner nationalistischen, antisemitischen und antisozialistischen Einstellung zu einem der Vorläufer und Förderer des Nationalsozialismus wird (erst 1939 aufgelöst), und der

Deutsche Flottenverein (DFV)	1898,

gegründet von *Admiral von Tirpitz* im Interesse einer starken Kriegsflotte, die zum Schutz der deutschen Kolonien und zur Garantie der deutschen Weltmachtstellung als notwendig erachtet wird. Der Flottenverein, von Wilhelm II. und der deutschen Industrie unterstützt, zählt über eine Million Mitglieder.

Die englischen Interessen richten sich, nach der Festsetzung in Ägypten, auf die Schaffung einer Nord-Süd-Verbindung durch Afrika (»vom Kap bis Kairo«). Von Ägypten aus beginnt die Eroberung des Sudan, von der Kapkolonie aus das Vordringen nach Norden. Dabei stoßen die Engländer zum einen auf die Burenrepubliken, die nach einigen Vorhutgefechten (Jameson-Einfall in Transvaal 1895/96, s. auch Krüger-Depesche, Seite 66) im

Burenkrieg	*1899–1902*

erobert werden. Zum anderen geraten sie in Konflikt mit den Franzosen, die ihr Kolonialgebiet in östlicher Richtung ausdehnen und dabei die englische Nord-Süd-Achse schneiden. Im

Faschoda-Konflikt	*1898*

kommt es zum Aufeinandertreffen französischer und britischer Kolonialtruppen bei Faschoda am oberen Nil. Das Nachgeben Frankreichs verhindert den drohenden Krieg.

Der Faschoda-Konflikt führt zu einer Wende in der englischen Außenpolitik: Zur Aufgabe der »splendid isolation« und zur Suche nach Bündnispartnern, nach außenpolitischem Rückhalt. England versucht dabei erst ein Zusammengehen mit Deutschland (1898–1901); nach dem Scheitern dieser Verhandlungen nähert es sich Frankreich an und einigt sich in der

Entente cordiale[1]	1904

über die beiderseitigen kolonialen Interessen.

Auch Italien, nachdem es sich 1882 an den deutsch-österreichischen Zweibund angeschlossen hat, beteiligt sich am Wettrennen um Afrika. Es besetzt Eritrea (1882), Italienisch-Somaliland (1889) und schließlich Libyen (1911/12), das bis dahin unter türkischer Herrschaft stand. – Belgien erwirbt Belgisch-Kongo (1881/1908).

Die Auseinandersetzungen um Einflussgebiete in Afrika führen immer wieder zu Konfrontationen der Großmächte. Von besonderer Bedeutung sind die

Marokkokrisen	1905/06 und 1911,

in denen Deutschland durch demonstrative Akte (Besuch Wilhelms II. in Tanger 1905, Entsendung des deutschen Kreigsschiffes »Panther« nach Agadir *(Panthersprung)* 1911) sich gegen die französische Marokkopolitik wendet. Beide Krisen führen angesichts des deutsch-französischen Gegensatzes an den Rand eines Krieges und verstärken die außenpolitische Isolation des Deutschen Reiches (s. Seite 65 ff.).

China

Der Einfall der europäischen Mächte in China ist ein besonders düsteres Kapitel der Imperialismus-Geschichte. Chinas Kultur ist hoch entwickelt und über 2000 Jahre alt. Ihr Kern ist die Lehre des Philosophen Konfuzius (551–479 v. Chr.), der *Konfuzianismus*, der in dem traditionsbewussten Denken der Chinesen bis ins 20. Jahrhundert Geltung behält. Kontemplation[2] und Muße sind Ideale der chinesischen Bildung und Lebensgestaltung; Kenntnisse in Literatur, Kunst, Philosophie und der komplizierten Zeichenschrift sind Voraussetzung für den Einstieg in die höhere Ämterlaufbahn. Der Kaiser selbst gilt als »Sohn des Himmels«, China als »Reich der Mitte«, als Zentrum der Erde. Aus chinesischer Sicht sind die Europäer nichts weiter als

---

[1] Franz.: herzliches Einverständnis.

[2] Besinnung, Betrachtung, schauende Versunkenheit mit dem Ziel der Erkenntnis.

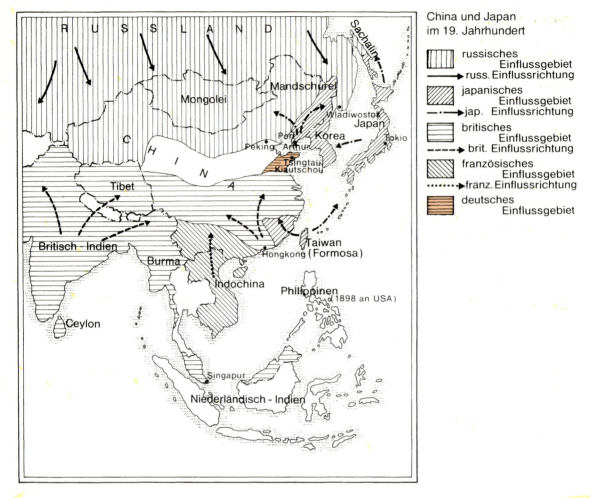

China und Japan im 19. Jahrhundert

- russisches Einflussgebiet / russ. Einflussrichtung
- japanisches Einflussgebiet / jap. Einflussrichtung
- britisches Einflussgebiet / brit. Einflussrichtung
- französisches Einflussgebiet / franz. Einflussrichtung
- deutsches Einflussgebiet

Barbaren. Die von den Europäern an den Tag gelegten Eigenschaften wie Geschäftssinn, Betriebsamkeit, Fortschrittsgläubigkeit, Technikgläubigkeit usw. gelten der chinesischen Kultur als minderwertig. Die Industrialisierung, für die europäische Kultur die entscheidendste Entwicklung des 19. Jahrhunderts, findet in China weder eine Entsprechung noch Verständnis.

Der China-Handel, den vor allem die englische Ostindien-Kompanie betreibt, verläuft deshalb sehr einseitig. England importiert erhebliche Mengen Seide, Porzellan, vor allem Tee, während sich China an englischen Erzeugnissen uninteressiert zeigt – bis im frühen 19. Jahrhundert die englischen Händler eine »Marktlücke« entdecken: das Opium. Durch die massenhafte, illegale Einfuhr von bengalischem Opium machen die Engländer das große Geschäft – auf Kosten der chinesischen Bevölkerung: Fast 90 % der Bevölkerung verfällt dem Rauschgift; die Folgen für die Volksgesundheit und die Wirtschaft sind katastrophal. Als die chinesische Regierung schließlich einen Riegel vorschiebt und Maßnahmen gegen den illegalen Opiumimport ergreift, interveniert England militärisch. Im

Opiumkrieg 1840–42,

sicherlich einem der unmoralischsten Kriege der Weltgeschichte (man denke an den heutigen Kampf gegen den internationalen Drogenhandel!), kann England seine militärisch-technische Überlegenheit zur Geltung bringen und China die Friedensbedingungen diktieren. China muss hohe Entschädigungen zahlen, Hongkong abtreten und seinen Handel den europäischen Mächten öffnen. Dies ist der erste einer ganzen Reihe ungleicher Verträge, in denen China Stück für Stück seine Souveränität verliert. Es beginnt eine Phase der Demütigung und Ausbeutung Chinas, an der sich auch andere europäische Mächte beteiligen. China sinkt auf einen halbkolonialen Stand ab.

Zusätzlich erschwert wird die Situation Chinas durch innere Unruhen, die sich sowohl gegen die Fremdherrschaft wie auch gegen die Mandschu-Dynastie richten. Der

Der moderne Imperialismus

Taiping-Aufstand 1850–64,

in dem sich sozialrevolutionäre Reformbewegung, Ausländerfeindlichkeit und Kampf gegen den Opiumhandel bündeln, stürzt China in einen Bürgerkrieg von gigantischen Ausmaßen (über 20 Millionen Tote). Die chinesische Regierung kann den Aufstand schließlich nur niederschlagen, indem sie ausländische Truppen verpflichtet und damit ihre eigene Abhängigkeit von den Kolonialmächten zementiert. China wird mehr und mehr zum Beuteobjekt der imperialistischen Mächte: Die Japaner besetzen Taiwan und Korea, die Russen Sinkiang, die Mongolei und Kasachstan, Frankreich Indochina, die Engländer Burma, die Deutschen den Hafen Tsingtau in der Kiautschou-Bucht.

Die wachsende Einmischung fremder Mächte führt zu einer nationalchinesischen Gegenbewegung, die sich im sog.

Boxeraufstand[1] 1900/01

entlädt. Die Bewegung, die aus alten Geheimgesellschaften hervorgegangen ist, richtet sich in fanatischem Hass gegen alles Fremde. Missionare und zum Christentum bekehrte Chinesen werden ermordet; im Juni 1900 dringen die Boxer in Peking ein und beginnen, unterstützt durch kaiserliche Truppen, mit der Belagerung des Ausländerviertels. Über 60 Europäer kommen ums Leben, darunter der deutsche Gesandte *von Ketteler*, bevor eine schnell aufgebotene Truppe von Japanern, Russen, Briten und Amerikanern den Belagerten zu Hilfe kommen kann. Zusätzlich wird eine internationale Flotte unter dem Oberbefehl des deutschen Generalfeldmarschalls *Graf Waldersee* nach China geschickt, Anlass für die berüchtigte »Hunnenrede« Wilhelms II. Der Boxeraufstand wird blutig niedergeschlagen, Peking geplündert und teilweise zerstört. China muss hohe Kriegsentschädigungen zahlen und einen »Sühne-Prinzen« nach Berlin schicken, der um Vergebung für die Ermordung des deutschen Gesandten zu bitten hat.

Als Reaktion auf die nach dem gescheiterten Boxeraufstand noch verstärkte halbkoloniale Abhängigkeit Chinas bildet sich, beeinflusst jetzt auch von den westlichen Ideen, eine nationalchinesische Bewegung mit demokratischen und sozialen Zielen, die spätere

Kuomintang (Nationale Volkspartei) ab 1912

des im westlichen Exil lebenden Arztes *Sun Yat-sen (1866–1925)*. Seine Ziele sind

- Wiedererlangung der nationalen Selbstständigkeit
- Sturz der Mandschu-Dynastie und Demokratisierung Chinas
- soziale Reformen.

Nach mehreren gescheiterten Aufständen kommt es zur

ersten chinesischen Revolution 1911/12.

Die Mandschu-Dynastie dankt am 12. Februar 1912 ab. China wird nach zeitweiser Militärdiktatur unter General Yuan Shikai (gest. 1916) Republik, kann aber die immensen inneren Probleme nicht bewältigen und stürzt in eine Phase des Chaos, in der sich lokale Machthaber (sog. Warlords) um die Herrschaft streiten. Nach dem Ersten Weltkrieg (China ist offizieller Kriegsgegner Deutschlands, trotzdem fällt die deutsche Kolonie Tsingtau an Japan!) kommt es erneut zu Aufständen (1919). Diese sind aber jetzt, im Gegensatz zur liberalen und sozialreformerischen Richtung der Kuomintang, von den Ideen des Kommunismus und dem Vorbild der russischen Oktoberrevolution (1917) beeinflusst. 1921 wird die Kommunistische Partei Chinas gegründet.

Die weitere Geschichte Chinas wird bestimmt durch den Machtkampf dieser beiden Bewegungen (s. Seite 136).

Der Aufstieg Japans

Eine ganz andere Entwicklung nimmt Japan, obwohl es von ähnlichen Voraussetzungen ausgeht wie China. Auch Japan hat sich gegen fremden Einfluss abgeschirmt und wird erst 1852/53 unter dem Druck der Amerikaner (Demonstration der militärischen Überlegenheit der Kriegsflotte) gezwungen, das Land dem Handel und dem fremden Einfluss zu öffnen. Die Amerikaner verfolgen dabei das Prinzip der *open door,* das unter Berufung auf den modernen Wirtschaftsliberalismus den freien Handel zu einer Art Grundgesetz erklärt und dabei übersieht, dass freier Handel zwischen ungleichen Partnern in der Praxis ebenfalls Abhängigkeiten schafft[2].

Japan reagiert auf die erzwungene Öffnung aber völlig anders als China. Statt sich zum Objekt der fremden Mächte machen zu lassen, übernimmt es deren überlegene Technik. Ganz nach dem Vorbild

---

[1] Der Name »Boxer« beruht auf einem sprachlichen Missverständnis. Die Bewegung nennt sich eigentlich »Fäuste (Kämpfer) für Rechtlichkeit und Eintracht«.

[2] In diesem Sinne spricht man vom *informellen* Imperialismus, der keine direkte (formelle), sondern »nur« eine wirtschaftliche Abhängigkeit begründet. Dieser versteckte Imperialismus ist auch heute noch in starkem Maße gegeben.

moderner europäischer Gesellschaften führt Japan in einer energischen Reformbewegung (Meiji-Zeit, ab 1867) westliche Neuerungen ein:

- zentrale Verwaltung
- Abschaffung des Feudalwesens
- allgemeine Schulpflicht
- allgemeine Wehrpflicht
- Modernisierung der Armee und der Marine
- Verfassung (konstitutionelle Monarchie, 1889)
- einheitliche Gesetzgebung

Zur Durchführung der Reform von oben werden ausländische Berater ins Land geholt. Für Verfassung, Schulwesen (Gymnasium) und Militärwesen ist das preußische Vorbild maßgebend, und gelegentlich werden die Japaner auch als »Preußen Asiens« bezeichnet.

Die rapide Europäisierung, die natürlich zu enormen Identitätsproblemen und inneren Widerständen führt, lässt Japan bald eine gleichberechtigte Macht werden, die nun auch ihrerseits eine imperialistische Politik betreibt. Im

| Japanisch-Chinesischen Krieg | 1894/95 |

annektiert Japan die Insel Formosa, zwingt China zur Öffnung einiger Häfen für den japanischen Handel und gewinnt entscheidenden Einfluss auf Korea, das bis dahin unter chinesischer Oberhoheit stand.

Der Einfluss in Korea führt zu Spannungen mit Russland, das die Mandschurei besetzt hat (1900) und nun ebenfalls auf Korea ausgreift. Im

| Russisch-Japanischen Krieg | 1904/05 |

siegt der japanische Zwerg über den russischen Riesen (Schlacht von Mukden und Seeschlacht von Tsushima, 1905). Japan erwirbt den Südteil der (seit 1875) russisch besetzten Insel Sachalin (Karafuto),

den (seit 1898) russischen Hafen Port Arthur und das Protektorat über Korea (1910 annektiert) sowie die südliche Mandschurei. Während des Ersten Weltkrieges gewinnt Japan auch die deutschen Kolonien in der Südsee und in China hinzu und wird endgültig zur Großmacht.

Russischer Kontinentalimperialismus

Im Unterschied zu den übrigen imperialistischen Mächten ist Russland nicht auf den Erwerb überseeischer Kolonien angewiesen. Es kann sein Territorium auf Kosten schwacher Nachbarn nach Süden (Kasachstan, Turkestan, Turkmenien) und Osten (Amur- und Küstenprovinz, Insel Sachalin, Mandschurei, 1891 Transsibirische Eisenbahn, 1896 Mandschurische Eisenbahn) ausdehnen. Dabei stößt Russland schließlich in Korea auf die gegenläufigen Interessen Japans, bei seinem Vordringen nach Süden auf die Englands (Persien, Afghanistan). Der Konflikt mit Japan führt zur russischen Niederlage 1905. Mit England, dem im Hinblick auf die europäische Mächtekonstellation an einer friedlichen Regelung gelegen ist, kommt es zum

| englisch-russischen Interessenausgleich | 1907: |

Afghanistan wird zum englischen, Tibet zum russischen Interessengebiet erklärt, Persien wird in eine nördliche (russische), eine mittlere (gemeinsame) und eine südliche (englische) Interessenzone geteilt.

Die für die europäische Geschichte wichtige Konsequenz dieser Ereignisse ist eine erneute Hinwendung Russlands zum Balkan und dadurch eine Verschärfung der ohnehin krisenanfälligen Situation in dieser Region (1908: Bosnische Krise; 1912/13: Balkankrise, s. Seite 67).

Zeittafel
Imperialismus

	allgemein	Deutschland
1840/42	Opium-Krieg	
	ungleiche Verträge mit China	
1852/53	erzwungene Öffnung Japans	
1867 ff.	Europäisierung Japans (Meiji-Zeit)	
1881	Besetzung Tunesiens (Frankreich)	
1882	Besetzung Ägyptens (England)	**Deutscher Kolonialverein**
1884/85		**Erwerbungen in Afrika**
1891		**Alldeutscher Verband**
1897		**Erwerb Kiautschous mit Hafen Tsingtau**
1898	Faschoda-Krise	**Deutscher Flottenverein**
1899–1902	Burenkrieg	
1900/01	Boxeraufstand in China	Strafexpedition nach China unter deutscher Führung: »Hunnenrede« Wilhelms II.
1903		Bagdadbahn
1904	**Entente cordiale** (Frankreich-England)	
1904/05	Russisch-Japanischer Krieg	
1905/06	1. Marokkokrise ⟶	Besuch Wilhelms II. in Tanger
1907	engl.-russ. Kolonialausgleich	
1911	2. Marokkokrise ⟶	»Panthersprung«
1911/12	Chinesische Revolution (Sturz der Mandschu-Dynastie)	
1914–1918	Erster Weltkrieg ⟶	Verlust der Kolonien

Das Deutsche Kaiserreich

Die Ära Bismarck

Überblick

- Die Situation im Deutschen Bund nach 1848 ist durch den preußisch-österreichischen *Dualismus* gekennzeichnet. Ziel des preußischen Ministerpräsidenten Bismarck (ab 1862) ist es, diesen Dualismus zugunsten einer preußischen Hegemonie aufzulösen.
- Im Konflikt um Schleswig-Holstein provoziert Bismarck die militärische Auseinandersetzung mit Österreich **(Preußisch-Österreichischer Krieg 1866)**.
- Folgen des Krieges sind die Gründung des preußisch dominierten **Norddeutschen Bundes** sowie die Beilegung des preußischen Verfassungskonflikts *(Indemnitätsvorlage)*.
- Der nationale Charakter des **Deutsch-Französischen Krieges (1870/71)** ermöglicht die **Gründung des Deutschen Kaiserreiches** am 18. 1. 1871 in Versailles.
- Außenpolitisch kann Bismarck in der Folgezeit die Position des Deutschen Reiches, das als neuer Machtblock das System des europäischen Gleichgewichts stört, durch ein ausgeklügeltes *Bündnissystem* sichern.
- Innenpolitisch scheitert die Politik Bismarcks bezüglich des *Kulturkampfes* und im *Kampf gegen die Sozialdemokratie*. Die Sozialgesetzgebung jedoch stellt eine bleibende und positive Errungenschaft dar.

Otto von Bismarck

Die Geschichte der Reichsgründung, die nun auch in Deutschland, unter ungewöhnlichen Umständen, zustande kommen sollte, ist untrennbar verknüpft mit den Namen *Bismarck* und *Wilhelm I.* Bismarck ist die dominierende, treibende Persönlichkeit, sodass oft auch von einer *Ära Bismarck* gesprochen wird. Das Verdienst Wilhelms I. wird entsprechend darin gesehen, dass er sich trotz anfänglicher Ablehnung schließlich dem politischen Genie Bismarcks gebeugt habe. Es gehört zu den Merkwürdigkeiten der Reichsgründung, dass die nationale Einigung herbeigeführt wird von einem Mann, der die Nationalidee im Grunde als »Schwindel« ansieht und dem es nicht um die Nation, sondern um die preußische Vormachtstellung geht.

Otto von Bismarck (1815–98) stammt aus einer märkischen Gutsbesitzerfamilie und studiert in Göttingen und Berlin Jura. Der Beginn seiner politischen Laufbahn fällt in etwa mit der 48er-Revolution zusammen, die er bekämpft und als Kinderei bezeichnet. Er ist einer der Gründer der konservativen *Neuen Preußischen Zeitung (Kreuzzeitung, 1. 7. 1848)*. Ab 1852 ist er preußischer Gesandter im Bundestag, 1859 wird er Botschafter in St. Petersburg, 1862 in Paris. Seine Berufung zum preußischen Ministerpräsidenten und Außenminister (23. 9. 1862), verdankt er der Krise um die

preußische Heeresreform   1860 ff.

Die Heeresreform sollte die Schlagkraft des Heeres verstärken und damit Preußen ein größeres politisches Gewicht verleihen, auch im Hinblick auf den preußisch-österreichischen Dualismus. Im Februar 1860 legt Kriegsminister *von Roon* dem Abgeordnetenhaus eine entsprechende Gesetzesvorlage vor. Sie sieht vor:

- Erhöhung der Friedensstärke von 150 000 auf 210 000 Mann
- dreijährige Dienstzeit
- Unterstellung mehrerer Jahrgänge der Landwehr[1] unter die Kommandogewalt der regulären Reservetruppen

Vor allem die Frage der Dienstzeit, aber auch die faktische Schwächung der Bürger-Landwehr zugunsten des Königsheeres stoßen auf den Widerstand der Abgeordnetenkammer, die vorerst nur eine provisorische Bewilligung der Gelder ausspricht. In der Folgezeit, zumal Wilhelm I. die Forderung nach Reduzierung der Wehrzeit auf zwei Jahre strikt ablehnt, spitzt sich die Krise zu: Aus dem Heeres- wird ein Verfassungskonflikt, im Grunde eine Machtfrage zwischen Königtum und Abgeordnetenhaus.

---

[1] Aufgebot der wehrfähigen, nicht dem stehenden Heer angehörenden Männer bis zum 50. Lebensjahr.

1861 wird die liberale **Deutsche Fortschrittspartei** gegründet[1], die bei den preußischen Wahlen 1862 auf Anhieb mit 104 Abgeordneten stärkste Fraktion wird. Auflösung und Neuwahl der Kammer führen zu einem ähnlichen Ergebnis.

An die Fortsetzung der Heeresreform mit Billigung der Kammer ist angesichts dieser Mehrheitsverhältnisse nicht zu denken. Andererseits ist Wilhelm I. nicht bereit, sich in dieser Machtfrage dem Parlament zu beugen.

Die Lückentheorie

In dieser verfahrenen Situation beruft Wilhelm I. auf Anraten von Roons Bismarck zum Ministerpräsidenten. Bismarck ist bereit, gegen die Abgeordnetenkammer zu regieren – aufgrund der

Lückentheorie:

Nach der preußischen Verfassung (s. Seite 34) kommt ein Gesetz zustande, wenn König, Herrenhaus und Abgeordnetenkammer übereinstimmen. Die Verfassung habe aber eine Lücke, denn sie sage nicht aus, was zu geschehen habe, wenn keine Übereinstimmung erzielt werde. Nach Auffassung Bismarcks und der Konservativen habe in einem solchen Falle der König als Verfassungsgeber das Recht, eigenmächtig die erforderlichen Entscheidungen zu treffen.

Auf der Grundlage dieser *Lückentheorie* führt Bismarck vier Jahre die Regierung gegen das Parlament. Erst 1866 wird der Verfassungskonflikt beigelegt. Die Erfolge der Bismarck'schen Außenpolitik bestimmen das Parlament zum Nachgeben und zur nachträglichen Billigung seines Vorgehens. Mit der Annahme der

Indemnitätsvorlage[2]	Sept. 1866

kapituliert das Parlament. Die Phase von 1862 bis 1866 ist ein klassisches Beispiel für die Strategie, mithilfe einer erfolgreichen Außenpolitik innenpolitische Schwierigkeiten zu überdecken und zu »lösen«. Über der Frage der Indemnität spaltet sich die liberale Opposition (1867 Abspaltung der *Nationalliberalen,* s. Seite 59).

Preußisch-Österreichischer Krieg

Bismarcks wichtigstes außenpolitisches Ziel ist es, den Dualismus zwischen den beiden Hauptmächten des Deutschen Bundes (s. Seite 34) zugunsten Preußens zu entscheiden. Schon 1853, als Gesandter am Frankfurter Bundestag, äußert er vertraulich, dass für beide Großmächte auf Dauer in Deutschland kein Platz sei: Eine müsse »weichen oder vom anderen gewichen werden«.

Als preußischer Ministerpräsident und Außenminister betreibt er deshalb eine destruktive Politik gegenüber Österreich, das durch den Krimkrieg und die italienische Einigung (s. Seite 34 f.) ohnehin angeschlagen ist. Bismarck verhindert den Beitritt Österreichs zum Deutschen Zollverein (s. Seite 39) ebenso wie den Versuch Kaiser Franz Josephs, auf dem

Frankfurter Fürstentag	1863

eine umfassende Reform des Deutschen Bundes durchzusetzen. Österreich wollte dem handlungsschwachen Bund (s. Seite 23) durch Einrichtung eines ständigen Exekutivrates aus fünf Mitgliedern, in dem Preußen, Österreich und Bayern ständig vertreten sein sollten, Mehrheitsprinzip statt Einstimmigkeit, Delegiertenparlament und Bundesgericht ein größeres politisches Gewicht verleihen. Die geplante Reform hätte den Deutschen Bund in Richtung eines Bundesstaates verändern können, hätte aber auch Österreichs Vormachtstellung belassen. Bismarck gelingt es nach heftigen Auseinandersetzungen, Wilhelm I. zu bewegen, dem Fürstentag fernzubleiben. Ohne Teilnahme Preußens muss der österreichische Reformversuch scheitern.

Ebenfalls im Hinblick auf eine mögliche Auseinandersetzung mit Österreich gestaltet Bismarck die Beziehungen zu Russland. Schon während des Krimkrieges hat sich das Verhältnis zu Russland gebessert (s. Seite 35). 1863 unterstützt Bismarck – ohne Rücksicht auf die Stimmung der Liberalen in Preußen – den russischen Zaren bei der Niederwerfung des polnischen Aufstandes (s. Seite 27) und zieht Russland so weiter auf preußische Seite.

1863 kommt es erneut zu einer Krise um die dänischen Herzogtümer Schleswig und Holstein (zur Vorgeschichte s. Seite 32). König Friedrich VII. von Dänemark stirbt am 15. November 1863 kinderlos. Entsprechend dem Londoner Vertrag der Großmächte von 1852 wird Prinz Christian von Sonderburg-Glücksburg sein Nachfolger *(Christian IX., 1863 bis 1906).* Er unterzeichnet eine noch unter dem Vorgänger ausgearbeitete dänische Verfassung, die in Deutschland als unvereinbar mit den Schleswig und Holstein zugestandenen Sonderrechten aufgefasst wird. Gegen Christian erhebt Friedrich von Augus-

---

[1] Die allgemeinen Ziele der Fortschrittspartei sind nationale Einigung (kleindeutsch) und liberale Verfassung (aber kein allgemeines Wahlrecht), im Heereskonflikt tritt sie für zweijährige Dienstzeit und Erhaltung der Landwehr ein.

[2] (lat. *indemnitas* = Schadloshaltung): nachträgliche parlamentarische Billigung strittiger Regierungsmaßnahmen.

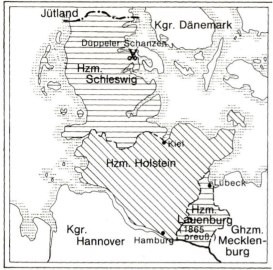

Schleswig-Holstein

▭ preußische Verwaltung
▨ österreich. Verwaltung

tenburg als Kandidat der deutschen Bevölkerung Schleswigs und Holsteins Anspruch auf die Regierung der Elbherzogtümer. Zwischenzeitlich wird Holstein, das im Unterschied zu Schleswig Mitglied des Deutschen Bundes ist, durch eine Bundesexekution[1] besetzt (Dezember 1863).

Bismarck aber verfolgt seine eigenen Ziele: Er will die Herzogtümer weder dem Glücksburger noch dem Augustenburger zugestehen, sondern sie für Preußen annektieren. Dazu braucht er den Krieg mit Dänemark in Schleswig.

Es gelingt Bismarck, Österreich für ein gemeinsames Vorgehen zu gewinnen. Man stellt dem dänischen König die ultimative Forderung, Dänemark und die Elbherzogtümer weiterhin voneinander unabhängig zu regieren. Als Christian IX. ablehnt, kommt es zum

Deutsch-Dänischen Krieg   **1864,**

der mit einem schnellen Sieg der österreichischen und preußischen Truppen endet (18.4.64: Erstürmung der Düppeler Schanzen, im Folgenden Besetzung Jütlands und Alsens). Im

Friedensvertrag von Wien   *August 1864*

muss Dänemark die Herzogtümer an Österreich und Preußen abtreten. Da Bismarck nun aber nicht bereit ist, dem vom Deutschen Bund und Österreich favorisierten Augustenburger Kandidaten die Herzogtümer zu überlassen, bleibt vorerst nur eine provisorische gemeinsame Verwaltung der Herzogtümer durch Österreich und Preußen.

Diese Lösung ist aber für Österreich unbefriedigend, denn es kommt zu ständigen Reibereien zwichen preußischer und österreichischer Verwaltung. In der

Konvention von Gastein   **14.8.1865**

wird die Krise vorerst beigelegt, aber in einer für Österreich ungünstigen Form: Preußen erhält die Verwaltung Schleswigs, Österreich die Holsteins, aber ohne den wichtigen Kriegshafen Kiel, der ebenso wie Lauenburg an Preußen fällt. Das österreichisch verwaltete Holstein, rings von preußischem Gebiet umgeben, ist völlig isoliert.

Bismarcks eigentliches Ziel bleibt trotz des Gasteiner Abkommens die militärische Lösung des preußisch-österreichischen Dualismus. Den Krieg bereitet er in dieser Phase durch entsprechende Geheimverhandlungen vor.

Die Beziehung zu Russland ist ohnehin gut (s. Seite 35). Den französischen Kaiser Napoleon III. macht Bismarck durch Andeutungen glauben, er dürfe im Falle der französischen Neutralität auf territorialen Zugewinn rechnen (linksrheinische Gebiete). Schwierig sind jedoch die Verhandlungen mit Italien. In einem geheimen Bündnisvertrag (8.4.1866) verpflichtet sich Italien, im Falle eines Krieges auf preußischer Seite zu kämpfen.[2] Die Zusage ist allerdings auf drei Monate befristet. Bismarck muss sich beeilen, den Krieg vom Zaun zu brechen.

Im Bundestag provoziert er die Österreicher mit dem Antrag, eine nach allgemeinem (!) Stimmrecht direkt gewählte Nationalversammlung einzuberufen, um die Bundesverfassung zu reformieren – ein von Bismarck nicht ernst gemeintes Wiederbeleben der 48er-Paulskirche und für Österreich unannehmbar. Zugleich spitzt er die Konflikte in den Elbherzogtümern zu. Als Österreich am 1.6.1866 die Holstein-Frage dem Bundestag vorlegen will, deutet Bismarck dies als Bruch des Gasteiner Abkommens und lässt Truppen in Holstein einrücken. Darauf stellt Österreich den Antrag auf Bundesexekution gegen Preußen. Obwohl der Antrag in dieser krassen Form gar nicht angenommen wird, muss er als Anlass für den Austritt Preußens aus dem Deutschen Bund herhalten (14.6.1866).

---

[1] Schärfste Maßnahme des Deutschen Bundes gegen ein Mitglied, das die Bundestreue verletzt. Die Bundesexekution sieht die Absetzung der Regierung (Einmarsch von Bundestruppen) und die Übernahme der Regierungsgewalt durch einen Exekutionskommissar vor.

[2] Der Geheimvertrag mit Italien ist ein klarer Verfassungsbruch. Er widerspricht Artikel 11 der Bundesverfassung, der Bündnisse mit ausländischen Mächten, die sich gegen ein Bundesmitglied richten, untersagt.

Der nun ausbrechende

Preußisch-Österreichische Krieg 1866

endet mit dem schnellen Sieg preußischer Truppen in der

Schlacht von Königgrätz (Sadowa) in Böhmen 3. 7. 1866.

Es ist als besondere politische Leistung Bismarcks herausgestellt worden, dass er den Sieg über Österreich nicht zu territorialen Annexionen ausgenutzt hat, wie es Wilhelm I. gern gesehen hätte. Bismarck will sich nicht einen unversöhnlichen Feind schaffen, sondern im Gegenteil die Option offen halten, dass beide Mächte unter veränderten Bedingungen auch wieder Bündnispartner werden könnten. So bleibt Österreichs Besitzstand im Waffenstillstand von *Nikolsburg (26. 7. 1866)* und im

Frieden von Prag 23. 8. 1866

unangetastet[1]. Keinerlei Rücksicht dagegen nimmt Bismarck auf die nördlichen Bundesstaaten: Hannover, Hessen-Kassel, Nassau und die freie Stadt Frankfurt/Main werden annektiert, natürlich auch die Herzogtümer Schleswig und Holstein. Österreich muss die Vorherrschaft Preußens in einem norddeutschen Bund anerkennen; die Staaten südlich des Mains bleiben unabhängig, sind jedoch durch ein »Schutz- und Trutzbündnis« an Preußen gebunden. Auch wirtschaftlich greift der Norddeutsche Bund über die Mainlinie hinaus: die Neuorganisation des Deutschen Zollvereins (s. Seite 39) schafft eine Klammer zwischen nord- und süddeutschen Staaten und bildet wirtschaftlich bereits eine Vorstufe des (klein)deutschen Reiches von 1871.

Der Norddeutsche Bund

Die Herrschaftsverhältnisse nördlich der Mainlinie regelt Preußen im Sinne eines Bundesstaates. Der preußische König ist erblicher Präsident des Bundes und Oberbefehlshaber des Bundesheeres. Die Exekutive wird von einem Bundesrat ausgeübt, dessen Vorsitzender (Bundeskanzler) vom Präsidenten ernannt wird. Im Bundesrat sind die 22 Mitglieder durch 43 Delegierte vertreten, wobei Preußen mit 17 Delegierten zwar nicht die Mehrheit, wohl aber das größte Gewicht und bei Zweidrittel-Entscheidungen ein praktisches Veto hat. Neben der föderalistischen Institution des Bundesrates gibt es eine Volksvertretung (Reichstag), die nach gleichem, direktem und allgemeinem Wahlrecht gebildet wird. Dieses fortschrittliche Wahlrecht (in Preußen selbst bleibt das Dreiklassenwahlrecht bis 1918 bestehen) ist ein Zugeständnis an die preußischen Liberalen, die der Indemnitätsvorlage (s. Seite 53) zugestimmt haben, aber auch ein Köder für die liberalen süddeutschen Staaten. Bismarck glaubt im Übrigen auch, dass das allgemeine Wahlrecht letztlich keine Gefahr darstelle, zumal die Rechte des Reichstages nicht allzu groß sind (die Minister sind dem Reichstag nicht verantwortlich).

Deutsch-Französischer Krieg

Bismarck hat durch den raschen Friedensschluss mit Österreich und die Annexionen in Norddeutschland Tatsachen geschaffen. Als Napoleon III., dessen Neutralität Bismarck durch vage Versprechungen von Kompensationen erkauft hat, seinen Anteil einfordert, weist er ihn ab und nutzt die französischen Gebietsforderungen zum Abschluss von (antifranzösischen) Militärbündnissen mit den süddeutschen Staaten. Frankreich sieht sich getäuscht und ausgetrickst; die Stimmung schlägt gegen Preußen um und gipfelt in der Forderung nach *Rache für Sadowa (Königgrätz)*. In Frankreich wie in Preußen bildet sich die Überzeugung heraus, dass ein Entscheidungskampf in näherer Zukunft unausweichlich sei. Auf beiden Seiten wird auf diesen Kampf hingerüstet.

Die antipreußische Stimmung in Frankreich und Napoleons Wunsch nach Revanche auf der einen Seite, das militärische und wirtschaftliche Bündnis mit den süddeutschen Staaten auf der anderen Seite sind die Faktoren, die Bismarck bei seinem nächsten Schachzug ausnutzt. Er kalkuliert auf einen Krieg gegen Frankreich, dem die süddeutschen Staaten beitreten müssten. Im Zuge dieser nationalen Erhebung könnte dann die Einbeziehung der süddeutschen Staaten in ein (klein)deutsches Reich gelingen. Von größter Wichtigkeit ist es aber, dass Frankreich dabei als Aggressor erscheint ...

Den Anlass, Frankreich zu provozieren, bietet die spanische Thronfolge. Bismarck unterstützt die Kandidatur des Prinzen Leopold von Hohenzollern-Sigmaringen. Obwohl dieser nur einer katholischen Nebenlinie der in Preußen regierenden Hohenzollern angehört, kann Napoleon diese Kandidatur nicht akzeptieren. Er befürchtet eine Umklammerung Frankreichs wie schon zu Zeiten Karls V. oder des Spanischen Erbfolgekrieges (s. Bd. 1, Seite 123 und 154) und verlangt die Rücknahme der Bewerbung. Wilhelm I. lenkt ein und bewegt den Sigmaringer zum Verzicht.

Obwohl die Frage damit im Sinne Frankreichs entschieden ist, Napoleon also einen diplomatischen Sieg verbuchen kann, fordert der französische Kai-

---

[1] Im Friedensvertrag mit Italien muss Österreich jedoch *Venetien* an Italien abtreten.

ser darüber hinaus die *bindende* Zusage Wilhelms, *nie wieder* die Kandidatur eines Hohenzollern für den spanischen Thron zuzulassen. Diese Forderung, vom französischen Botschafter *Benedetti* dem preußischen König in Bad Ems übermittelt, lehnt Wilhelm ab. Er berichtet Bismarck über seine Unterredung mit Benedetti in einem Telegramm. Dieses Telegramm, die

Emser Depesche   13. 7. 1870,

lässt Bismarck in verkürzter – und dadurch in verschärfter – Form veröffentlichen: eine diplomatische Brüskierung. Die von Bismarck provozierte Folge ist die Kriegserklärung Frankreichs, das damit im

Deutsch-Französischen Krieg
**   19. 7. 1870 – 26. 2. 1871**

als Angreifer erscheint.

Die Emser Depesche ist aber nur der *Anlass* des Krieges. Die *Ursachen* liegen

- in dem machtpolitischen Gegensatz zwischen Frankreich und dem vergrößerten Preußen, also der Verschiebung des Gleichgewichts
- in der antideutschen Stimmung in Frankreich (»Rache für Sadowa«)
- in der beiderseitigen Hochrüstung und dem noch bestehenden Vorsprung des preußischen Militärs, dessen Führung deshalb auf einen baldigen Krieg drängt
- in Bismarcks Kalkül, über den Krieg gegen Frankreich ein preußisch dominiertes deutsches (Kaiser-)Reich zu schaffen.

Der Kriegsverlauf ist gekennzeichnet durch den schnellen deutschen Angriff über Elsass-Lothringen (Schlachten auf den Spicherer Höhen, bei Weißenburg, Mars-la-Tour, Gravelotte) mit den entscheidenden Siegen bei Metz und der

Schlacht von Sedan[1]   **1./2. 9. 1870,**

in der Kaiser Napoleon III. und über 100 000 französische Soldaten gefangen genommen werden. Die Gefangennahme des Kaisers bedeutet aber nicht das Ende des Krieges. Auf Initiative *Leon Gambettas (1838–82)* und *Jules Favres (1809–80)* kommt es in Paris zur

Ausrufung der (3.) Republik   4. 9. 1870,

die auch die Verteidigung gegen die Deutschen neu zu organisieren versucht (nach Art der »levée en masse« von 1793, s. Seite 10). Dennoch wird Paris am 19. 9. 1870 eingeschlossen. Unter dem Druck der Situation spaltet sich die republikanische Führung. Gambetta, der die Verteidigung fortsetzen will, wird gestürzt, die gemäßigtere Richtung unter *Adolphe Thiers (1797–1877)* setzt sich durch und schließt einen Waffenstillstand. Im Vorfrieden von Versailles, schließlich im

Frieden von Frankfurt   **10. 5. 1871**

muss Frankreich

- Elsass-Lothringen an Deutschland abtreten
- eine Kriegsentschädigung (Reparationen) von 5 Milliarden Goldfrancs zahlen
- Deutschland die handelspolitische Meistbegünstigung gewähren[2]
- bis zur Zahlung der Reparationen die Besetzung Ostfrankreichs hinnehmen.

Die Annexion Elsass-Lothringens[3] ist immer wieder als großer politischer Fehler Bismarcks herausgestellt worden – als negativer Gegenpol zu dem klugen Frieden von Nikolsburg. 1871 hat Bismarck nachgegeben:

- den Argumenten der Militärs, die Elsass-Lothringen als unverzichtbare Basis für den Fall eines neuerlichen Krieges ansehen
- den nationalistischen Stimmungen der deutschen Bevölkerung, die das deutschsprachige Elsass-Lothringen für den deutschen Nationalstaat reklamieren
- den wirtschaftlichen Interessen an den lothringischen Bodenschätzen
- dem latenten Misstrauen gegenüber den süddeutschen Staaten, denen ein unter Reichsverwaltung stehendes Elsass-Lothringen die direkte Nachbarschaft zu Frankreich verbaut

Trotz dieser nachvollziehbaren Gründe ist die Annexion objektiv ein Fehler, denn sie zementiert die deutsch-französische Feindschaft, die eine der Ursachen des Ersten Weltkrieges sein wird. Sie verschärft auch das Ungleichgewicht der Mächte: Ist schon die Verbindung der süddeutschen Staaten mit dem Norddeutschen Bund eine Angstvorstellung Frankreichs gewesen, so sieht es sich jetzt einem durch Elsass-Lothringen auch noch vergrößerten deutschen Reich gegenüber – ein Dualismus,

---

[1] Der 2. September wird (bis 1918) zum deutschen Nationalfeiertag (Sedanstag).

[2] Meistbegünstigung: Dem Vertragspartner werden alle Vorteile und Vergünstigungen gewährt, die in Verträgen mit Dritten bereits eingeräumt sind oder noch eingeräumt werden.

[3] Seit Ende des 17. Jahrhunderts französisch, s. Bd. 1, Seite 151; auch bei der Neuordnung Europas 1815 auf dem Wiener Kongress (s. Seite 22) wird daran nicht gerüttelt.

–·–·– Grenze des
        Deutschen Reiches
        1871–1918
S.L. = Schaumburg-Lippe
H.S. = Hohenzollern-
        Sigmaringen

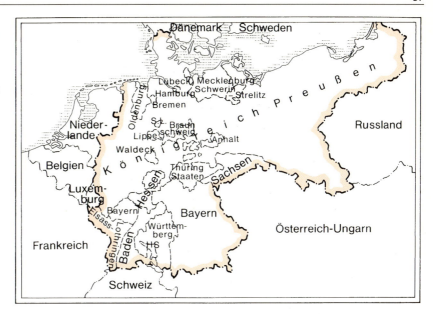

der den Keim des nächsten, noch schlimmeren Krieges in sich trägt.

Noch während der Friedensverhandlungen mit Deutschland kommt es in Frankreich zu einer innenpolitischen Krise, dem

Aufstand der Pariser Kommune
26. 3.–28. 5. 1871.

Er richtet sich gegen die im Februar gewählte Nationalversammlung, die in ihrer Mehrheit konservativ und monarchistisch ist und den in Paris verabscheuten *Adolphe Thiers* zum Staatschef ernennt. Ausgelöst wird der Bürgerkrieg durch die Weigerung der Pariser Nationalgarde, ihre Waffen an die Regierungstruppen abzuliefern (17./18. 3. 1871). Seine Ursachen liegen jedoch im Gegensatz des republikanischen Paris zu der von den Provinzen bestimmten konservativen Nationalversammlung sowie in den sozialen und wirtschaftlichen Problemen, die sich in Paris während der deutschen Belagerung aufgestaut haben. Am 26. 3. wird die *Kommune* gewählt, die in Paris die Regierungsgewalt übernimmt. In ihr sind verschiedene, überwiegend radikale Richtungen vertreten, wie Blanquisten, Kommunisten, Jakobiner, Anarchisten, die sich in ihren Zielen uneins bleiben (die von der marxistischen Geschichtsschreibung vertretene These vom Aufstand des Proletariats ist deshalb zu vereinfachend). Mit ausdrücklicher Erlaubnis Bismarcks – die deutschen Truppen lagern noch vor Paris – lässt Thiers die Stadt von Regierungstruppen belagern.

In der *blutigen Woche* vom 21. bis 28. Mai 1871 wird sie erobert. Fast 30 000 Menschen werden getötet, über 10 000 deportiert, zahlreiche Gebäude zerstört (unter anderem die Tuilerien). Die 3. Republik, die nach einigen Versuchen der monarchistischen Restauration schließlich 1875 offiziell proklamiert wird, bleibt bis 1940, also bis zur Niederlage gegen Hitler-Deutschland, bestehen.

Die Reichsgründung

Bald nach Ausbruch des Deutsch-Französischen Krieges lässt Bismarck mit den süddeutschen Staaten über den Beitritt zum Norddeuschen Bund verhandeln. Trotz der nationalen Begeisterung, die der Sieg bei Sedan entfacht, bleiben erhebliche Vorbehalte der süddeutschen Fürsten gegen die Dominanz des protestantischen Nordens ebenso wie gegen die Institution eines deutschen Kaisertums. In Einzelverhandlungen, in denen den süddeutschen Staaten, insbesondere Bayern, Sonderrechte (Reservatrechte) zugestanden werden, und nicht zuletzt durch die massive Bestechung des bayrischen »Märchenkönigs« *Ludwigs II.*[1] erreicht es Bismarck schließlich, dass der bayrische König in einem (von Bismarck selbst entworfenen!) Schreiben dem preußischen König im Namen der Fürsten die Kaiserkrone anträgt.

Wie sehr die Reichsgründung von Bismarck manipuliert ist, zeigt sich auch im Titel »Deutscher Kaiser«, der den nationalen Wünschen entspricht und die Paulskirchenlösung von 1849 aufgreift. Wilhelm I.

---

[1] *Ludwig II.* (1864–86), berühmt durch den Bau der »Märchenschlösser« Neuschwanstein, Herrenchiemsee u. a. und seinen rätselhaften Tod im Starnberger See. Die Bestechungsgelder entnimmt Bismarck dem sog. *Welfenfonds,* dem 1866 enteigneten Besitz des hannoverschen Königs.

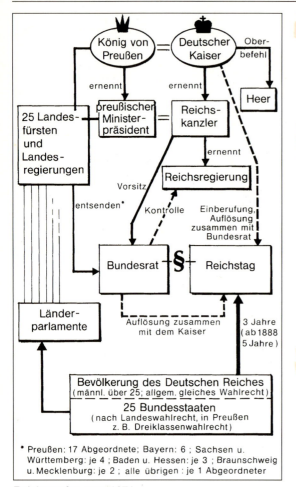

Reichsverfassung 1871

dagegen ist deshalb gar nicht geneigt, den Titel anzunehmen, da er darin eine Abwertung des preußischen Königtums sieht. Er muss von Bismarck erst überredet werden. Bei der

Proklamation des Deutschen Kaiserreichs 18.1.1871

im Spiegelsaal des Versailler Schlosses erfolgt seine Ausrufung durch den Großherzog von Baden unter der Kompromissformel: »Seine kaiserliche und königliche Majestät, Kaiser Wilhelm I.«

Mit der Kaiserproklamation von 1871 ist das Ziel der nationalstaatlichen Einigung auch in Deutschland erreicht (wie zuvor schon Italien, dessen Einigung – ebenfalls durch geschicktes Taktieren, die Dominanz einer politisch überragenden Figur (Cavour) und einen Krieg – manche Parallelen zur deutschen aufweist, s. Seite 35). Es ist ein Manko der Reichsgründung, dass sie ohne Volksbeteiligung erfolgt. Sie scheint Bismarcks Wort von 1862 zu bestätigen: »Nicht durch Reden und Majoritätsbeschlüsse werden die großen Fragen der Zeit entschieden, sondern durch Eisen und Blut.«

Die Reichsverfassung

Die Reichsverfassung von 1871 entspricht in allen wesentlichen Punkten der des Norddeutschen Bundes (s. Seite 55). Die Titel Präsident und Bundeskanzler heißen nun Deutscher Kaiser und Reichskanzler, die Verknüpfung dieser Ämter mit Preußen bleibt bestehen. Das Reich ist ein föderalistischer Staat. Die Länder behalten ihre Souveränität (eigene Verfassungen, Gesetze), auch das Recht, Gesandtschaften ins Ausland zu entsenden. Über den Bundesrat haben sie deutlichen Einfluss auf die Reichsangelegenheiten. Preußen (mit 17 Stimmen) und die drei größten Mittelstaaten (mit zusammen 14 Stimmen) verfügen dabei über eine *Sperrminorität*.

Der Reichstag als Vertretung der gesamten Bevölkerung des Reiches hat zusammen mit dem Bundesrat die Legislative inne und bewilligt den Haushalt. Darüber hinaus bleibt seine Stellung schwach, denn er verfügt weder über die Gesetzesinitiative noch über das Recht, die Regierung zur Verantwortung zu ziehen. Auch fehlt der Verfassung, im Unterschied zu dem Entwurf von 1848/49, eine Erklärung der Grundrechte.

Der Reichskanzler als Chef der Exekutive ist ausschließlich dem Kaiser verantwortlich. Er bestimmt zusammen mit dem Bundesrat und dem Kaiser die Richtlinien der Politik. Unter Wilhelm I. und Bismarck funktioniert dieses Zusammenspiel. Nach 1890, unter schwächeren Kanzlern, bietet diese Verfassung aber auch den Raum für das »persönliche Regiment« Wilhelms II.

Die Parteien im Reichstag

Ansätze zur Parteienbildung gibt es schon im Paulskirchenparlament von 1848/49. Es handelt sich dabei aber noch nicht um Parteien im modernen Sinn, sondern um lockere Gruppierungen, die sich nach ihren Tagungslokalen benannt haben. Parteien im eigentlichen Sinn (mit Programm und fester Organisation) entstehen erst nach 1848. Als Reaktion auf die Ereignisse von 1866 und 1870/71 kommt es dabei zu Spaltungen und einer differenzierteren Ausprägung der Parteienlandschaft.

Liberale Parteien

Im Juni 1861 wird in Preußen, im Zusammenhang mit dem Verfassungskonflikt, die *Deutsche Fortschrittspartei (DFP)* gegründet. Sie repräsentiert die liberale und demokratische Opposition gegen die Heeresreform, tritt für die Erhaltung der Landwehr und die zweijährige Dienstzeit ein und wird auf An-

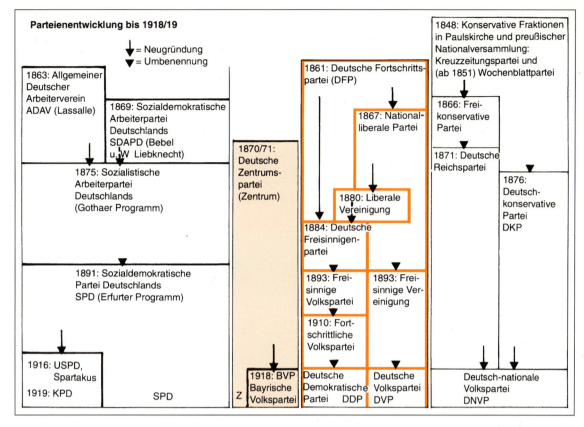

hieb mit 104 Abgeordneten die stärkste Gruppierung der preußischen Abgeordnetenkammer. Sie bleibt während der Zeit des Verfassungskonflikts das Zentrum der Opposition gegen Bismarck. Nach Bismarcks Erfolg über Österreich 1866 zerbricht die Partei über der Frage der Indemnitätsvorlage. Der rechte Flügel spaltet sich als *Nationalliberale Partei (1867)* ab. Sie ist bereit, Bismarck zu »vergeben« und die liberalen Ziele vorerst hinter den nationalen zurückzustellen.

Über der Frage der Schutzzoll- und Sozialpolitik trennt sich ein Teil der Abgeordneten von der Nationalliberalen Partei (1880) und gründet die *Liberale Vereinigung,* die sich 1884 mit der Fortschrittspartei zur *Deutschen Freisinnigen-Partei* zusammenschließt.

Konservative Parteien

Auch der Konservativismus hat seine Probleme mit der als revolutionär empfundenen Politik Bismarcks. 1866 spaltet sich von der preußischen *Konservativen Partei (Kreuzzeitungspartei)* die *Freikonservative Partei* ab (seit 1871: *Deutsche Reichspartei*), die Bismarcks Politik unterstützt, während die Altkonservativen (ab 1876: *Deutsch-konservative Partei*) im preußisch-partikularistischen Denken verhaftet bleiben.

Deutsche Zentrumspartei (Zentrum)

Die *Deutsche Zentrumspartei (Zentrum)* wird als Zusammenschluss katholischer Abgeordneter im preußischen Landtag und dann im Reichstag 1870/71 gegründet. Sie bildet als Gegengewicht zum preußischen Protestantismus die politische Vertretung der katholischen Bevölkerung im Deutschen Reich. Ihre Wähler stammen aus allen Schichten der Bevölkerung (1890: 26,7 %), sodass man das Zentrum als erste *Volkspartei* der deutschen Geschichte bezeichnen kann.

Nach den Auseinandersetzungen des Kulturkampfes (s. unten) wird das Zentrum, durch seine Frontstellung sowohl gegen den Liberalismus wie den Sozialismus, zur staatstragenden Partei.

Sozialistische Parteien

(Siehe Seite 41 ff.)

Der Kulturkampf

Die *Zentrumspartei,* eben erst von *Ludwig Windthorst (1812–91)* und *Emmanuel von Ketteler (1811–77)* gegründet, gerät sogleich in eine scharfe Auseinandersetzung mit Bismarck. Die tieferen Ursachen der Krise liegen in der immer problematischer werdenden Rolle, die die Kirche im modernen Staat spielt. Die einstmals beherrschende Stellung der Kirche ist durch die Aufklärungsbewegung und die damit verbundene Säkularisierung infrage gestellt, der moderne Liberalismus lehnt jede Einmischung von kirchlicher Seite ab. Die Kirche dagegen, insbesondere die katholische, sieht in den modernen Ideen vielfach Irrlehren. So stoßen zwei gegensätzliche Weltanschauungen, zwei Kulturen aufeinander. Von daher erklärt sich die Bezeichnung des Konflikts als **Kulturkampf** (1873 geprägt von dem Liberalen *Rudolf von Virchow*).

Der latente Gegensatz spitzt sich zu durch zwei Aufsehen erregende Maßnahmen des Heiligen Stuhls, dessen weltliche Herrschaft durch die nationale Einigungsbewegung in Italien gefährdet ist und nur durch die Präsenz französischer Truppen aufrechterhalten wird.[1] Papst *Pius IX. (1846–78)* veröffentlicht den

Syllabus errorum[2] 1864,

eine Liste aller modernen Auffassungen, die nicht mit der kirchlichen Lehre vereinbar seien. Die meisten der liberalen Grundsätze (Vernunftglaube, Religionsfreiheit, Eigenverantwortlichkeit Trennung von Kirche und Staat) fallen unter das Verdikt des Papstes. Die zweite Maßnahme ist die Verkündigung des

Unfehlbarkeitsdogmas 1870,

also des Anspruchs auf Unfehlbarkeit (Infallibilität) bei *ex cathedra* ausgesprochenen Entscheidungen in der Glaubens- und Sittenlehre.

Die päpstlichen Maßnahmen werden von den Liberalen als Kampfansage verstanden. Auch ein Teil der Katholiken ist nicht bereit, das Unfehlbarkeitsdogma zu akzeptieren. Durch diese sog. *Altkatholiken* wird auch der Staat in die Angelegenheit hineingezogen. Hinsichtlich der Professoren, Lehrer usw., denen von kirchlicher Seite die Lehrbefugnis (missio canonica) entzogen wird, muss auch der Staat Stellung beziehen: Er belässt die Betroffenen in ihren Ämtern und nimmt die Auseinandersetzung mit der Kirche auf.

Das Zentrum als Vertretung katholischer Interessen gerät zwangsläufig zwischen die Fronten. Bismarck hält es für den verlängerten Arm des Papstes und sieht in ihm mehr und mehr einen »Reichsfeind«. Parallelen zur mittelalterlichen Auseinandersetzung zwischen Imperium und Sacerdotium (s. Bd. 1, Seite 86 f.) werden gezogen (Bismarck: »Nach Canossa gehn wir nicht!«); der Konflikt eskaliert.

Eine Reihe von Gesetzen, teils für Preußen, teils für das ganze Reichsgebiet gültig, soll den ultramontanen[3] Einfluss beschränken und die Trennung von Staat und Kirche (auch der evangelischen) durchsetzen. Am wichtigsten sind

- der *Kanzelparagraph* (10.12.1871): Er verbietet es Geistlichen, in ihren Predigten staatliche Angelegenheiten »in einer den öffentlichen Frieden gefährdenden Weise« zu behandeln.

- das *Schulaufsichtsgesetz* (11.3.1872): Es unterstellt auch die kommunalen und privaten Schulen der staatlichen Aufsicht.

- das *Jesuitengesetz* (4.7.1872): Es verbietet den Jesuitenorden, der als besonders militanter und gefährlicher Vorkämpfer des Katholizismus gilt (s. Bd. 1, Seite 133).

- das *Zivilehegesetz* (1874): Eheschließungen und Beurkundungen (Geburt, Todesfall) werden von den Kirchen auf den Staat übertragen (Einrichtung der *Standesämter*).

- Weitere Schritte betreffen die Ablegung eines *Kulturexamens* (in Philosophie, Geschichte, deutscher Literatur) als Voraussetzung für die Übernahme eines geistlichen Amtes (1873), die Ausweisung unbotmäßiger Geistlicher *(Expatriierungsgesetz, 1874)*, die Sperrung staatlicher Gelder *(Brotkorbgesetz, 1875)* und das Verbot aller Orden, mit Ausnahme reiner Krankenpflegeorden, in Preußen (1875).

Trotz dieser einschneidenden Maßnahmen gelingt es nicht, den passiven Widerstand der katholischen Bevölkerung zu brechen. Im Gegenteil: Die Zahl der Zentrumsabgeordneten im Reichstag wächst; 1878 wird das Zentrum stärkste Fraktion. Bismarck ist gezwungen einzulenken und die meisten Gesetze zurückzunehmen. Von den Kulturkampfgesetzen bleiben auf Dauer nur die Zivilstands- und die Schulaufsichtsgesetze, die zu einer heute selbstverständlichen Einrichtung werden.

Sozialisten- und Sozialgesetze

s. Seite 43

Die Außenpolitik Bismarcks

Der Deutsch-Französische Krieg und die Reichsgründung verändern das europäische Mächtesystem erheblich. Eine neue Großmacht mitten in Euro-

---

[1] 1870 erfolgt dann die Besetzung Roms und die Ausrufung Roms zur italienischen Hauptstadt. Der Herrschaftsbereich der Päpste wird auf den Vatikanstaat beschränkt.

[2] Verzeichnis der Irrtümer.

[3] *ultra montes* (lat.) = jenseits der Berge; gemeint ist die röm.-kathol. Politik.

Das Deutsche Kaiserreich

pa ist entstanden, die militärisch, aber auch wirtschaftlich ihre Nachbarmächte überragt und mit der Annexion Elsass-Lothringens ihr Gebiet zusätzlich erweitert hat. Jede weitere Stärkung des Deutschen Reiches ist nicht im Sinne der Großmächte. Dies zeigt sich deutlich in der

Krieg-in-Sicht-Krise[1]   1875,

als in Deutschland die Möglichkeit eines Präventivkrieges[2] gegen das wieder erstarkende Frankreich diskutiert wird. Sowohl Russland, das durch seine bisherige wohlwollende Neutralität die preußischen Erfolge erst ermöglicht hat, als auch England intervenieren zugunsten Frankreichs und zeigen dem Deutschen Reich seine Grenzen. Es muss deshalb Bismarcks vorrangiges Ziel sein, das Misstrauen der übrigen Mächte abzubauen: Er erklärt das Deutsche Reich für »saturiert«[3].

Das zweite Faktum der deutschen Außenpolitik ist die Rivalität zu Frankreich. Nach der französischen Niederlage 1870/71 und der Annexion Elsass-Lothringens ist Frankreich ein unversöhnlicher Gegner, der seine Chance zur Revanche suchen wird. Da ein Zusammengehen mit Frankreich unmöglich ist, muss die deutsche Außenpolitik versuchen, Frankreich zu isolieren und eine Annäherung Frankreichs an Österreich und/oder an Russland zu verhindern. Denn eine solche Koalition würde die Gefahr einer Umklammerung und eines Zweifrontenkrieges bedeuten *(cauchemar des coalitions*[4]*)*.

Drittens kann es für das Deutsche Reich nicht sinnvoll sein, sich einseitig und zu eng an Russland anzuschließen. Denn Russland ist, was seine Interessen auf dem Balkan betrifft, ein potenzieller Gegner Österreichs, sodass eine einseitige Bindung an Russland Deutschland in einen erneuten Krieg mit Österreich zwingen könnte. Die Balkanfrage betrifft zudem auch England, das seine mittelmeerischen Interessen gegen eventuelle russische Ambitionen verteidigen will. Es muss deshalb Bismarcks Politik sein, sowohl Österreich wie auch Russland an das Deutsche Reich zu binden und sich selbst einen möglichst großen Spielraum zu belassen.

Es gelingt Bismarck in faszinierender Weise, diese außenpolitischen Ziele durch ein kompliziertes System ineinander greifender und sich gegenseitig ergänzender Bündnisse zu verwirklichen. Der Grundstein des Bündnissystems wird das

Drei-Kaiser-Abkommen   **1873**

zwischen Russland, Österreich und Deutschland, das für den Krisenfall gemeinsame Absprachen vorsieht.

Zur ersten Belastungsprobe dieses Abkommens wird die

Orientkrise   **1875–78.**

Anlass sind Aufstände in Bosnien, der Herzegowina und Bulgarien gegen die türkische Herrschaft. 1876, nach türkischen Erfolgen, treten auch Serbien und Montenegro der Erhebung bei.

Entgegen den Erwartungen siegt die Türkei (Sept. 1876), sodass nun Russland, als Schutzmacht der orthodoxen Christen im Osmanischen Reich, direkt gefordert ist. Nach Absprache mit Österreich *(15. 1. 1877: Konvention von Budapest)* und der Zusicherung der deutschen Neutralität erklärt Russland der Türkei den Krieg und dringt bis Konstantinopel vor. Die Türkei muss kapitulieren und den

Frieden von San Stefano   3. 3. 1878

annehmen, in dem Russland – als klarer Sieger – sich verleiten lässt, über die in Budapest verhandelten Kriegsziele hinauszugehen. So ist in San Stefano die Bildung eines großen bulgarischen Staates (mit Makedonien und Ostrumelien) vorgesehen. – Dem eigenmächtigen Vorgehen Russlands widersetzen sich Österreich und England. Um die Krise beizulegen, wird der

Berliner Kongress   **Juni/Juli 1878**

einberufen, den Bismarck als »ehrlicher Makler« leitet. Die Ergebnisse im Einzelnen sind:

- Rumänien, Serbien und Montenegro werden souveräne Staaten
- Russland erhält Bessarabien sowie Ardahan, Batum und Kars (nordöstl. Zipfel der Türkei am Westrand des Schwarzen Meeres)
- Bosnien, die Herzegowina und Sandschak kommen unter österreichische Verwaltung
- Rumänien erhält die Dobrudscha
- Die Türkei erhält Makedonien und Ostrumelien zurück, muss Letzterem aber Selbstverwaltung zubilligen (schon 1885 Wiedervereinigung mit Bulgarien)
- Bulgarien bleibt selbstständig, aber der Türkei tributpflichtig
- England erhält Zypern

---

[1] So genannt nach der Überschrift eines Zeitungsartikels vom 8. 4. 1875.
[2] *prävenire* (lat.) = zuvorkommen: vorbeugender Krieg.
[3] *saturare* (lat.) = sättigen: gesättigt.
[4] franz.: Albtraum/Schreckgespenst der Koalitionen.

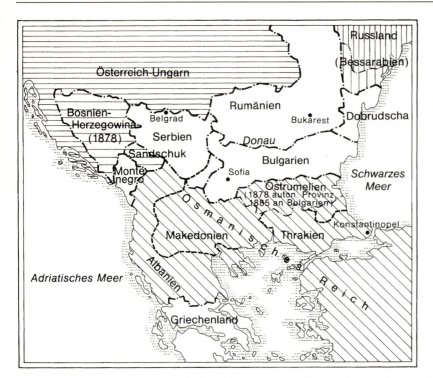

Der Balkan nach dem Berliner Kongress

- von Österreich-Ungarn bes. Gebiete
- von Russland besetzte Gebiete
- Osmanisches Reich
- ---- Im Frieden von San Stefano vorgesehene bulgarische Grenze

Der Berliner Kongress stellt wohl für den Moment den Frieden wieder her. Dennoch ist er kritisch zu beurteilen: Das leitende Prinzip Bismarcks ist es gewesen, zwischen den Großmächten ausgleichende Regelungen zu treffen, sie dadurch einerseits zufrieden zu stellen, sie andererseits aber auch in latenter Rivalität zu halten.

Zu diesem Zweck werden die Balkanländer verschoben, verteilt, vergrößert oder verkleinert. Ihre berechtigten nationalen Interessen werden missachtet. Bismarck treibt eine rein machtpolitisch orientierte Politik, die bewusst das »orientalische Geschwür« offenhalten will, um die Großmächte in diesem Gebiet zu binden und Deutschland so zu entlasten. Vor allem die Besetzung Bosniens und der Herzegowina durch Österreich, die unter großen Verlusten vorgenommen wird, erweist sich als verhängnisvoll und wird eine der Ursachen des Ersten Weltkrieges.

Die Folge des Kongresses ist die Abkühlung des deutschen Verhältnisses zu Russland, das sich benachteiligt fühlt und über Bismarcks Undankbarkeit verstimmt ist. Dies führt zu einer engeren Bindung zwischen Deutschland und Österreich, die im

Zweibund 1879

gegenseitige Militärhilfe im Falle eines russischen Angriffs vereinbaren. Dies sollte auch gelten, wenn eine dritte Macht (Frankreich) im Bündnis mit Russland angreifen würde. 1883 tritt Rumänien, das sich zwischen Russland und dessen Verbündetem Bulgarien eingeklammert sieht, dem Zweibund bei.

Wenn sich auch das deutsch-österreichische Verhältnis durch das (geheime) Abkommen enger gestaltet, sucht Bismarck dennoch die Ergänzung durch Bündnisse mit den anderen Mächten. Mit Russland und Österreich gemeinsam kommt es zur Erneuerung des

Dreikaiservertrags 1881,

der unter anderem im Falle einer erneuten Orientkrise Österreich und Russland zu Absprachen über die Kriegsziele verpflichtet.

Am Rande des Berliner Kongresses haben sich England und Frankreich über ihre Interessen im Mittelmeerraum abgesprochen. 1881 besetzt Frankreich Tunesien, England 1882 Ägypten. Italien, dessen Interessen an Tunesien durch die französische Maßnahme verletzt sind, sucht nun engeren Kontakt zu Österreich und Deutschland und schließt sich im

Dreibund 1882

dem Zweibund an.

Bereits 1885 kommt es zu einer neuen Balkankrise (bulgarische Krise): Im bulgarisch-serbischen Krieg, ausgelöst durch die bulgarische Annexion Ostrumeliens, interveniert Österreich zugunsten Serbiens – ohne Rücksprache mit Russland, was den Bruch des Dreikaiservertrags von 1881 bedeutet. Die Verschlechterung der österreichisch-russischen Beziehung bedeutet auch für Deutschland eine Gefahr, zumal sich Zeichen einer französisch-russischen Annäherung häufen. Zwei weitere Bündnisse sollen die Gefahren begrenzen: zum einen die

Mittelmeerentente   1887,

an der Deutschland zwar nicht beteiligt, deren Nutznießer es jedoch ist. In der Mittelmeerentente verpflichten sich Österreich, Italien und England zur gemeinsamen Erhaltung des Status quo im Mittelmeer – und damit auch im Balkangebiet. Wichtig für das außenpolitische System ist hierbei, dass England, das ein direktes Bündnis mit Deutschland bislang abgelehnt hat, nun indirekt über die Ententepartner doch an den Zweibund herangerückt ist.

Die Bindung Englands an Österreich, Italien und damit indirekt auch an Deutschland hängt aber von der Unsicherheit der Verhältnisse im östlichen Mittelmeer ab. Bismarcks Ziel ist es deshalb, diese Unsicherheit zu schüren. Im

Rückversicherungsvertrag   1887

mit Russland sagt er deutsche Unterstützung auf dem Balkan zu, ermuntert also eine offensive russische Politik. Dass dieser »ganz geheime« Vertrag im Widerspruch zu anderen Verträgen (Drei- und Zweibund) steht, kümmert Bismarck, der nur den taktischen Gewinn für Deutschland im Sinn hat, nicht. Dass solche doppelbödige Politik möglich ist, liegt an der damals üblichen Geheimdiplomatie.

Insgesamt ist es Bismarck gelungen, seine außenpolitischen Ziele (s. Seite 61) zu erreichen. Er hat dabei ein auf Geheimdiplomatie beruhendes Bündnissystem geschaffen, das wohl zu kompliziert ist und unter seinen Nachfolgern bald auseinander bricht.

Der »neue Kurs« Wilhelms II.

Am 15. Juni 1888, nach nur 99-tägiger Herrschaft des krebskranken *Friedrich III.*, wird der erst 29-jährige *Wilhelm II.* Kaiser. Er ist sprunghaft, leicht beeinflussbar, ehrgeizig, eitel, erfüllt von Weltmacht-Träumen und dem dringenden Wunsch nach einem *persönlichen Regiment.* Dem steht Bismarck im Wege. Es kommt zu Reibereien in Sachfragen, vor allem aber in Machtfragen: So verlangt Bismarck von den preußischen Ministern, über Immediatvorträge[1] beim König vorab informiert zu werden. Wilhelm sieht darin eine Beschränkung seines persönlichen Regiments und verlangt die Aufhebung dieser Order. Bismarck reicht sein Abschiedsgesuch ein und wird am 20.3.1890 entlassen.

Bismarck galt als berechenbarer Faktor, der in der Außenpolitik einen klaren Kurs steuerte. Von dem »neuen Kurs«, den Wilhelm II. verkündete, war das nicht zu erwarten.

Der Außenpolitik der wilhelminischen Zeit fehlt die klare Linie. Sie liegt nur teilweise in der Kompetenz der Kanzler, zum anderen Teil wird sie vom Kaiser selbst bestimmt, der dabei oft den Einflüssen aus seiner Umgebung nachgibt. Da ist viel Prestigedenken und Säbelrasseln im Spiel, viel unüberlegtes und großspuriges Reden, viel Selbstüberschätzung und Machtbewusstsein – Dinge, die bei den anderen Großmächten Befremdung und Misstrauen hervorrufen. Dies ist umso bedenklicher, als die Regierungszeit Wilhelms II. mit der Hochphase des *Imperialismus* (s. Seite 66) zusammenfällt, in der Konflikte zwischen den Mächten ohnehin programmiert sind.

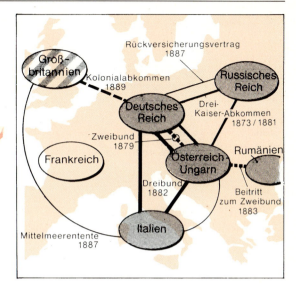

Bündnissystem zur Zeit Bismarcks

---

[1] Direkte Vorträge, ohne Vermittlung des Ministerpräsidenten.

Zeittafel
Deutsches Kaiserreich bis 1890

	Innenpolitik	Außenpolitik
1860	Krise um Heeresreform	
1862	**Bismarck** preußischer Ministerpräsident	
1863	Verfassungskonflikt: Lückentheorie	Frankfurter Fürstentag
1864		Deutsch-Dänischer Krieg
1865		Konvention von Gastein
1866	**Norddeutscher Bund** Indemnitätsvorlage	Preußisch-Österreichischer Krieg
		Bündnisse mit süddeutschen Staaten
		Konflikt um spanische Thronfolge
		»Emser Depesche«
1870		Deutsch-Französischer Krieg
1871	**Reichsgründung (18. 1.)**	
1873		Drei-Kaiser-Abkommen
	Kulturkampf	
1878		Berliner Kongress
1879		Zweibund mit Österreich
1882	Kampf gegen Sozialdemokratie (Sozialistengesetz)	Dreibund
1883	Sozialgesetzgebung	
1887		Mittelmeerentente
		Rückversicherungsvertrag
1888	Dreikaiserjahr/ Regierungsantritt Wilhelms II.	Bündnissystem Bismarcks
1890	Rücktritt Bismarcks	

ab 1890: siehe Überblick S. 71

Der Weg in den Weltkrieg

Überblick

- Die Entlassung Bismarcks führt zu einer Wende in der deutschen Außenpolitik: Bismarcks zurückhaltende, auf Ausgleich bedachte Politik (»Deutschland ist saturiert«) wird durch eine imperialistische *Weltmachtpolitik* ersetzt.
- Der »neue Kurs« Wilhelms II. hat den Zerfall des Bismarck'schen Bündnissystems (s. Seite 63) zur Folge. Die Annäherung Russlands, Frankreichs und Englands (1894: franz.-russ. Zweibund, 1904: Entente cordiale, 1907: engl.-russ. Ausgleich) führt zur *Isolation* des Deutschen Reiches, das sich umso enger an Österreich bindet (»Nibelungentreue«).
- Zahlreiche Krisen, deren Ursachen in der kritischen Lage im Balkan *(Pulverfass Balkan)* und in der imperialistischen Politik der Großmächte liegen, bringen die Welt mehrfach an den Rand des Krieges. Der Nationalismus weiter Bevölkerungskreise und die psychologische Bereitschaft, einen Krieg in Kauf zu nehmen, wachsen und bedingen einen hektischen *Rüstungswettlauf.* Die deutsche Flottenpolitik (Risikotheorie) belastet das Verhältnis zu England.
- Die Ermordung des österreichischen Thronfolgers Franz Ferdinand in Sarajewo (1914) wird zum Auslöser des Weltkrieges.
- Entsprechend dem Schlieffenplan versucht die deutsche Armee einen raschen Durchbruch an der Westfront. Der Angriff bleibt stecken und entwickelt sich zu einem mörderischen Stellungs- und Materialkrieg *(Hölle von Verdun).*
- An der Ostfront kann sich die deutsche Armee behaupten. Nach der Oktoberrevolution 1917 (s. Seite 77 f.) tritt Russland aus dem Krieg aus (Frieden von Brest-Litowsk).
- Der Kriegseintritt der USA 1917 besiegelt die deutsche Niederlage, die in der *Novemberrevolution* 1918 zum Sturz der Monarchie und zur Errichtung der Weimarer Republik führt.
- Der erste Weltkrieg ist ein Akt der europäischen Selbstzerstörung. Das Jahr 1917 – mit dem Kriegseintritt der USA und der bolschewistischen Oktoberrevolution – markiert als *Epochenjahr* das Ende der von Europa bestimmten Geschichte.

Außenpolitik der wilhelminischen Zeit

Die erste außenpolitische Entscheidung nach Bismarcks Entlassung betrifft den erst 1887 mit Russland abgeschlossenen Rückversicherungsvertrag (s. Seite 63). Die neue Regierung entschließt sich, diesen Vertrag nicht zu verlängern, da er nicht vereinbar sei mit dem Dreibundvertrag. Die deutsche Ablehnung, die zudem wegen der uneinheitlichen Leitung der deutschen Außenpolitik in diplomatisch ungeschickter Form übermittelt wird, irritiert die russische Regierung. Da Deutschland zur gleichen Zeit mit England den

Helgoland-Sansibar-Vertrag[1]	1890

abschließt, gewinnt sie den Eindruck eines deutschen Kurswechsels und sucht die Annäherung an Frankreich (1892 Militärkonvention), die durch den

französisch-russischen Zweibund	1894

besiegelt wird. Damit ist das zentrale Prinzip der Bismarck'schen Außenpolitik – Frankreich isoliert zu halten und die Einkreisung Deutschlands (Gefahr des Zweifrontenkriegs) zu verhindern – innerhalb von vier Jahren verspielt.

Es hätte jetzt im Interesse Deutschlands liegen müssen, die Beziehung zu England positiv zu gestalten, um ein Gegengewicht gegen das französisch-russische Bündnis zu schaffen. Statt dessen betreibt es eine Politik, die das Gegenteil bewirken muss. Es sind vor allem drei Bereiche, die Deutschland in Konflikt mit England bringen: sein imperialistischer Anspruch und, damit eng verbunden, seine Flottenpolitik und seine wirtschaftliche Expansion.

Im Unterschied zu Bismarck (»Deutschland ist saturiert«) vertritt Wilhelm II. offen den Anspruch auf eine Weltmachtstellung Deutschlands (»Platz an der Sonne«). Der Großteil der deutschen Kolonien ist dennoch unter Bismarck erworben worden, der ko-

---

[1] Deutschland gewinnt die strategisch bedeutsame Insel Helgoland (seit 1807/14 englisch) und den »Caprivizipfel«, einen Zugang von Deutsch-Südwestafrika zum Sambesi-Fluss, und überlässt England dafür Gebiete in Ostafrika und die Insel Sansibar.

lonialen Plänen skeptisch gegenüberstand (»Meine Karte von Afrika liegt in Europa«). In der wilhelminischen Zeit kommen trotz aller Ansprüche nur wenige, zudem isolierte und somit im Ernstfall strategisch gefährdete Gebiete hinzu:

- Kiautschou mit dem Hafen Tsingtau (Vorwand ist die Ermordung deutscher Missionare) (1897)
- Inselgruppe der Marianen und Karolinen im Pazifik, 1899 von Spanien gekauft
- Samoa-Inseln (1899)
- Erweiterung von Deutsch-Kamerun (1911)
- Bau der Bagdadbahn (von Konstantinopel über Bagdad zum Persischen Golf) (ab 1903)

Manche dieser Aktivitäten, mehr noch die in ihrem Umfeld getriebene Propaganda, sind geeignet, das Misstrauen Englands zu wecken. Der Flottenverein und die von ihm propagierte Aufrüstung der deutschen Marine führen zu einer schweren Belastung. Die Engländer beunruhigt, dass die Deutschen in der Entwicklung von Großkampfschiffen, die man damals als entscheidende Superwaffe im Seekrieg ansah, fast gleichziehen.[1]

Hinzu kommen diplomatische Ungeschicklichkeiten wie die

Krüger-Depesche Wilhelms II.   1896:

Anlass ist der Gegensatz zwischen den Buren, die 1842 und 1853 die Republiken Transvaal und Oranje gegründet haben, und den übrigen Weißen der Region, vor allem Engländern, denen die Buren die volle politische Gleichberechtigung verweigern. 1895 dringt eine Truppe Freiwilliger (ohne Wissen der englischen Regierung) in Transvaal ein, wird aber geschlagen. Kaiser Wilhelm beglückwünscht in einem Telegramm den Präsidenten der Burenrepublik, *Krüger,* zu diesem Sieg und erklärt Deutschland zur befreundeten Macht. In England stößt Wilhelms Vorgehen, das als Einmischung in englische Interessen gewertet wird, auf Entrüstung. Es führt zur Verschlechterung des Klimas, ohne dass Deutschland Vorteile gehabt hätte.[2]

Trotz der Spannungen kommt es nach 1898 zu Verhandlungen. Der Grund ist die Faschoda-Krise (s. Seite 47), die es England ratsam erscheinen lässt, auf seine »splendid isolation« zu verzichten und einen festen Bündnispartner zu suchen. Die deutsche Regierung glaubt jedoch, angesichts der für unüberbrückbar gehaltenen englisch-französischen und englisch-russischen Spannungen sei England ohnedies auf Deutschland angewiesen, und zieht es deshalb vor, sich nicht zu binden. Die deutsche *Politik der freien Hand* sollte durch den weiteren Ausbau der Schlachtflotte unterstützt werden. Sie sollte – nach der *Risikotheorie* des Admirals *von Tirpitz* – so stark werden, dass ein Kampf gegen sie für jede Flotte der Welt zum Risiko werden müsste[3].

Die deutsche Rechnung erweist sich als falsch: Die Ablehnung des Bündnisangebotes bewegt England zu einer Annäherung an den französischen Rivalen, die zur englisch-französischen

Entente cordiale[4]   1904

führt. Gestützt auf dieses Abkommen verstärkt Frankreich seine Aktivitäten in Marokko. Dagegen wendet sich Deutschland. Wilhelm II. stattet dem Sultan von Marokko in Tanger einen spektakulären Besuch ab und fordert zur Regelung der Marokkofrage die Einberufung einer internationalen Konferenz. Diese

erste Marokkokrise   1905

wird schließlich durch die Konferenz von Algeciras (1906) beigelegt. Dabei zeigt sich deutlich die außenpolitische Isolation Deutschlands, das nur noch von Österreich unterstützt wird. Auch der deutsche Dreibundpartner Italien, der sich 1902 mit Frankreich über seine tunesischen Interessen geeinigt hat, steht nun gegen Deutschland.

Auch in der

zweiten Marokkokrise   1911

bleibt die deutsche Regierung erfolglos. Sie interveniert gegen die Besetzung von Rabat und Fes durch Frankreich und entsendet demonstrativ

---

[1] Das erste dieser Kampfschiffe ist die *Dreadnought* (»Furchtlose«) mit 160 m Länge, 18 000 Tonnen und 10 schweren Geschützen. Die technische Voraussetzung für den Antrieb dieser Riesenschiffe ist die Dampfturbine, 1887 von Charles Person entwickelt. – Das erste deutsche Großkampfschiff (»Nassau«) läuft 1908 vom Stapel. 1911 verfügt England über 20, Deutschland über 16 Großkampfschiffe.

[2] Im späteren *Burenkrieg (1899–1902)* werden die Republiken von England besetzt. Erstmals kommt es dabei zur Einrichtung von »concentration-camps«. Während des Burenkrieges verhält sich Deutschland, das gerade in Verhandlungen mit England steht, neutral.

[3] Dagegen vertritt England den *Two-power-standard:* Die englische Flotte sollte so groß sein wie die zweit- und drittstärkste Flotte zusammen.

[4] *Entente cordiale* (frz. = herzliches Einverständnis); die Entente regelt die kolonialen Gegensätze der beiden Mächte in Afrika: Marokko wird zum französischen, Ägypten zum englischen Interessengebiet erklärt.

das Kanonenboot »Panther« nach Agadir *(Panthersprung).* Ziel dieser Drohgebärde ist es, als Kompensation für die französische Expansion in Marokko das französische Kongogebiet für Deutschland zu gewinnen. Frankreich lehnt ab und wird von England unterstützt. Deutschland erreicht schließlich nur eine geringfügige Vergrößerung Deutsch-Kameruns auf Kosten Frankreichs und muss das französische Protektorat über Marokko anerkennen (1911: Marokko-Kongo-Vertrag). Wieder hat das Deutsche Reich durch seine Politik Misstrauen geweckt, ohne dafür einen wirklichen Vorteil zu erringen.

Die deutsche Isolation wird besiegelt durch den

englisch-russischen Interessenausgleich 1907 (s. Seite 50),

der später als Teil einer geplanten Einkreisung Deutschlands interpretiert wird. In Wirklichkeit ist es eine »Auskreisung« gewesen, Folge einer verfehlten Außenpolitik.

Es bleibt nur der Partner Österreich, an den sich Deutschland umso enger binden muss (»Nibelungentreue«!). Österreich ist aber durch seine Balkaninteressen und die dadurch stets gegebene Spannung zu Russland ein problematischer Bündnispartner.

Schon bald kommt es zu einer bedenklichen Situation auf dem Balkan, der

Bosnischen Krise 1908,

ausgelöst durch innere Unruhen in der Türkei (jungtürkische Revolution). Österreich annektiert daraufhin Bosnien und die Herzegowina, über die es bislang nur das Besatzungsrecht ausübt (seit 1878). Dagegen wehrt sich Serbien, das mit Russland verbündet und Kristallisationspunkt des slawischen Nationalismus ist. Bereits in dieser Situation (wie später im Juli 1914) erwägt Österreich einen Krieg gegen Serbien. Da aber Russland, das durch seine Niederlage gegen Japan und innere Unruhen (1905) geschwächt ist, einen Krieg vermeiden will und auch Deutschland davor zurückschreckt, können Österreich und Serbien zurückgehalten werden. Serbien muss widerwillig die Annexion Bosniens und der Herzegowina anerkennen.

Einige Jahre später kommt es erneut zu einer

Balkankrise 1912/13.

Die Balkanstaaten nutzen den italienisch-türkischen Krieg um Tunesien zu einem Angriff auf die türkischen Balkangebiete. Der *Balkanbund* zwischen Bulgarien, Serbien und Griechenland, der für die Befreiung Makedoniens, Thrakiens und Albaniens kämpft, wird von Russland unterstützt. Österreich aber ist auf keinen Fall bereit, eine eventuelle Vergrößerung Serbiens hinzunehmen.

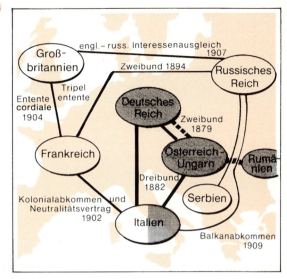

Bündnissystem

Abermals ist die Gefahr groß, dass der Konflikt auf dem Balkan sich zu einem europäischen Krieg ausweitet. Abermals kann Deutschland den österreichischen, England den russischen Partner zurückhalten und Schlimmeres verhindern. Dennoch ist es offenkundig, dass die Situation auf dem Balkan eine extreme Krisenanfälligkeit besitzt *(Pulverfass Balkan).* Alle Mächte reagieren mit verstärkten Rüstungsanstrengungen, und es breitet sich eine resigniert-fatalistische Stimmung aus, die einen europäischen Krieg für letztlich unvermeidlich hält.

Der Ausbruch des Ersten Weltkrieges

Den Anlass für den Ausbruch des Ersten Weltkrieges liefern erneute Verwicklungen auf dem Balkan. Am 28. Juni 1914 werden in der bosnischen Hauptstadt Sarajewo der österreichische Thronfolger *Franz Ferdinand* und seine Gemahlin von einem fanatischen Nationalisten serbischer Herkunft, dem 17-jährigen Schüler Gavrilo Princip, erschossen.

Das Attentat erweist sich als günstige Gelegenheit, um mit Serbien abzurechnen, das als Vorkämpfer des slawischen Nationalismus von vielen Österreichern schon lange als unerträglicher Störfaktor gesehen wird. Zudem würde die Zerschlagung Serbiens Österreich-Ungarn und damit auch dem Deutschen Reich den Landweg zum Bosporus und in die Türkei öffnen, wo es bereits erheblichen Einfluss besitzt (Bagdad-Bahn).

Aber Serbien ist mit Russland verbündet, und eine Zerschlagung Serbiens würde Russlands Einfluss auf dem Balkan schwinden lassen: Mit der militärischen Intervention Russlands ist deshalb zu rechnen.

Deshalb sucht Österreich die Rückendeckung des deutschen Verbündeten, dessen Haltung für die Wiener Beschlüsse ausschlaggebend wird. Es hätte im Rahmen der deutschen Möglichkeiten gelegen (wie 1908 und 1912), eine Eskalation zu verhindern. Statt dessen hat man sie, wie inzwischen erwiesen ist, gefördert. Bei Wilhelm II. und seinen Beratern hatte sich der Gedanke festgesetzt, dass ein Krieg auf Dauer unvermeidlich sei, und das deutsche Militär drängte in Anbetracht des noch vorhandenen Rüstungsvorsprungs auf eine schnelle Entscheidung. So kommt es, nach Rücksprache mit der Rüstungsindustrie, zur Ausstellung eines »Blankoschecks« an Österreich, also der bedingungslosen Zusage der deutschen Unterstützung und der Ermunterung, den »günstigen Moment« zu nutzen.

Gestützt auf die deutsche Zusage überreicht Österreich der serbischen Regierung am 23. Juli 1914 ein auf 48 Stunden befristetes Ultimatum, das bewusst so formuliert ist, dass Serbien es ohne Verlust seiner Souveränität nicht annehmen kann. Nach der – erwarteten – Ablehnung erklärt Österreich-Ungarn Serbien am 28. Juli den Krieg.

Damit kommt der Stein ins Rollen. Russland reagiert mit der Mobilmachung (29. Juli), am 1. August erklärt Deutschland Russland den Krieg. Am 3. August folgt die Kriegserklärung an Frankreich, am 4. August beginnt der Angriff über das neutrale Belgien, was die unmittelbare englische Kriegserklärung zur Folge hat (4. 8.).

Das Attentat von Sarajewo und die *Julikrise* des Jahres 1914 sind aber nur der *Anlass* des Krieges. Die *Ursachen* sind vielfältiger Art und nur aus den Entwicklungen der vorangegangenen Jahrzehnte zu verstehen. Die wichtigsten Ursachen seien noch einmal zusammengefasst:

- Seit 1871 ist das europäische Gleichgewicht gestört
- wirtschaftliche Expansion Deutschlands
- Frankreich, nach 1871 im Bismarck'sen Bündnissystem isoliert, wartet auf Revanche
- Die imperialistische Politik der Großmächte führt zu zahlreichen Spannungen und Krisen
- Mehrfach, besonders in den Marokko- und den Balkankrisen, steht Europa am Rand eines Krieges
- Das ausgewogene Bündnissystem Bismarcks wird unter Wilhelm II. aufgegeben. Folgen sind die Bündnisse Englands mit Frankreich (1904) und Russland (1907), die sog. **Triple-Entente,** und die Isolation Deutschlands, das sich deshalb umso enger an Österreich-Ungarn bindet.
- Durch seine Flottenpolitik macht Deutschland sich die Engländer zum Feind
- die Spannungen auf dem Balkan zwischen Österreich und Serbien, das mit Russland verbündet ist. Serbien verkörpert die slawische Nationalbewegung auf dem Balkan, die Österreich als Vielvölkerstaat ohne Selbstaufgabe nicht akzeptieren kann
- der angesichts der sich häufenden Krisen immer schnellere Rüstungswettlauf
- die wachsende Kriegsbereitschaft bzw. der Glaube, ein Krieg sei doch nicht zu verhindern (also soll er möglichst schnell kommen)
- Nationalismus und Militarismus weiter Kreise der Bevölkerung
- die inneren Probleme des vorrevolutionären Russland, die es durch einen Krieg zu überdecken denkt
- die Bündnisautomatik und die Verselbstständigung der militärischen Prozesse bei Kriegsbeginn

Die Ursachen des Ersten Weltkrieges sind also sehr vielfältig und unterschiedlich *(Multikausalität).*

Der Verlauf des Ersten Weltkrieges

Die deutsche Führung steht vor dem Problem eines Zweifrontenkrieges. Der *Schlieffenplan*[1] von 1905 sieht deshalb vor, Frankreich in einem Blitzkrieg niederzuwerfen, um danach alle Truppen gegen Russland einzusetzen. Um den raschen Erfolg gegen Frankreich zu erzwingen, sieht der Schlieffenplan den Einfall durch die neutralen Länder Belgien und Luxemburg und den raschen Vormarsch auf Paris vor. Dem momentanen militärischen Vorteil steht der Nachteil entgegen, dass die Verletzung der belgischen Neutralität den Kriegseintritt Englands provozieren würde (4. 8. 1914).

Nach anfänglichen Erfolgen und raschem Vormarsch der deutschen Armeen wird der Angriff in der

Marneschlacht 6.–9. 9. 1914

gestoppt. Auch in den übrigen Frontabschnitten gelingt der erhoffte Durchbruch nicht. Von Flandern *(Langemarck, Ypern)* über die Somme und Marne bis nach Verdun und südlich zur Schweizer Grenze bleibt der Angriff stecken und erstarrt zu einem **Stellungs- und Materialkrieg:** Artilleriefeuer (Feuerwalzen), Granatwerfer, Tanks[2], Flugzeuge, Minen, Giftgas prägen das Bild dieser Materialschlachten.

---

[1] Nach Alfred Graf von Schlieffen (1833–1913), preußischer Generalfeldmarschall und Chef des Generalstabs.

[2] *Tanks* (engl.): gepanzertes Fahrzeug auf Ketten, mit Maschinengewehren bestückt; Vorläufer der Panzer.

Vor allem der Kampf um Verdun, die **Hölle von Verdun,** ist zum Symbol für diesen Krieg geworden. Fast eine Million Tote hat der Kampf um Verdun gekostet. Der mörderische Stellungskrieg an der Westfront, bei Verdun, Ypern, an der Somme, mit seinen diversen Offensiven und Gegenoffensiven, dauert bis zum Ende des Krieges.[1]

Der Schlieffenplan, der von der raschen Unterwerfung Frankreichs ausgeht, ist damit gescheitert. Auch die Annahme, dass die russische Armee nicht sofort kriegsbereit sei, erweist sich als falsch. Schon im August 1914 läuft der russische Angriff auf Ostpreußen. Es gelingt aber, in der legendären

Schlacht von Tannenberg   26.–30.8.1914

und der

Schlacht an den Masurischen Seen
   6.–15.9.1914

den russischen Angriff abzuwehren, ohne damit freilich eine endgültige Entscheidung herbeizuführen. Der Held des Ostkrieges ist Generaloberst *Paul von Hindenburg,* der 1916 zusammen mit *Ludendorff* die oberste Heeresleitung (OHL) übernimmt. In einer Gegenoffensive dringen deutsche und österreichische Truppen nach Osten vor, ohne aber entscheidende Vorteile zu erringen. Auch im Osten geht der Bewegungskrieg in einen Stellungskrieg über.

Neben der Ost- und der Westfront bildet sich 1915/16 eine Südfront, weil *Italien* sich auf die Seite der Alliierten stellt, die ihm großzügige Versprechungen gemacht haben (Südtirol, Trient, Istrien, Dalmatien). Kriegsschauplatz ist der *Isonzo-Fluss* an der österreichisch-italienischen Grenze, der in zahlreichen Schlachten bis Ende 1917 (Rückzug der Italiener) heiß umkämpft ist.

Auf dem Balkan (Verbündete: Bulgarien und die Türkei) ist der Krieg für die Mittelmächte (Deutschland und Österreich) anfangs erfolgreich: Serbien, Albanien, schließlich Rumänien werden besetzt, der Angriff der Alliierten auf die strategisch wichtigen Dardanellen wird zurückgeschlagen. Erst in der Schlussphase des Krieges sind auch hier die Alliierten erfolgreich. – Die deutschen Kolonien sind schon in der Anfangsphase verloren gegangen, außer Deutsch-Ostafrika, das bis 1918 verteidigt wird.

Eine wesentliche Rolle spielt auch der Seekrieg gegen England, der jedoch anders verläuft, als es sich die deutsche Admiralität vorgestellt hat. Es kommt nur zu einer großen Seeschlacht, der

Schlacht vor dem Skagerrak   31.5./1.6.1916.

Im Übrigen beschränkt England sich auf eine Seeblockade außerhalb der Reichweite der deutschen Großkampfschiffe und schneidet Deutschland von seinen Zufuhren ab. Darauf antwortet Deutschland mit dem Einsatz von U-Booten gegen alliierte Handelsschiffe. Der U-Boot-Krieg führt zu Konflikten mit den USA, die seit Kriegsbeginn den Engländern Material liefern, besonders nach der Versenkung der »Lusitania« (7.5.1915), die auch Amerikaner an Bord hatte. Die Erklärung des *uneingeschränkten U-Boot-Krieges* durch Deutschland (1.2.1917) wird deshalb einer der wesentlichen Gründe für den

Kriegseintritt der USA   6.4.1917.

Amerika führt den Krieg als einen Kreuzzug für Demokratie und Freiheit. Die Kriegsziele formuliert Präsident *Woodrow Wilson* in den

Vierzehn Punkten   8.1.1918.

Sie sehen u.a. im Einzelnen vor:
- Verbot der Geheimdiplomatie
- Freiheit der Meere
- freier Handel (open door)
- internationale Abrüstung
- Rückgabe der besetzten russischen, belgischen und französischen Gebiete einschließlich Elsass-Lothringens
- Selbstbestimmungsrecht für die Völker der Donaumonarchie und des Osmanischen Reiches
- Gründung eines polnischen Nationalstaates
- Bildung eines Völkerbundes zur Regelung internationaler Streitigkeiten

Mit dem 14. Punkt, der Idee des Völkerbundes, wird eine neue außenpolitische Vision vorgestellt. An die Stelle des Gleichgewichtsprinzips, das seit 1648 bzw. 1713 (s. Bd. 1, Seite 155) galt, soll das demokratische Modell einer Staatenvereinigung treten.

Angesichts der festgefahrenen Kriegssituationen und der enormen Opfer, die der Krieg bereits gekostet hat, kommt es 1916/17 zu Friedensbemühungen und wachsender innerer Opposition gegen die Fortsetzung des Krieges. Die deutsche Sozialdemokratie hatte bei Kriegsbeginn einen »Burgfrieden« mit der Regierung geschlossen und im Reichstag den jeweiligen Kriegskrediten zugestimmt. Jetzt spaltet sich ein Teil der Sozialdemokraten ab und gründet die

Unabhängige Sozialdemokratische Partei (USPD)   April 1917,

die sich gegen die Fortsetzung des Krieges richtet. Auch in den anderen Parteien wächst der Wunsch

---

[1] Eine eindrückliche Schilderung des Stellungskrieges bietet der Antikriegsroman von Erich Maria Remarque »Im Westen nichts Neues« (1929).

nach Beendigung des Krieges. Im Juli 1917 beschließt eine Reichstagsmehrheit aus SPD, Zentrum und Fortschrittspartei eine Friedensresolution (Verständigungsfrieden »ohne Annexionen und Kontributionen«) und zwingt den Reichskanzler Bethmann Hollweg zum Rücktritt. Nach dieser Demonstration des Friedenswillens aber versandet die Initiative des Parlaments. Neuer Reichskanzler wird ein Unbekannter namens *Michaelis,* nach diesem *Graf Hertling,* die ohne Einfluss bleiben – die tatsächlichen Entscheidungen liegen schon lange bei der OHL (Oberste Heeresleitung).

1917 scheint sich sogar trotz des amerikanischen Kriegseintritts eine Wende zugunsten der Mittelmächte anzubahnen. Der Grund sind die inneren Unruhen in Russland, die schließlich in die Oktoberrevolution münden (s. Seite 76f.) und zum Austritt Russlands aus dem Krieg führen. Damit eröffnet sich die Möglichkeit, Truppen vom Osten an die Westfront zu verlagern, um doch noch eine Entscheidung zu erzwingen.

Statt aber nun mit der neuen russischen Regierung einen schnellen und maßvollen Frieden zu vereinbaren, der den raschen Abzug der deutschen Truppen ermöglicht hätte, stellt die Oberste Heeresleitung harte und weit gehende Forderungen, die nur mit entsprechendem militärischen Druck durchgesetzt werden können. So bleiben erhebliche Truppen im Osten gebunden. Der schließlich ausgehandelte

Frieden von Brest-Litowsk[1]   **3.3.1918**

ist ein *Diktatfrieden.* Russland muss Finnland, Livland, Estland und Kurland, Polen, Litauen, Ukraine, Georgien und die armenischen Gebiete Kars, Ardahan und Batum abtreten – das sind Gebiete mit insgesamt 60 Millionen Menschen und 75 % der bisherigen russischen Stahl- und Eisenindustrie. Im Frühjahr 1918 versucht die Westarmee, verstärkt durch Truppen von der Ostfront, einen erneuten Durchbruch. Die Frühjahrsoffensiven bringen jedoch nur vorübergehende Geländegewinne. Sie scheitern schließlich an der immer drückender werdenden alliierten Materialüberlegenheit. Die deutschen Truppen werden, vor allem durch den massierten Angriff von ca. 500 britischen Tanks bei Amiens (8.8.1918), zur Rückverlegung der Front gezwungen. Im September erklärt die Oberste Heeresleitung die Fortsetzung des Krieges für aussichtslos. Zur gleichen Zeit erfolgt im Südosten der Zusammenbruch Bulgariens und der Türkei.

Anfang Oktober ersucht die deutsche Regierung um Waffenstillstand auf der Grundlage der vierzehn Punkte. Wilson aber macht Verhandlungen abhängig von einer Demokratisierung Deutschlands: Die Verhandlungen sollen nicht mit »militärischen Beherrschern und monarchischen Autokraten«, sondern nur mit den Vertretern des deutschen Volkes geführt werden. Am 28. Oktober erfolgt die Änderung der deutschen Verfassung in eine *parlamentarische Monarchie* (Reichskanzler vom Vertrauen des Parlaments abhängig). Die Verfassungsänderung soll einerseits die Friedensverhandlungen ermöglichen, andererseits aber auch einer möglichen Revolution von unten zuvorkommen.

Am 29. Oktober kommt es zur Meuterei von Matrosen, die sich gegen einen von der Admiralität befohlenen letzten Flotteneinsatz richtet. Matrosen und Werftarbeiter solidarisieren sich, gründen Arbeiter- und Soldatenräte nach bolschewistischem Vorbild. Eine der Hauptforderungen ist die Absetzung des Kaisers. In dieser sich zuspitzenden Situation – der so genannten **Novemberrevolution** (s. Seite 85ff.) – erklärt der neue Reichskanzler, Prinz Max von Baden (2.10.–9.11.1918), eigenmächtig den Rücktritt Wilhelms II. (9.11.). Noch am selben Tag kommt es zur Ausrufung der Republik (s. Seite 87). Am 11.11.1918 wird im Wald von Compiègne der Waffenstillstand unterzeichnet.

Bedeutung des Ersten Weltkrieges

Der 1. Weltkrieg ist der erste Krieg, in dem die »moderne« Technik, Produkt der industriellen Revolution, sich in ihrer ganzen Vernichtungskraft offenbart. Neue Waffen – Tanks, Flugzeuge, U-Boote, Giftgas – kommen zum Einsatz. Über 8 Millionen Tote und rund 20 Millionen Verwundete werden gezählt. Zum Vergleich: Der Deutsch-Französische Krieg von 1870/71 forderte »nur« 215 000 Tote.

Gesamtverluste im Ersten Weltkrieg		
Staaten	Gefallene	Verwundete
Deutschland	1 808 000	4 247 000
Frankreich	1 385 000	3 044 000
Großbritannien	947 000	2 122 000
Italien	460 000	947 000
Österreich-Ungarn	1 200 000	3 620 000
Russland	1 700 000	4 950 000
Türkei	325 000	400 000
USA	115 000	206 000

Die Kriegskosten belaufen sich auf unvorstellbare Summen und ruinieren die Nationalwirtschaft. Die Bevölkerung wird aufgefordert, Kriegsanleihen zu zeichnen, rückzahlbar nach dem Sieg auf Kosten der Besiegten (im Deutschen Reich bringen 9 Kriegsanleihen ca. 55 Milliarden Goldmark). Auch sonst greift

---

[1] Die deutsche Niederlage Ende 1918 macht den Vertrag hinfällig. Die Alliierten erklären ihn offiziell für ungültig.

der Krieg direkt in das zivile Leben ein. Zum Beispiel muss die Rüstungsindustrie, die auf Hochtouren läuft, zur Bewältigung der Produktion immer mehr Frauen einstellen. Die Wirtschaftsblockade wird in allgemeinem Mangel und Hunger spürbar, Lebensmittel werden rationiert, Lebensmittelkarten ausgegeben. Erstmals wird auch massive Propaganda eingesetzt, um Kampfmoral und Siegeszuversicht immer wieder neu zu entfachen. Der 1. Weltkrieg entwickelt sich zum **totalen Krieg.**

Er ist ein **historischer Wendepunkt** von enormer, bis in die Gegenwart ausstrahlender Bedeutung. Drei große Monarchien – Russland, Österreich-Ungarn und das Deutsche Reich – brechen zusammen, der österreichische Vielvölkerstaat löst sich auf.

Aber auch die europäischen Siegermächte, Frankreich und England, haben in diesem ersten modernen Massenkrieg große Verluste erlitten und ihre Machtstellung verloren. Der Erste Weltkrieg war ein Akt der europäischen Selbstzerstörung. Mit ihm geht die Epoche der eurozentrierten Geschichte zu Ende.

Deshalb kann vor allem das Jahr 1917 als *Epochenjahr* gelten: Es bezeichnet den Kriegseintritt der USA, der für den Ausgang des Krieges entscheidend ist, aber auch die russische Oktoberrevolution und die Entstehung eines (vorerst noch schwachen) kommunistischen Machtblocks, also den Beginn der Teilung der Welt in ideologisch verfeindete Blöcke. Das Jahr 1917 gilt deshalb vielen Historikern als Ende der Neuzeit und Beginn der Gegenwart.

Zeittafel
Der Weg in den Ersten Weltkrieg

1890	Rücktritt Bismarcks »neuer Kurs« Wilhelms II.	
1894	**französisch-russischer Zweibund**	
	deutsche Flottenpolitik (Tirpitz, Flottenverein 1898) Risikotheorie	→ englisch-deutsche Spannungen
1898	deutsch-englische Verhandlungen scheitern	
1904	englisch-französische **Entente cordiale**	
1905	**erste Marokkokrise**	→ Isolation Deutschlands → enge Bindung an Österreich
1907	englisch-russischer Interessenausgleich	
1908	**Bosnische Krise**	
1911	**zweite Marokkokrise** (»Panthersprung«)	→ »Pulverfass« Balkan
1912/13	**Balkankrise**	
1914	Ermordung Franz-Ferdinands von Österreich in Sarajewo (28.6.)	
	Julikrise Kriegserklärungen: 28.7. Österreich an Serbien 1.8. Deutschland an Russland 3.8. Deutschland an Frankreich 4.8. England an Deutschland	→ Mechanismus der Bündnisse
	→ **Erster Weltkrieg 1914–1918** ←	

Die Russische Revolution

Überblick

- In dem autokratisch regierten, wirtschaftlich und sozial rückständigen Russland formiert sich im 19. Jahrhundert eine vielschichtige Oppositionsbewegung, getragen von der sog. *Intelligentsia* und beeinflusst von den westlichen Ideen des Liberalismus und Sozialismus.

- Eine wichtige Rolle spielt die 1898 gegründete Sozialdemokratische Arbeiterpartei Russlands (SDAPR), die sich 1903 in die Gruppe der *Menschewisten* und der *Bolschewisten* aufteilt. Lenin entwickelt (vor allem in der Schrift »Was tun?«, 1902) sein, auf die russischen Verhältnisse zugeschnittenes, revolutionäres Programm (**Marxismus-Leninismus**).

- Ausgelöst durch die Niederlage im Russisch-Japanischen Krieg (1904/05) kommt es zur *ersten russischen Revolution (1905)*, in deren Verlauf erstmals *Sowjets* (Arbeiterräte) gebildet werden. Der Zar ist zu Zugeständnissen *(Duma)* gezwungen, die jedoch in der Praxis bald unterlaufen werden (Phase des *Scheinkonstitutionalismus* bis 1917).

- Im Verlauf des Ersten Weltkrieges löst die militärisch und wirtschaftlich katastrophale Situation die **Februarrevolution 1917** aus, die zum Sturz des Zaren führt. Die provisorische Regierung – bürgerlich-liberal ausgerichtet – steht in Rivalität zu der sozialistischen Rätebewegung, die sich im Verlauf der Revolution neu formiert hat.

- In dieser Phase der *Doppelherrschaft* wird das Eingreifen Lenins, der mithilfe der deutschen Regierung in Russland eingeschleust wird, ausschlaggebend: Seine kompromisslosen, populären Forderungen (*Aprilthesen:* sofortiger Frieden, Landverteilung, »Alle Macht den Räten!«) und die Schwäche der provisorischen Regierung (Sept. 1917: Kornilow-Putsch) stärken den Einfluss der bolschewistischen Partei erheblich.

- Mit der **Oktoberrevolution 1917** – die keine Volkserhebung, sondern eine organisierte und konsequent durchgeführte Machtübernahme ist (Trotzki) – übernehmen die Bolschewisten die Regierung und führen ihr Programm durch (Enteignung des Großgrundbesitzes, Frieden von Brest-Litowsk mit Deutschland 1918).

- Trotz des erheblichen Widerstandes der innenpolitischen Gegner (der »Weißen«), die von den westlichen Großmächten unterstützt werden, kann sich die bolschewistische Regierung im *russischen* **Bürgerkrieg (1918–20)** behaupten.

- Der Phase des Bürgerkrieges und des *Kriegskommunismus* folgt ab 1921 eine – taktische – Liberalisierung auf ökonomischem Gebiet, die *Neue Ökonomische Politik (NEP)*.

- Nach Lenins Tod (1924) setzt sich in den innerparteilichen Kämpfen um die Nachfolge **Stalin** gegen Trotzki durch und errichtet praktisch eine Diktatur.

- Der Stalinismus ist gekennzeichnet durch die verstärkte, »nachholende« Industrialisierung, die Kollektivierung der Landwirtschaft, die Festschreibung der Parteidiktatur (demokratischer Zentralismus) und die Herrschaft des bürokratischen Apparats, die Ausschaltung jeder Opposition (Geheimpolizei, Säuberungswellen) sowie einen wachsenden Personenkult um den Diktator.

Die Russische Revolution von 1917 ist ein Ereignis von weltgeschichtlicher Bedeutung. Sie führt zur Gründung der UdSSR, die sich unter der Diktatur Stalins zu einer Großmacht, nach dem Zweiten Weltkrieg zu einer Weltmacht entwickelt. Die ideologischen Gegensätze zwischen dem kommunistischen System und den liberal-demokratischen Auffassungen der westlichen Mächte führen nach 1945 zum sog. Ost-West-Konflikt, der bis ca. 1990 die Weltgeschichte geprägt hat (s. Seite 131).

– Das folgende Kapitel skizziert die Geschichte Russlands bis zum Beginn des Zweiten Weltkriegs.

Russland im 19. Jahrhundert

Zu Beginn des 19. Jahrhunderts ist Russland ein feudaler Agrarstaat. An der Spitze steht der Zar als unumschränkter *Autokrat*[1]. Es gibt eine kleine Schicht privilegierter und reicher adeliger Großgrundbesitzer. Fast 90 % der Bevölkerung sind leibeigene Bauern und Landarbeiter. Sie gehören dem

---

[1] *Autokrat* (griech.): Selbstherrscher.

Gutsbesitzer, der sie nach Belieben verkaufen, verschenken oder auch misshandeln darf. Die Prügelstrafe ist gang und gäbe (erst 1906 aufgehoben). Immer wieder kommt es zu Bauernaufständen, die zum Teil erhebliches Ausmaß annehmen: Die Erhebung des Kosaken Pugatschow (1775 hingerichtet) etwa hat zu einem regelrechten Bauernkrieg geführt, der die Existenz des Zarenreiches gefährdet hat. Auch im 19. Jahrhundert gibt es zahllose Bauernaufstände, ohne dass sich an der Lage der Bauern vorerst etwas ändert.

Wegen der Rückständigkeit und mangelnden Produktivität der Landwirtschaft (nur ca. 1/3 der in Westeuropa üblichen Erträge) kommt es in Russland nicht zur Entwicklung eines starken Bürgertums. Damit fehlen entscheidende Voraussetzungen für die Industrialisierung, die in Russland erst spät und nur mit erheblicher ausländischer Kapitalhilfe in Gang kommt. Gewinne fließen deshalb zu einem großen Teil ins Ausland ab. Eine nennenswerte Industrialisierung beginnt erst seit Ende des 19. Jahrhunderts. Ähnlich wie seinerzeit in Deutschland wird die Eisenbahn zum Motor der Industrialisierung. Im Bau der großen Eisenbahnlinien (Transsibirische und Mandschurische Eisenbahn) wird zugleich der Zusammenhang zwischen Industrialisierung und imperialistischer Außenpolitik deutlich. In dieser Phase vor dem Ersten Weltkrieg steigen die Produktion und die Zahl der Industriearbeiter gewaltig – mit all den sozialen Problemen, die auch am Beginn der westeuropäischen industriellen Revolution gestanden haben. Lange Arbeitszeit, fehlende soziale Sicherung, Wohnungselend usw. lassen auch hier ein revolutionäres Potenzial entstehen. Zwar ist der Anteil des Industrieproletariats an der Gesamtbevölkerung verschwindend gering (ca. 2 %). Es spielt dennoch eine erhebliche Rolle, weil es in ganz wenigen Industriestandorten konzentriert ist, vor allem in St. Petersburg und Moskau.

Außenpolitisch dagegen spielt Russland nach dem Wiener Kongress 1814/15 eine führende Rolle in Europa. Als Initiator der »Heiligen Allianz« (s. Seite 22) sorgt es für die Unterdrückung liberaler und nationaler Bewegungen. Vom »Gendarm Europas« ist die Rede.

Dennoch ist es nicht zu verhindern, dass die Ideen der Aufklärung auch in Russland Einfluss gewinnen, wenn auch nur in einer kleinen wohlhabenderen und gebildeten Schicht meist junger Adeliger und Bürger. Eine Gruppe dieser Leute, junge Offiziere, die sich schon seit 1816 in Geheimbünden organisiert haben, versucht nach dem Tod Alexanders I. einen Militärputsch gegen das autokratische System, den

Dekabristenaufstand[1]   **Dezember 1825.**

Der Aufstand, nur von einer Minderheit getragen und schlecht vorbereitet, scheitert kläglich, setzt aber doch ein deutliches Signal und wird Vorbild und Ansporn für die oppositionellen Kräfte in Russland.

Der neue Zar, Nikolaus I., reagiert mit verschärften Unterdrückungsmaßnahmen, unter anderem mit der Schaffung einer eigenen Polizeibehörde zur Überwachung und Bespitzelung der Universitäten. Unter der Regierung Nikolaus' I. wird die Rückständigkeit des russischen Systems im Vergleich zu den westlichen Ländern immer deutlicher. Das mittelalterlich-feudale Agrarsystem, die veralteten Produktionsmethoden, das Fehlen eines aktiven Bürgertums verhindern wirtschaftliche Fortschritte und vergrößern den Abstand zu den europäischen Mächten, deren Entwicklung zu dieser Zeit von einer rasch fortschreitenden Industrialisierung geprägt wird. Damit droht Russland auch politisch und militärisch ins Hintertreffen zu geraten, was durch die Niederlage im Krimkrieg (1853–56, s. Seite 34 f.) zur Realität wird.

Die Antwort Alexanders II. (1855–81, ermordet) ist die Einleitung von Reformen, einer »Revolution von oben«, vergleichbar etwa den preußischen Reformen nach der Niederlage gegen Napoleon (s. Seite 17). Sie betreffen die Justiz (Rechtsgleichheit, öffentliches Verfahren, unabhängige Richter), die Finanzverwaltung, das Militär (1874 Einführung der allgemeinen Wehrpflicht) und das Schulwesen. Der Kernpunkt der Reformen aber ist die

Bauernbefreiung   **1861.**

Die Aufhebung der Leibeigenschaft bringt den Bauern zwar persönliche Freiheit. In der Praxis aber ändert sich an ihrer Abhängigkeit und ihrem Elend wenig:

- Die ihnen zugewiesenen Landanteile sind zu klein und reichen kaum für den eigenen Bedarf (in schlechten Jahren kommt es zu Hungersnöten)

- An die Stelle der Abhängigkeit vom Gutsherrn tritt die von der Dorfgemeinde (Mir). Die Gemeinde ist Besitzerin des Landes und teilt es nach Familiengröße jeweils neu auf. Sie ist für die Steuern zuständig und haftbar. Die Mir-Verfassung bindet den Bauern praktisch an seine Gemeinde, blockiert wirkliche Freizügigkeit und Mobilität ebenso wie individuelle Leistung

- Die Regelung des »Loskaufs«, der Rückzahlung der vom Staat vorgestreckten Kaufsumme für das eigene Land führt zu einer weiteren Belastung und einer immer tieferen Verschuldung.

---

[1] (von russ. dekabr = Dezember): »Dezembristen«.

Die Bauernbefreiung bringt also keine wirkliche Verbesserung. Die Lage der meisten Bauern bleibt unerträglich. Über 14000 regionale Bauernaufstände zwischen 1861 und 1917 sind dafür ein deutliches Zeichen. Sie zeigen zugleich die revolutionäre Sprengkraft, die im Bauerntum angesammelt ist und für eine Revolution genutzt werden kann.

Die oppositionellen Kräfte

Da ein politisch bewusstes Bürgertum fehlt, konzentriert sich die Opposition auf eine kleine Schicht von Intellektuellen, die so genannte **Intelligentsia**. Sie wird stark beeinflusst von westlichen Philosophien und Theorien, etwa den französischen Frühsozialisten, Hegel, Feuerbach u. a. m. (sog. *»Westler«*, z. B. *Alexander Herzen, 1812–70*). Sie ist sich andererseits aber auch der russischen Besonderheiten bewusst, die eine bloße Übertragung der westlichen Gedanken nicht zulassen. Viele, hierin beeinflusst von der deutschen Romantik mit ihrer Vergangenheitsverklärung, sehen gerade in der russischen Tradition, in den Landgemeinden und der volkstümlichen Frömmigkeit der Bauern die Chance für einen besonderen russischen Weg zum Sozialismus (sog. *Slawophile*).

Gemeinsamer Grundzug der Intelligentsia ist ihre Radikalität, bedingt durch die Rückständigkeit Russlands ebenso wie durch ihre eigene Rolle als kleine und verfolgte Minderheit. Das Scheitern der *Narodniki*-Bewegung[1] und der Einfluss *anarchistischer*[2] Gedanken trägt zur Radikalisierung bei. Ein Teil der Oppositionellen geht zu terroristischen Aktivitäten über. Zar Alexander II. wird 1881 durch einen Bombenanschlag getötet. Einer dieser Revolutionäre, S. G. Nečaev (1847–82), enttäuscht über die Unmöglichkeit, die Massen durch Überzeugung zu gewinnen, entwickelt bereits die Vorstellung vom Berufsrevolutionär, der mit allen Mitteln, ohne Rücksicht auf moralische Skrupel oder persönliche Interessen, leidenschaftlich auf die Übernahme der Macht hinarbeitet. Hier ist ein Vorbild für die spätere Auffassung Lenins von der Partei neuen Typs.

Die Tradition der Narodniki und das Ziel eines bäuerlichen Sozialismus (»Land und Freiheit«) werden in der 1901 gegründeten Partei der *Sozialrevolutionäre* (SR) aufgegriffen. Sie wird bis 1917 mit ca. 1 Million Mitgliedern die stärkste Partei.

Die marxistische Theorie gewinnt erst mit dem Beginn der Industrialisierung Einfluss. Ihr Vermittler ist vor allem *Georg Plechanow (1857–1918)*, der »Vater des russischen Marxismus«. Ein Vorbild sieht er nicht zuletzt in der deutschen Sozialdemokratie. 1895 wird in St. Petersburg ein »Kampfbund« für die Befreiung der Arbeiterklasse« gegründet, bald darauf die

Sozialdemokratische Arbeiterpartei Russlands (SDAPR) 1898,

die freilich sofort verboten wird und ihre Tätigkeit ins Ausland verlegen muss. Eines der Mitglieder des Kampfbundes, 1896 in die sibirische Verbannung geschickt, ist *Wladimir Iljitsch Uljanow (1870–1924)*, genannt *Lenin*. Er entwickelt in der Verbannung ein neues, von der eigentlich marxistischen Linie (s. Seite 42 f.) abweichendes revolutionäres Programm. Er versucht damit, die marxistischen Vorstellungen der besonderen russischen Situation anzupassen. Vor allem in der Schrift *»Was tun?«* (1902) legt er seine Gedanken nieder:

- Nach Marx kann die kommunistische Revolution nur stattfinden, wenn ihre geschichtsnotwendige Vorstufe, die kapitalistische Gesellschaft, sich voll entfaltet und ihren Zenit überschritten hat. Die Revolution werde also in den hoch industrialisierten Ländern mehr oder weniger gleichzeitig ausbrechen. Hingegen sei in Russland erst die Entfaltung des Kapitalismus abzuwarten; für den Übergang zum Kommunismus sei Russland noch nicht »reif«. – Dagegen sagt Lenin, die Revolution könne auch in einem wenig entwickelten Land ausbrechen, werde aber von da auf die fortgeschritteneren Länder übergreifen. Es sei deshalb Aufgabe der russischen Sozialisten, trotz der industriellen Rückständigkeit möglichst bald eine sozialistische Revolution zu entfesseln.

- Nach Marx wird die kommunistische Revolution von einem klassenbewussten und starken Industrieproletariat getragen. – Lenin dagegen geht von einem Bündnis zwischen Arbeitern und Bauern aus, denn in Russland bildet ja gerade das Bauerntum die eigentliche revolutionäre Masse.

- Für Marx ist ein entwickeltes Klassenbewusstsein des Proletariats Voraussetzung der Revolution. Davon kann in dem rückständigen Russland (mit über 80 % Analphabeten) nicht die Rede sein. –

---

[1] *Narodniki* (russ. = Ins-Volk-Gehen): Versuch einiger Tausender junger Intellektueller, Anfang der 70er-Jahre durch Aufklärung und Agitation direkt vor Ort die Bauern zu mobilisieren. Die Bewegung scheitert nicht nur an der Polizei, sondern auch am Desinteresse der Bauern selbst.

[2] *Anarchie* (griech. = Herrschaftslosigkeit); wichtiger Vertreter dieser Richtung ist *Michael Bakunin (1814–76)*, demzufolge Freiheit nur gegen den Staat verwirklicht werden kann. Das Volk müsse durch Gewalt den Staatsapparat stürzen und sich dann im freien Zusammenschluss von Produktionsgemeinschaften herrschaftslos neu organisieren.

Die Russische Revolution

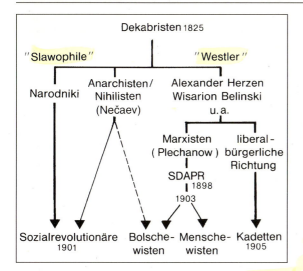

Lenin vertritt dagegen die These, das Proletariat könne von sich aus kein revolutionäres, sondern nur ein gewerkschaftliches Bewusstsein entwickeln, das lediglich auf die Verbesserung der Arbeitsbedingungen zielt. Um die Revolution herbeizuführen, sei eine straff organisierte, konspirative Kaderpartei[1] von Berufsrevolutionären notwendig. Diese Avantgarde habe dann die Aufgabe, die Masse durch Erziehung auf den Übergang zum Kommunismus vorzubereiten. Folglich sei mit einer relativ langen Übergangsphase zu rechnen, in der die Partei aufgrund ihres richtigen und fortgeschrittenen Bewusstseins die Führungsrolle innehaben müsse.

Auf dem zweiten Parteikongress der Sozialdemokratischen Arbeiterpartei Russlands (erst in Brüssel, dann nach London verlegt) führt die Auseinandersetzung mit Lenins Thesen zur

Spaltung der SDAPR   1903

in die sozialdemokratischen Menschewisten, die am Aufbau einer demokratisch organisierten Massenpartei festhalten, und die Bolschewisten[2], die eine revolutionäre Kaderpartei neuen Typs aufbauen wollen.

Neben Sozialrevolutionären und Marxisten entsteht 1905 auch eine liberale Partei, die Kadetten[3]. Sie stützt sich auf das Bürgertum und vertritt gemäßigte Ziele: allgemeines Wahlrecht, Parlamentarisierung des Systems (Beibehaltung der Monarchie) und Reformen im Agrarbereich.

Die Revolution von 1905

Wird von der Russischen Revolution gesprochen, so ist meist die Oktoberrevolution von 1917 gemeint. Die Oktoberrevolution aber hat zwei Vorläufer: die Februarrevolution von 1917 und die Revolution von 1905.

Der Auslöser der ersten russischen Revolution ist der Russisch-Japanische Krieg 1904/1905, der mit der russischen Niederlage endet (s. Seite 50). Er führt zu einer weiteren Zuspitzung der ohnedies schon überaus kritischen inneren Situation. Im Januar 1905 kommt es in St. Petersburg zu Streiks. Am 9./22. Januar[4] zieht eine große, aber friedliche Menschenmenge unter Führung des Priesters Gapon[5] vor das Winterpalais, um dem Zaren eine Petition zu überreichen. Die Truppen, die das Palais verteidigen, eröffnen das Feuer und töten mehrere Hundert Demonstranten. Dieser

Blutsonntag   9./22. Jan. 1905

löst die Revolution aus, die das ganze Jahr über dauert und sich in ihren Ausläufern bis ins Jahr 1907 erstreckt. Da es keine einheitliche Führung gibt, ist das Nebeneinander unterschiedlicher revolutionärer Ereignisse für den Verlauf charakteristisch:

- eine Welle von Streiks, unter anderem ein wochenlanger Eisenbahnstreik, der das Verkehrssystem zusammenbrechen lässt. Im Oktober 1905

---

[1] Kader (von franz. cadre = Rahmen): Der besonders qualifizierte und feste Kern einer größeren Organisation (z. B. eines Heeres, einer Sportsmannschaft usw.). Hier also die ideologisch und organisatorisch besonders geschulte Parteielite.

[2] Bolschewiki (russ. = Mehrheitler); Menschewiki (russ. = Minderheitler). Die Bezeichnung ist insofern irreführend, als eigentlich die Lenin-Anhänger in der Minderheit waren. Erst nachdem verschiedene Delegierte den Kongress verlassen haben, verfügt Lenin über eine Mehrheit.

[3] Abgeleitet von »kadety«, der Abkürzung des Parteinamens »Konstitutionelle Demokraten«.

[4] Die doppelten Datenangaben beruhen auf der unterschiedlichen Zeitrechnung. Bei uns gilt seit 1582 der gregorianische Kalender (nach Papst Gregor XIII.). In ihm wurde die seit der Kalenderreform Cäsars (julianischer Kalender) bislang aufgelaufene Abweichung von zehn Tagen durch einen Zeitsprung überwunden. Die evangelischen Gebiete übernehmen die Reform anfangs nicht. Auch das orthodoxe Russland bleibt beim julianischen Kalender (bis 1918). Nach dem gregorianischen Kalender fand die Februarrevolution im März, die Oktoberrevolution im November statt. Man trifft deshalb auch auf die Bezeichnungen März- und Novemberrevolution.

[5] Gapon ist Führer eines Arbeitervereins »von oben«. Solche Vereine, im Einverständnis mit den Polizeibehörden gegründet, gehören zu den Versuchen, die Arbeiterbewegung unter Kontrolle zu bringen (Sog. Polizei-Sozialismus).

weiten sich die Streiks zu einem Generalstreik aus
- Bauernaufstände, Vertreibung von Gutsbesitzern und wilde Landnahme, Gründung eines Bauernbundes
- Gründung von Gewerkschaften
- die spontane Wahl von Arbeitervertretungen, so genannter *Sowjets* (= *Räte*). In allen großen Städten folgen die Arbeiter den anfangs vereinzelten Beispielen, sodass sich schließlich ein Netz solcher Arbeiterräte über das Land erstreckt
- Meutereien und Aufstände bei der Flotte (besonders berühmt, vor allem wegen der Verfilmung durch Eisenstein (1925), der Aufstand der Matrosen des Panzerkreuzers »Potemkin«)
- terroristische Aktionen (Attentate, Sabotage)

Unter dem Druck der Ereignisse muss Nikolaus II. Zugeständnisse machen. Ende Oktober 1905 verspricht er Grundrechte (Unverletzbarkeit der Person, Pressefreiheit usw.) und die Wahl einer Volksvertretung *(Duma[1])*.

Die Zeit zwischen den Revolutionen

Im Mai 1906 tritt die erste Duma zusammen. Es ist zwar das erste Parlament im autokratischen Zarenreich, aber seine Befugnisse sind gering:
- Gesetzesvorschläge der Duma bedürfen der Zustimmung des Staatsrates und des Zaren
- Die Regierung ist nicht der Duma, sondern nur dem Zaren verantwortlich
- Der größte Teil des Haushaltes (für Heer, Marine und Hof) ist der Kontrolle der Duma entzogen
- Die Regierung kann notfalls, während einer Dumavakanz, selbstständig Gesetze erlassen
- Der Zar kann die Duma jederzeit auflösen und Neuwahlen verfügen (die erste Duma wird bereits im Juli 1906 aufgelöst)
- Im Juni 1907, nachdem auch die zweite Duma aufgelöst worden ist, wird der Wahlmodus geändert, sodass in der Folgezeit (bis 1917) die liberalen und sozialistischen Kräfte nur eine Minderheit der Abgeordneten stellen

Unter diesen Umständen kann die Duma keinen wirklichen Einfluss gewinnen. Man bezeichnet diese Phase der russischen Verfassungsgeschichte als **Scheinkonstitutionalismus** (Max Weber).

Die Revolution von 1905, in der die ganze Brüchigkeit und Gefährdung des zaristischen Regimes deutlich geworden ist, ist aber auch Anstoß für wirkliche Reformen. Der neue starke Mann, Ministerpräsident *Stolypin (1906–11, ermordet)*, geht zwar einerseits rigoros gegen die revolutionären Kräfte vor (Einrichtung von Militärtribunalen), andererseits leitet er aber auch die längst überfällige Agrarreform ein, um der revolutionären Bewegung die Basis zu entziehen. Die beiden Haupthemmnisse für eine freiere und effektivere Entfaltung des Bauerntums – die Mir-Verfassung und die Ablösezahlungen (s. Seite 73) – werden abgeschafft. Flurbereinigungen und die Ansiedlung von über drei Millionen Bauern in Sibirien dienen der Gewinnung von Neuland. Agrarbanken gewähren günstige Kredite für den Ankauf von Land.

Die von Stolypin eingeleitete Reform führt zur Ausbildung des sog. *Kulakentums*, einer noch kleinen Schicht selbstständiger Bauern, die über ein hinreichendes Auskommen und gar bescheidenen Wohlstand verfügt. Die soziale Differenzierung innerhalb des Bauerntums führt auf der anderen Seite aber auch zum Entstehen eines Dorfproletariats, das auf Lohnarbeit bei den Kulaken oder den Gutsherren angewiesen ist. – Insgesamt bringt die Agrarreform wohl deutliche soziale Verbesserungen und führt zu Produktionssteigerungen, aber sie reicht doch bei weitem nicht aus, um in der kurzen Phase ihrer Wirksamkeit eine befriedigende Lösung der Bauernfrage zu bewirken. Als 1914 der Erste Weltkrieg beginnt, bilden die bäuerlichen Massen nach wie vor ein ungeheures revolutionäres Potenzial.

Die Februarrevolution 1917

Wie die Revolution von 1905 ihren Anstoß durch die russische Niederlage im Krieg gegen Japan erhalten hat, ist für die beiden Revolutionen des Jahres 1917 der Erste Weltkrieg (1914–18) eine entscheidende Voraussetzung. Der Kriegsverlauf hat sich nach anfänglichen Erfolgen zuungunsten der russischen Armee entwickelt (s. Seite 69). Das sich anbahnende militärische Desaster und die wirtschaftlichen Folgen des Krieges – Inflation, Lebensmittelmangel, Versorgungsschwierigkeiten, das alles in einem besonders harten Winter mit Temperaturen von minus 40 Grad – führen Ende Februar/Anfang März 1917 zu Unruhen, Demonstrationen und Streiks in Petrograd[2]. Wie schon 1905 bilden sich in ganz Russland Arbeiter- und Soldatenräte. Als am 27.2./12.3. auch die Petrograder Garnison zu den Aufständischen überläuft,

---

[1] *Duma* (russ.): Rat, Versammlung.

[2] Der deutsche Name *St. Petersburg* wird mit Beginn des Krieges gegen die Deutschen ins russische Petrograd umgewandelt (1914); 1924 in *Leningrad* umbenannt, 1991 in *St. Petersburg* rückbenannt.

ist die Revolution gewonnen. Während die Duma, die sich dem Auflösungsbefehl des Zaren widersetzt, ein provisorisches Komitee zur Schaffung einer Regierung gründet, wird von den sozialistischen Gruppen ein provisorisches Exekutivorgan des Arbeiterdeputiertenrates gebildet, als Zentralorgan der Arbeiter- und Soldatenräte. Angesichts dieser revolutionären Entwicklung kommt es zum

Rücktritt des Zaren[1]   **2./15. März 1917.**

Von Beginn der Revolution an gibt es zwei Machtzentren: das liberal-bürgerlich orientierte Duma-Komitee und das mehrheitlich sozialistische (menschewistische und sozialrevolutionäre) Exekutivkomitee der Sowjets. Das Exekutivkomitee ist aber nicht bereit in einer Regierung mitzuwirken. Die Mehrheit seiner Mitglieder sieht in den Ereignissen des Frühjahrs nicht die sozialistische, sondern die (nach Marx geschichtsnotwendige) bürgerliche Revolution. Man ist deshalb lediglich zur Duldung einer provisorischen Regierung unter Fürst Lwow bereit. Sie besteht nur aus Vertretern des Großgrundbesitzes und des Kapitals; nur ein Sozialist, *Kerenski,* tritt als Justizminister der neuen Regierung bei.

Andererseits hat das Petrograder Exekutivkomitee aber die Massen hinter sich und dadurch ein so großes Gewicht, dass ohne oder gar gegen seine Zustimmung ein Regieren kaum möglich ist. In dieser Situation der **Doppelherrschaft** kommt es also darauf an, dass zwischen bürgerlicher Regierung und sozialistischer Rätebewegung ein Kompromiss gefunden wird.

Die neue Regierung steht von Anfang an unter der Belastung des Krieges. Sie glaubt ihn fortsetzen zu müssen, um die Bündnisverpflichtungen gegenüber Frankreich und England zu erfüllen. Die Fortsetzung des Krieges aber steht im Widerspruch zur Friedenssehnsucht der Bevölkerung und der Soldaten, die in Scharen desertieren. Zudem blockiert sie die notwendigen innenpolitischen Reformen und führt zu zahlreichen Aufständen in den Städten und auf dem Land, wo sich die Bauern nun auf eigene Faust das Land der Gutsbesitzer aneignen. Die Nationalitätenbewegung in den nichtrussischen Randgebieten trägt zur Verschärfung der chaotischen Zustände bei. – Die Unfähigkeit (und wohl auch Unmöglichkeit), diese Fülle schwierigster Probleme zu lösen, führt zu einem raschen Verfall der Regierungsautorität. Davon sind nicht nur die Liberalen, sondern auch die Menschewisten und Sozialrevolutionäre betroffen, die sich seit Mai doch zur Regierungsbe-

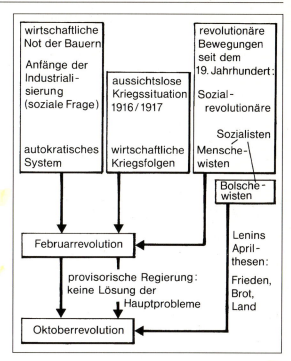

teiligung bereit gefunden haben und seit Juli mit *Kerenski* auch den Ministerpräsidenten stellen.

Die Oktoberrevolution 1917

Unter diesen Rahmenbedingungen kann sich die Agitation der Bolschewisten bestens entfalten. Lenin, der seit 1900 (mit kurzer Unterbrechung 1905 bis 07) im Schweizer Exil lebt, wird 1917 mit Unterstützung der deutschen Regierung[2] in Russland eingeschleust. Kaum in Petrograd angekommen, verkündet er die sog.

Aprilthesen   **4./17.4.1917:**

- sofortige Beendigung des imperialistischen Krieges

- keinerlei Unterstützung der provisorischen Regierung. Sie verhindere Frieden und Sozialismus und habe im Verlauf der Revolution nur eine Übergangsfunktion. Die zweite Etappe der Revolution müsse in der Übernahme der Staatsgewalt durch die Arbeiter und Bauern bestehen.

- keine parlamentarische, sondern eine Räterepublik (»Alle Macht den Sowjets!«)

- Enteignung der Großgrundbesitzer und Verteilung des Landes

- Nationalisierung der Banken und der Industrie

---

[1] Nikolaus II. wird am 16.7.1918, im Verlauf des Bürgerkrieges, zusammen mit seiner Familie ermordet.

[2] Ziel der deutschen Regierung und der Obersten Heeresleitung ist es, die revolutionären Unruhen in Russland zu schüren und die russische Regierung dadurch reif für einen Separatfrieden zu machen.

- Änderung des Parteinamens in »Kommunistische Partei«
- Agitation und Aufklärung der Massen und Gewinnung einer bolschewistischen Mehrheit in den Räten

Dieses radikale Programm, das jeglichen Kompromiss mit der provisorischen Regierung ablehnt, kommt umso mehr zum Tragen, je hilfloser und ohnmächtiger diese Regierung wird. Zudem trifft das Eintreten für sofortigen Frieden und für die Neuverteilung des Landes genau die Sehnsucht der Menschen. Immer größer wird der Einfluss der Bolschewisten. Auch die Verhaftung ihrer Führer nach dem gescheiterten Juli-Aufstand (Lenin flieht nach Finnland) kann nicht verhindern, dass die Bolschewisten bereits im September in den wichtigsten Räten, vor allem in Petrograd und Moskau, über die Mehrheit verfügen. Entscheidend begünstigt wird der bolschewistische Machtzuwachs durch den Putschversuch rechtsgerichteter Militärs[1]. Der

Kornilow-Putsch   Anfang Sept. 1917

wird nicht durch die Regierung, sondern durch die schnell eingeleiteten Maßnahmen der Bolschewiken (Mobilisierung einer »Roten Garde«, Beschaffung von Waffen) niedergeschlagen. Die offenkundig gewordene Schwäche der Kerenski-Regierung kommt der bolschewistischen Partei zugute.

Als Mitte Oktober ein »Militärisches Revolutionskomitee« des Petrograder Sowjets unter Leitung *Trotzkis*[2] gebildet wird und auch die Befehlsgewalt über die Petrograder Garnison erhält, sieht Lenin den Zeitpunkt für die zweite, die kommunistische Revolution gekommen. In einer Blitzaktion unter Trotzkis Leitung werden alle strategisch wichtigen Punkte der Hauptstadt besetzt und die Regierung verhaftet. Die

Oktoberrevolution   24./25.10.1917

ist, im Unterschied zu ihren beiden Vorläufern, keine spontane Massenerhebung, sondern ein geplantes und gut organisiertes Unternehmen von »Berufsrevolutionären«. Sie verläuft unauffällig und relativ unblutig.

Der *Allrussische Rätekongress*, der am 25. Oktober 1917 zusammentritt, wird damit vor vollendete Tatsachen gestellt. Menschewisten und Sozialrevolutionäre (bis auf den linken Flügel) verlassen aus Protest gegen den Staatsstreich den Kongress, der nun als Regierung (Exekutive) einen rein bolschewistischen **Rat der Volkskommissare** wählt. An der Spitze steht Lenin. Für die Außenpolitik ist Trotzki, für Nationalitätenprobleme Stalin zuständig.

Die erste Maßnahme der neuen Regierung sind drei grundlegende Dekrete (sog. Umsturzdekrete), mit denen die Verwirklichung der Hauptziele eingeleitet wird:

- Dekret über den Frieden (sofortige Beendigung des Krieges)
- Dekret über den Boden (Enteignung des gutsherrlichen und kirchlichen Besitzes)
- Dekret über die Rechte der Völker Russlands (Zusage des Selbstbestimmungsrechts für die nichtrussischen Gebiete)

Das dringende Bedürfnis nach Beendigung des Krieges führt bereits Anfang Dezember zum Waffenstillstand mit den Mittelmächten. Die Verhandlungen in Brest-Litowsk aber ziehen sich hin, weil die Oberste Heeresleitung auf einem »Sicherheitsfrieden« besteht, der unter anderem die Annexion des Baltikums und die Loslösung der Ukraine (Getreideversorgung!) vorsieht. Als die russische Kommission unter Trotzki daraufhin die Verhandlungen im Februar abbricht (»Weder Krieg noch Frieden!«), kommt es zu einer erneuten Offensive der deutschen Armee. Um die Revolution zu retten und Zeit zu gewinnen, muss Lenin nachgeben und den

Frieden von Brest-Litowsk   3.3.1918

akzeptieren (s. Seite 70).

Noch von der alten Regierung in die Wege geleitet, finden im November/Dezember 1917 Wahlen für eine Verfassunggebende Versammlung statt. Die Bolschewisten erhalten nur ein Viertel der Stimmen. Der Rat der Volkskommissare lässt daraufhin die Versammlung – als Relikt der Vergangenheit – militärisch auflösen (19.1.1918). Er zeigt damit auch deutlich, dass er nicht bereit ist, Konzessionen an bürgerliche Demokratievorstellungen zu machen und irgendwelche Einschränkungen der erworbenen Macht hinzunehmen.

---

[1] Führender Kopf ist General Kornilow, oberster Befehlshaber der russ. Armee. Nach der Oktoberrevolution kämpft er, zusammen mit den Generälen Denikin, Aleksejew u.a., aufseiten der »Weißen« gegen die Bolschewisten.

[2] *Leo Trotzki* (eigentl. Leib Bronstein, 1879–1940): 1897 Mitbegründer des Südrussischen Arbeiterbundes; nach Verhaftung und Verbannung in Sibirien 1902 Flucht ins Ausland; Mitglied der Menschewisten und anfangs Gegner Lenins; Ende 1905 Vorsitzender des St. Petersburger Sowjets, schließt er sich im Mai 1917 den Bolschewisten an; Organisator der Oktoberrevolution; danach Volkskommissar (Minister) des Äußeren; Rücktritt wegen des Friedensvertrags von Brest-Litowsk (3.3.1918); als Volkskommissar für Verteidigung organisiert er die Rote Armee im Bürgerkrieg (1918–21); nach Lenins Tod (1924) von Stalin allmählich entmachtet, schließlich verbannt; 1940 im Auftrag Stalins in seinem Exil in Mexiko ermordet.

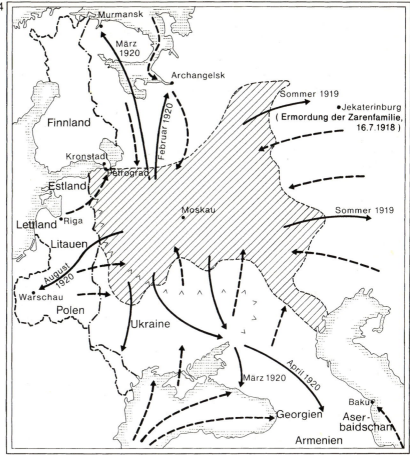

Der russische Bürgerkrieg

Die Machtübernahme der Bolschewisten in der Oktoberrevolution stößt auf den erbitterten Widerstand der gemäßigteren und konservativen Kräfte. Es sind Angehörige des Adels, des Offizierskorps und des Bürgertums, die den Widerstand organisieren. Ihre Führer sind die Generäle Kornilow (s. Seite 78), Denikin, Aleksejew, Krasnow, Koltschak u. a. m. Sie werden unterstützt von den ehemaligen Verbündeten, von englischen, französischen, amerikanischen und japanischen Truppen. Von allen Seiten bedrohen sie das bolschewistische Regime und bringen es an den Rand des Zusammenbruchs. Die Ukraine, Georgien, Armenien, Aserbaidschan lösen sich und werden in ihrem Autonomiestreben von den »Weißen« unterstützt. Auch im Innern gibt es starken Widerstand: Die Sozialrevolutionäre greifen auf ihre in der Zarenzeit erprobten terroristischen Mittel zurück. Lenin wird bei einem Attentat schwer verletzt (30. 8. 1918). Die Bolschewisten reagieren mit Gegenterror und polizeilicher Überwachung, die von der neu gegründeten Staatssicherheitspolizei, der Tscheka[1], durchgeführt wird.

In dieser äußerst prekären Situation wird Trotzki, seit April 1918 Volkskommissar für Landesverteidigung, zum Retter der Revolution. Er reorganisiert die Rote Armee, indem er Tausende von (gut ausgebildeten) zaristischen Offizieren übernimmt, sie aber unter die politische Kontrolle bolschewistischer »Kommissare« stellt. Ab Ende 1918 beginnen die Gegenoffensiven der »Roten«, die sich zeitweise auch im von den Deutschen geräumten Baltikum festsetzen (bis Sommer 1919). Die Angriffe Koltschaks vom Osten, Denikins vom Süden her werden zurückgeschlagen. Im November 1919 wird Omsk, Sitz der weißen Regierung, erobert. Auf beiden Seiten ist der Krieg vom Terror gegen die Andersdenkenden begleitet. Dem weißen Terror bei der Eroberung folgt der rote Terror

---

[1] Tscheka: Abkürzung für (russ.) Außerordentliche Kommission (für den Kampf gegen Konterrevolution und Sabotage); 1922 aufgelöst; Nachfolgeorganisationen sind die GPU (ab 1922), NKWD (ab 1934), MWD (ab 1946).

bei der Rückeroberung. Bis Ende 1920 werden alle von den Weißen beherrschten Gebiete zurückerobert.

Die Bürgerkriegssituation wird von Polen[1] ausgenutzt, um im

polnisch-russischen Krieg 1920/21

das polnische Territorium nach Osten und Süden zu erweitern und die Ukraine zu besetzen. Der polnische Überfall ruft aber, über alle politischen Gegensätze hinweg, starke nationale Gegenwehr hervor. Die Rote Armee erobert die besetzten Gebiete in kürzester Zeit zurück und stößt bis Warschau vor. Erst hier gelingt es den Polen mit französischer Hilfe, den Angriff zurückzuschlagen (19.8.1920: sog. »Wunder an der Weichsel«). Am 18.3.1921 wird in Riga der Friedensvertrag unterzeichnet.

Dass der Bürgerkrieg – gegen die allgemeinen Erwartungen – zugunsten der Roten Armee ausgeht, hat mehrere Gründe:

- die straffe Führung der Roten Armee durch Trotzki
- die Kampfmoral der bäuerlichen Soldaten, die bei einem Sieg der Weißen die Wiederherstellung des Großgrundbesitzes fürchten
- die radikale Unterdrückung der Opposition durch die Tscheka
- die unterschiedlichen Zielvorstellungen der Weißen, die sich aus verschiedenen politischen Richtungen – von Monarchisten bis Menschewisten – rekrutieren. Sie haben vor allem in der drückenden Agrarfrage, kein einheitliches Programm
- reaktionäre Maßnahmen (Wiedereinsetzung der Gutsherren) und weißer Terror (Militärdiktaturen Koltschaks und Denikins) sind nicht geeignet, die bäuerliche Bevölkerung für die Weißen zu gewinnen
- die mangelhafte Koordination des militärischen Vorgehens der verschiedenen weißen Armeen

Kriegskommunismus und NEP

Der Erste Weltkrieg und der sich nahtlos anschließende Bürgerkrieg führen zum weitgehenden Zusammenbruch der Wirtschaft und der Nahrungsmittelversorgung, verstärkt noch durch die Missernte von 1920. Die neue Regierung ist gezwungen, drastische Maßnahmen zu ergreifen:

- Requirierung landwirtschaftlicher Überschüsse
- Rationalisierung der Lebensmittel, Bekämpfung des Schwarzhandels
- Einführung der allgemeinen Arbeitspflicht
- staatliche Kontrolle der Gewerkschaften
- Entmachtung der Arbeitersowjets in den Betrieben, Kontrolle und Leitung der Unternehmen durch staatliche Direktoren

All diese Zwangsmaßnahmen zwischen 1917 und 1921 werden als **Kriegskommunismus** bezeichnet.

Unzufriedenheit und Enttäuschung über die faktische Diktatur der neuen Regierung führen Anfang Februar 1921 zu Streiks und Demonstrationen, unter anderem zum

Matrosenaufstand in Kronstadt Anfang März 1921.

Die Matrosen werfen der Regierung vor, nicht die Interessen der Arbeiterschaft zu vertreten, sondern nur mehr an ihre eigene Machterhaltung zu denken. Von der »kommunistischen Autokratie« und der »Versklavung« der Bevölkerung ist im Programm der Aufständischen die Rede. Durch Terror, Unterdrückung der Meinungsfreiheit und den neuen Bürokratismus der Kommissare unterdrücke die Regierung das Volk und verhindere einen echten Sozialismus mit freien Räten und Gewerkschaften. – Die massive Kritik wiegt umso schwerer, als sie von einer Seite kommt, die selbst am Gelingen der Revolution erheblichen Anteil hat.

Zwar wird der Aufstand von der Roten Armee niedergeschlagen. Er zeigt aber doch, dass ein politischer Kurswechsel dringend geboten ist. Vor allem muss angesichts der katastrophalen Hungersnot (mehrere Millionen Tote) die Nahrungsmittelproduktion gehoben werden. Unter dem System des Kriegskommunismus war der Anbau stark zurückgegangen: Den Bauern fehlte jeglicher Anreiz zur erhöhten Produktion, weil die Überschüsse requiriert wurden.

Im März 1921 beschließt der Parteitag die Grundzüge einer **Neuen Ökonomischen Politik,** abgekürzt NEP. Sie sieht vor:

- feste Naturalsteuer für Bauern; alle überschüssigen Erträge können auf dem freien Markt zu freien Preisen verkauft werden
- Wiedereinführung des freien Binnenhandels (dagegen bleibt das Außenhandelsmonopol beim Staat)

---

[1] Polen ist seit den polnischen Teilungen (s. Bd.1, Seite 161) kein eigenständiger Staat mehr. Nationale Aufstände im 19. Jahrhundert scheitern. Während des Ersten Weltkrieges, im November 1916, proklamieren die Mittelmächte ein unabhängiges Königreich Polen als Pufferstaat gegen Russland. Auch in Wilsons *Vierzehn Punkten* (s. Seite 69) ist die Wiederherstellung eines polnischen Staates vorgesehen. Ende 1918 wird die polnische Republik begründet.

- Konzessionen an ausländische, kapitalistische Unternehmer zum Aufbau industrieller Anlagen (z. B. Traktorfabrik durch Henry Ford)
- Differenzierung der Arbeitslöhne nach Leistung und Verantwortung

Die NEP führt tatsächlich zu einer spürbaren Verbesserung der wirtschaftlichen Lage. Die teilweise Liberalisierung der Wirtschaft, die Zugeständnisse an bürgerlich-kapitalistische Verhaltensmuster widersprechen freilich den kommunistischen Prinzipien und sind von Lenin auch nur als vorübergehende, taktische Maßnahme gedacht: Man müsse einige Schritte zurückgehen, um Anlauf für einen größeren Sprung nach vorne zu nehmen.

Auf demselben Parteitag wird auf Antrag Lenins auch das *Fraktionsverbot* beschlossen, also das Verbot innerparteilicher Oppositionsgruppen. Die Gewerkschaften werden als »Schulen des Kommunismus« definiert. Der taktischen ökonomischen Liberalisierung entspricht also keine politische, im Gegenteil: Das Verbot der noch verbliebenen Parteien führt zur Festigung der bolschewistischen Diktatur.

Stalin

Am 21. Januar 1924 stirbt Lenin und es stellt sich das Problem der Nachfolge. In Frage kommt vor allem Trotzki (s. Seite 78), aber auch *Josef Wissarionowitsch Dschugaschwili*, genannt *Stalin* (»der Stählerne«). Stalin, 1879 bei Tiflis (Georgien) geboren, 1898 Mitglied der SDAPR, seit 1904 der Bolschewisten, seit 1912 Mitglied des Zentralkomitees, nach einer Phase der Verbannung in Sibirien im Oktober (Nov.) 1917 Volkskommissar für Nationalitätenfragen, ist seit 1922 Generalsekretär der KPdSU mit umfassenden Kompetenzen vor allem in Personalfragen.

Im Machtkampf nach Lenins Tod gelingt es Stalin, sich mit Kamenew und Sinowjew[1] zu verbünden (sog. »Troika«) und Trotzki im Politbüro zu überspielen. Trotzki kämpft gegen die zunehmende Bürokratisierung der Partei und vertritt die These von der »permanenten Revolution«[2]. Dagegen setzt Stalin die Theorie vom »Sozialismus in *einem* Lande« und diffamiert Trotzki als ehemaligen Menschewisten und Abweichler von der Parteilinie. 1925 muss Trotzki als Kriegskommissar zurücktreten, 1927 wird er aus der Partei ausgeschlossen, 1928 in die Verbannung geschickt, 1940 in Mexiko ermordet.

Die Ausschaltung Trotzkis ist aber nur der erste Schritt auf Stalins Weg zur Alleinherrschaft. 1927 schaltet er Kamenew und Sinowjew aus (als »Linksabweichler«), diesmal im Bündnis mit Bucharin, Rykow und Tomskij, die ihrerseits 1929 als »Rechtsabweichler« abgesetzt werden (1938 hingerichtet).

Stalin ist damit de facto Diktator der Sowjetunion. In einer beispiellosen »Säuberungsaktion« mit mehreren großen Schauprozessen gegen ehemals prominente Parteimitglieder und Militärs werden in den 30er-Jahren alle potenziellen »Volksfeinde« verbannt oder liquidiert. Mehrere Millionen Menschen sind dem Terror zum Opfer gefallen. Stalin festigt mit dieser Säuberungswelle, die nachträglich in einer offiziellen »Geschichte der KPdSU« als unbedingt notwendige Rettungstat gerechtfertigt wird, seine unumschränkte, von einem zunehmenden Personenkult begleitete Diktatur.

Stalins Wirtschaftspolitik

Primäres Ziel bleibt, wie schon unter Lenin, der rasche Ausbau der Schwerindustrie, hinter dem die Konsumgüterindustrie zurückstehen muss. Es gilt den Vorsprung der kapitalistischen Länder aufzuholen, in denen die erhoffte und vorhergesagte sozialistische Revolution sich nun doch nicht ereignet hat. Um nicht ins Hintertreffen zu geraten, gilt es nun, mit diesen Ländern gleichzuziehen oder sie gar zu über-

Erzeugung: Rohstoffe und Industrieprodukte

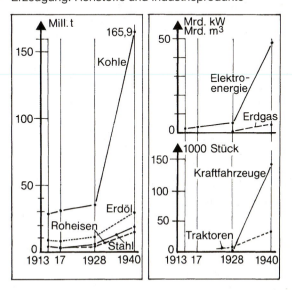

---

[1] *Kamenew (1883–1936),* Mitglied des ZK und des Politbüros bis 1927; *Sinowjew (1883–1936),* 1917 Vorsitzender des Petrograder Sowjets, Mitglied des Politbüros, Vorsitzender der Komintern (Kommunistische Internationale, 1919 gegründet) bis 1927; beide werden 1936 nach dem ersten großen Schauprozess der Stalin-Zeit hingerichtet.

[2] Nach dieser Auffassung ist Russland nicht imstande, den Sozialismus allein zu verwirklichen. Das sei nur möglich im Rahmen einer europäischen bzw. weltweiten Revolution.

holen, was die Überlegenheit des kommunistischen Systems zeigen würde. Gigantische Projekte werden in Angriff genommen – Staudämme, Elektrizitätswerke, Stahlwerke, Maschinenfabriken usw. –, und in der Tat entwickelt sich der Sektor der Schwerindustrie positiv. Ein neues Element der Wirtschaftspolitik ist die umfassende und detaillierte Planung des gesamten Wirtschaftsprozesses, die sich im ersten Fünfjahresplan 1928 manifestiert, der hinsichtlich des industriellen Bereichs auch weitgehend realisiert wird.

Problematisch bleibt dagegen die Landwirtschaft. Die Zahl der Kulaken, des bäuerlichen Mittelstandes, ist in den Jahren des Kriegskommunismus geschrumpft. Die Kleinbauern aber müssen mit primitiven, uneffektiven Mitteln arbeiten, weil sie natürlich nicht in der Lage sind, moderne Techniken zu finanzieren. Ein Teil der Parteispitze (die von Stalin 1929 als »Rechtsabweichler« ausgeschalteten Bucharin, Rykow, Tomskij u. a.) sieht eine Lösung in der Förderung des marktwirtschaftlichen Anreizes und der Stärkung des Kulakentums. Der größere Teil mit Stalin sieht darin eine Gefahr für den Sozialismus und setzt auf die Kollektivierung der Landwirtschaft durch vermehrte Gründung großer Kolchosen und Sowchosen[1]. Diese Linie setzt sich durch. Im Rahmen des ersten Fünfjahresplans wird die Landwirtschaft 1929/30 in einer »zweiten Agrarrevolution« (nach der von 1917) kollektiviert. Der Widerstand der Kulaken gegen die Enteignung wird rücksichtslos gebrochen. An die zwei Millionen Kulaken werden verhaftet, deportiert oder umgebracht. Viele der Kulaken hatten aus Protest gegen die Kollektivierung ihr Vieh geschlachtet und die Getreideüberschüsse verbrannt. So kommt es noch einmal, wie schon 1920/21, zu einer großen Hungerkatastrophe, der rund 10 Millionen Menschen zum Opfer fallen.

Stalins »Agrarrevolution von oben« ist in engem Zusammenhang mit der »nachholenden« Industrialisierung zu sehen. Die für den Aufbau der Industrie notwendigen Mittel müssen im Wesentlichen von der Landwirtschaft erbracht werden, die als »Akkumulationsreservoir« der Industrie dient und zugleich durch die Industrialisierung modernisiert und in ihrer Leistungsfähigkeit gesteigert werden soll. Diese Leistungssteigerung aber bleibt, trotz der Zusammenfassung der landwirtschaftlichen Flächen und der Mechanisierung (Traktoren etc.), weit hinter den Erwartungen zurück. Die Erhöhung der Agrarproduktion wird verhindert durch die Ausbeutung der Landwirtschaft und die dadurch bedingte miserable Lage der Kollektivbauern (Arbeitszwang, kein Arbeitsanreiz: Der Verdienst ist minimal). Die Diskrepanz zwischen dem unbestreitbaren Fortschritt der Industrialisierung und dem niedrigen Lebensstandard der Bevölkerung wird nicht überwunden.

Die Verfassung von 1936

In der sowjetischen Geschichte gibt es mehrere Verfassungen. Die erste ist die der Russischen Sozialistischen Föderativen Sowjetrepublik (RSFSR) vom Juli 1918, dann die erste Verfassung der UdSSR (Union der Sozialistischen Sowjetrepubliken) vom 6. Juli 1923, schließlich die Stalin'sche Verfassung von 1936. Die Verfassung vom 7. Oktober 1977 gilt dann bis zur Ära Gorbatschow (s. Seite 146).

In den Verfassungen vor Gorbatschow bleiben die grundlegenden Prinzipien jeweils erhalten:

- die *enge Verknüpfung von Partei- und Staatsapparat*. Sie beruht auf der Lenin'schen Auffassung von der Partei als der Avantgarde, die den »objektiven« Volkswillen vertrete und daraus ihren absoluten Führungsanspruch ableitet.

- Daraus folgt logisch das *Einparteiensystem* (1921/22 Verbot der nichtkommunistischen Parteien), das im fundamentalen Gegensatz zur westlichen Demokratieauffassung (Pluralismus) steht

- der *demokratische Zentralismus:* Diesem Prinzip zufolge werden Räte und Parteigremien zwar von unten nach oben gewählt (also scheinbar demokratisch), die Kandidaten sind jedoch von oben (zentralistisch) nominiert, sodass die »Wahlen« faktisch nur zustimmenden Charakter haben

- der *Parteikongress* (formal höchstes Parteiorgan) »wählt« die Mitglieder des Zentralkomitees (ZK), das ein *Präsidium* (Politbüro) und ein Sekretariat wählt. Der erste Sekretär (Generalsekretär) ist gleichzeitig Vorsitzender des Politbüros, das als oberstes politisches Führungsorgan der Partei alle wesentlichen politischen Entscheidungen trifft. Nicht unüblich ist auch die Personalunion zwischen dem Amt des Generalsekretärs und dem des Ministerpräsidenten (Stalin seit 1941, Chruschtschow seit 1958)

- Der *Oberste Sowjet* der UdSSR, bestehend aus dem Unions-Sowjet und dem Nationalitäten-Sowjet[2], ist (nach Lenins Devise von 1917: »Alle

---

[1] *Kolchosen:* genossenschaftlicher Zusammenschluss zu Großbetrieben mit entsprechender technischer Ausstattung; *Sowchosen:* staatliche Mustergüter. Die Beschäftigten sind hier Lohnarbeiter, Boden und Inventar Staatseigentum.

[2] Der Nationalitätensowjet spiegelt den föderativen Charakter der Verfassung. Die UdSSR ist ein Bundesstaat (1936 aus 11, nach 1945 aus 15 Sowjetrepubliken).

Die Russische Revolution

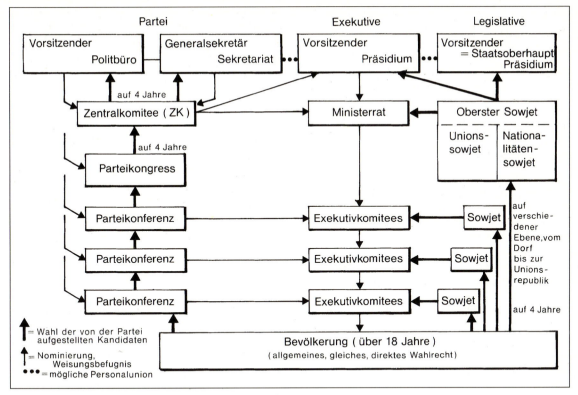

Die Verfassung von 1936

Macht den Räten!«) formal das höchste Organ der Staatsgewalt und übt die Legislative aus. Da die Kandidaten aber von den Parteigremien nominiert werden, haben die Sowjets faktisch nur eine repräsentative Funktion

- Der Oberste Sowjet »wählt« die von der Parteizentrale vorgeschlagenen Mitglieder des *Rates* der Volkskommissare (ab 1946 *Ministerrat*) als höchstes Exekutivorgan sowie das Präsidium des Obersten Sowjets. Der Vorsitzende des Präsidiums übt die (repräsentative) Funktion des Staatsoberhauptes aus

Zur weiteren Geschichte der UdSSR s. Seite 131 ff., zu den Verfassungsänderungen s. Seite 146.

Zeittafel
Russische Revolution

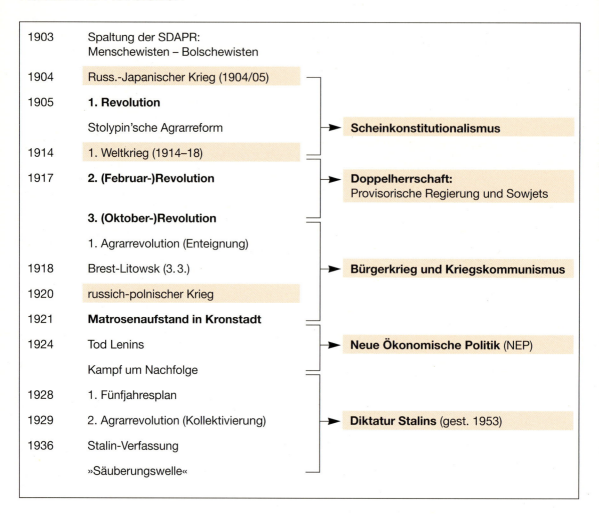

Die Weimarer Republik

Überblick

- Im Zuge der sich anbahnenden Niederlage im Ersten Weltkrieg bricht das Deutsche Kaiserreich in der **Novemberrevolution** 1918 zusammen. Am 9.11. wird die Republik ausgerufen.

- Die Übergangszeit bis zur Wahl einer Nationalversammlung (19.1.1919) ist durch die Auseinandersetzungen um die zukünftige Verfassung bestimmt. Die gemäßigte **MSPD** (Mehrheitssozialdemokratie) unter Friedrich Ebert setzt sich, gestützt auf das Bündnis mit den alten Mächten (*Ebert-Groener-Pakt, 10.11.1918*), gegen die radikaleren Absichten (Räterepublik) von Spartakus und Teilen der Unabhängigen Sozialdemokratischen Partei (USPD) durch. Dieser Machtkampf, vor allem die Niederschlagung des *Spartakusaufstandes* im Januar 1919, führt zur endgültigen Spaltung der Arbeiterbewegung (Gründung der KPD am 1.1.1919).

- Die Nationalversammlung, die wegen der unsicheren Lage in der Hauptstadt nach Weimar ausweicht, arbeitet die **Weimarer Verfassung** aus, eine parlamentarische Demokratie mit plebiszitären und starken präsidentiellen Elementen.

- Die junge Republik wird durch den **Versailler Vertrag** mit seinen harten Friedensbedingungen schwer belastet. In Verfälschung der historischen Tatsachen wird sie von der rechten Propaganda für die Niederlage (*Dolchstoßlegende*) und ihre Folgen (»Erfüllungspolitik«, »Novemberverbrecher«) verantwortlich gemacht.

- Die ersten Jahre der Weimarer Republik sind durch zahlreiche Krisen, linke und rechte Umsturzversuche (*Kapp-Putsch, Ruhraufstand* u.a.m.) und politische Morde gekennzeichnet.

- Die **Nachkriegsinflation**, drastisch verschärft durch den Ruhrkampf 1923, führt zur Proletarisierung weiter Teile der Mittelschicht und fördert die politische Radikalisierung.

- Erst die Überwindung der Inflation Ende 1923 sowie die außenpolitischen Erfolge der *Ära Stresemann* (Locarno, Völkerbund, Dawes- und Young-Plan) führen zu einer Phase der inneren Stabilisierung und des wirtschaftlichen Aufschwungs (*Goldene Zwanziger*).

- Die Auswirkungen der Weltwirtschaftskrise stürzen die Weimarer Republik aber ab 1930 erneut in eine schwere Krise. Mit dem Scheitern der Regierung Müller (27.3.1930) beginnt die Phase der **Präsidialkabinette** und damit die Aushöhlung der Verfassung.

- Die politische Radikalisierung (*Harzburger Front*, Aufstieg der NSDAP zur stärksten Fraktion im Reichstag) als Folge vor allem der wirtschaftlichen Notsituation verhindert eine Rückkehr zur Verfassungsnormalität.

- Beeinflusst von Kreisen der Industrie und rechten Politikern, die sich Hitler »engagieren« wollen, gibt Reichspräsident Hindenburg schließlich seinen Widerstand gegen den Führer der NSDAP auf und ernennt Hitler am **30.1.1933** zum Reichskanzler.

Die Novemberrevolution 1918

Die so genannte **Novemberrevolution (9.11.1918)** ist ohne die Entwicklung der letzten Monate des Ersten Weltkrieges nicht erklärbar. Sie ist so sehr Folge der Niederlage, dass manche Kritiker ihr den Rang einer echten Revolution abgesprochen haben. Man hat in ihr bisweilen nur den »Generalstreik einer Armee« (Rathenau) oder den widerstandslosen Zusammenbruch des alten Systems gesehen.

Die Endphase des Ersten Weltkrieges

Die nähere Vorgeschichte der Novemberrevolution beginnt Ende September 1918, als die Oberste Heeresleitung (OHL) – *Hindenburg* und *Ludendorff* – die Fortführung des Krieges für aussichtslos erklärt.[1] Sie verlangt die sofortige

Einleitung von Waffenstillstandsverhandlungen 29.9.1918

auf der Grundlage der **Vierzehn Punkte** des amerikanischen Präsidenten *Wilson* (s. Seite 69). Mit diesem schockierenden Eingeständnis der Niederlage (bislang war von der OHL nur Siegesgewissheit verbreitet worden) ist die ebenso überraschende Forderung verknüpft, die liberalen und demokratischen Kräfte an der Regierung zu beteiligen. Diese (der politischen Gesinnung der OHL ganz zuwiderlaufende) Forderung ist von zwei Erwägungen bestimmt:

---

[1] Am 21.9.1918 ist die bulgarische Front zusammengebrochen (29.9. Waffenstillstand); am 14.9. hat Österreich-Ungarn ein Waffenstillstandsangebot an die Entente gerichtet.

- der Rücksicht auf die Amerikaner, die einen »Kreuzzug für die Demokratie« führen und deshalb zu Verhandlungen nur mit einer demokratisch legitimierten Regierung bereit sein würden,
- der Überlegung, auf diese Weise die Schuld der militärischen Führung zu kaschieren und die Verantwortung den ungeliebten Kreisen der politischen Opposition zuzuschieben. Sie sollten, wie Ludendorff vor Offizieren der OHL erklärt, »die Suppe essen, die sie uns eingebrockt haben«.

Parlamentarisierung der Verfassung

Die Parteien, die hier »zur Machtübernahme befohlen« werden, sind auf ihre neue Aufgabe nicht vorbereitet. Man einigt sich auf einen Kompromisskandidaten, den liberalen Prinzen Max von Baden, der am 3. Oktober eine neue Regierung mit SPD, Zentrum und Fortschrittspartei bildet. Formal ist diese Regierung nach der alten Verfassung zustande gekommen, praktisch ist sie aber von dem Vertrauen der sie tragenden Parteien abhängig. Mit dem

Waffenstillstandsgesuch an Wilson 3./4.10.1918

beginnt die letzte Phase des Krieges, die durch die sich hinziehenden Waffenstillstandsverhandlungen und die wachsende Kriegsmüdigkeit und Desillusionierung der Armee und der Bevölkerung gekennzeichnet ist. Das Vertrauen in die Führung ist erschüttert und entsprechend wächst die revolutionäre Bereitschaft, das Bewusstsein, dass eine grundlegende Änderung unvermeidbar sei.

Die amerikanische Regierung fordert als Vorbedingung für den Waffenstillstand neben der Beendigung des U-Boot-Krieges und der Räumung der besetzten Gebiete auch die Demokratisierung der Verfassung. Sie wird durch die

Abänderung der Reichsverfassung 28.10.1918

vollzogen, die folgende Punkte betrifft (zur bis dahin geltenden Verfassung s. Seite 58):
- Abhängigkeit der Regierung vom Vertrauen des Reichstages
- Abschaffung des preußischen Dreiklassenwahlrechts (s. Seite 34)
- Bindung des Oberbefehls über das Heer (bislang offiziell beim Kaiser, de facto aber bei der OHL) an die Gegenzeichnung eines parlamentarisch verantwortlichen Ministers

Mit dieser Verfassungsänderung ist das Deutsche Reich eine **parlamentarische Monarchie** geworden. Der Kaiser hat von diesem Tag an nur mehr eine repräsentative Funktion als Staatsoberhaupt. Die Tragweite der Verfassungsänderung tritt aber – ebenso wenig wie die des Regierungswechsels vom 3. Oktober – nicht ins Bewusstsein der Bevölkerung. Sie kommt zu spät und wird bald von den Ereignissen überholt: Die Phase der parlamentarischen Monarchie hat nur bis zum 9. November Bestand, also nicht einmal zwei Wochen.

Der Aufstand der Matrosen

Die neue Entwicklung geht von den Matrosen der deutschen Kriegsflotte aus, die trotz der laufenden Waffenstillstandsverhandlungen den

Einsatzbefehl gegen England 28.10.1918

erhält. Die Motive für den militärisch sinnlosen Einsatz sind schwammig. Die Marineleitung will

- Druck auf den Gegner ausüben und dadurch vielleicht eine stärkere Verhandlungsposition erreichen
- die Existenzberechtigung der Flotte nachweisen (sie ist seit der Schlacht am Skagerrak 1916 nicht mehr zum Einsatz gekommen)
- lieber »in Ehren« untergehen als die Flotte kampflos den Siegern zu übergeben.

Für die Matrosen sind solche Motive nicht überzeugend. Sie haben das Gefühl, kurz vor dem endgültigen Zusammenbruch noch »verheizt« zu werden. In Wilhelmshaven kommt es zur

Meuterei der Hochseeflotte 29.10.1918.

Der Aufstand, der bald nach Kiel übergreift, ist anfangs noch unpolitisch. Die Matrosen wehren sich gegen das Selbstmordkommando und verlangen die sofortige Freilassung ihrer wegen Meuterei festgenommenen Kameraden. Spontan bilden sich nach russischem Vorbild **Arbeiter- und Soldatenräte,** und bald politisiert sich die Bewegung. Die Forderungen zielen nun auf

- sofortigen Waffenstillstand
- sofortige Abdankung des Kaisers
- Bildung von Arbeiter- und Soldatenräten.

Damit hat sich die Meuterei zu einer revolutionären Bewegung entwickelt, die sich innerhalb weniger Tage über das ganze Reich ausbreitet. In München wird der bayrische König Ludwig III. gestürzt und unter Kurt Eisner (USPD) die

Bayrische Räterepublik 7.11.1918

ausgerufen, die erste Räteregierung auf deutschem Boden.[1] Unter dem Druck der Bewegung treten

---

[1] In der Folgezeit entstehen weitere, kurzlebige Räteregierungen unter anderem in Magdeburg, Braunschweig, Wilhelmshaven, Bremen, Hamburg.

auch die übrigen Landesfürsten im Lauf der nächsten Tage zurück.

Der 9. November 1918

Damit ist auch, trotz der am 28.10. vollzogenen Parlamentarisierung der Verfassung, die Stellung Kaiser Wilhelms II. nicht mehr haltbar. Er muss »geopfert« werden, wenn die Revolution unter Kontrolle gehalten werden soll. Am 8.11. stellt die SPD ein entsprechendes Ultimatum – andernfalls werde sie aus der Regierung ausscheiden. Als sich Wilhelm II. weigert, erklärt Kanzler Max von Baden eigenmächtig den

| Rücktritt des Kaisers | 9.11.1918 (12.30) |

und übergibt gleichzeitig das Kanzleramt an *Friedrich Ebert,* den Vorsitzenden der SPD. Ebert will vor allem Ruhe und Ordnung herstellen und durch die baldige Einberufung einer Nationalversammlung eine demokratisch legitimierte Verfassung erarbeiten lassen. Für ihn und die meisten MSPD-Mitglieder besteht auch in dieser Situation durchaus noch die Option für eine parlamentarische Monarchie, zwar nicht unter Wilhelm II., der kompromittiert ist, aber doch unter einem Mitglied der Hohenzollern-Dynastie. Diese Option wird erst vereitelt, als *Philipp Scheidemann* (SPD) durch die

| Ausrufung der Republik | 9.11.1918 (14.00) |

neue Tatsachen schafft. Scheidemann, der spontan von einem Balkon des Reichstagsgebäudes aus vor den dort versammelten Menschenmassen die Republik proklamiert, handelt eigenmächtig, ohne Rücksprache mit Ebert, um die Führungsrolle der MSPD zu behaupten und den radikaleren Absichten von USPD und Spartakisten zuvorzukommen. Zwei Stunden später nämlich erfolgt die

| Ausrufung der sozialistischen Republik | 9.11.1918 (16.00) |

durch *Karl Liebknecht,* den Führer der Spartakusgruppe. Im Gegensatz zu Scheidemann, der eine Republik mit parlamentarischer Vertretung des gesamten Volkes anstrebt, will Liebknecht eine *proletarische* Regierung der Arbeiter und Soldaten, deren Hauptziele die Zerschlagung des Kapitalismus und die Weiterführung der nationalen zur Weltrevolution sein sollen.

Die politischen Gruppierungen

Die Spartakusgruppe, in deren Namen Liebknecht spricht, hat sich aus einer kleinen Gruppe am linken Rand der SPD, der *Gruppe Internationale* um *Rosa Luxemburg, Karl Liebknecht, Clara Zetkin, Jogisches, Levi* u.a.m., gebildet. Im Unterschied zur Parteimehrheit, die dem nationalen militärischen Interesse den Vorrang gibt und bis zum Ende des Krieges eine Art Stillhalteabkommen mit der Regierung schließt (»Burgfriedenspolitik«), lehnt die Gruppe Internationale die These vom Verteidigungskrieg ab. In ihren Augen ist der Krieg von der bürgerlich-kapitalistischen Klasse verschuldet, und es erscheint ihr widersinnig, dass die Proletarier sich gegenseitig bekriegen, statt sich gegen ihren Feind, die »imperialistische Bourgeoisie«, zu wenden.

Der Name »Spartakus« (nach dem Führer des Sklavenaufstands 73–71 v. Chr., s. Bd. 1, Seite 49) taucht erstmals als Pseudonym in den Publikationen der Gruppe auf. Diese sog. »Spartakusbriefe« geben der Gruppe dann ihren Namen, den sie im November 1918 auch offiziell annimmt.

Bei der Spaltung der SPD 1917 in *Unabhängige (USPD)* und *Mehrheitssozialdemokratie (MSPD)* schließt sich die Spartakusgruppe der USPD an. Ihre Wirksamkeit wird durch die Verhaftung der führenden Mitglieder eingeschränkt. Erst nach der allgemeinen Amnestie für politische Gefangene tritt der Spartakus im November 1918 wieder an die Öffentlichkeit. Am 9.11. ruft Liebknecht die sozialistische Republik aus, am gleichen Tag erscheint die erste Ausgabe der »Roten Fahne«. Mit dieser neuen Zeitschrift und auf zahlreichen Kundgebungen agitiert der Spartakusbund für seine Ziele. Er setzt dabei, wie Lenin ein Jahr zuvor in Russland, auf die überall im Land gebildeten Arbeiter- und Soldatenräte (»Alle Macht den Räten!«).

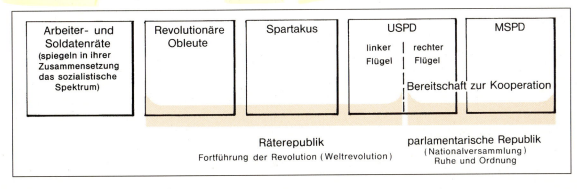

Neben den Spartakisten gibt es in Berlin noch die sog. *Revolutionären Obleute,* eine während des Krieges gebildete geheime Organisation, die sich auf Vertrauensleute in den Großbetrieben stützt. Die Revolutionären Obleute stammen aus der USPD und dem linken Flügel der Gewerkschaften, arbeiten aber auch eng mit der Spartakusgruppe zusammen.

Die dramatischen Ereignisse des 9. November stellen die Beteiligten vor die Frage, wer in dieser Situation die Exekutivgewalt ausüben soll. Der Reichstag ist nicht präsent. Ebert ist zwar seit dem 9.11. nominell Reichskanzler, aber seine Ernennung durch Prinz Max von Baden ist eigentlich ohne verfassungsmäßige Grundlage geschehen, und zudem ist dieses Reich, das Ebert vertritt, durch die beiden Ausrufungen der Republik ja gar nicht mehr existent. In dieser Situation sucht die MSPD die Unterstützung der USPD und schlägt ihr die Bildung einer gemeinsamen Übergangsregierung vor. Der USPD-Vorstand nimmt das Angebot an, aber nur unter der Bedingung, dass die Arbeiter- und Soldatenräte als eigentliche Träger der politischen Gewalt akzeptiert würden. Das bedeutet konkret, dass die endgültige Entscheidung über die zukünftige Verfassung einem Reichsrätekongress (16.–20.12.1918) zustehen soll. Ergebnis dieses Kompromisses ist die Bildung des

Rats der Volksbeauftragten   10.11.1918,

der aus je drei Mitgliedern der MSPD (Ebert, Scheidemann, Landsberg) und der USPD (Haase, Dittmann, Barth) besteht. Diese Übergangsregierung wird am 10.11. von der im Zirkus Busch zusammengetretenen *Berliner Vollversammlung der Arbeiter- und Soldatenräte* legitimiert. Gleichzeitig wird ein Vollzugsrat gebildet, der als ständige Institution neben dem Rat der Volksbeauftragten ebenfalls Exekutivgewalt beansprucht. Es gibt also theoretisch eine Art Doppelregierung; in der Praxis aber setzt sich der Rat der Volksbeauftragten weitgehend durch.

Die Ereignisse zeigen, dass die damaligen Räte keineswegs besonders links oder radikal sind, sondern das Spektrum der sozialistischen Parteien widerspiegeln und im Allgemeinen eine MSPD-Mehrheit aufweisen.

Der Ebert-Groener-Pakt

Mit der Entscheidung vom 10.11. sind die Spartakusgruppe und der linke Flügel der USPD isoliert. Theoretisch bleibt ihnen zwar – durch die Einwirkung auf die Räte, deren Reichskonferenz die endgültige Entscheidung vorbehalten ist – eine Möglichkeit zur Durchsetzung ihrer Ziele. Praktisch aber sind die Würfel bereits gefallen, zumal Ebert im so genannten

Ebert-Groener-Pakt   10.11.1918

die Unterstützung der Reichswehrführung und damit gewissermaßen der alten Mächte erhält.

Groener[1] sichert der neuen Regierung die Loyalität des Heeres und Hilfe im Kampf gegen innenpolitische Gegner zu. Ebert verspricht dafür, die Revolution einzudämmen und ihre Bolschewisierung zu verhindern. Die Zusammenarbeit mit der SPD entspricht natürlich nicht der politischen Einstellung der nach wie vor monarchistisch gesinnten Reichswehrführung. Es ist eine Art Vernunftehe, eine Notlösung, um den Schaden zu begrenzen und einen noch stärkeren Linksrutsch zu vereiteln.

Eberts *Pakt mit dem Gestern* wird nach wie vor kontrovers beurteilt:

- Für die einen ist es ein »konterrevolutionärer« Schritt, mit dem Ebert die eigentliche Revolution, die Chance einer wirklichen Erneuerung vereitelt habe.
- Für die anderen ist es eine unvermeidbare, sachlich notwendige Entscheidung: Ohne Zusammenarbeit mit dem Offizierskorps und der alten Verwaltung wäre der Staat zugrunde gegangen.

Sicher ist, dass auf lange Sicht der Pakt eine Belastung der neuen Regierung darstellt. Er ermöglicht es den antidemokratischen Kreisen in Heer, Verwaltung, Justiz usw., legal weiterzuarbeiten – häufig genug zum Schaden der Republik; er führt andererseits zur Entfremdung der radikaleren Linken von der Regierung, die damit Angriffen gleichermaßen von rechts wie von links ausgesetzt wird.

Rätesystem oder parlamentarische Demokratie?

Noch ist die Entscheidung über die zukünftige Staatsform offen. Die MSPD setzt sich für eine parlamentarische Demokratie ein, die Gruppen links von ihr plädieren für ein Rätesystem.

Das Rätesystem versucht, eine *direkte Demokratie* zu verwirklichen, indem es, ausgehend von den Urwählerschaften, alle höheren Räte wählt und deren Mitglieder durch das *imperative Mandat* und die ständige Möglichkeit des *recall* an den Basiswillen bindet. Dieses System setzt aber einen politisch bewussten und rational handelnden Menschen voraus, eine Voraussetzung, die wohl eher in den Be-

---

[1] *Wilhelm Groener (1867–1939):* 1918 Generalstabschef an der Ostfront, ab 26.10.1918 Nachfolger Ludendorffs bis 30.9.1919 (abgelöst von General Reinhardt, bis 1920, dann von General v. Seeckt), 1920–23 Reichsverkehrsminister, 1928–32 Reichswehrminister, 1931/32 Reichsinnenminister.

Die Weimarer Republik

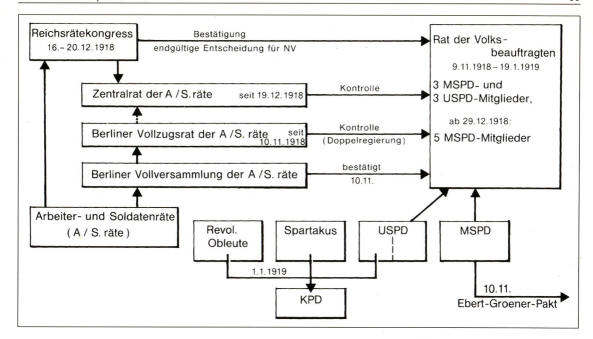

reich der Utopie gehört. Die Gefahr, dass ein Rätesystem in der Praxis durch eine politisch aktive Minderheit dominiert wird und so in die Diktatur mündet, ist jedenfalls nicht zu unterschätzen.

Das andere Modell, das von der MSPD vertreten wird, sieht die Bildung einer verfassunggebenden Nationalversammlung vor – durch allgemeine gleiche Wahl, wobei erstmals auch die Frauen wahlberechtigt sind. Eine solche Versammlung, die den Gesamtwillen des Volkes, also auch den der bürgerlichen Kreise, repräsentieren würde, hätte aber möglicherweise keine sozialistische Mehrheit. Dennoch ist dies nach Meinung der MSPD der einzige Weg, da ihrer Auffassung nach nur so viel Sozialismus durchsetzbar ist, wie die Mehrheit des Volkes will.

Die Entscheidung über diese Frage fällt auf dem

Reichsrätekongress 16.–20.12.1918

in Berlin. Die Delegierten, vorwiegend MSPD-Anhänger, entscheiden sich mit großer Mehrheit für die Wahl einer Nationalversammlung (Termin der Wahl: 19.1.1919). Sie bestätigen ferner den Rat der Volksbeauftragten als provisorische Regierung und bestimmen als Kontrollorgan der Regierung einen *Zentralrat der Arbeiter- und Soldatenräte Deutschlands,* der darin den Berliner Vollzugsrat ablöst.

Im Zusammenhang mit dieser Richtungsentscheidung kommt es noch einmal zu revolutionären Unruhen. Schon am 6. Dezember finden Straßenkämpfe statt, die vom Berliner Stadtkommandanten *Otto Wels* (MSPD) mithilfe von Reichswehrtruppen niedergeschlagen werden. Am 20. Dezember kommt es zu einer Meuterei der sog. »Volksmarinedivision« in Berlin. Die Aufständischen verhaften Otto Wels und einige Mitglieder des Rates der Volksbeauftragten. Über eine geheime Telefonleitung richtet Ebert einen Hilferuf an General Groener, und wieder kann sich die Regierung nur mithilfe der Reichswehr behaupten (23./24.12.1918). Aus Protest gegen die »Matrosenmörder« treten die drei USPD-Mitglieder aus dem Rat der Volksbeauftragten aus (29.12.1918). An ihre Stelle rücken die MSPD-Mitglieder *Noske* und *Wissell*.

Mit den Dezemberereignissen 1918 ist die tatsächliche Spaltung der sozialistischen Arbeiterbewegung offenkundig geworden. Sie findet nun auch ihren organisatorischen Niederschlag in der

Kommunistischen Partei Deutschlands (KPD) 1.1.1919,

die von Spartakisten und USPD-Mitgliedern gemeinsam gegründet wird.

Spartakusaufstand

Der Versuch der linksradikalen Gruppierungen, doch noch die Wahl der Nationalversammlung zu verhindern und eine Räterepublik zu gründen, ist der

Spartakusaufstand 5.–12.1.1919.

Den Anlass liefert die Absetzung des Berliner Polizeipräsidenten Eichhorn (USPD). Es gelingt den Spartakisten, den Obleuten und der USPD, überraschend viele Arbeiter zu mobilisieren: Zwei Tage lang ist Berlin Schauplatz von Massendemonstrationen und Straßenkämpfen. Obwohl ein Revolutionsausschuss gebildet wird, der die Absetzung der Regierung proklamiert, fällt die Bewegung in sich zusammen, da die Führung sich nicht über die notwendigen Schritte einigen kann. Nur eine kleine, entschlossene Gruppe um Karl Liebknecht und Rosa Luxemburg führt den Kampf weiter. Der Aufstand wird unter dem Oberbefehl Noskes (MSPD) in blutigen Straßenkämpfen niedergeschlagen.

Erstmals treten in diesen Kämpfen die **Freikorps** in Erscheinung. Es handelt sich dabei um von der OHL geduldete und geförderte, offiziell aber private, meist von ehemaligen Offizieren gegründete Freiwilligenverbände, die sich in der Regel aus ehemaligen Soldaten rekrutieren. Politisch sind die Freikorps meist antirepublikanisch, noch mehr aber antibolschewistisch eingestellt, sodass sie sich trotz ihrer Verachtung der »Schandregierung« zur Niederschlagung linksradikaler Aufstände einsetzen lassen.[1]

Der Spartakusaufstand führt auch in anderen Teilen Deutschlands zu Erhebungen, die aber ebenfalls militärisch niedergeworfen werden. Die Unterdrückung des Spartakusaufstandes und die *Ermordung Rosa Luxemburgs und Karl Liebknechts (15.1.1919)* durch Freikorpskämpfer hat die Entfremdung des linksradikaleren Teils der Arbeiterschicht von der Regierung gefördert.

Die Weimarer Verfassung

Die Wahl zur Nationalversammlung, bei der erstmals auch Frauen wahlberechtigt sind[2], erteilt den radikalen Linken eine Absage. Die MSPD wird stärkste Partei, ist aber auf die Zusammenarbeit mit den Bürgerlichen angewiesen: SPD, DDP (Deutsche Demokratische Partei) und Zentrum (s. Seite 59) bilden die sog. **Weimarer Koalition**.

Die Hauptaufgaben der Nationalversammlung sind:
- Einsetzung einer provisorischen Exekutive
- die Ausarbeitung einer Verfassung
- die Verhandlungen mit den Siegermächten über einen Friedensvertrag

Weimarer Koalition						
KPD	USPD	MSPD	DDP	Z	DVP	DNVP
Wahlboykott	7,6 % 22 S.	37,9 % 163 S.	18,5 % 75 S.	19,7 % 91 S.	4,4 % 19 S.	10,3 % 44 S.

Am 10.2.1919 erlässt die Versammlung das »Gesetz über die vorläufige Reichsgewalt«. Es sieht die Wahl eines Reichspräsidenten vor, der bis zur Verabschiedung der Verfassung eine Übergangsregierung einberuft und die Kontrolle dieser Regierung ausübt (Gegenzeichnung ministerieller Verfügungen). Einen Tag später erfolgt (mit 277 von 389 Stimmen) die

**Wahl Eberts zum ersten Reichspräsidenten
11.2.1919**

und die Ernennung *Philipp Scheidemanns* zum Reichskanzler. Die Funktion des Parlaments übernimmt vorerst die Nationalversammlung (die erste Reichstagswahl entsprechend der Verfassung findet dann am 6.6.1920 statt).

Der Verfassungsentwurf, über den die Nationalversammlung zu beraten hat, stammt von *Hugo Preuß,* Professor für Staatsrecht[3]. Trotz erheblicher Änderungen des Entwurfs gilt Preuß als »Vater der Weimarer Verfassung«, die am 31. Juli von der Nationalversammlung angenommen wird und am 14. August 1919 in Kraft tritt.

Der im Verfassungsentwurf vorgesehene Plan, den Großstaat Preußen in mehrere Länder aufzuteilen und damit seinen beherrschenden Einfluss zu brechen, wird nicht verwirklicht. Auch die SPD ist am Fortbestand Preußens interessiert, das nach dem Wegfall des Dreiklassenwahlrechts eine Hochburg der SPD wird. Bis zum sog. »Preußenschlag« von Papens 1932 (s. Seite 104) wird die preußische Regierung von den Weimarer Koalitionsparteien getragen.

Die Weimarer Verfassung ist eine Mischverfassung, die verschiedene Prinzipien in sich vereinigt. Sie enthält

- **föderalistische Elemente:** Die 18 Länder sind –

---

[1] Freikorps sind auch im Baltikum eingesetzt, das sie zusammen mit »weißen« russischen Truppen gegen die Rote Armee verteidigen, ferner in Schlesien und Westpreußen, wo es mehrfach zu bewaffneten Auseinandersetzungen zwischen Polen und Freikorps um strittige Grenzgebiete kommt (z. B. um das schlesische Annaberg).

[2] Ansätze der *Frauenbewegung* gibt es schon während der Französischen Revolution (Olympes de Gouges); im 19. Jh. entwickelt sie sich parallel zur Arbeiterbewegung (1865: Allgem. Deutscher Frauenverein). Das Frauenwahlrecht als Hauptanliegen der Bewegung wird zu unterschiedlichen Zeitpunkten erreicht: 1917 Russland, 1918/19 Deutschland, 1920 USA, 1928 England, 1944 Frankreich, 1971 (!) Schweiz.

[3] Ab November 1918 Staatssekretär des Inneren, ab 11.2.1919 Innenminister im Kabinett Scheidemann (bis 20.6.1919), gest. 1925.

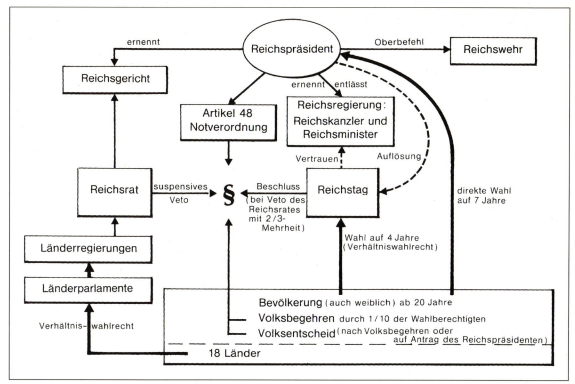

Die Weimarer Verfassung

nach Größe[1] – im *Reichsrat* vertreten, der gegen Gesetzesvorhaben des Reichstages Einspruch erheben kann (suspensives Veto). Seine Stellung gegenüber der Zentralgewalt ist aber nicht mehr so stark wie die des Bundesrates in der Verfassung von 1871: Der Reichstag kann sich mit Zweidrittelmehrheit gegen ein Veto des Reichsrates durchsetzen. In krisenhaften Situationen ist es dem Reichspräsidenten auf Grundlage des Artikels 48 (s. unten) möglich, in die inneren Angelegenheiten der Länder einzugreifen.[2]

- Elemente der **parlamentarischen Demokratie:** Der *Reichstag* als Vertretung des ganzen Volkes wird in allgemeiner, gleicher, unmittelbarer und geheimer Wahl auf vier Jahre gewält. Er übt die Legislative aus und kontrolliert die Exekutive: Reichskanzler und -minister sind vom Vertrauen des Reichstages abhängig (Art. 54).

- Elemente der **präsidentiellen Demokratie:** Der *Reichspräsident* wird mit sehr weit reichenden Befugnissen ausgestattet. Er hat den Oberbefehl über das Heer, ernennt und entlässt die Regierung, ernennt auf Vorschlag des Reichsrates das Reichsgericht, kann den Reichstag auflösen (Art. 25, aber nur einmal aus demselben Grund) und einen Volksentscheid herbeiführen. Die Tatsache, dass er auf sieben Jahre und zudem direkt vom Volk gewählt wird, stärkt seine Autorität zusätzlich und macht ihn zu einer Art »Ersatzkaiser«. Am schwerwiegendsten ist aber der **Artikel 48**, der *Notverordnungs- oder Diktaturparagraph:* Er gesteht dem Reichspräsidenten in Krisensituationen besondere Rechte zu – vor allem den Einsatz von Militär und die Außerkraftsetzung von Grundrechten[3] –, um die öffentliche Sicherheit und Ordnung wiederherzustellen.

- Elemente der **direkten (plebiszitären) Demokratie:** Hierzu gehören die direkte Wahl des Reichspräsidenten sowie die Möglichkeit des *Volksbegehrens/Volksentscheids.* Wenn ein

---

[1] Preußen: 22 Stimmen; Bayern 7; Sachsen: 5; Württemberg und Baden: je 3; Thüringen und Hessen: je 2; alle anderen: je 1.

[2] Vergleiche die Reichsexekution 1923 gegen die Einheitsfrontregierungen in Sachsen und Thüringen (Seite 98f.) oder den Schlag gegen Preußen 1932 (Seite 104).

[3] Die Gesetze über die Unverletzlichkeit der persönlichen Freiheit (Art. 114), der Wohnung (115), das Briefgeheimnis (117), die Pressefreiheit (118) und Versammlungsfreiheit (123) können außer Kraft gesetzt werden.

Zehntel der Wahlberechtigten es verlangt, muss ein Gesetzesvorschlag vor den Reichstag und – im Falle der Ablehnung – zum Volksentscheid gebracht werden.[1]

- den Gedanken der **Grund- und Menschenrechte:** Wie schon der Verfassungsentwurf der Paulskirche (s. Seite 33) enthält auch die Weimarer Verfassung einen Katalog der Grundrechte, allerdings (in Abänderung des Entwurfs) an nachgeordneter Stelle (Art. 109–165). Sie sind jedoch – anders als 1848 und dann als 1949 (Grundgesetz der Bundesrepublik) – nicht vorstaatliche unumstößliche Rechte, sondern nur nach Maßgabe der Gesetze gewährleistet. Über Art. 48 zum Beispiel kann der Reichspräsident wichtige Grundrechte außer Kraft setzen (s. S. 91, Anm. 3).

Die Weimarer Verfassung mit ihren verschiedenen Elementen spiegelt die historischen Bedingungen ihrer Entstehung wider. Die starke Stellung des Reichspräsidenten mit seinem Notverordnungsrecht ist erklärbar aus der Erfahrung der innenpolitischen Unruhen, die den Entstehungsprozess der Republik begleiten. Die plebiszitären Elemente sind Zugeständnisse an die linksradikalen Kräfte, die eine direkte Demokratie angestrebt haben und nun mit der Verfassung gewissermaßen versöhnt werden sollen. Insgesamt ist die Weimarer Verfassung die liberalste ihrer Zeit:

- Die Weimarer Verfassung setzt den mündigen, demokratischen Bürger voraus und gesteht ihm weitgehende Rechte zu. Diese Voraussetzung ist aber nicht gegeben: Ein erheblicher Teil der Bevölkerung, auf der Linken wie auf der Rechten, ist antirepublikanisch eingestellt. Ein Symbol für die mangelnde Identifizierung mit der Republik ist der sog. Flaggenstreit: Als Nationalfarben bestimmt die Nationalversammlung das Schwarz-Rot-Gold der 48er-Revolution (s. Seite 30). Die monarchistischen Gegner der Republik bleiben dagegen bei Schwarz-Weiß-Rot[2], den Farben des Kaiserreichs, und setzen durch, dass die Handelsflagge die alten Farben behält.

- Das *Verhältniswahlrecht,* von der Nationalversammlung gegen den Widerstand von Hugo Preuß beschlossen, verfolgt das positive Ziel, alle Gruppen der Bevölkerung gerecht an den politischen Entscheidungen mitwirken zu lassen. In der Praxis begünstigt es jedoch das Aufkommen von Splitterparteien und stärkt ausgerechnet die radikalen antirepublikanischen Minderheiten. Das Verhältniswahlrecht erschwert die Bildung klarer Mehrheiten und trägt so zur Schwächung des Parlaments bei.

- Das einfache *Misstrauensvotum* erweist sich als schädlich, da es sich um eine rein negative Maßnahme handelt. Sie führt zwar zur Absetzung eines Ministers oder des Kanzlers, regelt aber nicht die Nachfolgefrage und unterbricht so die Kontinuität der Regierungsarbeit.[3]

- Die besonderen Befugnisse des Reichspräsidenten, vor allem Art. 48, sind theoretisch nur als Vorsichtsmaßnahme für den Notfall konzipiert; im Falle eines gut funktionierenden Parlaments mit klaren Mehrheiten käme die starke Stellung des Präsidenten nicht zur Geltung. Erst der nicht vorhersehbare Umstand, dass sich in der Krisensituation 1930 (s. Seite 102) das Parlament gewissermaßen selbst aufgibt, ermöglicht die Präsidialkabinette der frühen 30er-Jahre. Ebenfalls nicht vorhersehbar ist, dass die Wähler nach Eberts Tod 1925 mit Generalfeldmarschall Paul von Hindenburg einen Mann zum Präsidenten der Republik wählen würden, der von seiner inneren Überzeugung her ein Monarchist geblieben ist.

Die Pariser Friedenskonferenzen

Am 11.11.1918 unterzeichnet *Matthias Erzberger (Zentrum)* den Waffenstillstand im Wald von Compiègne (nördl. von Paris). Die

Eröffnung der Pariser Friedenskonferenzen 18.1.1919

findet in Versailles statt. Ort und Datum sind von den Ententemächten bewusst gewählt: Am selben Ort und am gleichen Tag ist hier das Deutsche Kaiserreich gegründet worden (18.1.1871, s. Seite 58).

Der Völkerbund

Einen wesentlichen Bestandteil der Friedensverträge bildet die Gründung des **Völkerbundes.** Er soll eine neue, dauerhafte und internationale Friedensordnung schaffen. An die Stelle der Gleichgewichtsidee, die seit dem Westfälischen Frieden (1648) und

---

[1] Von dieser Möglichkeit ist insgesamt nur dreimal Gebrauch gemacht worden: In der Frage der Enteignung der Fürstenvermögen (1926), des Baus von Panzerschiffen (1928) und der Annahme des Young-Plans (1929). In keinem Fall war das Volksbegehren erfolgreich.

[2] Als Vereinigung der Farben Preußens (Schwarz-Weiß) und der Hansestädte (Weiß-Rot) 1866 als Farbe des Norddeutschen Bundes eingeführt und auf das Deutsche Kaiserreich übertragen.

[3] Als Konsequenz aus dieser negativen Erfahrung sieht Art. 67 des Grundgesetzes nur das *konstruktive* Misstrauensvotum vor, also die Verknüpfung des Votums mit der Wahl eines Gegenkandidaten.

dem Utrechter Frieden (1713) die europäische Außenpolitik bestimmt hat, tritt nun die Idee der Staatenvereinigung und der Konfliktlösung durch demokratische Vereinbarung.

Die Idee des Völkerbundes ist Bestandteil der *Vierzehn Punkte* Wilsons (8.1.1918, s. Seite 69), hat aber Vorläufer in den *Haager Friedenskonferenzen* von 1899 und 1907.

Die am 28.4.1919 angenommene und am 28.6.1919 unterzeichnete Völkerbundsatzung enthält folgende Bestimmungen:

- Oberstes Organ ist die *Völkerbundsversammlung* (Vollversammlung aller Mitglieder, je 1 Stimme), die einmal jährlich zusammentritt. Daneben gibt es den häufiger tagenden *Völkerbundsrat,* in dem die Hauptmächte[1] als ständige sowie neun weitere, jeweils auf drei Jahre von der Versammlung gewählte Mitglieder vertreten sind. Die laufenden Geschäfte werden durch das *Generalsekretariat* mit Sitz in Genf geführt.
- Dem Völkerbund angeschlossen sind verschiedene Organisationen, z.B. der *Internationale Gerichtshof* in Den Haag, das Internationale Arbeitsamt, Kommissionen für soziale Fragen, Flüchtlingsprobleme usw.
- Der Völkerbund übernimmt bzw. kontrolliert die Verwaltung ehemaliger Kolonien, des Saargebiets und Danzigs (Mandate) u.a.
- Der Vökerbund vermittelt in Streitfällen und kann bei Missachtung seiner Beschlüsse mit 2/3-Mehrheit in der Versammlung wirtschaftliche und militärische Sanktionen[2] beschließen.

Der Völkerbund hat mehrfach Konflikte beilegen können und hat auch auf humanitärem und wirtschaftlichem Gebiet Bedeutendes geleistet. Auf Dauer gelingt die ihm zugedachte Aufgabe der Friedenssicherung jedoch nicht. Die Hauptursachen für das Scheitern der Völkerbundsidee liegen

- in dem Umstand, dass die USA nicht im Völkerbund vertreten sind. Der amerikanische Senat stellt sich gegen den Präsidenten und verhindert den Eintritt der USA in den Völkerbund.
- in der fehlenden Bereitschaft, die nationalen Interessen den internationalen unterzuordnen. Im Zuge der in den 30er-Jahren wieder auflebenden extrem nationalistischen Bewegungen treten Deutschland (1933), Japan (1933) und Italien (1937) aus dem Völkerbund aus. Die Sowjetunion wird wegen ihres Überfalls auf Finnland 1939 ausgeschlossen.
- in der Wirkungslosigkeit der Mittel, die dem Völkerbund zur Verfügung stehen. Über eine eigene Exekutive verfügt der Völkerbund nicht; wirtschaftliche Sanktionen (wie etwa 1935 gegen Italien wegen des Überfalls auf Abessinien) bleiben wirkungslos, da sie von Nichtmitgliedern (USA, Deutschland) unterlaufen werden.

Die faktische Ohnmacht des Völkerbundes wird mit dem Ausbruch des Zweiten Weltkrieges offenkundig. Der Völkerbund löst sich am 18.4.1946 auf, nachdem am 26.6.1945 als Nachfolgeorganisation die *Vereinten Nationen* (United Nations Organization, UNO bzw. UN) gegründet wurden.

Der Versailler Vertrag

Die Deutsche Delegation ist in der Friedenskonferenz nicht zugelassen. 32 Staaten sind in ihr vertreten; das entscheidende Gewicht aber haben Lloyd George, Clemenceau und Wilson, die Regierungschefs Englands, Frankreichs und der USA. Der Versailler Vertrag ist im Wesentlichen ein Kompromiss zwischen diesen drei Politikern, wobei Lloyd George und besonders Wilson einen mäßigenden Einfluss auf Clemenceau ausüben, dem es um die dauerhafte Absicherung Frankreichs und deshalb um die größtmögliche Schwächung Deutschlands geht. In etlichen Punkten (Saargebiet, Danzig, Rheinland) muss Frankreich hinter seine ursprünglichen Forderungen zurückgehen.

Dennoch sind die Bestimmungen des Vertrages für das Deutsche Reich hart:

- *territoriale Abtretungen*
  - Elsass-Lothringen (an Frankreich)
  - Eupen-Malmedy (an Belgien)
  - Nordschleswig (an Dänemark)
  - Westpreußen, Posen, Teile Oberschlesiens, Hinterpommerns und Ostpreußens (an Polen)
  - Memelland (franz. Besetzung, 1923 an Litauen)
  - Hultschiner Ländchen (an die Tschechoslowakei)
  - alle Kolonien (Völkerbundsmandate)
  - Saargebiet (Volksabstimmung nach 15 Jahren)
  - Danzig (»Freie Stadt« unter Völkerbundsverwaltung)

- *militärische Bestimmungen*
  - Abrüstung des Heeres auf 100 000 Mann (Berufssoldaten), der Marine auf 15 000
  - Auslieferung des schweren Kriegsmaterials

---

[1] England, Frankreich, Italien (bis 1937), Japan (bis 1933), Deutschland (1926–33), die UdSSR (1934–39).

[2] *Sanktion (lat. sancire = heiligen, festsetzen):* im älteren Sprachgebrauch Bezeichnung für ein Gesetz (z.B. Pragmatische Sanktion 1713), im neueren Sprachgebrauch Bezeichnung für die (Straf-)Maßnahmen, die ein Verstoß gegen Gesetze zur Folge hat.

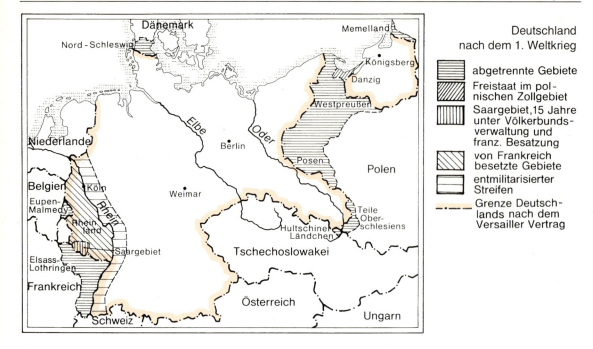

- Besetzung des linksrheinischen Gebietes (zeitlich begrenzt auf zonenweise 5, 10 und 15 Jahre)
- rechtsrheinisch ein 50 km breiter entmilitarisierter Streifen

• *Reparationen* (Kriegsentschädigungen)

Die Höhe wird im Juni 1920 (Konferenz von Boulogne) festgelegt, bis 1932 aber mehrfach revidiert (s. Seite 103)

• *Alleinschuld Deutschlands*

Der Alleinschuldparagraph (Art. 231) wird ebenso wie Art. 228 (Kriegsverbrecherparagraph) als sachlich ungerechtfertigt (Einkreisungstheorie), psychologisch als Angriff auf die deutsche Ehre empfunden. Die mit Art. 231 begründeten Reparationszahlungen liefern den antidemokratischen Kräften immer wieder neuen Agitationsstoff.

Das Bekanntwerden der Vertragsbestimmungen führt zu einer innenpolitischen Krise. Der Außenminister, Brockdorff-Rantzau, tritt zurück, die DDP scheidet aus der Koalition aus (bis Okt. 1919). Reichskanzler Scheidemann tritt am 20. 6. 1919 zurück.

Obwohl die Ablehnung des Versailler Vertrages quer durch alle Parteien geht, ist die Nationalversammlung unter dem Druck eines Ultimatums der Siegermächte gezwungen, den Vertrag anzunehmen (23. 6. 1919). Die neue Regierung aus SPD und Zentrum unter Gustav Bauer (SPD) muss den Vertrag am 28. 6. 1919 unterschreiben.

Die Neuordnung Ostmitteleuropas

Neben dem Versailler Vertrag mit dem Deutschen Reich werden auf der Pariser Friedenskonferenz von 1919 auch Verträge mit Österreich (St. Germain, 10. 9. 1919), Ungarn (Trianon, 4. 6. 1920), der Türkei (Sèvres, 10. 8. 1919) und Bulgarien (Neuilly, 27. 11. 1919) abgeschlossen. Sie begründen eine neue Ordnung im östlichen Mitteleuropa.

Die leitenden Prinzipien dieser Neuordnung sind

• die *nationale Selbstbestimmung* der Völker entsprechend den Vierzehn Punkten Wilsons. In der Praxis erweist sich die Realisierung des Nationalstaatsprinzips jedoch als problematisch, da es unvereinbar ist mit der historisch gewachsenen gemischten Bevölkerungsstruktur. Alle neuen Staaten in Ostmitteleuropa haben in der Folgezeit mit dem Problem nationaler Minderheiten umzugehen. Noch 1991, nach dem Zerfall der kommunistischen Herrschaft in Osteuropa (s. Seite 147, 149), brechen diese Nationalismen mit Gewalt hervor und führen zu blutigen Bürgerkriegen.

• die Einschränkung der Macht des Deutschen Reiches und Österreich-Ungarns, auf deren ehemaligem Herrschaftsgebiet nun zum Teil neue Staaten entstehen. Davon ist der Vielvölkerstaat Österreich-Ungarn naturgemäß am stärksten betroffen. Die nun denkbare »großdeutsche«[1] Vereinigung Österreichs mit dem Deutschen Reich

---

[1] Begriffe »groß- und kleindeutsch« vgl. die Nationalitätendebatte der Frankfurter Paulskirche 1848 (s. Seite 32).

wird im Vertrag von St. Germain ausdrücklich untersagt.
- die Schaffung einer Pufferzone zum bolschewistischen Russland: Die neu entstandenen Staaten sollen vom Baltikum bis zum Balkan einen cordon sanitaire[1] zwischen dem liberal-demokratischen Westen und dem neuen bolschewistischen Sowjetstaat im Osten bilden.

An neuen Staaten entstehen
- die *baltischen Staaten* Estland, Lettland und Litauen
- Polen, das nun über 120 Jahre nach seiner Auslöschung (s. Bd.1, Seite 163) wieder staatliche Selbstständigkeit erhält. Im Krieg mit Russland (s. Seite 80) schiebt Polen seine Ostgrenze über die vorgesehene Curzon-Linie[2] hinaus, erreicht damit aber nicht die Grenze von 1772 (vor der 1. Teilung)
- die *Tschechoslowakei*
- *Jugoslawien,* eigentlich: Königreich der Serben, Kroaten und Slowenen
- Ungarn, bislang Teil der österreichisch-ungarischen Doppelmonarchie, wird selbstständig; die übrigen Staaten erfahren – je nach ihrer Bündnisrolle im Ersten Weltkrieg – Zugewinne (Rumänien) oder territoriale Verluste (Bulgarien).

Die Entstehung der neuen Staatsgebilde ist ermöglicht worden durch die Niederlage der Mittelmächte einerseits und durch die Schwäche der noch ungefestigten Sowjetunion andererseits (Russischer Bürgerkrieg, s. Seite 79). Sie bleiben damit in ihrer Existenz bedroht, denn keine dieser Mächte gibt ihren Anspruch auf diese Gebiete auf. Die Revision dieser Vertragsbestimmungen von 1919/20 bleibt deren mehr oder weniger offen vertretenes Ziel und wird eine der Ursachen des Zweiten Weltkrieges (vgl. Hitler-Stalin-Pakt Seite 123).

Dolchstoßlegende und Kapp-Putsch

Die Annahme des Versailler Vertrages war durch das Ultimatum der Siegermächte erzwungen. Dennoch bietet sie den antirepublikanischen Kräften auf der Rechten willkommenes Propagandamaterial. Vergessen sind die tatsächlichen Ursachen des Zusammenbruchs, und alle Schuld und Verantwortung wird nun der Republik und ihren Vertretern angelastet: Vom »Schandfrieden«, von den »Novemberverbrechern« und »Erfüllungspolitikern« ist die Rede.

Osteuropa 1919–37

▭ Ehemals zum Russischen Kaiserreich gehörende Gebiete
▨ Ehemals zum Deutschen Reich gehörende Gebiete
▥ Ehemaliges Kaiserreich Österreich-Ungarn
····· Curzon-Linie

Eine verhängnisvolle Rolle spielt in diesem Zusammenhang die sog. **Dolchstoßlegende**. Es ist die Auffassung, die Niederlage Deutschlands sei nicht durch das militärische Scheitern (»im Felde unbesiegt«), sondern durch die Revolution besiegt worden, die den Widerstandsgeist der Soldaten gelähmt habe. Die Armee sei nicht vom Gegner besiegt, sondern »von hinten erdolcht worden«. Diese Darstellung verkennt die Tatsachen; sie verschweigt, dass die OHL selbst die Fortsetzung des Krieges für aussichtslos erklärt und auf Waffenstillstandsverhandlungen gedrängt hat (s. Seite 85). Dennoch fällt diese Geschichtsfälschung auf fruchtbaren Boden, da die Niederlage Deutsch-

---

[1] franz.: Sicherheits- (eigentlich: Gesundheits- oder Sanitär-)Gürtel.
[2] 1920 festgelegte Grenze zwischen Polen und Russland, benannt nach dem englischen Außenminister G.N. Curzon. Die Grenze entspricht im Wesentlichen der nach 1945 festgelegten Grenze zwischen den beiden Staaten.

lands für viele Deutsche ein nach wie vor unfassbares Ereignis ist und die psychologische Bereitschaft groß ist, sie zu verdrängen.

Zu einer Bedrohung der Republik führt der

Kapp-Putsch   13.–17.3.1920.

Er steht in engem Zusammenhang mit der in Versailles festgelegten Reduzierung der Heeresstärke und der Auflösung der Freikorps einerseits, der massiven rechtsgerichteten Propaganda andererseits.

Vom Januar bis zum März 1920 findet ein von Kreisen um *Helfferich*[1] provozierter Prozess gegen den Reichsfinanzminister *Erzberger* statt. Der Prozess endet zwar mit einer juristischen Niederlage Helfferichs, aber auch Erzberger wird desavouiert, weil ihm Verknüpfungen politischer und privater Interessen nachgewiesen werden können. Erzberger muss zurücktreten.

Einen Tag nach der Urteilsverkündung im Erzberger-Prozess besetzen Soldaten der *Brigade Ehrhardt*[2] und anderer Freikorps unter Führung des Generals von *Lüttwitz* Berlin und zwingen die Regierung zur Flucht. Als Kanzler rufen die Putschisten *Wolfgang Kapp* aus, einen hohen preußischen Beamten, Mitglied des extrem rechten Alldeutschen Vereins (s. Seite 47) und – zusammen mit Tirpitz (s. Seite 47) – Begründer der nationalistischen *Deutschen Vaterlandspartei (2.9.1917–10.12.1918)*. Der Kapp-Putsch offenbart die Rolle der offiziellen Reichswehr: Gegen Reichswehrminister Noske (SPD) und den Chef der Heeresleitung, General Reinhardt, setzt der Chef des Generalstabs, von Seeckt, den Verzicht auf den Einsatz regulärer Truppen durch (»Truppe schießt nicht auf Truppe«). Während sich die Reichswehr also gegen Aufstände von links ohne weiteres einsetzen lässt, verweigert sie sich bei der ersten Bedrohung von rechts.

Dass der Kapp-Putsch dennoch nach wenigen Tagen scheitert, liegt am passiven Widerstand der Verwaltung, die sich weigert, Kapps Anordnungen auszuführen, und an dem von den Gewerkschaften sogleich ausgerufenen *Generalstreik*.

Der Erfolg des Generalstreiks ermutigt die Gewerkschaften, nun ihrerseits Druck auf die Regierung auszuüben. Sie verlangen eine teilweise Sozialisierung der Wirtschaft, den Rücktritt Noskes (dessen Rolle als »Bluthund« bei der Niederschlagung des Spartakusaufstandes 1919 nicht vergessen ist) sowie größeren Einfluss der Gewerkschaften in der Wirtschafts- und Sozialpolitik. Im Ruhrgebiet weitet sich der Generalstreik zu einem regelrechten Aufstand aus; mehrere Zehntausend Arbeiter bewaffnen sich und bilden eine »Rote Armee«, die bald das ganze Ruhrgebiet kontrolliert. Der Aufstand im Ruhrgebiet wird ebenso wie die Streiks in Berlin – dieses Mal mit Hilfe der Reichswehr und von Freikorps – unterdrückt.

Politische Konsequenzen der Unruhen von 1920 sind der Rücktritt des Kabinetts Bauer und die Neubildung der Regierung unter *Hermann Müller* (SPD). Der verhasste Noske wird von *Otto Geßler* (DDP) abgelöst. Auch General Reinhardt tritt zurück und wird durch *von Seeckt* ersetzt. Die Reichstagswahlen, ursprünglich erst für den Herbst vorgesehen, werden auf den 6.6.1920 vorgezogen. Sie führen zu erheblichen Stimmenverlusten bei der SPD und zur Bildung einer bürgerlichen Koalition (25.6.1920) unter *Fehrenbach* (Z).

Republik ohne Republikaner

Belastend wirkt sich der Umstand aus, dass eine personelle Revolution 1918 nicht stattgefunden hat. Im Interesse eines reibungslosen Ablaufs der Geschäfte ist die alte Führungsspitze größtenteils in ihren Ämtern belassen worden, obwohl sie der Republik ablehnend gegenübersteht. Eine monarchistische, antirepublikanische Einstellung bleibt auch nach 1919 besonders in der höheren Beamtenschaft häufig anzutreffen. Damit wird die politische Revolution von 1918/19 gewissermaßen »unterlaufen«.

Die Justiz zum Beispiel bleibt in der Weimarer Republik ein obrigkeitsstaatlicher Fremdkörper. Die Sympathie der Richter gilt eindeutig den Rechten, deren Vergehen – selbst politischer Mord und Hochverrat – milde geahndet werden.

Symptomatisch für die Einstellung der Justiz sind die Mitgliederzahlen in den beiden Berufsverbänden, dem Deutschen Richterbund und dem (1922 gegründeten) Republikanischen Richterbund: Letzterer vertritt nur ca. 5 % der Richter im Deutschen Reich.[3]

---

[1] *Karl Helfferich, 1872–1924,* Bankier, ab 1915 Staatssekretär des Reichsschatzamtes und 1916/17 Vizekanzler, verantwortlich für die Finanzierung des Krieges durch Anleihen (die nach dem Sieg von den Gegnern eingetrieben werden sollten); diese Finanzierung wurde von Erzberger heftig kritisiert.

[2] 1919 von Korvettenkapitän *Hermann Ehrhardt* gegründet. Nach dem Scheitern des Kapp-Putsches gründet Ehrhardt die rechtsradikale *Organisation Consul,* die u.a. für die Ermordung Erzbergers und Rathenaus (s. Seite 97) verantwortlich ist.

[3] Der Republikanische Richterbund löst sich im März 1933 selbst auf, der Deutsche Richterbund geht in den Bund Nationalsozialistischer Deutscher Juristen über.

Auch das Offizierskorps ist in seiner überwiegenden Mehrheit rechtskonservativ und monarchistisch eingestellt. Da durch die in Versailles festgesetzte Begrenzung der Armee auf 100 000 Mann kaum personelle Veränderungen im Offizierskorps stattfinden, bildet die Reichswehr praktisch einen »Staat im Staat«. Auf die Frage, wo die Reichswehr politisch stehe, antwortet von Seeckt (s. Seite 96) sibyllinisch: »Die Reichswehr steht hinter mir.«

Auch in den Schulen, besonders den Gymnasien, und den Universitäten bleibt der alte Geist zum großen Teil erhalten. Eine demokratische Erziehung, wie sie für den Fortbestand einer Republik unerlässlich wäre, findet häufig nicht statt. Es ist symptomatisch, dass ausgerechnet in der Studentenschaft die nationalsozialistische Richtung (Nationalsozialistischer Deutscher Studentenbund) schon 1931 die Oberhand gewinnt.

Die Anfangsjahre der Weimarer Republik sind auch durch zahlreiche terroristische Anschläge belastet. Von 1918 bis 1922 werden insgesamt 376 politische Morde gezählt. Zu den prominentesten Opfern gehören *Rosa Luxemburg* und *Karl Liebknecht* (*15.1.1919, s.* Seite 90), *Kurt Eisner* (*21.2.1919,* s. Seite 86), der Fraktionsführer der USPD, *Gareis* (*9.6.1919)*, der ehemalige Reichsfinanzminister und Mitunterzeichner des Versailler Vertrages *Matthias Erzberger* (*26.8.1921,* ein früherer Anschlag am 26.1.1920 war fehlgeschlagen), der Reichsaußenminister *Walter Rathenau* (*24.6.1922*) u. a. m. Ein Attentat auf *Philipp Scheidemann* (*4.6.1922*) scheitert.

Ab 1923 beruhigt sich die innenpolitische Lage. Erst 1929/30, im Zusammenhang mit der Weltwirtschaftskrise und der innenpolitischen Radikalisierung, kommt es erneut zu terroristischen Gewalttaten. Sie nehmen aber in der Endphase der Republik andere Formen an, vor allem die der Straßenkämpfe, Saalschlachten und Schlägertruppkommandos (s. Seite 103 f.).

Die Inflation und das Krisenjahr 1923

Zur krisenhaften Entwicklung der Anfangsjahre trägt nicht zuletzt die stetig zunehmende Inflation bei, die sich im Jahre 1923 zu einer Hyperinflation ausweitet. Im Laufe des Jahres 1923 steigen die Preise ins Astronomische: Ein Ei kostet im November 1923 über 15 Milliarden Mark, ein Paar Schuhe über 3 Billionen.

Unter *Inflation* (lat. *inflatio* = Anschwellen, Aufblähen) versteht man eine Geldentwertung, die durch eine übermäßige Erhöhung der Geldmenge verusacht wird. Die relativ hohe Geldmenge, die im

Brotpreise:

Dez. 1920:	2,37 Mark
Dez. 1921:	3,90 Mark
Dez. 1922:	163,15 Mark
Jan. 1923:	250,00 Mark
März 1923:	463,00 Mark
Juni 1923:	1.428,00 Mark
Aug. 1923:	69.000,00 Mark
Sept. 1923:	1.512.000,00 Mark
Okt. 1923:	1.743.000.000,00 Mark
Nov. 1923:	201.000.000.000,00 Mark

Inflation 1923

Umlauf ist, ist nicht gedeckt, d. h., ihr fehlt eine Entsprechung an Sachwerten. Die Folge dieses Ungleichgewichts ist ein Ansteigen der Preise, also eine Wertminderung des Geldes. Man unterscheidet zwischen »schleichender« und »galoppierender« Inflation. Das Gegenteil der Inflation ist die Deflation.

Die Weimarer Hyperinflation hat ihre Ursachen im Krieg und seinen Folgen:

- Die Kriegskosten (Materialkrieg) können weder durch Steuern noch durch Kriegsanleihen gedeckt werden. Das Defizit wird durch Vermehrung des Papiergeldes »ausgeglichen«.
- Nach dem Krieg besteht weiter ein erhöhter Geldbedarf durch die Umstellung der Wirtschaft von Kriegs- auf Friedensproduktion, durch die sozialen Kosten (Witwen- und Waisenrenten, Arbeitslosenunterstützung, Invalidenrenten) usw.
- Dieser Geldbedarf kann angesichts der miserablen wirtschaftlichen Situation nicht durch Steuern gedeckt werden, zumal die Gesamtproduktion durch die territorialen Verluste (Lothringen, Saarland, Oberschlesien mit ihren Kohlebergwerken und der Eisen- und Stahlproduktion) erheblich gemindert wird.
- Ab 1920 kommt die Belastung durch die Reparationszahlungen hinzu (s. Seite 103).
- 1923 führen die Kosten des Ruhrkampfes (s. unten) zum totalen Währungsverfall.

Die Inflation hat katastrophale soziale und politische Folgen. Die Besitzer von Sparguthaben, Lebensversicherungen, Renten, Geldforderungen verarmen über Nacht. Um zu überleben, müssen sie ihren Besitz – Wertgegenstände, Grundbesitz und dergleichen – verkaufen bzw. gegen Lebensmittel umtauschen. Die Folge ist die Proletarisierung (Verarmung) eines großen Teils des bürgerlichen Mittelstandes. Weniger schlimm, bisweilen sogar vorteilhaft, ist die Inflation für die Berufsgruppen, die laufende Einkünfte haben (Löhne und Gehälter werden der Inflation angepasst) und die über Sachwerte verfügen, etwa für Geschäftsleute und Landwirte. Ausgesprochen vorteilhaft wirkt sie sich für alle Schuldner aus, die ihre Kredite mit abgewertetem Geld tilgen können. Die politisch schwerwiegende Folge dieser Entwicklung liegt in einem weiteren Vertrauensverlust der Regierung und dem Abwandern großer Teile der Mittelschicht zu radikalen Parteien.

Die gewaltige Verschärfung der Inflation im Jahre 1923 wird durch den sog.

Ruhrkampf   Januar – September 1923

ausgelöst. Geringfügige Verzögerungen bei den Reparationsleistungen werden von der französischen Regierung zum Anlass für die

Besetzung des Ruhrgebiets   11.1.1923

genommen. Die direkte Kontrolle der Ruhrindustrie sollte ein »produktives Pfand« für die korrekte Erfüllung der Reparationsleistungen sein. Der Einmarsch der französischen und belgischen Truppen ins Ruhrgebiet löst einen Sturm der Entrüstung aus und wird von der deutschen Regierung unter dem parteilosen Kanzler *Wilhelm Cuno (Nov. 1922–Aug. 1923)* mit dem Stopp der Reparationszahlungen und dem Ausrufen des passiven Widerstandes beantwortet. Die französische Regierung antwortet darauf mit der Ausweisung von Beamten, der Errichtung einer Zollgrenze zum restlichen Deutschland und dem Einsatz von Militär gegen Arbeitsverweigerer. Eine Eskalation des Konflikts bleibt nicht aus. Von deutscher Seite werden Sabotageakte durchgeführt, was die französische Seite zu drastischen Gegenmaßnahmen verleitet. Die Hinrichtung Albert Schlageters, eines Nationalsozialisten, der sich an Sabotageaktionen beteiligt hat, schafft einen ersten Märtyrer.

Trotz der breiten Zustimmung, die der Ruhrkampf bei der deutschen Bevölkerung findet[1], ist er auf Dauer zum Scheitern verurteilt. Eine große Koalition unter *Gustav Stresemann* (DVP), in der SPD, DDP, Z und DVP vertreten sind, setzt schließlich die unpopuläre

Beendigung des Ruhrkampfes   26.9.1923

durch und beendet die Inflation durch eine

Währungsreform[2]   November 1923.

Die sich während des Ruhrkampfes immer mehr zuspitzende wirtschaftliche Situation Deutschlands führt zu zahlreichen Unruhen und Krisen:

- Am 1. Oktober 1923 scheitert ein Putschversuch der sog. Schwarzen Reichswehr unter Major Buchrucker. Die Schwarze Reichswehr, die sich aus Mitgliedern aufgelöster Freikorps und rechter antirepublikanischer Gruppen zusammensetzt (ca. 20 000 Mann), wird inoffiziell von der Reichswehr unterstützt und übernimmt Schutzaufgaben an der deutsch-polnischen Grenze. Sie entwickelt sich zu einer extremistischen Gruppierung (politische Morde und Fememorde[3]). Der Putschversuch am 1.10.1923 scheitert, weil die Reichswehr ihre Unterstützung versagt, und führt zur Auflösung der Verbände.

- In *Sachsen* und *Thüringen* kommt es im Oktober 1923 zur Bildung einer Einheitsfrontregierung von SPD/USPD und KPD und zur Gründung bewaffneter Einheiten, der »proletarischen Hundertschaften«. Die KPD sieht den Zeitpunkt für die Revolution in Deutschland gekommen, die nach den Plänen der *Kommunistischen Internationale*[4] der Weltrevolution den entscheidenden Impuls geben sollte. Die organisatorische Vorbereitung des Umsturzes liegt in den Händen von *Karl Radek*[5], dem Deutschlandexperten der Komintern. – Die ultimative Forderung Stresemanns nach Auflösung der Einheitsfrontregierung und der

---

[1] Im Rheinland und in der Pfalz gibt es jedoch *separatistische* (von lat. *separare* = trennen) Bewegungen, die u.a. aus wirtschaftlichen Gründen eine Loslösung von Preußen (Rheinland) bzw. Bayern (Pfalz) und eine unabhängigere Stellung gegenüber dem Reich anstreben. Sie werden von Frankreich unterstützt. Im Oktober 1923 kommt es zur Gründung einer »Rheinischen Republik« und einer »Autonomen Pfalz«. Beiden mangelt es jedoch an der notwendigen Unterstützung durch die Bevölkerung: Bereits im November 1923 bzw. im Februar 1924 lösen sich die beiden Staatsgebilde wieder auf.

[2] Neue Währungseinheit (ab 16.11.1923) ist die sog. Rentenmark (entspricht einer Billion Papiermark), die durch eine (im Grunde fiktive, aber akzeptierte) Grundschuld auf Grundbesitz, Handel, Industrie und Banken gedeckt wird.

[3] (von mittelhochdeutsch *veime/veme* = heimliches Gericht): Aufgrund angemaßter eigener Gerichtsbarkeit vollstreckte Morde an »Verrätern« aus den eigenen Reihen.

[4] Komm. Internationale (KI, Komintern, 3. Internationale); 1919 in Moskau gegründet; im Gegensatz zur Sozialistischen Arbeiter-Internationalen (SAI, 1923 in Hamburg gegründet) unter straffer Führung der russischen KP; 1943 im Interesse des Bündnisses mit den Westmächten aufgelöst.

[5] *Karl Radek,* eigentl. *Sobelsohn,* geb. 1885, begleitet 1917 Lenin nach Petersburg; 1918/19 am Aufbau der KPD beteiligt, 1919 ausgewiesen, ab 1920 Mitglied des Exekutivkomitees der Komintern, 1937 Opfer der Stalin'schen Säuberungen, seitdem verschollen.

Die Weimarer Republik

proletarischen Hundertschaften und die bald darauf verfügte Reichsexekution (Einmarsch von Reichswehrtruppen in Sachsen und Thüringen) erstickt den Umsturzversuch im Keim.

- Ein kommunistischer Aufstandsversuch in Hamburg (23.10.1923) wird von Reichswehrtruppen niedergeschlagen.
- In Bayern, das sich als nationale Ordnungsmacht sieht und seit 1919 zum Tummelplatz rechtsradikaler Kräfte geworden ist, gibt es starke antirepublikanische Bestrebungen. Eine führende Rolle spielt dabei bereits die Nationalsozialistische Deutsche Arbeiterpartei (NSDAP) unter *Adolf Hitler*. Der Konflikt zwischen dem Reich und Bayern spitzt sich zu, als der Kommandeur der siebten, in Bayern stationierten Reichswehrdivision, General *von Lossow*, sich weigert, Befehle der Reichsregierung auszuführen und stattdessen seine Truppen der Bayrischen Regierung unterstellt. Auch General von Seeckt weigert sich – mit dem gleichen Argument wie 1920 beim Kapp-Putsch (s. Seite 96) – die Reichswehr gegen Bayern einzusetzen.

In dieser Situation ergreift Hitler die Initiative. In einer Versammlung der bayrischen Rechten am 8.11.1923 verschafft er sich Gehör (mit einem Pistolenschuss in die Decke!) und überredet die führenden Vertreter – von Kahr, General Lossow, Ludendorff und Seisser, den Polizeichef – zur Proklamation der »Nationalen Revolution«.

Im Grunde gehen die Ziele Hitlers den bayrischen Rechten aber zu weit, sodass sie sich noch in der Nacht des 8./9. November von ihrem übereilten Schritt distanzieren. Als am 9. November, dem Jahrestag der Novemberrevolution, ein von Ludendorff und Hitler angeführter Demonstrationsmarsch durch München stattfindet, wird er an der Feldherrnhalle von der Polizei beschossen. Es gibt 16 Tote, die zu Märtyrern der NSDAP werden. Die Führer dieses

Hitler-Ludendorff-Putsches 9.11.1923

werden verhaftet, von der mit der Rechten sympathisierenden Justiz (s. Seite 96) freilich sehr milde behandelt. Ludendorff, der Held des Weltkrieges, wird freigesprochen, Hitler wird zu fünf Jahren verurteilt (von denen er nur neun Monate »in angenehmer Atmosphäre« verbüßt). Auf eine Ausweisung Hitlers, der Österreicher ist und zum damaligen Zeitpunkt noch nicht die deutsche Staatsangehörigkeit besitzt, wird verzichtet. Während seiner Haft hat Hitler Gelegenheit, seine Vorstellungen schriftlich niederzulegen (»Mein Kampf«, s. Seite 109).

Über den Krisen des Jahres 1923 stürzt die Regierung Stresemann (23.11.1923), die trotz ihrer kurzen Amtszeit vor allem mit der Beendigung des Ruhrkampfes und der Währungsreform Entscheidendes geleistet hat. Die folgenden Jahre sind durch eine relative Stabilität und die politische Anerkennung der Weimarer Republik gekennzeichnet.

Außenpolitische Erfolge

Die sich anbahnende innere Stabilisierung findet ihre Entsprechung in der Außenpolitik, die sich unter der Leitung Stresemanns günstig entwickelt.

Dabei ist die Ausgangslage zunächst mehr als ungünstig. Als Verlierer des Weltkrieges, offiziell geächtet durch den Alleinschuldparagraphen des Versailler Vertrages, steht Deutschland völlig isoliert da.

Diese Isolation hat es gemeinsam mit dem neu entstandenen Staatsgebilde der UdSSR, das von den Westmächten erst bekämpft (s. Seite 79), dann politisch gemieden wird. Es liegt nahe, dass die beiden Außenseiter trotz ihrer ideologischen Gegensätze zueinander finden. Es sind vor allem wirtschaftliche Interessen, aber auch die Rivalität gegenüber dem neu entstandenen Polen, die beide Staaten zur Zusammenarbeit bewegen. Als dritter Faktor kommt die starre Haltung der Westmächte, vor allem Frankreichs, hinzu, die eine engere wirtschaftliche Zusammenarbeit sowohl mit Deutschland als auch mit der Sowjetunion verhindert.

Als auf der internationalen Wirtschaftskonferenz in Genua (April 1922) die starre Haltung der Westmächte sichtbar wird, schließen die deutsche und die sowjetische Delegation den

Vertrag von Rapallo[1]   16.4.1922,

der den Verzicht auf Kriegsentschädigungen sowie die Aufnahme politischer und vor allem wirtschaftlicher Beziehungen (Prinzip der Meistbegünstigung) vorsieht. Daneben gibt es (freilich nicht vertraglich festgelegt) eine geheime Kooperation auf militärischem Gebiet. Auf russischem Boden erfolgt die Ausbildung deutscher Soldaten an den Waffen, die durch den Versailler Vertrag verboten sind (Luftwaffe, Panzer usw.).

Der Vertrag wird von den Westmächten als Bedrohung aufgefasst und bewirkt eine schärfere politische Gangart: Die Ruhrbesetzung 1923 (s. Seite 98) ist auch in diesem Zusammenhang zu sehen. Auf längere Sicht bewirkt er jedoch eine Kursänderung der westlichen Politik, die eine einseitige Ostorientierung Deutschlands verhindern will und ihm deshalb die Tür nach Westen öffnet.

---

[1] Stadt in der Nähe Genuas

Das erste Anzeichen dieses Kurswechsels zeigt sich in einem gewissen Entgegenkommen in der Reparationsfrage. Die ursprünglich festgesetzte Gesamtleistung von 269 Milliarden Goldmark (1920) war erst auf 226 Milliarden (Jan. 1921), schließlich auf 132 Milliarden (März 1921) reduziert worden. Nach dem Ruhrkampf (s. Seite 98) mit seinen wirtschaftlich katastrophalen Folgen stellt sich das Problem der Reparationen erneut. Es wird diesmal, anders als früher, nicht politisch entschieden, sondern durch eine Expertenkommission unter Leitung des amerikanischen Bankiers und Finanzpolitikers *Charles Dawes*. Der Einfluss Frankreichs, das sich durch sein hartes Vorgehen im Ruhrkampf moralisch diskreditiert hat, ist damit zurückgedrängt. Der auf der Londoner Konferenz vorgelegte

Dawes-Plan[1] **August 1924**

sieht folgende Punkte vor:

- Stabilisierung und Aufbau der deutschen Wirtschaft als Voraussetzung für Reparationsleistungen; zu diesem Zweck erhält Deutschland eine erste Anleihe von 800 Millionen
- Im Zuge der wirtschaftlichen Stabilisierung sollen die jährlichen Zahlungen von anfangs 1 Milliarde auf 2,5 Milliarden ansteigen. Eine Gesamtsumme setzt der Dawes-Plan nicht fest
- Als Garantien werden Reichseinnahmen verpfändet (Zölle, Steuern, Reichsbahn); die Industrie wird mit Schuldverschreibungen belastet
- Am Rande der Konferenz sichern Frankreich und Belgien in inoffiziellen Abmachungen die Räumung des Ruhrgebiets innerhalb Jahresfrist zu

Mit dem Dawes-Plan ist eine für Deutschland erträgliche Lösung der Reparationsfrage gefunden. Er bewirkt darüber hinaus auch eine politische Entspannung, die durch den Wechsel in der französischen Regierung (im Mai 1924 wird Poincaré von *Herriot* abgelöst) begünstigt wird.

Die Entspannung findet ihren Ausdruck in den

Locarno-Verträgen **16.10.1925**

zwischen Frankreich, Belgien, Deutschland sowie England und Italien als Garantiemächten. Die Verträge sehen vor:

- die Garantie des territorialen Status quo im Westen, also die Anerkennung der Grenzen zwischen Deutschland und Frankreich bzw. Belgien
- einen Nichtangriffspakt
- die Verpflichtung, die Schlichtung von Streitfällen dem Völkerbundsrat zu übertragen

Der Locarno-Vertrag hat die Lage im Westen bereinigt und Deutschland wieder zum gleichberechtigten Partner gemacht. Ein »Ost-Locarno« jedoch gibt es nicht: Die Frage der Ostgrenzen bleibt ausgespart, denn gerade hier will sich die deutsche Regierung die Möglichkeit einer Revision offen halten. Das Locarno-Paket enthält jedoch gesonderte Verträge mit Polen und der Tschechoslowakei, in denen *gewaltsame* Grenzveränderungen verurteilt werden. Die Möglichkeit einer Veränderung auf friedlichem Wege wird jedoch offen gehalten – der Vorwurf der Rechtsparteien, Locarno sei ein zweites Versailles und Ausdruck einer »feigen Verzichts- und Erfüllungspolitik«, ist sachlich ungerechtfertigt. Auch für die Außenpolitik Stresemanns bleibt die Revision des Versailler Vertrages oberstes Ziel – nur dass dieses Ziel auf dem Wege der Verhandlungen und des friedlichen Ausgleichs erreicht werden soll.

Dass der Locarno-Vertrag keine grundsätzliche Abkehr von der Rapallo-Politik bedeutet, zeigt der

Berliner Vertrag **24.4.1926**

mit der Sowjetunion, der die Bestimmungen von Rapallo bestätigt und den Russen im Falle eines Angriffs von dritter Seite die Neutralität Deutschlands zusichert.

Als Höhepunkt der Außenpolitik Stresemanns und sichtbares Zeichen der deutschen Rehabilitation ist die

Aufnahme Deutschlands in den Völkerbund **8.9.1926**

zu werten. Die damit verbundene internationale Anerkennung der Gleichberechtigung Deutschlands hat auch konkrete praktische Folgen wie die Räumung der ersten Zone des noch besetzten Rheinlands (Dez. 1926/Jan. 1927) und den Abzug der alliierten Militärkommission aus Deutschland (Januar 1927). Der dauerhaften Sicherung des Friedens dient auch der von Deutschland mitunterzeichnete

Briand-Kellogg-Pakt[2] **27.8.1928,**

der eine Ächtung des Krieges als Mittel zur Lösung internationaler Streitfälle enthält.

1928/29 wird auch die Reparationsfrage erneut überprüft und zugunsten Deutschlands entschieden. Im

Young-Plan[3] **21.8.1929**

---

[1] Dawes erhält 1925 zusammen mit Joseph Austen *Chamberlain* (engl. Außenminister 1924–29, maßgeblich am Zustandekommen des Locarno-Pakts 1925 beteiligt) für die Ausarbeitung des Dawes-Plans den Friedensnobelpreis.

[2] Nach *Aristide Briand* und *Frank Kellogg,* den Außenministern Frankreichs und der USA.

[3] Nach *O. D. Young*, einem amerikanischen Wirtschaftsexperten.

werden die von Deutschland zu erbringenden Jahresleistungen gesenkt, aber auch auf einen langen Zeitraum (59 Jahre, d.h. bis 1988!) festgelegt. In Anbetracht der neu gewonnenen Souveränität Deutschlands werden die (im Dawes-Plan vorgesehenen) ausländischen Kontrollinstanzen aufgehoben. Der vollen Wiederherstellung der deutschen Souveränität dient auch die Räumung des Rheinlandes von französischen Besatzungstruppen, die am 30. Juni 1930, also fünf Jahre vor dem in Versailles vereinbarten Termin, abgeschlossen ist.

Die Zeit nach dem Abbruch des Ruhrkampfes und der Überwindung der Inflation wird zur stabilsten Phase der Weimarer Republik. Sie ist gekennzeichnet durch wirtschaftlichen Aufschwung, durch außenpolitische Erfolge und eine deutliche innenpolitische Beruhigung. Die extremistischen Parteien verlieren an Bedeutung; die Zeit der Putschversuche, Aufstände und politischen Morde scheint überwunden zu sein.

Auch kulturell ist diese Zeit vielfältig und fruchtbar. In Anlehnung an die amerikanische Bezeichnung spricht man auch in Deutschland von den *golden twenties*, den »Goldenen Zwanzigern«.

Die Weltwirtschaftskrise

Der wirtschaftliche Aufschwung steht aber auf unsicheren Füßen. In Deutschland ist er zum großen Teil auf amerikanische Kredite zurückzuführen, die seit dem Dawes-Plan reichlich fließen, ist also eine »Konjunktur auf Pump«.

In Amerika beruht er auf einem ungesunden Boom[1], der durch die Umstellung der Kriegs- auf Friedensproduktion ausgelöst wurde und letztlich in eine Überproduktionskrise mündet. Diese Krise hat katastrophale Auswirkungen: Viele Menschen haben im Vertrauen auf das Wirtschaftswachstum über ihre Verhältnisse gelebt, ermuntert durch günstige Kredite und das System der Ratenzahlung; viele haben ihr Geld in Aktien angelegt, deren Kurs schnell stieg und großen Gewinn versprach.

1929 zeigt sich die Hohlheit des Aufschwungs. Es kommt zu Absatzschwierigkeiten, Entlassungen, Konkursen, und die Aktienkurse an der New Yorker Börse fallen am sog.

Schwarzen Freitag   25.10.1929

ins Bodenlose. Um die Wirtschaftskrise zu überwinden, erschweren die USA den Import (Schutzzölle und Dollarabwertung) und fordern die Kredite aus Europa zurück. Damit weitet sich die amerikanische Krise zu einer *Weltwirtschaftskrise* aus.

Die Krise wirkt sich besonders stark in Deutschland aus, dessen »Konjunktur auf Pump« vor allem auf amerikanischen Krediten beruht. Ab 1930, als sich die amerikanische Krise auszuwirken beginnt, verschlechtert sich die Situation rapide: Die Zahl der Arbeitslosen steigt schnell an, die dadurch sinkende Nachfrage führt zu weiteren Produktionsbeschränkungen, diese wiederum zu Entlassungen und steigender Arbeitslosigkeit. Die Rückforderung der amerikanischen Kredite, die meist nur kurzfristig gewährt, im Vertrauen auf eine positive Wirtschaftsentwicklung aber mittel- und langfristig angelegt sind, bringt die Banken in Zahlungsschwierigkeiten und führt im Juli 1931 zu mehreren Bankzusammenbrüchen. Bis 1932 steigt die Zahl der Arbeitslosen auf über 6 Millionen an.

Innenpolitisch führt die Weltwirtschaftskrise, die viele Menschen in blanke Not stürzt, zu einer extremen Radikalisierung: Sowohl die KPD als auch die NSDAP verzeichnen starken Zulauf und bei den Reichstagswahlen 1930 und 1932 enorme Stimmengewinne (s. Seite 105).

Der Verfall der Republik

Der Verfall der Republik ab 1930 ist dennoch keine ausschließliche Folge der Weltwirtschaftskrise. Die Parallelität von Verfassungskrise und Wirtschaftskrise ist jedoch entscheidend mitverantwortlich für die Tatsache, dass die Überwindung der inneren Krise nicht gelingt. Mit *Brüning*, dessen Regierung sich nicht mehr auf das Parlament, sondern auf das Vertrauen Hindenburgs und den Art. 48 stützt, beginnt die Phase der **Präsidialkabinette**, die das Ende der Republik einläuten.

Die Aushöhlung der Verfassung beginnt jedoch schon früher. Das Kabinett *Hermann Müller* (SPD), seit dem 26.6.1928 im Amt, steht mehrfach am Rand des Scheiterns. Zwar wird es formal von einer eindeutigen Reichtstagsmehrheit getragen (einer großen Koalition von SPD, Z, BVP, DDP und DVP mit über 60%), doch stehen die Fraktionen nicht wirklich hinter der Regierung. DVP, Z, BVP treten nur mit Vorbehalt der Koalition bei, die Parteiinteressen haben Vorrang. Von einem »Kabinett mit eingebauter Dauerkrise« ist schon 1928 die Rede.

Ein Beispiel für die Schwäche der Regierung Müller ist die Entscheidung über den Bau des Panzerkreuzers »A« (August 1928). Das Kriegsschiff, das zwar formal den einschränkenden Bestimmungen des Versailler Vertrags genügt, sie aber durch verbes-

---

[1] *Boom* (engl.): starker wirtschaftl. Aufschwung (auch: Hausse), innerhalb des Konjunkturzyklus die letzte Phase vor dem Wendepunkt mit Überleitung in die Rezessionsphase.

serte Bewaffnung, Reichweite usw. praktisch unterläuft, sollte ein veraltetes Modell ersetzen. Die SPD hatte aber 1928 ihren Wahlkampf unter anderem mit dem Slogan »Kinderspeisung statt Panzerkreuzer« bestritten und ist nicht bereit, in dieser Frage einzulenken. Bei der Abstimmung über den Antrag der SPD-Fraktion, den Bau des Panzerschiffes einzustellen, müssen die SPD-Minister aus Fraktionsdisziplin gegen ihren eigenen Kabinettsbeschluss stimmen. Es ist verständlich, dass solche verquere Logik das parlamentarische System in weiten Kreisen der Öffentlichkeit unglaubwürdig macht.

Schon 1929 werden vonseiten der Industrie und der Reichswehr (General *Schleicher*) Initiativen ergriffen, um Hindenburg zur Entlassung des Kabinetts Müller und zur Einsetzung einer vom Präsidenten gestützten rechtsgerichteten Regierung (eines »Hindenburgkabinetts«) zu bewegen. Als Kanzlerkandidat ist, lange vor dem Scheitern der großen Koalition, der Zentrumsführer Brüning vorgesehen.

Dennoch wird das Kabinett Müller nicht von außen gestürzt. Es scheitert vielmehr an der Kompromissunfähigkeit der Regierungsparteien. In der Frage, wie das – mit der Wirtschaftskrise entstandene – Defizit in der Arbeitslosenversicherung[1] gedeckt werden könne, will die SPD eine Beitragserhöhung von 3,5 auf 4 %. Die DVP dagegen will mit Rücksicht auf ihre Wähler aus den Kreisen der Industrie das Defizit über eine Minderung der Leistungen abbauen. Diese Alternative stößt aber auf den erbitterten Widerspruch der Gewerkschaften, auf deren Unterstützung wiederum die SPD nicht verzichten zu können glaubt. Auch ein Kompromissvorschlag Brünings (Erhöhung des Beitrags zu einem späteren Zeitpunkt) wird von der Mehrheit der SPD-Fraktion abgelehnt. Diese Entscheidung führt zum

Rücktritt des Kabinetts Müller 27. 3. 1930,

des letzten parlamentarisch legitimierten Kabinetts der Weimarer Republik:

Fast drei Jahre vor der »Machtergreifung« Hitlers ist damit die Republik gescheitert. Ein wesentlicher Grund für ihr Scheitern ist die Unfähigkeit der Parteien, von ihren parteipolitischen Grundsätzen ein Stück abzurücken und im Interesse der Regierungsfähigkeit notwendige Kompromisse zu schließen. Dass die Weimarer Koalitionsparteien, in diesem Fall besonders die SPD, nicht über ihren Schatten springen können, hat seine tieferen Wurzeln in der deutschen Parteiengeschichte. Bis 1918 waren die Parteien zwar in den Länderparlamenten und im Reichstag vertreten, standen aber nie in der Verantwortung der Regierungsbildung. Diese Aufgabe ist stets von den Monarchen ausgeübt worden. Diese obrigkeitsstaatliche Tradition, der Mangel an parlamentarischer Praxis[2], ist eine der Ursachen für das Scheitern der Weimarer Republik.

Dass sich das System der Präsidialkabinette – eigentlich als Ausnahmefall gedacht – in der Folgezeit etabliert und zum Normalfall wird, hängt mit der Wirtschaftskrise zusammen, die zum Erstarken der radikalen Parteien führt und die parlamentarische Arbeit im Reichstag praktisch lahm legt. Um eine weitere Radikalisierung zu verhindern, tolerieren die demokratischen Parteien das System der Präsidialkabinette.

Die Phase der Präsidialkabinette

Brüning (30. 3. 1930–30. 5. 1932) begegnet der Wirtschaftskrise mit einer konsequenten **Spar- und Deflationspolitik,** d. h.:

- Reduzierung der im Umlauf befindlichen Geldmenge (Kreditbeschränkungen)
- Steuererhöhungen
- Kürzung der Löhne und Gehälter im öffentlichen Dienst
- Einsparungen bei Staatsausgaben

Zum einen ist Brünings Deflationskurs aus dem Trauma von 1923 zu erklären. Eine inflationäre Entwicklung wie damals will er unbedingt verhindern.

Zum anderen ist der Deflationskurs außenpolitisch motiviert. Brüning will, im Sinne des Young-Plans, die Währung stabil halten, um damit aber gleichzeitig angesichts der desolaten Wirtschaftslage die deutsche Zahlungsunfähigkeit zu demonstrieren und eine erneute Revision, am besten die völlige Streichung der Reparationen zu erreichen. Diese Taktik hat Erfolg: Durch das

Hoover-Moratorium[3] 20. 6. 1931

wird eine einjährige Zahlungspause ermöglicht, in einer weiteren Reparationskonferenz (Lausanne,

---

[1] Die Arbeitslosenversicherung ist erst 1927 eingeführt worden und zählt zu den wichtigsten sozialen Errungenschaften der Republik.

[2] Von den 16 (!) Kabinetten der Weimarer Zeit treten sieben zurück, weil sich die Regierungsfraktionen neu orientieren; in der Geschichte der Bundesrepublik Deutschland ist dieser Fall erst einmal vorgekommen (Sturz der Regierung H. Schmidt 1982).

[3] Herbert Clark Hoover, von 1929 bis 33 Präsident der USA; Moratorium (lat.: Verzögerung): eine dem Schuldner durch den Gläubiger eingeräumte Zahlungsfristverlängerung (Stundung).

Reparationen (in Goldmark):

1920	Konferenz von Boulogne	269 Milliarden
1921	Konferenz von Paris	226 Milliarden / 42 Jahre
1921	Londoner Ultimatum	132 Milliarden / 57 Jahre
1924	Dawes-Plan	nicht festgelegt / 2,5 Milliarden im Jahresdurchschnitt
1929	Young-Plan	116 Milliarden / 59 Jahre
1931	Hoover-Moratorium	Stundung auf 1 Jahr
1932	Konferenz von Lausanne	3 Milliarden Rentenmark / Abschlusszahlung

Juli 1932) die Beendigung der Zahlungen beschlossen (einmalige Abschlusszahlung von 3 Milliarden).

Die Kehrseite der Sparpolitik ist das wachsende Elend großer Teile der Bevölkerung. Da aus Furcht vor der Inflation keine staatlichen Maßnahmen zur Arbeitsplatzbeschaffung getroffen werden, steigt die Zahl der Arbeitslosen in den Wintermonaten 1931/32 und 1932/33 auf über 6 Millionen. Diese 6 Millionen und ihre Familien, also wohl über 20 Millionen Menschen, leben in täglicher Not, am Rande des Existenzminimums. Die Sparpolitik Brünings, des »Hungerkanzlers«, ist ihnen nicht einsichtig zu machen. Viele verlieren ihr Vertrauen in die Regierung und setzen ihre Hoffnungen auf die radikalen Parteien links und rechts, die in dieser Zeit der Depression Konjunktur haben.

Die Reichstagswahlen vom 14. September 1930 zeigen diesen Trend zu den radikalen Parteien in alarmierender Weise. Während die Parteien im mittleren Spektrum mit Ausnahme des Zentrums erhebliche Verluste hinnehmen müssen, sind die KPD und vor allem die NSDAP die großen Gewinner.

Reichstagssitze	KPD	SPD	DDP(1)	Z
Sitze 1928	54	153	25	62
Sitze 14.9.1930	77	143	20	68

	BVP	DVP	DNVP	NSDAP
Sitze 1928	16	45	73	12
Sitze 14.9.1930	19	30	41	107

[1] Seit Juli 1930 durch den Zusammenschluss mit der Volksnationalen Reichsvereinigung als Deutsche Staatspartei neu gegründet.

Da eine Neuauflage der eben erst gescheiterten großen Koalition nicht infrage kommt, ist eine parlamentarische Mehrheit bei dieser Kräfteverteilung nicht zu finden. Es bleibt nur die Fortsetzung der Notverordnungspolitik.

Im Rahmen dieser Tolerierungspolitik ist auch die merkwürdige Konstellation bei den Präsidentschaftswahlen 1932 zu sehen: SPD, Deutsche Staatspartei (DDP), Z, BVP und DVP unterstützen Hindenburg, um die Wahl Hitlers zu verhindern (s. Seite 104).

Während das Parlament – unfähig, eine Mehrheit zu bilden – an Bedeutung verliert, spitzt sich die Auseinandersetzung auf der Straße immer mehr zu. Demonstrationen, Schlägereien, Saalschlachten und Straßenkämpfe, Terrorisierung und auch die Ermordung des politischen Gegners sind an der Tagesordnung. Eine führende Rolle bei diesen Auseinandersetzungen spielen die paramilitärischen Organisationen, vor allem

- die **SA (Sturmabteilung):** 1920 als Saalschutz der NSDAP gegründet, ab 1921 von ehemaligen

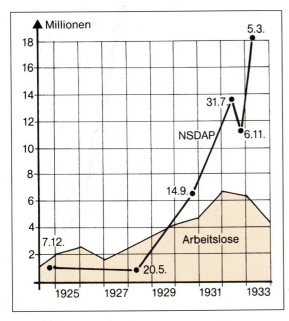

Arbeitslosenzahl und Anstieg der NSDAP

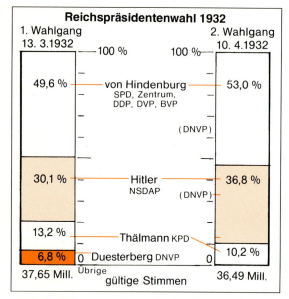

Freikorpsoffizieren zur paramilitärischen Kampforganisation umgeformt; nach dem Hitler-Putsch 1923 sowie unter Brüning zeitweise verboten, erhält die SA in der Wirtschaftskrise Anfang der 30er-Jahre enormen Zulauf vor allem junger Menschen (ca. 700 000 Mitglieder). Im sog. *Röhm-Putsch* (s. Seite 111 f.) verliert die SA ihre politische Bedeutung.

- der **Stahlhelm:** Bereits am 13.11.1918 gegründeter Bund der Frontsoldaten; republikfeindlich, nationalistisch und antisemitisch (schon seit 1924 Ausschluss von Juden durch einen »Arierparagraphen«), offiziell überparteilich, aber mit engen Kontakten zur NSDAP; ca. 500 000 Mitglieder, unter anderem als Ehrenmitglied Reichspräsident Hindenburg (!); 1933 Eingliederung in die SA.
- der **Rote Frontkämpferbund** (Rotfront): 1924 als Kampfverband der KPD gegründet, an die Tradition der Roten Ruhrarmee (1920, s. Seite 96) und der Proletarischen Hundertschaften (1923, s. Seite 98) anknüpfend; ca. 100 000 Mitglieder.
- das **Reichsbanner Schwarz-Rot-Gold:** Republikanischer Kampfverband, 1924 von Mitgliedern der SPD, DDP und des Zentrums gegründet, vor allem aber an der SPD orientiert; ca. 3,5 Millionen Mitglieder, davon ca. 400 000 als paramilitärische Schutzformationen; ab 1930 häufig im Einsatz gegen SA und Rotfront.

Als Sammelbewegung der Rechten wird auf Initiative *Alfred Hugenbergs* (DNVP) die

| Harzburger Front | 11.10.1931 |

gegründet, bestehend aus NSDAP, DNVP, dem Stahlhelm, dem Alldeutschen Verband und anderen nationalistischen Gruppierungen. Auch General von Seeckt und andere hohe Reichswehroffiziere sind bei der Großdemonstration in Bad Harzburg dabei.

Als Antwort gründen Reichsbanner, Allgemeiner Deutscher Gewerkschaftsbund und Arbeitersportbund die republikanische

| Eiserne Front | 16.12.1931. |

Die sich verschärfende Agitation der Rechten, die Interessen der Industrie und der ostelbischen Großagrarier, die sich bei Hindenburg Gehör verschaffen können, sowie die Intrigen seiner Berater um General Schleicher bewegen Hindenburg zur überraschenden

| *Entlassung Brünings* | 30.5.1932 |

und zur Ernennung des politisch wenig profilierten *Franz von Papen* (1.6.–2.12.1932). Papens Ziel ist die »Zähmung« der NSDAP durch ihre dosierte Beteiligung an der Macht (»die lautesten Aktionäre in den Aufsichtsrat wählen«). Als Vorleistung hebt er deshalb das von Brüning erlassene SA-Verbot auf und erfüllt die Forderung der Rechten nach Neuwahlen (31.7.1932). Sie bringen den Nationalsozialisten abermals einen enormen Zuwachs (230 statt 107 Sitze). Die NSDAP ist nun stärkste Fraktion im Reichstag und stellt damit den Reichstagspräsidenten *(Göring)*. Auf eine Beteiligung an der Macht, wie es von Papen vorschwebt, will sich Hitler unter diesen Umständen nicht einlassen. Als Führer der stärksten Partei fordert er die Kanzlerschaft, eine Forderung, die zu diesem Zeitpunkt noch am Widerstand Hindenburgs scheitert.

Auch in Preußen, das seit 1918 kontinuierlich von den Parteien der Weimarer Koalition regiert worden ist, findet im Zuge der Wirtschaftskrise ein Rechtsrutsch statt. Bei den preußischen Wahlen am 24.4.1932 erhält die NSDAP 162 (statt 9) Sitze, zusammen mit der DNVP eine relative Mehrheit (193 Stimmen). Um die Wahl eines nationalsozialistischen Ministerpräsidenten zu verhindern, hatte aber der alte Landtag noch den Beschluss gefasst, der Ministerpräsident müsse mit absoluter (nicht wie bislang mit relativer) Mehrheit gewählt werden. Da eine absolute Mehrheit nicht zustande kommt, kann das Kabinett Braun (SPD) weiterregieren.

Gegen diese republikanische Regierung holt von Papen zum sog.

| Preußenschlag | 20.7.1932 |

aus. Aufgrund einer Notverordnung setzt er die preußische Regierung ab und übernimmt selbst als Reichskommissar die Führung der Geschäfte.

Die Weimarer Republik

	USPD	SPD	DDP	Zentrum	BVP	DVP [1]	DNVP
19. 1. 1919 Wahl der Nationalversammlung	7,6 % / 22 S.	37,9 % / 163 S.	18,5 % / 75 S.	19,7 % / 91 S.		1,6 / 7 4,4 / 19	10,3 % / 44 S.
6. 6. 1920	KPD 2/4 17,8 % / 84 S.	21,7 % / 102 S.	8,2 % / 39 S. 4,1 / 21	13,6 % / 64 S.	3,5 / 9	13,9 % / 65 S.	15 % / 71 S.
4. 5. 1924	12,5 % / 62 S.	20,5 % / 100 S.	5,3 % / 28 3,2 / 16	13,3 % / 65 S.	10 % / 29 S.	9,2 % / 45 S.	19,5 % / 95 S. 6,5 % / 32 S.
7. 12. 1924	8,9 % / 45 S.	26 % / 131 S.	6,3 % / 32 S. 3,7 / 19	13,5 % / 69 S.	7,7 % / 29 S.	10,6 % / 51 S.	20,4 % / 103 S. 2,9 / 14
20. 5. 1928	10,6 % / 54 S.	29,8 % / 153 S.	4,9 / 25 [2] 3,1 / 16	11,9 % / 62 S.	14,4 % / 51 S.	8,7 % / 45 S.	14,2 % / 73 S. 2,6 / 12 NSDAP
14. 9. 1930	13,1 % / 77 S.	24,5 % / 143 S.	3,7 / 20 3 / 19	11,7 % / 68 S.	14,2 % / 72 S.	4,5 / 30 7 % / 41 S.	18,3 % / 107 S.
31. 7. 1932	14,2 % / 89 S.	21,5 % / 133 S.	1 / 4 3,2 / 22	12,4 % / 75 S.	3,5 / 11 1 / 7	5,9 / 37 S.	37,2 % / 230 S.
6. 11. 1932	16,8 % / 100 S.	20,4 % / 121 S.	0,8 / 2 2,9 / 20	11,9 % / 70 S.	5,2 % / 12 S. 1,7 / 11	7,2 % / 52 S.	33 % / 196 S.

Reichstagswahlen

1 sonstige Parteien
2 ab Juli 1930 »Deutsche Staatspartei«

An offenen Widerstand gegen den Preußenputsch, der von Hindenburg und der Reichswehr gestützt wird, ist nicht zu denken. Die Eiserne Front wird deshalb nicht eingesetzt. Auch die Möglichkeit eines Generalstreiks nach dem Vorbild von 1920 (Kapp-Putsch, s. Seite 96) ist angesichts der hohen Arbeitslosigkeit unrealistisch, zumal sich die KPD – entsprechend der neuen Taktik der Komintern – gegen die »sozialfaschistische« SPD stellt.

Mit dem Erfolg des Preußenschlages ist eine wichtige republikanische Bastion gefallen. Papens nächstes Ziel ist die Verfassungsänderung im Reich und die Ausschaltung des Reichstags, in dem sich auch nach den Wahlen vom 31. Juli und 6. November 1932 keine bürgerliche Mehrheit auf der Rechten finden lässt.

Im Gegensatz zu Papen, der auf einen Staatsstreich setzt, sieht General *von Schleicher* die Chance einer Spaltung der NSDAP, deren linker Flügel um Gregor Strasser[1] eine Regierungskoalition mit der bürgerlichen Rechten befürwortet. Schleicher setzt sich bei Hindenburg durch und wird von diesem am 3. 12. 1932 zum Nachfolger Papens ernannt.

Auch Schleicher kann sich nicht lange halten. Seine Wende zu einer sozialen Politik bringt ihm die Gegnerschaft der Industrie, die sich mehr und mehr mit dem Gedanken einer Kanzlerschaft Hitlers befreundet. Schleichers Rivale, Ex-Kanzler von Papen, vermittelt zwischen führenden Industriellen und Hitler; die sog. Hofkamarilla[2] tut das Ihre, den Widerstand Hindenburgs gegen den »böhmischen Gefreiten«

Wahlen	KPD	SPD	DDP	Z
Juli 1932	89	133	4	75
November 1932	100	121	2	70
	BVP	DVP	DNVP	NSDAP
Juli 1932	22	7	37	230 (!)
November 1932	20	11	52	196

---

[1] Die NSDAP ist nicht so einheitlich, wie sie in ihrer propagandistischen Selbstdarstellung erscheint. Der Flügel um Gregor Strasser und Otto Strasser (1930 ausgetreten) sowie Teile der SA unter Ernst Röhm vertreten antikapitalistische Ziele und werfen Hitler »Verrat am Sozialismus« vor. Im Zusammenhang des sog. Röhm-Putsches 1934 werden Röhm und G. Strasser ermordet.

[2] *Kamarilla* (span. = Kämmerchen): Gruppe von Günstlingen, die durch privaten Kontakt zum Herrscher unkontrollierten Einfluss ausübt; im Falle Hindenburgs handelt es sich vor allem um seinen Sohn Oskar, den Staatssekretär Otto Meißner, von Papen, von Seeckt und den ehemaligen Kronprinzen.

zu brechen. Schließlich gibt der inzwischen 85-jährige Reichspräsident nach und leitet mit der

Ernennung Hitlers zum Reichskanzler 30. 1. 1933

eine der verhängnisvollsten Phasen der deutschen Geschichte ein.

Ursachen für das Scheitern der Weimarer Republik

Auf die zentrale Frage, warum die erste Demokratie in Deutschland gescheitert ist, gibt es keine einfache Erklärung. Es muss vielmehr ein ganzes Bündel von Ursachen angeführt werden, die erst in ihrem Zusammenwirken und ihrer gegenseitigen Verstärkung zum Scheitern der Weimarer Republik geführt haben:

- die Belastung durch den Versailler Vertrag mit seinen harten Bedingungen
- die Propaganda der Rechten, die alle Schuld an der Niederlage Deutschlands und am Versailler Vertrag den republikanischen Kräften anlastet (Dolchstoßlegende, »Novemberverbrecher«, »Erfüllungspolitiker«)
- die krisenhafte Entwicklung der Anfangsjahre mit ihren politischen Morden, Aufständen und Putschversuchen (Kapp-Putsch, Ruhraufstand u. a.) bestätigt den Eindruck von der Schwäche des »Systems«
- die mangelnde Identifikation vieler Bürger mit der Republik
- die Nachkriegsinflation, die zur Verarmung vieler Menschen und zu einem weiteren Vertrauensverlust führt. Ab 1929/30 stürzt die Weltwirtschaftskrise erneut viele Menschen in Not und macht sie für die Parolen der radikalen Parteien empfänglich. Die NSDAP wird 1932 zur stärksten Fraktion im Reichstag (230 Sitze)
- das Versagen der Parteien der großen Koalition in der Märzkrise 1930 (Rücktritt des Kabinetts Müller). Mit den folgenden Präsidialkabinetten beginnt die Aushöhlung der Verfassung
- das System der Präsidialregierungen (ab 30. 3. 1930), das durch die Art. 48 und 25 der Verfassung formal ermöglicht ist. Dass dieses Ausnahmesystem aber zum Normalfall wird, ist nur durch die Selbstentmachtung der parlamentarischen Regierung und die Wirtschaftskrise zu verstehen. Angesichts der enormen Wahlerfolge der NSDAP werden die Präsidialregierungen auch von der SPD als das kleinere Übel akzeptiert.
- die Abhängigkeit der Exekutive von einem Reichspräsidenten, der in dieser Krise politisch überfordert ist und den Intrigen seiner Berater nachgibt, die Hitlers Machtwillen unterschätzen und glauben, ihn für die eigenen Zwecke einspannen zu können.

Zeittafel
Weimarer Republik

1918

OHL dringt auf Waffenstillstandsverhandlungen und Beteiligung der demokratischen Kräfte an der Regierung (29. 9.)

Regierung Max v. Baden (3. 10.)

Waffenstillstandsverhandlungen (ab. 4. 10.)

Verfassungsänderung (Parlamentarische Monarchie) (28. 10.)

Einsatzbefehl für die Hochseeflotte (28. 10.)

Novemberrevolution:
- Matrosenaufstand, Bildung von Räten (29. 10.)
- Bayrische Räterepublik (7. 11.)
- Rücktritt Wilhelms II. Ausrufung der Republik und der Sozialistischen Republik (9. 11.)

Rat der Volksbeauftragten (MSPD/USPD) (10. 11.)

Ebert-Groener-Pakt (10. 11.)

Waffenstillstandsabkommen (Compiègne) (11. 11.)

Rätekongress (16.–20. 12): Entscheidung für Wahl der Nationalversammlung

1919

Gründung der KPD (1. 1.)

Spartakusaufstand (5.–12. 1.)

Wahl der Nationalversammlung (19. 1.)
Ausarbeitung der Verfassung in Weimar

Eröffnung der Pariser Friedenskonferenzen in Versailles (18. 1.)
Unterzeichnung des **Versailler Vertrages** (28. 6.)

1920

Kapp-Putsch (13.–17. 3.)

linksgerichtete Aufstände, »Rote Ruhrarmee« (März/April)

erste Reichstagswahl (6. 6.): bürgerliche Koalition

1921 Ermordung Erzbergers (26. 8.)

1922 Ermordung Rathenaus (24. 6.)   **Rapallo-Vertrag** (16. 4.)

1923

Krisenjahr 1923

franz. Besetzung des Ruhrgebiets (bis 1925)

Ruhrkampf (11. 1.–26. 9.)

Inflation

Putschversuch der Schwarzen Reichswehr/Einheitsfront in Sachsen und Thüringen (Oktober)

Hitler-Ludendorff-Putsch in München (9. 11.)

Währungsreform (November)

1924

innere Stabilisierung und wirtschaftlicher Aufschwung: »Goldene Zwanziger«

Dawes-Plan (Aug. 1924)
Locarno-Verträge (Okt. 1925)
Berliner Vertrag (Apr. 1926)
Aufnahme Deutschlands in den Völkerbund (8. 9. 1926)
Briand-Kellogg-Pakt (27. 8. 1928)
Young-Plan (21. 8. 1929)

1929 Auswirkungen der Weltwirtschaftskrise (25. 10.: Schwarzer Freitag in New York)

1930 Rücktritt der Regierung Müller (27. 3.)

Präsidialkabinette (Brüning)

Reichstagswahlen: große Gewinne für NSDAP (14. 9.)   Räumung des Rheinlandes (30. 6.)

1931 **Harzburger Front** (11. 10.)   Hoover-Moratorium (20. 6.)

1932 Präsidialkabinett von Papen (1. 6.)

Papens Preußenputsch (20. 7.)   Reparationskonferenz in Lausanne (Juli 1932)

Reichstagswahl (31. 7.).: NSDAP stärkste Fraktion

Präsidialkabinett von Schleicher (3. 12.)

1933 **Präsidialkabinett Hitler (30. 1.)**

Die Herrschaft des Nationalsozialismus

Überblick

- Am **30.1.1933** gibt Reichspräsident von Hindenburg dem Drängen konservativer Kräfte nach und ernennt Hitler zum Reichskanzler. Die Drahtzieher des Machtwechsels, unter ihnen von Papen, Hugenberg und Vertreter der Industrie, gehen von der irrigen Annahme aus, Hitler »zähmen« und für ihre Zwecke einspannen zu können.

- Durch Notverordnungen, das **Ermächtigungsgesetz** vom 23.3.1933, Manipulation, Terror und Mord (u. a. der sog. *Röhm-Putsch*) schaltet Hitler jede Opposition aus und errichtet eine totalitäre Diktatur (Gleichschaltung aller wichtigen Institutionen, umfassende Kontrolle des öffentlichen Lebens, Erfassung der Bürger in nationalsozialistischen Organisationen).

- Die vordergründig erfolgreiche Wirtschaftspolitik (Abbau der Arbeitslosigkeit), außenpolitische Erfolge und eine massenpsychologisch wirksame Propaganda (Goebbels) sichern dem NS-Regime breite Zustimmung in der Bevölkerung.

- Hitlers Außenpolitik ist gekennzeichnet durch *Doppelgleisigkeit* (massive Aufrüstung bei gleichzeitiger Betonung des Friedenswillens) und eine *Politik der vollendeten Tatsachen*. Die schrittweise Revision des Versailler Vertrages wird von den Westmächten hingenommen **(Appeasement-Politik)**. Erst der offene Übergang zur imperialistischen Politik (März 1939: Besetzung der Tschechoslowakei) führt zum Abbruch der Appeasement-Politik und zur französisch-englischen Garantieerklärung für Polen.

- Mit dem **Überfall auf Polen (1.9.1939)**, politisch vorbereitet durch den *Hitler-Stalin-Pakt* (23.8.1939), entfesselt Hitler den **Zweiten Weltkrieg.**

- Nach anfänglichen Erfolgen (»Blitzkriege«) leiten das Scheitern des Russlandfeldzuges (*Stalingrad*) und des Afrikafeldzuges sowie der Kriegseintritt der USA (Ende 1941) die Wende des Krieges ein. Die alliierten Invasionen in Italien (ab Juli 1943) und der Normandie (6.6.1944) sowie die sowjetische Offensive (ab Anfang 1945) führen zur Besetzung und bedingungslosen **Kapitulation des Deutschen Reiches (8.5.1945).**

- Entsprechend dem rassenideologischen Programm des Nationalsozialismus wird die jüdische Bevölkerung des Deutschen Reiches ab 1933 entrechtet und verfolgt **(1935: Nürnberger Gesetze; 1938: Reichspogromnacht).** Nach Ausbruch des Zweiten Weltkrieges beginnen die Aktionen zur »Endlösung der Judenfrage«, d. h. zur systematischen Vernichtung der Juden in den von Deutschland besetzten Ländern **(Wannsee-Konferenz 20.1.1942).** In den nationalsozialistischen Vernichtungslagern werden ca. 6 Millionen Menschen ermordet.

- Der von Offizieren sowie kirchlichen, konservativen, liberalen und sozialistischen Kreisen getragene Widerstand gegen den nationalsozialistischen Staat kann sich unter den Bedingungen des totalitären Überwachungsstaates nicht entfalten. Nach mehreren gescheiterten Ansätzen bildet das Attentat vom **20. Juli 1944** den letzten Versuch, aus eigener Kraft die Diktatur zu beseitigen und den Krieg zu beenden.

Die nationalsozialistische Ideologie

Am 5.1.1919 wird in München die *Deutsche Arbeiterpartei (DAP)* gegründet, eine von zahlreichen rechten Gruppierungen, wie sie zu jener Zeit entstehen. Als 55. Mitglied tritt Adolf Hitler der Partei bei, wird bald als Propagandaleiter in den Vorstand und am 29.7.1921 zum ersten Vorsitzenden, zum »Führer« der Partei gewählt. Am 20.2.1920 wird die Partei in *Nationalsozialistische Deutsche Arbeiterpartei (NSDAP)* umbenannt. Bereits das

erste Programm der NSDAP 24.2.1920

enthält in 25 Punkten die wesentlichen Ziele, die für den Nationalsozialismus bestimmend bleiben, vor allem:

- Aufhebung des Versailler Vertrags und Zusammenschluss aller Deutschen in einem großdeutschen Reich

- Staatsbürgerschaft nur für Menschen »deutschen Blutes«. Juden und Andersrassige können nicht »Volksgenossen« sein und dürfen kein öffentliches Amt bekleiden. Verbot der Zuwanderung (und gegebenenfalls Ausweisung) von Ausländern

- Schutz des Mittelstandes gegen Großbetriebe, Groß-Warenhäuser usw.

- Maßnahmen zur Volkshygiene (körperliche Ertüchtigung usw.)
- Neuorientierung von Justiz, Presse und Kultur nach »deutschen« Wert- und Moralvorstellungen
- starke Zentralgewalt, Ausschaltung der Parlaments- und Parteienwirtschaft

Neben diesem Parteiprogramm ist besonders Hitlers Buch »Mein Kampf« (1925/27) als Quelle für die nationalsozialistische Ideologie aufschlussreich. Hitler schreibt es nach dem gescheiterten Putschversuch vom 9.11.1923 (s. Seite 99). Die wesentlichen Elemente der Ideologie Hitlers sind:

- **Rassismus:** Die Auffassung, dass es aufgrund der biologischen Substanz verschiedene Menschenrassen gebe, wobei die »arische«, »nordische« oder »germanische« Rasse zu den »Edelrassen« gehöre, Slawen, Asiaten, vor allem aber Juden »minderwertig« seien. Die Aufgabe des Staates sei folglich die Erhaltung und Pflege der rassischen Substanz. – Die Grundgedanken dieser Rassenlehre gehen auf die Werke *Gobineaus* (Versuch über die Ungleichheit der Menschenrassen, 1853/55) und *Houston Stewart Chamberlains* (Die Grundlagen des 19. Jahrhunderts, 1899) zurück.

- **Antisemitismus:** Der Antisemitismus[1] ist eine alte Erscheinung. Die Besonderheiten der jüdischen Lebensform, religiöse Vorurteile und Sozialneid haben schon im Mittelalter zur Gettoisierung der Juden und zu Pogromen geführt (etwa während der Kreuzzüge, s. Bd. 1 Seite 89). Die neue Variante des Judenhasses, wie sie von Gobineau und anderen begründet wird, ist der *rassische Antisemitismus*. Mit ihm wird die »Minderwertigkeit« der »jüdischen Rasse« biologisch begründet. – Hinzu kommen die Thesen vom »Schmarotzertum« der Juden, die sich bei fremden Völkern »einnisteten«, um ihnen die Lebenskraft »auszusaugen«. Liberalismus, Kapitalismus, Bolschewismus, Pazifismus und anderes mehr seien Teile einer »jüdischen Weltverschwörung« mit dem Ziel, die überlegenen Rassen zu vernichten.

- **Sozialdarwinismus:** Von erheblichem Einfluss auf die moderne Biologie sind die Thesen von *Charles Darwin (1809–82),* die er vor allem in seinem Werk »Über die Entstehung der Arten durch natürliche Zuchtwahl« (1859) entwickelt hat. Durch die natürliche Selektion (Auslese) im ständigen Konkurrenzkampf überlebten nur die stärksten und am besten angepassten Lebewesen einer Gattung. – Die Übertragung dieser Theorie auf den Menschen bezeichnet man als *Sozialdarwinismus.* Danach sei auch die Geschichte der Menschen nur ein »Kampf ums Dasein«, wobei es das »Recht des Stärkeren« sei, die Schwächeren zu verdrängen und »auszumerzen«. Diese biologische Geschichtsideologie *(Geschichtsdarwinismus)* ist natürlich inhuman, da sie den Menschen auf gleiche Stufe mit dem Tier stellt und die spezifisch menschlichen Eigenschaften – Vernunft, Geist, Moralempfinden usw. – übergeht. Diese Einstellung zeigt sich auch in den Erziehungsvorstellungen des Nationalsozialismus. In Hitlers berühmter Zielangabe, der junge Deutsche müsse »zäh wie Leder, flink wie ein Windhund, hart wie Kruppstahl« sein, sind die erstrebenswerten Ziele auf biologische und materielle Eigenschaften reduziert.

- **Führerprinzip:** Entsprechend dem »aristokratischen Grundgedanken der Natur« (Herrschaft der Besten) werden Demokratie und Mehrheitsprinzip abgelehnt. Die Herrschaft müsse durch den besonders begabten und von der »Vorsehung« auserkorenen »Führer« ausgeübt werden.

- **Nationalismus:** Der bereits in der Wilhelminischen Epoche ausgeprägte Nationalismus wird verknüpft mit der Vorstellung von der »Volksgemeinschaft« und der Verheißung einer Erfüllung nationalen Lebens im »Tausendjährigen Dritten Reich«

- **Imperialismus:** Im Unterschied zum Imperialismus der wilhelminischen Zeit, dessen Ziel wirtschaftliche Expansion und die Erwerbung überseeischer Kolonien war (s. Seite 45), richtet sich der nationalsozialistische Imperialismus in Anlehnung an die mittelalterliche Ostsiedlung nach Osten und ist zudem eng mit der Rassentheorie verknüpft. Es sei ein Recht der arisch-deutschen Rasse, die slawischen Rassen im Osten zu versklaven und sich den »Lebensraum« zu erobern, der zum Überleben der eigenen Rasse notwendig sei. Die imperialistische Zielsetzung ist also eng mit der sozialdarwinistischen Vorstellung vom Lebenskampf verbunden (»Deutschland wird entweder Weltmacht oder überhaupt nicht sein.«).

- **Militarismus:** Die militärische Stärke ist Voraussetzung für den Kampf ums Dasein und die Eroberung des »Lebensraumes«, der für die Entwicklung der Rasse notwendig sei. Die soldati-

---

[1] Der Begriff wird 1879 von dem Journalisten Wilhelm Marr geprägt. Der Begriff »semitisch« stammt aus der Sprachwissenschaft und bezeichnet eine Gruppe verwandter Sprachen, zu denen neben anderen auch das Hebräische gehört.

schen Eigenschaften – Tapferkeit, Disziplin, Gehorsam, Opferbereitschaft – werden entsprechend stilisiert und als besonders wertvolle charakterliche Merkmale der arischen Rasse gepriesen.

- **Sozialismus:** Mit Sozialismus im Sinne des Marxismus und der Arbeiterbewegung (Klassenkampf) hat er nicht viel gemeinsam. Sozialismus steht bei den Nationalsozialisten vielmehr für »Volksgemeinschaft« und überbrückt so die sozialen Unterschiede. Er ist antikapitalistisch (»Gemeinnutz geht vor Eigennutz«) und agitiert gegen »Plutokratie« (Geldherrschaft).
- **Antiintellektualismus:** Die nationalsozialistische Ideologie betont das »gesunde«, »natürliche« Volksempfinden. Produkte der modernen Literatur, Kunst und Musik werden als »entartet« diskreditiert und später verboten (z. B. Bücherverbrennung am 10.5.1933, s. Seite 114). Die nationalsozialistische oder »völkische« Kunst, die stattdessen gefördert wird, ist heute nur noch von historischem Interesse.
- **Antifeminismus:** Ansätze einer Emanzipation, wie sie in der Weimarer Republik geschaffen worden sind, werden rückgängig gemacht. Die Rolle der Frau wird reduziert auf die der Mutter und Hausfrau. Durch geschickte Propaganda (Mutterkreuz, Muttertag) wird die klassische Frauenrolle als Hausfrau und Mutter aufgewertet.

Der Aufstieg der NSDAP

Nachdem Hitler 1921 die Führung übernommen hat, entwickelt sich die NSDAP zu einer straff organisierten Partei mit wachsender Bedeutung. Der Versuch jedoch, nach dem Vorbild *Mussolinis* (s. Seite 115) (Marsch auf Rom) die Macht zu übernehmen, bricht am 9.11.1923 an der Feldherrnhalle zusammen (s. Seite 99). Die Partei wird verboten, Hitler für neun Monate inhaftiert.

Am 27.2.1925, nach Hitlers Haftentlassung, wird die Partei neu gegründet. Nach der Erfahrung des gescheiterten Putschversuchs setzt Hitler jetzt auf die *Legalitätstaktik*. Er lässt aber nie einen Zweifel daran, dass damit nur die Legalität des Weges, nicht die des Zieles gemeint ist. Wenn auf legalem, verfassungskonformen Wege die Macht erreicht sei, werde man den Staat »in die Form gießen, die wir als die richtige ansehen«.

Die Erfolge der Partei bleiben in den ersten Jahren sehr bescheiden – die Republik hat sich gerade stabilisiert und kann unter Stresemann deutliche Erfolge aufweisen. Erst in der Auseinandersetzung um den *Young-Plan (1929/30)*, die zum Zusammenschluss aller Rechtsparteien im »Kampf gegen Versailles« und die »Erfüllungspolitiker« führt, gewinnt die NSDAP an Profil. Sie wird jetzt auch von den bürgerlichen Rechtsparteien und deren starkem Mann, dem DNVP-Vorsitzenden und Pressemagnaten *Hugenberg*, unterstützt und »salonfähig« gemacht. Dieses Bündnis von bürgerlichen Rechtsparteien und Nationalsozialismus findet seinen Ausdruck auch in der *Harzburger Front* (s. Seite 104) und schließlich in Hitlers Kabinett der »nationalen Konzentration« (30.1.1933).

Erst mit der Weltwirtschaftskrise beginnt der rasche Aufstieg der NSDAP zur stärksten Partei (1932), eine Entwicklung, die in auffallender Parallelität zum Anstieg der Arbeitslosenzahlen verläuft (s. Seite 103). Die Analyse der Mitgliederstruktur und der Wählerschichten zeigt, dass die NSDAP vor allem in der unteren Mittelschicht, im Kleinbürgertum und der Arbeiterschaft, ihre Anhänger hat. Auffallend ist auch der hohe Anteil junger Menschen, die von der Dynamik und dem revolutionären Anspruch der Partei angesprochen werden. Der Anteil der Frauen ist demgegenüber gering (5,5 %).

Neben der Tolerierung durch die bürgerlichen Rechtsgruppen wird auch die Unterstützung durch großindustrielle Kreise für den Erfolg der nationalsozialistischen Bewegung verantwortlich gemacht. Die Partei hat Gelder von einzelnen Großunternehmern erhalten, doch dürften deren Sympathien eher einer Rechtsregierung unter Papen gegolten haben. Die Bereitschaft, Hitler als Kanzler zu akzeptieren, entwickelt sich erst in der kurzen Phase der Kanzlerschaft Schleichers (s. Seite 105), der in Abkehr von der Politik seines Vorgängers Papen eine sozialpolitische Wende nach links durchführt und damit die Industrie gegen sich aufbringt.

Alle Beteiligten an der Intrige, die schließlich zu Schleichers Sturz führt, gehen dabei von dem Trugschluss aus, man könne Hitler in einer rechten Regierungskoalition »einrahmen« und »zähmen«. Das bekannteste Zeugnis für diese folgenschwere Fehleinschätzung ist der Ausspruch Papens, binnen kurzem habe man »Hitler in die Ecke gedrückt, dass er quietscht«.

Der Weg in die Diktatur

Tatsächlich scheint das Gewicht der bürgerlichen Parteien im »Kabinett der nationalen Konzentration« zu überwiegen. Außer Hitler selbst sind nur *Wilhelm Frick* (Reichsinnenminister) und *Hermann Göring* (preußischer Innenminister und Reichsminister ohne Geschäftsbereich) Mitglieder der NSDAP. Dennoch gelingt es Hitler in der Folgezeit, eine absolute Diktatur aufzubauen. Der erste Schritt ist die

Notverordnung zum Schutz des deutschen Volkes 4.2.1933,

die formal die Rechtsgrundlage für die Einschränkung der Presse- und Informationsfreiheit bietet und die Verfolgung politischer Gegner, vor allem der Kommunisten, ermöglicht. Wie entscheidend die Funktion des nationalsozialistischen Innenministers in dieser Situation ist, zeigt sich darin, dass die Parteiorganisationen SA und SS sowie der Stahlhelm offiziell als polizeiliche Hilfstruppen eingesetzt werden.

Den Anlass für den entscheidenden »Schlag gegen den Marxismus« bietet bald darauf der

Brand des Reichstagsgebäudes 27./28.2.1933,

durch Brandstiftung des Holländers van der Lubbe, die den Kommunisten zur Last gelegt wird. Die unmittelbar danach erlassene

Notverordnung zum Schutz von Volk und Staat 28.2.1933,

die sog. *Reichstagsbrandverordnung*, »legitimiert« die Inhaftierung kommunistischer Funktionäre sowie das Verbot ihrer Zeitungen.

Trotz der Ausschaltung der Opposition und trotz des mit massiven propagandistischen Mitteln geführten Wahlkampfes erhält die NSDAP in der

Reichstagswahl 5.3.1933

nicht die erhoffte absolute Mehrheit, sondern nur 43,9 % der Stimmen. Obwohl damit die Möglichkeit einer Koalition mit der DNVP (8 %) gegeben wäre, setzt Hitler das so genannte

Ermächtigungsgesetz 23.3.1933

durch, das »Gesetz zur Behebung der Not von Volk und Staat«. Es bestimmt, dass Reichsgesetze auch ohne Beteiligung des Reichstages durch die Regierung beschlossen werden und von der Verfassung abweichen können. Als vermeintliche, in der Praxis bald missachtete Einschränkung der Ermächtigung wird das Gesetz auf vier Jahre befristet und enthält die Klausel, dass die Rechte des Reichstages, des Reichsrates und des Reichspräsidenten nicht berührt werden dürfen.

Hitler begründet das Gesetz mit der angeblichen Notwendigkeit, der Regierung uneingeschränkte Handlungsfreiheit und Autorität zu verleihen, damit sie die notwendigen Maßnahmen zur politischen und wirtschaftlichen Stabilisierung unverzüglich treffen könne.

Die Zustimmung von Zentrum, BVP und Deutscher Staatspartei gewinnt Hitler zum Teil durch Druck (die Reichstagssitzung am 23.3.1933 ist von massiven Drohungen aufmarschierter SA-Verbände begleitet), zum Teil durch vorgebliche Zugeständnisse (Garantien für beamtete Zentrums-Mitglieder und für die Rechte der christlichen Konfessionen, s. Seite 118). Die Befürchtung, Hitler werde im Falle einer Ablehnung seine Ziele gewaltsam durchsetzen und die Parteien damit jeglichen Einflusses berauben, lässt die Annahme des Ermächtigungsgesetzes als das geringere Übel erscheinen. Nur die SPD unter ihrem Parteivorsitzenden Otto Wels lehnt das Gesetz ab. Die KPD-Abgeordneten sind zu diesem Zeitpunkt bereits verhaftet bzw. untergetaucht.

Mit dem Ermächtigungsgesetz ist die Rechtsstaatlichkeit beseitigt: Die Legislative ist, obwohl der Reichstag formal weiter besteht, de facto mit der Exekutive vereinigt. Damit ist das Prinzip der Gewaltenteilung aufgegeben, der Weg in die Diktatur offen. Weitere Stationen auf dem Weg der »nationalen Revolution« sind:

- das *Gesetz zur Wiederherstellung des Berufsbeamtentums (7.4.1933):* Es ermöglicht die Entlassung der politisch »unzuverlässigen« und der »nichtarischen« (also jüdischen) Beamten und ihre Ersetzung durch NSDAP-Mitglieder. Im Schulbereich etwa werden aufgrund dieses Gesetzes 22 % der Schulräte ersetzt.

- das *Gesetz zur Gleichschaltung der Länder mit dem Reich (7.4.1933):* Es unterstellt die Länderregierungen der Kontrolle von Reichsstatthaltern. Am 30.1.1934 werden die Länderparlamente, am 14.2.1934 (unter Bruch des Ermächtigungsgesetzes) der nun überflüssig gewordene Reichsrat aufgelöst. Damit tritt an Stelle des föderalistischen Prinzips der Weimarer Verfassung (s. Seite 90f.) der *zentralistische* Führerstaat.

- die *Ausschaltung der Gewerkschaften (2.5.1933, s. Seite 116)*

- das *Verbot der SPD (22.6.1933);* die übrigen Parteien werden zur Selbstauflösung gezwungen, die Gründung neuer Parteien wird untersagt (14.7.1933). Damit ist das demokratische Prinzip des Pluralismus zugunsten des diktatorischen *Einparteiensystems* beseitigt.

Die NSDAP ist aber in sich gespalten. Vor allem in der SA unter *Ernst Röhm* gibt es einen linken Flügel, der auf die Verwirklichung der antikapitalistischen Parteiziele drängt. Die SA als stärkste Parteiorganisation stellt eine potenzielle Gefährdung von Hitlers Macht dar, zumal Röhm den Plan verfolgt, die Reichswehr der SA zu unterstellen, was seinen Einfluss zusätzlich gestärkt hätte.

Mithilfe der SS lässt Hitler die in Bad Wiessee versammelten SA-Führer in einer Blitzaktion überfallen und ermorden. Mit der Ermordung der SA-Spitze im so genannten

Röhm-Putsch 30.6.1934[1]

erreicht Hitler mehrere Ziele:

- er schaltet die linke Opposition innerhalb der Partei aus
- er beseitigt die potenzielle Bedrohung durch die allzu mächtige SA
- er gewinnt die Reichswehrführung, die bislang die Eingliederung in die SA befürchtet hat und nun in ihrer Selbstständigkeit bestätigt wird
- er gewinnt die SS, die bislang der SA unterstellt war und nun unter Himmler zur selbstständigen und elitären Organisation aufsteigt

Den Massenmord erklärt Hitler im

Gesetz über Maßnahmen der Staatsnotwehr 3.7.1934

nachträglich für Rechtens. Das Gesetz, das Hitler zubilligt, er habe als »des deutschen Volkes oberster Gerichtsherr« gehandelt, setzt faktisch auch die Unabhängigkeit der Judikative außer Kraft. Recht ist nunmehr, »was dem Volke nützt«.

Die letzte Stufe der Machtkonzentration erreicht Hitler nach dem Tod Hindenburgs (2.8.1934) durch die Übernahme des Reichspräsidentenamtes, mit dem auch der Oberbefehl über die Reichswehr verbunden ist. Der ab jetzt geltende offizielle Titel »Führer und Reichskanzler« spiegelt die endgültige Umwandlung des Reiches in den Führerstaat wider und beendet die sog. »nationale Revolution«.

»Gleichschaltung« im totalitären Staat

Unter Gleichschaltung werden all jene Maßnahmen verstanden, die den gesellschaftlichen Pluralismus aufheben und alle Lebensbereiche auf die nationalsozialistische Ideologie ausrichten sollen. Ziel ist die totale Erfassung des Menschen, der in allen Bereichen des Lebens unter dem Einfluss der Partei stehen und so zu einem »neuen Menschen« geformt werden soll. Der Prozess der Gleichschaltung erfasst *alle* Lebensbereiche, die Arbeitswelt, die Freizeit, die Kultur und die Erziehung.

Erziehung

Noch 1933 werden die Lehrpläne und Unterrichtsinhalte an den Schulen neu bestimmt: Der Sportunterricht erfährt eine Aufwertung (bis zu fünf Stunden wöchentlich), Geschichts- und Deutschunterricht werden an nationalen, »völkischen« Zielsetzungen orientiert[2], der Biologieunterricht wird durch das Fach »Rassenkunde« ergänzt usw.

Die Hochschulen werden nach dem Führerprinzip organisiert, d.h., der Rektor wird nicht mehr gewählt, sondern vom Reichserziehungsministerium[3] bestimmt, dem er allein verantwortlich ist. Auch die Venia legendi (Lehrbefähigung) wird nicht mehr von der Universität, sondern vom Ministerium erteilt und setzt die Teilnahme an einer nationalsozialistischen Schulung, dem »Dozentenlager«, voraus. Durch das Berufsbeamtengesetz (s. Seite 111) werden zahlreiche, vor allem jüdische Professoren und Wissenschaftler entlassen und in die Emigration getrieben. Das betrifft ca. 15 % der Hochschullehrer. Über 7600 Akademiker, darunter 1700 Hochschullehrer und 12 Nobelpreisträger, emigrieren 1933/34 in die USA.

Die Studentenschaft ist im schon 1925 gegründeten Nationalsozialistischen Deutschen Studentenbund (NSDStB) organisiert (ab 1933 praktisch Zwangsmitgliedschaft) und ist damit zur politischen Schulung, zum Arbeits- und SA-Dienst verpflichtet.

Eine zentrale Rolle spielt die **Hitlerjugend (HJ)**, 1926 als »Bund deutscher Arbeiterjugend« gegründet. Sie erfasst Jungen und Mädchen ab 10 Jahren im *Jungvolk* bzw. *Jungmädelbund,* ab 14 Jahren in der *HJ* (Hitler-Jugend in engerem Sinn) bzw. im *BDM (Bund Deutscher Mädel).*

Sie ist anfangs nur einer von zahlreichen (parteilichen, kirchlichen, völkischen) Verbänden im Rahmen der *Jugendbewegung,* die in einer zunehmend verwalteten und industrialisierten Welt Freiräume und echtes Erleben in der Natur, beim Wandern, bei Gruppenfahrten usw. sucht.[4] Dieses antibürgerliche Empfinden, das natürliche Bedürfnis nach Freiheit, Selbstständigkeit, Gemeinschaftsgefühl und Abenteuerlust nutzt die HJ unter der Leitung des Reichsjugendführers[5] aus, um die Jugendlichen an die »Ideale« des Nationalsozialismus heranzuführen.

---

[1] Der Name »Röhm-*Putsch*« ist eine Propagandaformulierung, die den Mord als Notwehr tarnen soll. Insgesamt werden über 80 Menschen ermordet, darunter auch politische Gegner in anderen Bereichen, unter anderem Ex-Reichskanzler General von Schleicher.

[2] Aufsatzthemen sind etwa: »Führer und Volk als wirkende Kräfte im Leben der Nation«, »Der Soldat – das deutsche Mannesideal« usw.

[3] Am 1.5.1934 gegründet; Leiter: Bernhard Rust.

[4] 1901 Wandervogelbewegung; 1904 Arbeiterjugendbewegung; 1911 Jungdeutschlandbund u.a.m.

[5] 1931–40: *Baldur von Schirach,* 1940–45: *Arthur Axmann.*

Ebenfalls erzieherische Funktion hat der *Reichsarbeitsdienst (RAD),* der ab 1935 verpflichtend wird. Die nicht nationalsozialistischen Jugendverbände werden verboten bzw. in die HJ eingegliedert. Ab dem 1.12.1936 wird die Mitgliedschaft in der HJ für jeden Jugendlichen Pflicht.

Der speziellen Ausbildung einer Parteielite dienen besondere Schulen für ausgewählte Jugendliche: die Nationalpolitischen Lehranstalten (Napola), die NS-Ordensburgen und die »Adolf-Hitler-Schulen«.

Arbeitswelt

Wesentliche Voraussetzung für die Gleichschaltung auf diesem Sektor ist die Zerschlagung der Gewerkschaften. Sie ist ein Musterbeispiel nationalsozialistischer Taktik. Mit großem propagandistischem Aufwand wird der *Erste Mai,* bislang ein Kampftag der Arbeiterbewegung und Symbol des Klassenkampfes, zum offiziellen Feiertag erklärt *(Tag der nationalen Arbeit)* und mit entsprechenden Aufmärschen und Kundgebungen gefeiert. Gleichzeitig aber wird in einer geheimen Parteiaktion die Zerschlagung der Gewerkschaften vorbereitet: In der Nacht vom 1. zum 2. Mai 1933 besetzen SA-Verbände die Gewerkschaftshäuser. Die führenden Gewerkschaftsfunktionäre werden verhaftet und in Schutzhaft (Konzentrationslager) genommen.

Als Ersatz für die zerschlagenen Gewerkschaften wird am 10.5.1933 die **Deutsche Arbeitsfront (DAF)** gegründet. Sie vertritt jedoch nicht wie die Gewerkschaften die Arbeitnehmer, sondern alle am Arbeitsprozess Beteiligten, also auch die Unternehmer (»Organisation aller schaffenden Deutschen der Stirn und der Faust«). Die Hauptaufgabe der DAF unter der Leitung von *Robert Ley* liegt nicht nur in der Interessenvertretung der Arbeiter, sondern auch in der ideologischen Schulung und sozialen Betreuung. Als bekannteste Abteilung der DAF wird am 17.11.1933 die »Nationalsozialistische Gemeinschaft **‚Kraft durch Freude'**« (KdF)[1] gegründet, die mit erheblichen finanziellen Mitteln Freizeitangebote, Urlaubsreisen, Kuraufenthalte usw. organisiert. Der »KdF-Wagen«, der spätere Volkswagen, sollte für RM 1.000,– breiten Volksschichten die Anschaffung eines Autos ermöglichen. Bevor die Massenproduktion beginnt, wird sie im 2. Weltkrieg auf Militärfahrzeuge umgestellt. Der »Volksempfänger« ermöglicht vielen Menschen erstmals die Anschaffung eines Radios. Der Frequenzbereich der Empfänger erlaubt fast nur den Empfang nationaler Sender. Das Abhören von Auslandssendern ist strafbar.

Kultur und Presse

Der Besetzung dieses Bereiches, der wie kein zweiter Meinungsbildung und Denken der Bevölkerung beeinflusst, gilt das besondere Interesse der Nationalsozialisten. Mit der Reichstagsbrandverordnung (s. Seite 111) wird ein erster Schritt zur Ausschaltung der linken Presse getan. Weitere Maßnahmen sind die Gleichschaltung des Reichsverbandes der deutschen Presse (Besetzung der Führungsposten mit NSDAP-Mitgliedern), der Zusammenschluss von Verlagen und Pressediensten und vor allem das *Schriftleitergesetz* vom 4.10.1933, das die Entfernung nichtarischer und politisch unzuverlässiger Redakteure (Schriftleiter) ermöglicht. Über die tägli-

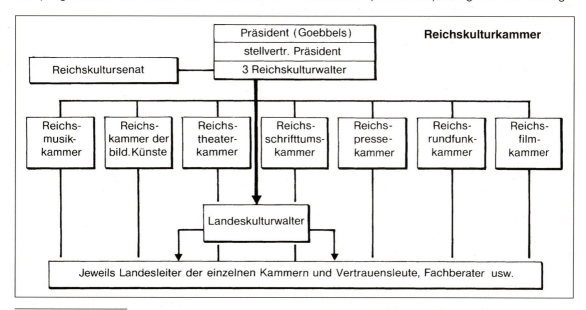

---

[1] Nach dem Vorbild der italienisch-faschistischen Organisation »Dopo Lavoro« (»Nach der Arbeit«).

che Reichspressekonferenz werden die Informationen gefiltert und bis ins Detail vorgeschrieben (z. B. Platzierung von Beiträgen, verbindliche Sprachregelungen usw.).

Von zentraler Bedeutung ist die Gründung des

Reichsministeriums für Volksaufklärung und Propaganda (RMVP)   **13. 3. 1933**

unter der Leitung von *Joseph Goebbels,* das für die Überwachung und Lenkung von Presse, Rundfunk und Kulturbereich zuständig ist. Dem Reichspropagandaministerium unmittelbar angeschlossen ist die **Reichskulturkammer** (22. 9. 1933) mit sieben Abteilungen. Die Zwangsmitgliedschaft in diesen Kammern, für die der Ariernachweis (Nachweis nichtjüdischer Vorfahren) Voraussetzung ist, ermöglicht ebenso wie das Berufsbeamtengesetz (7. 4. 1933) die »Säuberung« und Gleichschaltung des Kulturbereichs. Nichtmitglieder erhalten keine Arbeits- bzw. Publikationserlaubnis.

Die Intention der Kulturpolitik ist die »völkisch-sittliche Erneuerung«, die Erziehung zur »inneren Wehrhaftigkeit« (»Buch und Schwert«) durch eine deutsche, arische Kunst. Auch die Kultur sei geprägt von der Rasse; schon seit 1927 hetzt deshalb der »Kampfbund für deutsche Kultur« *(Alfred Rosenberg)* gegen »entartete« und »jüdische« Kunst, gegen »Kulturbolschewismus« und »Negerkultur«. In Thüringen, wo 1930 der Nationalsozialist Wilhelm Frick (ab 30. 1. 1933 Reichsinnenminister) Bildungsminister wird, werden durch den Erlass »wider die Negerkultur – für deutsches Volkstum« erstmals Bücher- und Werksverbote ausgesprochen (u. a. Remarque, Brecht, Hindemith, Strawinsky, Barlach, Kokoschka, Klee). Nach der »Machtergreifung« werden solche Eingriffe reichsweit durchgeführt. In den

Bücherverbrennungen   **10. 5. 1933,**

von nationalsozialistischen Studenten und Professoren in den Universitätsstädten durchgeführt, werden die Werke marxistischer, jüdischer und »undeutscher« Autoren den Flammen übergeben, darunter die Bücher von Heinrich und Thomas Mann, Kurt Tucholsky, Erich Kästner, Sigmund Freud, Carl von Ossietzky usw. Zahlreiche Künstler verlassen Deutschland und gehen in die Emigration.

Parallel zu diesen propagandistischen Maßnahmen geht die »Säuberung« der Bibliotheken (schwarze Listen) und der Schulbücher, die Beeinflussung der Konzert- und Theaterspielpläne usw. vor sich. –

Dass all diese Maßnahmen ohne ernsthaften Widerspruch hingenommen werden, liegt nicht zuletzt an dem trivialen Kunstverständnis der Masse, die ihr eigenes »gesundes« Vorurteil und Unverständnis gegenüber der modernen Kunst hier bestätigt sieht. Dass der Zugriff auf die Freiheit der Kultur nur Vorgriff und Voraussetzung für die Vernichtung der Freiheit überhaupt ist, wird nicht erkannt. Dabei hatte schon Heinrich Heine (1797–1856) gesagt: »Wo man Bücher verbrennt, verbrennt man am Ende auch Menschen.«

Mit all diesen Maßnahmen erweist sich der Nationalsozialismus als **totalitäres** Herrschaftssystem. Im krassen Gegensatz zur Auffassung des Liberalismus, der eine weitgehende Beschränkung der Staatsmacht und den größtmöglichen Freiraum für die freie Entfaltung des Individuums anstrebt, setzt das totalitäre System auf die lückenlose Erfassung und Unterordnung des Menschen in einem allmächtigen Staat. Die typischen Merkmale totalitärer Herrschaft sind folglich:

- Ausschaltung der Opposition, Einparteiensystem
- verbindliche Ideologie mit pseudoreligiösem Wahrheitsanspruch
- Manipulation der Bevölkerung (Presse, Erziehung, Organisationen)
- Überwachung und Bespitzelung (Geheimpolizei)
- Führerkult

Diese Merkmale beschreiben bestimmte Herrschaftsmethoden. In diesem Sinne sind auch – ungeachtet aller ideologischen und historischen Unterschiede – der Marxismus-Leninismus und der italienische Faschismus totalitäre Systeme.

Faschistische Bewegungen

Der Nationalsozialismus ist auch im Zusammenhang mit der europäischen Entwicklung zu sehen, die zwischen den Weltkriegen in vielen Staaten *faschistische Bewegungen*[1] hervorgebracht hat. Die Bezeichnung Faschismus ist der italienischen Bewegung[2] entlehnt, die 1922 die Macht erobert (s. Seite 115). Der Begriff Faschismus wird in drei Bedeutungen verwendet:

- im engeren Sinne als Bezeichnung des italienischen Herrschaftssystems unter Mussolini (1922 bis 45)
- im weiteren Sinne für ähnliche Bewegungen in der westlichen Welt, darunter den Nationalsozialismus

---

[1] In Spanien die Falange, in den Niederlanden die Nationaal-Socialistische Beweging, in Ungarn die Pfeilkreuzler, in Rumänien die Eiserne Garde; auch in Norwegen, England und anderen Staaten gab es faschistoide Parteien.

[2] lat. *fasces,* ital. *fasci:* das Rutenbündel, das den altrömischen Liktoren als Zeichen ihrer Amtsgewalt vorangetragen wird.

- im marxistischen Sinne als Handlanger und Agenten bürgerlich-kapitalistischer Herrschaft (Agententhese)

Die faschistischen Bewegungen haben ihre Wurzeln in den sozialen und politischen Veränderungen nach dem Ersten Weltkrieg, in der seit der Oktoberrevolution in Russland 1917 bestehenden Furcht vor einem kommunistischen Umsturz und in der durch Inflation und Wirtschaftskrisen der Nachkriegszeit erzeugten Existenzangst.

Aufgrund dieser vergleichbaren Ausgangssituation haben die faschistischen Bewegungen gewisse ideologische Merkmale gemeinsam:

- sie sind sowohl antikommunistisch wie antikapitalistisch
- sie sind extrem nationalistisch, militaristisch und verfolgen oft imperialistische Ziele
- sie sind antiliberal und antiparlamentarisch (Führerprinzip)

Typisch für den Aufstieg solcher Bewegungen ist die Entwicklung in Italien. Hier werden die ersten faschistischen Kampfbünde, die »Squadre d'azione« bzw. »Fasci Italiani di combattimento«, 1919 gebildet, als die Situation Italiens gekennzeichnet ist durch die Unzufriedenheit mit den Kriegsergebnissen[1], durch kriegsbedingte soziale und wirtschaftliche Probleme und die Schwäche der Regierung, die sich nicht auf eine klare Parlamentsmehrheit stützen kann. Die Krise weitet sich aus durch Streiks, Fabrikbesetzungen und wilde Landnahme.

In dieser Bürgerkriegssituation führen die faschistischen Verbände unter ihrem »Duce« (Führer) *Benito Mussolini*[2] ihren privaten Kampf gegen die Sozialisten. Überfälle richten sich gegen sozialistische Amtsträger, Partei- und Gewerkschaftseinrichtungen und terrorisieren ganze Landstriche. Die »Schwarzhemden«, so genannt nach ihrer Uniform, werden dabei mehr oder weniger offen von Großgrundbesitzern und Industriellen unterstützt, die angesichts der sozialen Krise und der Ohnmacht der Regierung auf die faschistischen Schlägertrupps setzen. Erst 1921 gründet Mussolini aus den Fasci eine Partei, die *PNF (Partito Nazionale Fascista),* die freilich bei den Wahlen 1922 nur 35 Abgeordnete stellt. Trotz dieser geringen Basis in der Bevölkerung fordert Mussolini die Führung der Regierung. Er lässt ca. 40.000 Schwarzhemden vor der Hauptstadt Aufstellung nehmen und setzt durch diesen so genannten

Marsch auf Rom	Ende Oktober 1922

die Regierung unter Druck. Während diese nun energische Maßnahmen ergreifen und die Armee einsetzen will, gibt König Viktor Emanuel III. dem Druck nach und beauftragt Mussolini mit der Regierungsbildung (29.10.1922).

In den folgenden Jahren baut Mussolini seine Diktatur aus. Die Schwarzhemden werden legalisiert und als Polizeitruppe eingesetzt (1922), eine Wahlrechtsänderung sichert der PNF die Zweidrittelmehrheit (1923), die Pressefreiheit wird eingeschränkt, die Opposition ausgeschaltet. Ab 1925 ist Mussolini Diktator mit voller Exekutivgewalt. 1926 werden alle Parteien bis auf die PNF verboten.

Die Parallelen zu den Praktiken der Nationalsozialisten sind offensichtlich. Abgesehen von grundsätzlichen ideologischen Übereinstimmungen – die Rassentheorie und der Antisemitismus sind jedoch spezifisch nationalsozialistisch – reichen sie bis in viele Details: So entspricht der »deutsche Gruß« dem römischen, die Gemeinschaft KdF (s. Seite 113) ist eine Kopie der italienischen Opera Nazionale Dopo Lavoro, die Hitlerjugend entspricht der Opera Nazionale Balilla mit ihrem Wahlspruch »Glaube, gehorche, kämpfe!« u.a.m.

Nationalsozialistische Wirtschaftspolitik

In der Wirtschaftspolitik lassen sich in der Anfangszeit zwei große Linien erkennen:

- die Ausschaltung der Gewerkschaften und der Arbeitermitbestimmung

---

[1] Italien erhält in den Pariser Friedenskonferenzen 1919 Südtirol und damit nur einen Teil der Gebiete, die ihm im Londoner Geheimvertrag (26.4.1915) von den Alliierten für den Kriegseintritt in Aussicht gestellt worden waren, nicht aber die angestrebte Vorherrschaft an der Adria. Die italienischen Nationalisten empfinden dies als »Verstümmelung des Sieges«.

[2] *Mussolini (1883–1945)* beginnt seine politische Laufbahn 1900 als Mitglied der Sozialistischen (!) Partei und ist ab 1912 Chefredakteur der sozialistischen Zeitung »Avanti!« (»Vorwärts!«). Über der Frage des Kriegseintritts dann Abwendung vom Sozialismus und Entwicklung eines militaristischen, den Kampf und den Krieg verherrlichenden Aktivismus. Dieser Aktivismus prägt auch die faschistische Bewegung, die anfangs ohne fest umrissenes Programm ist. Ab 1922 Ministerpräsident und »Duce«, ab 1936 enge Anlehnung an das nationalsozialistische Deutschland, Kriegseintritt am 10.6.1940; am 25.7.1943 wird Mussolini von König Viktor Emanuel entlassen und verhaftet, am 12.9.1943 von deutschen Fallschirmjägern befreit; Gründung der Republik von Salò unter deutschem Protektorat; 27.4.1945 wird Mussolini von italienischen Partisanen gefangen genommen und erschossen.

- die forcierte Bekämpfung der Arbeitslosigkeit bei gleichzeitiger propagandistischer Aufwertung der Arbeit als Dienst an der völkischen Gemeinschaft

Die Zurückdrängung der Arbeiterrechte vollzieht sich zum Teil auf der Grundlage der frühen Notverordnungen »zum Schutz des Volkes« (s. Seite 111), zum Teil durch das Aussetzen der Betriebsrätewahlen (4. 4. 1933): Die Arbeitgeber erhalten das Recht, Betriebsräte bei Verdacht auf »staatsfeindliche Umtriebe« zu entlassen. Den Höhepunkt dieser Maßnahmen bildet die

Zerschlagung der Gewerkschaften 2. 5. 1933

und die Gründung der Deutschen Arbeitsfront (DAF) (s. Seite 113). Mit dem

Gesetz zur Ordnung der nationalen Arbeit 20. 1. 1934

wird jede Form der Arbeitermitbestimmung ausgeschaltet:

- In den Betrieben wird das Führerprinzip eingeführt (»Führer« und »Gefolgschaft« mit gegenseitiger Treueverpflichtung)
- Die Festlegung der Löhne und die Schlichtung von Streitigkeiten obliegt weisungsgebundenen Reichsbeamten, sog. »Treuhändern der Arbeit«

Gleichzeitig werden zahlreiche Maßnahmen zur Bekämpfung der Arbeitslosigkeit (»Reinhardt-Programm«) ergriffen, etwa die Finanzierung öffentlicher Baumaßnahmen (Straßen, Autobahnen usw.). Auch die Einführung der halbjährlichen

Arbeitsdienstpflicht im RAD[1] 26. 6. 1935

dient – neben der ideologischen Schulung und der Förderung des Gemeinschaftsbewusstseins – der Entlastung des Arbeitsmarktes. Den gleichen Effekt hat die (entgegen den Bestimmungen des Versailler Vertrages durchgeführte) Wiedereinführung der allgemeinen Wehrpflicht (1935 auf 1 Jahr, 1936 auf 2 Jahre).

Ein wesentlicher Faktor der Vollbeschäftigung ist die Rüstungsindustrie, die ab 1933 wieder angekurbelt wird und einen stetig wachsenden Anteil der Staatsausgaben bindet.

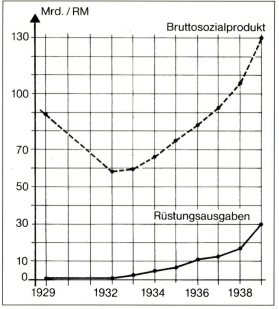

Rüstungsausgaben 1929–39

Die Finanzierung der genannten Maßnahmen erfolgt durch die so genannten *Mefowechsel*, das sind Wechsel[2], die auf die neugegründete Metallforschungs-GmbH (Mefo) gezogen werden und deren Einlösung (nach fünfjähriger Laufzeit) vom Reich garantiert wird. Der Vorteil der Mefowechsel liegt also in der Mobilisierung von Geldmitteln bei gleichzeitiger Entlastung des Haushaltes, da die Rückzahlung der Wechsel erst nach Ablauf der Frist (1938) zu erfolgen hat.

Die genannten Maßnahmen führen in der Tat zum Abbau der Arbeitslosigkeit (s. Seite 103), ein Erfolg, der propagandistisch ausgeschlachtet wird und dem Nationalsozialismus die Anerkennung breiter Volksschichten einbringt.

Die Agrarpolitik, Kernbereich der nationalsozialistischen »Blut-und-Boden-Ideologie« (Bauerntum als Blutquelle – Quelle gesunden Bevölkerungsnachwuchses), strebt die Aufwertung des Bauernstandes an[3] und zielt, im Hinblick auf den geplanten Krieg, auf die Autarkie (Unabhängigkeit vom Ausland) der Versorgung Deutschlands mit Lebensmitteln.

---

[1] Reichsarbeitsdienst; er entwickelt sich aus der studentischen Arbeitslagerbewegung der 20er-Jahre. Bereits unter Brüning wird die gesetzliche Grundlage für den – allerdings freiwilligen – Arbeitseinsatz Jugendlicher in der Landwirtschaft geschaffen.

[2] Wechsel: An bestimmte Formvorschriften (z. B. Nennung des Zahlungspflichtigen, Angabe der Verfallzeit usw.) gebundenes schriftliches Zahlungsversprechen; bereits im 12. Jahrhundert zur Vermeidung von (gefährlichen!) Geldtransporten entstanden.

[3] Durch das *Reichserbhofgesetz* (29. 9. 1933) wird die Unaufteilbarkeit des Erbhofes (der älteste Sohn erbt den ganzen Besitz) und die Aufwertung des Bauernstandes bezweckt. Die Landflucht der Nicht-Erben übt zugleich einen positiven Effekt für die Industrialisierung in den Städten aus.

Die Herrschaft des Nationalsozialismus

In eine neue Phase tritt die Wirtschaftspolitik mit dem

Vierjahresplan 1936,

der die bislang noch recht autonome Industrie entmachtet und in starkem Maße dem politischen Willen Hitlers unterordnet. Ziel des Vierjahresplans ist die Vorbereitung des Krieges (»die deutsche Wirtschaft muss in vier Jahren kriegsfähig sein«). Seine Schwerpunkte liegen folglich:

- in der verstärkten Gewinnung der Grundrohstoffe Kohle und Eisen; dabei wird, um Deutschland vom Ausland unabhängig zu machen, auch die Verhüttung minderwertiger Erze ermöglicht
- in der Entwicklung kriegswichtiger Ersatzstoffe wie Buna[1] und von Verfahren zur Kohleverflüssigung zur Benzingewinnung
- in der Gründung der A. G. für Erzbergbau und Eisenhütten (»Reichswerke Hermann Göring«) in Salzgitter und in der Einsetzung Görings als Beauftragter für den Vierjahresplan.

Der Vierjahresplan stellt die gesamte Wirtschaft unter das Primat der Außen- bzw. Lebensraumpolitik. Die einseitige Bevorzugung der wirtschaftlich gesehen unproduktiven Aufrüstungsindustrie führt zu einer wachsenden und auf Dauer ruinösen Staatsverschuldung, die aber mit Blick auf die wirtschaftlichen Perspektiven nach dem »Endsieg« in Kauf genommen wird.

Die Verfolgung der Juden

Der rassisch begründete Antisemitismus (s. Seite 109) ist ein zentrales Element der nationalsozialistischen Ideologie: »Der« Jude wird als der Erzfeind, das schlechthin Böse, als Parasit, »Ratte« und »Ungeziefer« dargestellt und so schon im Sprachgebrauch entmenschlicht – eine psychologisch wichtige Vorstufe für die spätere physische Vernichtung der Juden.

Die Ausschaltung der Juden vollzieht sich in mehreren, sich steigernden Schritten. Zu den ersten Maßnahmen zählen der von der SA organisierte

Boykott jüdischer Geschäfte 1. 4. 1933

und das

Berufsbeamtengesetz 7. 4. 1933 (s. Seite 111),

das zur Entlassung nichtarischer Beamter führt. In der Folgezeit wird der Arierparagraph auch für die anderen Berufe eingeführt. Mit dem »Gesetz gegen

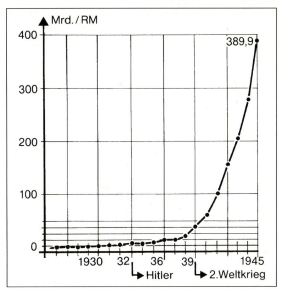

Staatsverschuldung

die Überfüllung von deutschen Schulen und Hochschulen« (25. 4. 1933) beginnt die »Säuberung« der Schulen und Universitäten, wobei vorerst noch die Einrichtung gesonderter jüdischer Schulen zugelassen ist.

Die weitreichendste rechtliche Grundlage zur Diskriminierung und Ausschaltung der Juden liefern die sog.

Nürnberger Gesetze 15. 9. 1935:

Das *Reichsbürgergesetz* spricht den Juden die bürgerlichen Rechte ab, indem es festlegt, dass nur Menschen »deutschen oder artverwandten Blutes« Staatsbürger sein können. Das *Gesetz zum Schutz des deutschen Blutes und der deutschen Ehre* verbietet die Eheschließung und den außerehelichen Geschlechtsverkehr zwischen Nicht-Ariern und »Staatsbürgern deutschen Blutes«.

Die Nürnberger Gesetze liefern die Grundlage für zahlreiche Einzelbestimmungen, die den Freiraum der deutschen Juden immer mehr einschränken und ihr Leben in Deutschland unerträglich machen.[2] Bis 1938 werden zahlreiche Bestimmungen erlassen, die die Juden nicht nur diskriminieren und schikanieren, sondern auch ihre Existenzgrundlage zerstören sollen:

- das Verbot, nichtjüdische weibliche Angestellte unter 45 Jahren zu beschäftigen
- die Anmeldepflicht für Vermögen über 5000 Reichsmark

---

[1] *Buna* (aus *Butadien und Natrium*): synthetisch hergestellter Kautschuk.

[2] Von den ca. 500 000 Juden, die in Deutschland leben, emigrieren bis 1941 (Auswanderungsstopp) ca. 230 000.

- die Pflicht zur Kennzeichnung jüdischer Gewerbebetriebe
- die Einführung spezieller Pässe mit einem »J« für »Jude«
- Berufsverbot für jüdische Ärzte und Rechtsanwälte
- die Pflicht zur Führung jüdischer Vornamen (Israel bzw. Sara)

Am 7.11.1938 erschießt der 17-jährige Jude Herschel Grinszpan – aus Protest und Rache für die Zwangsdeportation seiner Eltern nach Polen – einen Legationsrat an der Deutschen Botschaft in Paris. Dieses Attentat bietet den willkommenen Anlass für die

Reichspogromnacht   9./10.11.1938[1],

eine scheinbar spontane, in Wirklichkeit geplante und gut organisierte reichsweite Zerstörungsaktion: Die meisten Synagogen werden in Brand gesteckt, Tausende von jüdischen Geschäften und Warenhäusern werden zerstört. Polizei und Feuerwehr erhalten den ausdrücklichen Befehl nicht einzugreifen. Ca. 30000–40000 Juden werden verhaftet und in Konzentrationslager verschleppt. Für die entstandenen Schäden dürfen die Versicherungen nicht aufkommen; zudem wird den Juden ein Betrag von 1 Milliarde Reichsmark als »Sühne« auferlegt. Das Verbot des Besuchs öffentlicher Einrichtungen (Theater, Bäder usw.) und der Benutzung öffentlicher Verkehrsmittel schränkt den Freiraum der noch in Deutschland lebenden Juden ein. (Zur weiteren Geschichte der Judenverfolgung im Dritten Reich s. Seite 126f.)

Kirche und Nationalsozialismus

Es liegt auf der Hand, dass Christentum und nationalsozialistische Ideologie sich gegenseitig ausschließen. Diese prinzipielle Unvereinbarkeit ist auch zwischen 1930 und 1933, als die NSDAP ihren steilen Aufstieg erlebt, vonseiten der Kirche festgestellt worden. Der Bischof von Mainz fordert zum Beispiel, dass ein Katholik, der sich zu den nationalsozialistischen Grundsätzen bekennt, nicht mehr zu den Sakramenten zugelassen werden dürfe. Hitler selbst erklärt in einem privaten Gespräch seine Absicht, auf lange Sicht das Christentum in Deutschland »mit Stumpf und Stiel auszurotten«.

Andererseits gibt es zahlreiche Elemente nationalsozialistischen Denkens, die auf kirchlicher Seite ihre Entsprechung finden oder doch auf eine gewisse Sympathie stoßen, etwa der Kampf gegen den Marxismus, die Betonung von Ordnung, Autorität, Sitte und selbst die Frontstellung gegen die Juden.

Nachdem Hitler die Regierung übernommen hat, versuchen deshalb beide Kirchen vorerst, sich mit dem Regime zu arrangieren. Die anfängliche Kooperationsbereitschaft weicht dann, aufgrund der tatsächlichen Erfahrungen mit dem Regime, einer zunehmenden Konfrontation, die allerdings durch den Kriegsbeginn 1939 gewissermaßen aufgeschoben wird.

Der *katholischen Kirche,* politisch vertreten in der Zentrumspartei und den christlichen Gewerkschaften, geht es primär um die Sicherung ihrer Rechte in Deutschland. Sie ist deshalb zu einer vertraglichen Regelung ihrer Beziehungen zum Reich bereit.[2] Im

Reichskonkordat   20.7.1933

garantiert das Reich unter anderem

- die Freiheit des Bekenntnisses und der öffentlichen Ausübung der katholischen Religion
- das Recht der selbstständigen Verwaltung der katholischen Angelegenheiten (Steuerrecht, Ämterbesetzung usw.)
- die Beibehaltung des katholischen Religionsunterrichts als Pflichtfach
- den Fortbestand katholischer Schulen
- den Schutz katholischer Verbände und Organisationen, sofern sie keine politische Funktion ausüben.

Dafür erlässt die Kirche Bestimmungen, die jede politische Tätigkeit ihrer Geistlichkeit ausschließen, womit de facto die Auflösung der Zentrumspartei (Juli 1933) und die Gleichschaltung der christlichen Gewerkschaften (2.5.1933) sanktioniert werden. Weitere Zugeständnisse sind die Einführung eines Treueeids für die Bischöfe, eines Gebets für den Staat u. a. m.

Für Hitler bedeutet der Abschluss des Konkordats – die offizielle Anerkennung des NS-Regimes durch die Autorität der katholischen Kirche – einen außenpolitischen Erfolg und Prestigegewinn. Nur unter diesem taktischen Gesichtspunkt zählt für Hitler das Konkordat – an die konkreten Abmachungen hält er sich nicht: Trotz des Konkordats wird die Arbeit kirchlicher Organisationen behindert, wird die Ausübung des Religionsunterrichts erschwert (Kampagnen der Hit-

---

[1] Gebräuchlicher ist der Name *Reichskristallnacht* (wegen der Zerschlagung von Kristallleuchtern, Fenstern usw.); die Bezeichnung ist jedoch verharmlosend und sollte deshalb besser vermieden werden.

[2] Diese Politik verfolgt die Kurie auch gegenüber dem faschistischen Italien: Im Konkordat von 1929 erkennt die Kirche den Mussolini-Staat an und verzichtet auf ihren Anspruch auf den Kirchenstaat (1870 besetzt, s. Seite 35).

lerjugend gegen den Religionsunterricht; Verlegung auf Randstunden, um die Abmeldungen zu fördern usw.), werden kirchliche Schulen geschlossen und missliebige Geistliche verhaftet oder wegen angeblicher Sittlichkeitsdelikte, Homosexualität usw. diskreditiert. Der Papst reagiert schließlich mit der

Enzyklika »Mit brennender Sorge« 1937[1],

die in scharfen Worten den Nationalsozialismus verurteilt (»Machenschaften, die von Anfang an kein anderes Ziel kannten als den Vernichtungskampf«).

In der *evangelischen Kirche* führt die Auseinandersetzung mit dem Nationalsozialismus zur innerkirchlichen Spaltung. Ein Teil der evangelischen Pfarrer identifiziert sich in starkem Maße mit dem Nationalsozialismus und gründet die

Glaubensbewegung »Deutsche Christen« 26.5.1932,

die sich in einem 10-Punkte-Programm zu einem »artgemäßen Christusglauben«, zur Rassenreinheit[2], zum Kampf des »Tat-Christentums« gegen Marxismus und Pazifismus, zum »Schutz des Volkes vor den Untüchtigen und Minderwertigen« und zum »Glauben an unsere von Gott befohlene völkische Sendung« bekennt.

Gegen diese Bewegung der Deutschen Christen, die mit entsprechender Unterstützung der SA und der NSDAP-Ortsgruppen bei den Synodalwahlen 1933[3] fast in allen Landeskirchen die Mehrheit gewinnt, bildet sich auf Initiative *Martin Niemöllers* der Pfarrernotbund, aus dem die

Bekennende Kirche 29./31.5.1934

hervorgeht. Sie begründet unter Berufung auf die evangelischen Wahrheiten ihre Verurteilung der Thesen der Deutschen Christen *(Barmer Bekenntnissynode)* und baut unter der Leitung eines Reichsbruderrates eine Gegenkirche auf. In einer an Hitler gerichteten Denkschrift (Mai 1936) verurteilt sie den Antisemitismus, die Zerstörung der Rechtsstaatlichkeit und den pseudoreligiösen Personenkult, d. h. die Vergötzung Hitlers.

Es gibt also den mutigen Protest Einzelner, die sich trotz der drohenden Gefahr der Verfolgung, Inhaftierung und auch Ermordung zu ihrer Überzeugung bekennen. Insgesamt aber hat die Kirche, vor allem angesichts der Ende 1938 beginnenden Judenverfolgung und schließlich -vernichtung, weitgehend geschwiegen.[4]

Nationalsozialistische Außenpolitik

Hitler hat die Ziele seiner Außenpolitik bereits in seinem Buch »Mein Kampf« (1925/27) formuliert. Er entwickelt darin eine Art Stufenplan:

- Revision des Versailler Vertrages und Schaffung der militärischen, innenpolitischen und wirtschaftlichen Voraussetzungen für eine imperialistische Politik
- Eroberung neuen »Lebensraums« im Osten unter Zerschlagung des Bolschewismus, rücksichtslose Germanisierung des eroberten Gebietes und Ausrottung des Judentums; Vormachtstellung in Europa
- auf längere Sicht schließlich Entscheidungskampf gegen die USA um die Weltmachtstellung

Obwohl dieses Programm seit 1925/27 bekannt ist, wird es – wie andere Passagen aus »Mein Kampf« auch – nicht wirklich ernst genommen. Es erscheint zu unrealistisch, und zudem widerspricht es den Friedensbeteuerungen, die Hitler als Reichskanzler in mehreren programmatischen Reden gibt. Es wird nicht rechtzeitig erkannt, dass Hitler in Wirklichkeit von seinen Zielen nie abgerückt ist und dass alle anders lautenden Äußerungen nur taktisch bedingt sind.

Schon Ende 1932 ist Deutschland – ein Erfolg der beharrlichen Weimarer Revisionspolitik – die militärische Gleichberechtigung in Aussicht gestellt worden. 1933 jedoch, bedingt durch die veränderte innenpolitische Lage in Deutschland, rücken Frankreich und England von ihrem Zugeständnis wieder ab. Diese Ablehnung liefert Hitler den Anlass, den deutschen Vertreter auf der Genfer Abrüstungskonferenz zurückzurufen und den

Austritt Deutschlands aus dem Völkerbund 14.10.1933

zu erklären. Das Verlassen des Völkerbundes, der in Hitlers Augen nur ein Instrument der Siegermächte

---

[1] *Enzyklika* (griech.): Rundschreiben des Papstes an die Bischöfe oder an alle Gläubigen; benannt werden die Enzykliken jeweils nach ihren Anfangsworten.

[2] Das in den Nürnberger Gesetzen (s. Seite 117) ausgesprochene Verbot der Eheschließung zwischen Deutschen und Juden findet sich bereits im Programm der Deutschen Christen (Punkt 9).

[3] *Synode* (griech. = Zusammenkunft): Versammlung von Abgesandten mehrerer Gemeinden, Bezirke oder Kirchenprovinzen.

[4] Typisch ist, dass die österreichischen Bischöfe 1938 den Anschluss an das Reich offiziell begrüßen – trotz des Wissens um die kirchenfeindlichen Maßnahmen des NS-Regimes und trotz der päpstlichen Enzyklika von 1937.

ist, wird als Wiedergewinnung nationaler Entscheidungsfreiheit gefeiert und öffnet den Weg für die Aufrüstung Deutschlands.

Um die Gefahr eines militärischen Präventivschlags gegen das noch schwache Reich zu bannen, beteuert Hitler zugleich seine friedlichen Absichten und erklärt seine Bereitschaft, bilaterale Übereinkünfte mit den östlichen Nachbarn zu treffen. In diesem Zusammenhang wird der

Nichtangriffspakt mit Polen 26. 1. 1934

geschlossen, der die prinzipielle Abkehr von der bisherigen Revisionspolitik[1] suggeriert und so auf geradezu sensationelle Weise Hitlers Friedensbekundungen zu bestätigen scheint. Im Nachhinein stellt sich heraus, dass Hitler diesen Vertrag ebenso wie das Konkordat vom 20. 7. 1933 (s. Seite 118) nur als taktische Maßnahme ansieht und ihm keine bindende Kraft zumisst.

Frankreich, die Sowjetunion und die osteuropäischen Staaten sehen sich durch den deutsch-polnischen Vertrag gefährdet, zumal Hitler einen kollektiven Ostpakt (unter Einbeziehung Frankreichs und der Sowjetunion) ablehnt, und schließen ihrerseits Bündnisse[2]. Auf Vermittlung Frankreichs wird die Sowjetunion in den Völkerbund aufgenommen. Damit ist das Deutsche Reich außenpolitisch vorerst weitgehend isoliert.

Eine Verbesserung der außenpolitischen Lage des Deutschen Reiches tritt erst 1935 ein. Am Anfang dieses Jahres kann Hitler den Erfolg der

Saarabstimmung 13. 1. 1935

feiern (»Die Saar kehrt heim«). Das Saargebiet war im Versailler Vertrag der Verwaltung des Völkerbundes unterstellt worden und sollte nach 15 Jahren über seine Zugehörigkeit entscheiden: 90,3 % der Bevölkerung stimmen für den Anschluss an das Reich.

Bald darauf gibt Hitler den Aufbau einer Luftwaffe und die

Einführung der allgemeinen Wehrpflicht 16. 3. 1935

bekannt. Dieser Schritt ist ein erster offener Bruch des Versailler Vertrages und insofern ein Risiko. Die europäischen Mächte reagieren jedoch auf den Vertragsbruch nur mit schwachen Protesten. Zwar kommt es zur Bildung der *Stresafront*[3], aber nicht zu der von Hitler befürchteten ultimativen Forderung nach Rücknahme des Beschlusses. Im Gegenteil: England lässt sich auf bilaterale Verhandlungen ein, die zum

deutsch-britischen Flottenabkommen 18. 6. 1935

führen: Das Kräfteverhältnis zwischen deutscher und englischer Flotte wird auf 1 : 2 (bei U-Booten fast 1:1) festgelegt. Auch dieses Abkommen lässt sich als Zeichen von Hitlers scheinbarem Friedenswillen deuten; ein vergleichbares Abkommen vor 1914 war noch an der deutschen Unnachgiebigkeit gescheitert (s. Seite 66).

Das Jahr 1935 bringt auch die Annäherung an das faschistische Italien, das sich bislang, trotz aller ideologischen Übereinstimmungen, vor allem wegen der Frage der österreichischen Selbstständigkeit und des überwiegend deutschen Südtirols, das nach dem 1. Weltkrieg an Italien gefallen ist, noch zurückhaltend und eher feindlich verhalten hat (Stresafront; Unterstützung Österreichs beim Putschversuch der DNSAP 1934, s. Seite 121 f.). Im *Abessinienkonflikt,* der Besetzung Abessiniens (Äthiopiens) durch italienische Truppen (Ende 1935), stellt sich die deutsche Regierung auf die Seite Italiens und unterstützt es durch Kohlelieferungen, womit es die Boykottmaßnahmen des Völkerbundes gegen Italien unterläuft.

Die guten Beziehungen zu Italien, das englische Entgegenkommen und innenpolitische Probleme Frankreichs ermutigen Hitler zur

Besetzung des Rheinlandes 7. 3. 1936,

d. h. der im Versailler Vertrag festgelegten entmilitarisierten Zonen. Auch dieser Schritt wird von den einstigen Siegermächten hingenommen und bestärkt Hitler in seiner Überzeugung von der Richtigkeit seiner *Politik der vollendeten Tatsachen.*

Die Ende 1935 angebahnte deutsch-italienische Zusammenarbeit wird im

Spanischen Bürgerkrieg 18. 7. 1936–28. 3. 1939

---

[1] Eine Anerkennung der durch den Versailler Vertrag geschaffenen Ostgrenzen, also gewissermaßen ein Ost-Locarno, hat die Weimarer Außenpolitik bewusst abgelehnt (s. Seite 100).

[2] Die »Kleine Entente« zwischen der Tschechoslowakei, Jugoslawien und Rumänien; die »Balkanentente« zwischen der Türkei, Griechenland und Jugoslawien; ein Bündnis zwischen England, Frankreich und Italien zum Schutz Österreichs sowie ein Bündnis zwischen der Sowjetunion, Österreich und Ungarn.

[3] In Stresa (Oberitalien) am 14. 4. 1935 geschlossener Vertrag zwischen Italien, Frankreich und England mit der Absichtserklärung, in Zukunft solche Vertragsbrüche nicht mehr hinzunehmen. Die Stresafront zerbricht noch im selben Jahr vor allem durch die Neuorientierung der italienischen Außenpolitik, aber auch durch die englische *Appeasement-Politik* (s. Seite 122).

weiter vertieft. Der Bürgerkrieg in Spanien hat seine Ursachen in den wirtschaftlichen und politischen Problemen des Landes, die von 1923 bis 1930 zur Militärdiktatur des Generals *Primo de Rivera* führen. Das Scheitern Riveras hat den Rücktritt König *Alfons' XIII.* und die Errichtung der Republik (1931–39) zur Folge.

Aber auch der Republik, die sowohl von den extrem linken als auch von den starken rechten Kräften bedroht ist, gelingt es nicht, stabile politische Verhältnisse zu schaffen. Als es 1936 zur Bildung einer Volksfrontregierung, also zur Beteiligung der Kommunisten kommt, gibt es zahlreiche Massaker an politischen Gegnern, katholischen Geistlichen, Mönchen und Nonnen. Darauf reagiert die rechte Opposition mit einer Militärrevolte. Der Putsch der Armee unter Führung des Generals *Franco*[1] löst einen dreijährigen Bürgerkrieg aus, der über eine halbe Million Tote kostet. Die mit dem Faschismus sympathisierenden Francisten werden von italienischen und deutschen Truppen unterstützt; die Volksfront-Regierung erhält von der Sowjetunion Militärhilfe. Viele Freiwillige, hauptsächlich Sozialisten und Kommunisten aus aller Welt (u. a. Ernest Hemingway), kämpfen in »Internationalen Brigaden« für die Sache der kommunistisch-anarchistisch beherrschten Volksfront. Frankreich, England und die USA hingegen bleiben neutral.

Die Truppen Francos besetzen nach und nach weite Teile des Landes und drängen die Verbände der Volksfront-Regierung in die Defensive. Es gibt auf beiden Seiten zahlreiche grausame Massaker. Von Bedeutung – weniger militärisch als psychologisch – ist der Luftangriff der deutschen »Legion Condor« auf *Guernica,* die »heilige Stadt« der Basken (26. 4. 1937).

Am 28. 3. 1939 erobern die Truppen Francos die Hauptstadt Madrid. Der Sieg Francos bedeutet für Spanien den Beginn einer fast vierzigjährigen Diktatur.

1936 tritt das Deutsche Reich in Verhandlungen mit Japan, das eine imperialistische Politik im asiatischen Raum betreibt und dadurch in Gegensatz zu Deutschlands ideologischem Hauptgegner, der Sowjetunion, gerät. Japan und das Deutsche Reich schließen den gegen die Sowjetunion und die Politik der Kommunistischen Internationale (s. Seite 98) gerichteten

Antikominternpakt **25. 11. 1936,**

dem Italien am 6. 11. 1937 beitritt.[2]

Mit dem Jahr 1936 beginnt die Phase der gezielten Kriegsvorbereitungen, wobei Hitler in geheimen Äußerungen als spätesten Termin für den Kriegsbeginn das Jahr 1943, als frühesten (»sollten die Umstände günstig sein«) 1938 nennt. Zu diesen Vorbereitungen zählen:

- die Rheinlandbesetzung und der 1938 forcierte Ausbau der Befestigungsanlagen an der Grenze zu Frankreich (Westwall, im Ausland »Siegfriedlinie« genannt)
- der Vierjahresplan (s. Seite 117) mit dem Ziel, die Wirtschaft bis 1940 kriegsfähig zu machen
- die Festlegung der Beziehungen zu den späteren Kriegsverbündeten mit der »Achse Rom-Berlin« (November 1936) und dem Antikominternpakt

In einer geheimen Besprechung vor Wehrmachtgenerälen erläutert Hitler die Details seiner Kriegspläne *(Hoßbach-Protokoll, 5. 11. 1937)*. Sie sehen zur Sicherung der Ostflanke die Besetzung Österreichs und der Tschechoslowakei (CSR) vor. – Gegen diese Absichten äußern der Reichskriegsminister *von Blomberg* und der Oberbefehlshaber des Heeres *von Fritsch* Bedenken – nicht wegen der politischen Absicht, sondern aus militärisch-sachlichen Gründen (Befestigungsanlagen der CSR, wahrscheinliches Eingreifen der Westmächte). Um die Opposition in der Wehrmacht auszuschalten, betreibt Hitler die Entlassung der beiden Generäle, indem er sie persönlich kompromittieren lässt: Blombergs Ehefrau wird ins Zwielicht gezogen, Fritsch wird der Homosexualität bezichtigt. Als Folge dieser sog. *Fritsch-Blomberg-Krise* übernimmt Hitler selbst den Oberbefehl über die Wehrmacht (ihm zugeordnet das Oberkommando unter General *Keitel).* Den Oberbefehl über das Heer erhält General *von Brauchitsch.* An Stelle des bisherigen Außenministers *von Neurath* tritt *von Ribbentrop.* Hitlers nächstes Ziel ist der Anschluss Österreichs. Bereits im Juli 1934 war ein Putschversuch der DNSAP, der österreichischen Nationalsozialisten, gescheitert. Mussolini ließ damals Truppen an der Grenze auf-

---

[1] *Francisco Franco Bahamonde,* geb. 4. 12. 1892, ab 1926 General, 1934 maßgeblich an der Niederschlagung eines linksradikalen Aufstandes gegen die Republik beteiligt, übernimmt 1936 als Generalissimus und Chef der sog. nationalspanischen Regierung die Führung der Militärrevolte. Seit 1939 Diktator (»Caudillo«), gestützt auf die Armee, die faschistische Falange-Partei und die katholische Kirche. Erst nach Francos Tod (20. 11. 1975) beginnt unter König *Juan Carlos* die Demokratisierung Spaniens als konstitutionelle Monarchie.

[2] Weitere Mitglieder des Antikominternpaktes werden das von Japan abhängige, 1932 gegründete Kaiserreich Mandschukuo sowie Ungarn und Spanien.

marschieren, um im Notfall die österreichische Regierung zu unterstützen. Bei dem gescheiterten Putschversuch wird der österreichische Kanzler, *Dollfuß*, ermordet. Sein Nachfolger, *Schuschnigg*, sieht sich in der Folgezeit, besonders nach dem deutsch-italienischen Bündnis 1936, einem immer stärkeren Druck vonseiten des Reiches ausgesetzt. Anfang 1938 fordert Hitler ultimativ die Beteiligung der DNSAP an der Regierung und erzwingt schließlich am 11.3.1938 die Übergabe der Regierung an den DNSAP-Innenminister *Seyß-Inquart*. Auf dessen Wunsch nach deutscher Hilfe erfolgt am 12.3.1938 der Einmarsch deutscher Truppen und der

Anschluss Österreichs   14.3.1938

unter dem Jubel des größten Teils der österreichischen Bevölkerung (Sprechchöre: »Ein Volk – ein Reich – ein Führer«).

Als auch dieser Schritt zur Aufhebung des »Versailler Diktates« von den europäischen Mächten ohne nennenswerten Protest akzeptiert wird, wendet sich Hitler der Tschechoslowakei zu.

Anschluss des Sudetenlandes[1]   1938

Ansatzpunkt ist das Problem der *Sudetendeutschen,* der deutschen Minderheit, die ca. 23 % (3,5 Millionen) der Gesamtbevölkerung der CSR und die weit überwiegende Mehrheit in den Grenzgebieten zu Deutschland – im Sudetenland – ausmacht. In enger Zusammenarbeit mit *Konrad Henlein,* dem Führer der nationalsozialistischen *Sudetendeutschen Partei,* fordert Hitler am 26.9.1938 ultimativ unter Androhung der militärischen Intervention die Abtretung des Sudetenlandes. Angesichts der akuten Kriegsgefahr tritt auf Initiative Mussolinis eine Viermächtekonferenz (England, Frankreich, Italien und Deutschland) in München zusammen, die sich – ohne Beteiligung der CSR (!) – im

Münchener Abkommen   30.9.1938

auf die *Abtretung des Sudetenlandes an Deutschland* einigt.

Ein halbes Jahr später erreicht Hitler auch die kampflose

Rückgabe des Memellands   22.3.1939,

das ohne Volksabstimmung und trotz überwiegend deutscher Besiedlung nach dem Ersten Weltkrieg an die Alliierten abgetreten und von Litauen annektiert worden war.

Die Münchner Konferenz ist das weitestgehende außenpolitische Zugeständnis an Hitler und gewissermaßen das Symbol der von England seit 1935 vertretenen **Appeasement-Politik.** Diese »Beschwichtigungspolitik« basiert auf mehreren Voraussetzungen:

- dem Zweifel an der politischen Vernunft des Versailler Vertrages und seiner Durchsetzbarkeit gegenüber dem wieder erstarkten Deutschland und damit der Bereitschaft, seine Revision durch Deutschland zu tolerieren
- der Unsicherheit in der Beurteilung Hitlers und seiner Ziele
- der Auffassung, Hitler sei durch entsprechende Zugeständnisse zu »zähmen« (dieselbe Fehleinschätzung, die innenpolitisch 1933 zur Kanzlerschaft Hitlers geführt hat, s. Seite 110)
- dem eigenen Sicherheitsbedürfnis (Flottenabkommen 1935) und dem Willen, auf jeden Fall einen neuen Weltkrieg zu vermeiden

Zum einen ist England vom Stand seiner Rüstung her nicht kriegsbereit, zum anderen liegt ein möglichst weltweiter Frieden (World Appeasement) im Interesse Englands. Um seine durch den Ersten Weltkrieg schwer erschütterte Stellung als Wirtschaftsmacht wieder aufzubauen, ist England auf außenpolitische Ruhe angewiesen. Ein Krieg würde nicht nur unproduktive Rüstungsausgaben verschlingen und den Welthandel behindern, sondern auch den Loslösungsprozess der englischen Kolonien und Dominions beschleunigen, auf die England aber wirtschaftlich angewiesen ist.

Von der Appeasement-Politik rückt England erst ab, als Hitler 1939 zu einer offen imperialistischen Politik übergeht. Waren alle bisherigen Schritte, einschließlich der Besetzung des Sudetenlandes, noch im Rahmen der Revision des Versailler Vertrages zu deuten, ist die »Erledigung der Resttschechei«, die

**Besetzung der Tschechoslowakei
            15./16.3.1939[2],**

ein unverhülltes Zeichen der deutschen Expansionspolitik. Es ist abzusehen, dass Polen das nächste Ziel der deutschen Aggression sein würde. Durch eine *Garantieerklärung* der polnischen Grenzen (31.3.1939) versuchen England und Frankreich, Hitler von diesem Schritt abzuhalten. Ein Angriff auf Polen würde danach zum Kriegseintritt der Garantiemächte führen.

Die Abkehr von der Appeasement-Politik erfolgt jedoch zu spät. Nun ist Hitler – bestärkt durch die bisher erzielten Erfolge – fest entschlossen seine außenpolitischen Ziele zu verwirklichen.

---

[1] Sudeten: Mittelgebirge im tschechoslowakisch-deutschen Grenzgebiet.
[2] Die CSR wird aufgeteilt in das dem Reich eingegliederte *Protektorat Böhmen und Mähren* und die Slowakei, die zum abhängigen Satellitenstaat wird.

Bei der Vorbereitung des Angriffs auf Polen kann Hitler auf die Unterstützung Italiens rechnen, mit dem am 22.5.1939 ein Militärbündnis, der »*Stahlpakt*«, geschlossen wird. Eine Schlüsselrolle spielt die Sowjetunion, der östliche Nachbar Polens, der sich nun sowohl von den Westmächten (England und Frankreich) als auch von Hitler umworben sieht und aus dieser günstigen Konstellation entsprechendes Kapital zu schlagen gedenkt. Stalin fordert von den Westmächten als Gegenleistung für ein Bündnis die Überlassung des Baltikums sowie das Marschrecht durch Polen, eine Forderung, die insbesondere Polen selbst aufgrund seiner historischen Erfahrungen mit Russland strikt ablehnt. Die zögernde Verhandlungsführung der Westmächte bietet Hitler die Chance, mit dem bisherigen ideologischen Hauptfeind ins Geschäft zu kommen. Im

Hitler-Stalin-Pakt 23.8.1939

wird gegenseitiger Gewaltverzicht und – im Falle des Krieges einer der beiden Mächte mit einer dritten Macht – Neutralität des jeweiligen Partners beschlossen. In einem *geheimen Zusatzprotokoll* (dessen Existenz von sowjetischer Seite erst 1989 (!) im Zuge der *Glasnost*-Politik offiziell zugegeben worden ist) werden die beiderseitigen Interessensphären festgelegt. Es ist die vierte Teilung Polens in seiner Geschichte (s. Bd. 1, Seite 163), jetzt zwischen Deutschland und der Sowjetunion. Außerdem überlässt Hitler die baltischen Staaten der Sowjetunion als Einflussgebiet. Die deutsche Bevölkerung der baltischen Staaten wird von Hitler evakuiert, dann folgt die militärische Besetzung Estlands, Lettlands und Litauens durch die Rote Armee.

Der Zweite Weltkrieg

Die im Hitler-Stalin-Abkommen zugesicherte Neutralität der Sowjetunion ist die entscheidende Voraussetzung für die Auslösung des Angriffs auf Polen (»Fall Weiß«). Tägliche Berichte über polnischen Terror gegen Volksdeutsche in Polen bereiten den Einmarsch vor. Ein fingierter Überfall angeblich polnischer Soldaten auf den deutschen Sender Gleiwitz liefert dann den Vorwand für den

Angriff auf Polen 1.9.1939,

der den Zweiten Weltkrieg auslöst. England und Frankreich, die Ende März 1939 Garantieerklärungen für Polen abgegeben haben, fordern ultimativ den Rückzug der deutschen Truppen. Nach Ablauf ihres Ultimatums erfolgt – entgegen Hitlers Erwartungen, der auch in diesem Fall mit dem Nachgeben der Westmächte gerechnet hat – die

Kriegserklärung Englands und Frankreichs
3.9.1939.

Die *erste Phase* des Krieges ist durch eine Reihe rascher deutscher Erfolge gekennzeichnet. Es ist die Phase der sog. *Blitzkriege:*

- der **Polenfeldzug** (1.–28.9.1939): Die westlichen Gebiete (Posen und Westpreußen) mit weitgehend volksdeutschen Bewohnern werden dem Reich angegliedert, die übrigen als *Generalgouvernement Polen* unter Besatzungsrecht gestellt. – Zur gleichen Zeit besetzt die Rote Armee, gemäß dem geheimen Zusatzabkommen des Hitler-Stalin-Pakts, den östlichen Teil Polens.

- die Besetzung **Dänemarks** (April 1940) und **Norwegens** (April–Juni 1940), um die kriegswichtigen Erzimporte aus dem neutralen Schweden sicherzustellen, um eine Basis gegen England zu erhalten und um einer englischen Besetzung Norwegens zuvorzukommen – die englische Flotte zur Invasion Norwegens war schon ausgelaufen.

- der **Frankreichfeldzug** (10.5.–17.6.1940): Durch die schnelle Besetzung *Hollands, Belgiens* und *Luxemburgs* wird die stark befestigte französische *Maginot-Linie* umgangen. Am 14.6. wird Paris kampflos eingenommen. Am 22.6. ist Frankreich gezwungen, im Wald von Compiègne – dem Ort, an dem Deutschland am 11.11.1918 den Waffenstillstand im Ersten Weltkrieg unterzeichnen musste (s. Seite 92) – die Kapitulation zu unterschreiben. Während Nordfrankreich von deutschen Truppen besetzt bleibt, erhält der südliche Teil mit Regierungssitz in Vichy eine gewisse Selbstständigkeit unter der Regierung des Marschalls *Pétain*.

- die **Luftschlacht um England**, d. h. die Bombardierung englischer Städte (London, Coventry u. a.) von Juli bis November 1940, bringt trotz der anfänglichen deutschen Luftüberlegenheit und trotz hoher englischer Verluste nicht den nötigen Erfolg. Das *Unternehmen Seelöwe,* die Landung in England, die durch den Luftkrieg vorbereitet werden sollte, muss aufgegeben werden, zumal die deutsche Invasionsflotte durch einen englischen Luftangriff weitgehend zerstört wird. Damit ist – trotz der sensationellen Anfangserfolge – das entscheidende Kriegsziel im Westen nicht erreicht.

Das Scheitern des Angriffs auf England zwingt Deutschland in der *zweiten Phase* des Krieges zur Eröffnung weiterer Kriegsschauplätze und damit auf die Dauer zur Überspannung seiner Kräfte. Im

Afrikafeldzug März 1941–13.5.1943

müssen deutsche Truppen den italienischen Bündnispartner im Kampf gegen England unterstützen. Es geht auf diesem Kriegsschauplatz um die Be-

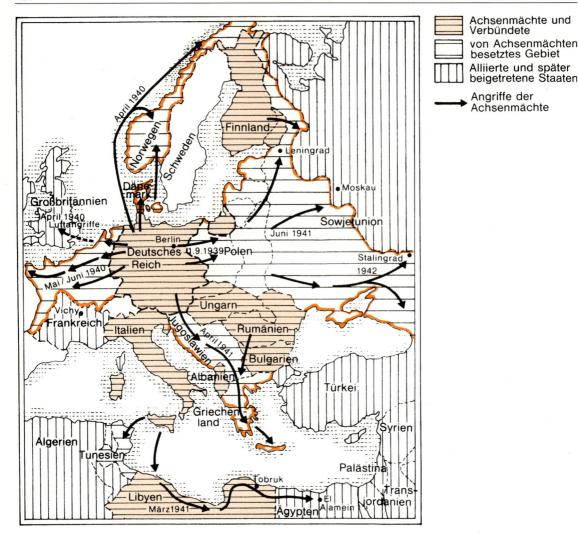

herrschung der nordafrikanischen Küste und damit um die Beherrschung des Mittelmeerraumes. Dem deutschen Afrikakorps unter General *Rommel* gelingt es zeitweise, die englischen Truppen zurückzudrängen und nach der Eroberung der hart umkämpften Stadt Tobruk bis El Alamein, ca. 100 km westlich von Kairo, vorzudringen (Sommer 1942). Anfang November 1942 erfolgt jedoch eine britische Gegenoffensive mit überlegenen Kräften (Rückeroberung von El Alamein und Tobruk, Besetzung von Tripolis). Gleichzeitig landen amerikanische Truppen unter General *Eisenhower* bei Algier, Oran und Casablanca (8.11.1942). Die deutschen und italienischen Truppen, die wegen der kritischen Kriegslage an der Ostfront (Stalingrad, s. Seite 126) nur ungenügende Verstärkung erhalten, müssen am 13.5.1943 kapitulieren. Der britisch-amerikanische Sieg im Afrikafeldzug schafft die strategischen Voraussetzungen für die Landung der Alliierten auf Sizilien (10.7.1943) und den Angriff auf die »Festung Europa«.

Unmittelbar nach dem Beginn des deutschen Engagements in Afrika erfolgt im

Balkanfeldzug   **6.4.–1.6.1941**

die Besetzung Jugoslawiens und Griechenlands einschließlich Kretas. Ziele des Balkanfeldzuges sind

- das Verhindern einer alliierten Balkanfront: Zurückdrängen Englands, das in Griechenland und auf Kreta bereits Stützpunkte errichtet hat, vom Kontinent
- die Sicherung der kriegswichtigen rumänischen Erdölgebiete (Rumänien ist, wie Ungarn und Bulgarien, seit November 1940 Bündnispartner Deutschlands)
- die Sicherung der Südostflanke für den geplanten Angriff auf die Sowjetunion (»Unternehmen Barbarossa«).

Die Herrschaft des Nationalsozialismus

Angriffe der Alliierten →

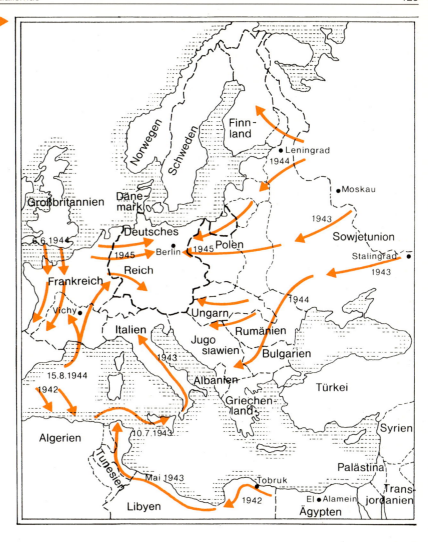

Nach der Besetzung des Balkans erfolgt, unter Bruch des Hitler-Stalin-Paktes, der überraschende

Überfall auf die Sowjetunion 22. 6. 1941.

Bei dem Angriff auf die Sowjetunion[1] lässt sich Hitler von mehreren Überlegungen leiten:

- Hitler sieht in der Zerschlagung der Sowjetunion ein indirektes Mittel gegen England. Die Eroberung der UdSSR raube England die »letzte kontinentale Hoffnung« und werde zum Kriegsaustritt Englands führen. Hitler glaubt, auch die Rote Armee in einem Blitzkrieg besiegen zu können.
- Die Eroberung der Sowjetunion als neuen »Lebensraum« im Osten ist ohnedies ein Ziel Hitlers. Die fruchtbare Ukraine würde die Lebensmittelversorgung sichern und die reichen Rohstoffreserven Russlands wären ein Gegengewicht gegen die Materialüberlegenheit Englands und der USA.

Durch das Überraschungsmoment begünstigt dringen die deutschen Truppen rasch vor, besetzen die Ukraine, das Donezbecken, umschließen Leningrad und stehen kurz vor Moskau, als der früh einsetzende Winter den Vormarsch zum Stehen bringt. Trotz des bislang siegreichen Verlaufs bleibt der Russlandfeldzug ohne den durchgreifenden Erfolg. Stalin kann, mit materieller Unterstützung der USA, die sowjetischen Kräfte für den »Großen Vaterländischen Krieg« mobilisieren und ein weiteres Vordringen der deutschen Truppen weitgehend verhindern.

---

[1] Die These, Hitler sei einem von Stalin geplanten Angriff durch einen Präventivkrieg lediglich zuvorgekommen, kann mittlerweile als widerlegt gelten.

Ende des Jahres 1941 weitet sich der Krieg zum Weltkrieg aus. Mit dem japanischen

Überfall auf Pearl Harbor 7.12.1941,

den Stützpunkt der amerikanischen Flotte auf Hawaii, beginnt der japanisch-amerikanische Krieg im Pazifik. Als Bündnispartner Japans erklärt daraufhin das Deutsche Reich den USA am 11.12.1941 den Krieg. Die USA hatten bereits durch umfangreiche Hilfslieferungen an England und die UdSSR in den Krieg eingegriffen. Zur entscheidenden Wende des Russlandfeldzuges und darüber hinaus des gesamten Krieges wird die

Schlacht um Stalingrad 19.11.1942–2.2.1943,

wo die 6. Armee unter Feldmarschall Paulus eingeschlossen und aufgerieben wird. Als Reaktion auf die Niederlage propagiert Reichspropagandaminister Goebbels in der berühmt-berüchtigten Sportpalastrede vom 18.2.1943 den **totalen Krieg.**

Mit Stalingrad beginnt die *dritte Phase* des Krieges, in der sich die deutsche Niederlage immer schärfer abzeichnet. Bereits ab Mitte 1942 ist Deutschland selbst Opfer von Luftangriffen. Mit amerikanischer Hilfe ist mittlerweile eine starke englische Luftwaffe aufgebaut worden, die mit ihren Langstreckenbombern und gestützt auf neuartige Radartechnik nächtliche Angriffe weit nach Deutschland hinein fliegen kann. Mit dem »*1000-Bomber-Angriff*« auf Köln (30./31.5.1942) beginnt der Bomberkrieg der englisch-amerikanischen Luftstreitkräfte gegen deutsche Städte, der bis zum Kriegsende anhält und in der Vernichtung Dresdens (13./14.2.1945) einen Höhepunkt findet.

Im Mai 1943 endet der Afrikafeldzug (s. Seite 124). Die Niederlage der deutsch-italienischen Truppen (über 250000 Gefangene) ermöglicht den Alliierten, auf Sizilien zu landen (10.7.1943) und von Süden her eine Offensive zu starten. Mussolini wird am 25.7.1943 im Auftrag König Viktor Emanuels verhaftet (s. Seite 115); am 3.9.1943 schließt Italien einen Waffenstillstand und geht auf die Seite der Alliierten über.

Mit der alliierten

Invasion der Normandie 6.6.1944

und der Landung in Südfrankreich (15.8.1944) beginnt die Einschnürung der deutschen Stellung auch von Westen. Trotz Aufbietung der letzten Reserven, des *Volkssturms*[1], ist das Vorrücken der Alliierten nicht zu verhindern. Eine deutsche Gegenoffensive, die *Ardennenoffensive* (ab 16.12.1944), scheitert an der alliierten Materialüberlegenheit. Im März 1945 bricht die deutsche Westfront zusammen.

Zur gleichen Zeit (ab 12.1.1945) läuft die sowjetische Großoffensive an, die am 24.4.1945 zur Einschließung Berlins führt. Am 25.4.1945 begegnen sich in Torgau an der Elbe die sowjetischen und amerikanischen Truppen. Am 30.4.1945 begeht Hitler im Berliner Bunker der Reichskanzlei Selbstmord, einige Tage darauf erfolgt die bedingungslose

Kapitulation Deutschlands 8.5.1945.

Im pazifischen Raum setzt sich der Krieg zwischen den USA und Japan noch weitere Monate fort. Erst nach dem

Atombombenabwurf auf Hiroshima und Nagasaki 6.8. und 9.8.1945

wird Japan zur Kapitulation gezwungen (2.9.1945).

Die Entwicklung der Atombombe mit ihrer unvorstellbaren Vernichtungskraft[2] eröffnet eine neue Dimension der Kriegsführung. Mit der Erfindung und technischen Perfektionierung dieser Waffe ist die Möglichkeit der mehrfachen Selbstvernichtung der Menschheit Realität geworden.

Die »Endlösung« der Judenfrage

Mit dem Beginn des Krieges erhält auch das Vorgehen gegen die Juden eine neue Dimension. War bislang durch die Nürnberger Rassengesetze und die »Reichspogromnacht« (s. Seite 118) die bürgerliche Existenzmöglichkeit der Juden immer mehr eingeengt worden, so beginnt mit dem Polenfeldzug unter strenger Geheimhaltung die physische Vernichtung der Juden. Unter der Leitung *Heinrich Himmlers*[3] werden die Juden in den besetzten Gebieten in Gettos (Lodz, Riga, Warschau u.a.) zusammengepfercht. Viele werden Opfer von Massenerschießungen, viele werden in Konzentrations-

---

[1] *Volkssturm:* durch Erlass Hitlers am 25.9.1944 gegründet, umfasst alle waffenfähigen Männer zwischen 16 und 60 Jahren; nach militärischer Kurzausbildung Einsatz zum Schutz des »Heimatbodens«, u.a. Anlage von Panzersperren und Verteidigungswällen.

[2] In Hiroshima/Nagasaki sind über 150000 Tote und ebenso viele Verletzte zu beklagen. Die langfristigen Folgen (Spätschäden, Missgeburten) wirken bis heute nach.

[3] *H. Himmler,* ab 1929 »Reichsführer SS«, ab 1936 als Staatssekretär im Reichsinnenministerium Leiter der gesamten deutschen Polizei; verantwortlich für das System der Konzentrationslager; nach Kriegsbeginn Aufbau der Waffen-SS als selbstständiger Truppe neben der Wehrmacht; als »Reichskommissar für die Festigung deutschen Volkstums« hauptverantwortlicher Organisator des Massenmordes an den Juden; 23.5.1945 Selbstmord.

lager deportiert, wo sie durch die unmenschlichen Lebens- und Arbeitsbedingungen umkommen oder schließlich ermordet werden.

Am 31.7.1941 wird *Reinhard Heydrich*[1] beauftragt, »alle erforderlichen Vorbereitungen für eine Gesamtlösung der Judenfrage im deutschen Einflussbereich in Europa zu treffen«. Am 19.9.1941 wird zur öffentlichen Kennzeichnung der Juden im Reich der »Judenstern« eingeführt, der sichtbar an der Kleidung zu tragen ist. Noch handelt es sich um vorbereitende Maßnahmen; der Durchführungsbefehl zur Massenvernichtung erfolgt erst Ende des Jahres, vermutlich als Reaktion auf die Ausweitung des Krieges zum Weltkrieg, die nun jede politische Rücksicht auf die USA hinfällig macht. Der systematische Massenmord an den polnischen Juden beginnt um die Jahreswende 1941/42. – Auf der

Wannsee-Konferenz   20.1.1942

wird die Vernichtung aller europäischen Juden geplant und organisiert. Ganz Europa soll durchkämmt werden, alle Juden sollen in die Vernichtungslager nach Osten gebracht und dort, nach der »natürlichen Dezimierung« (!) im Arbeitseinsatz, vergast werden. Als neue Technik des Massenmordes kommt jetzt das Giftgas Zyklon-B zum Einsatz. An sowjetischen Kriegsgefangenen wird diese »effektive« Vernichtungsmethode in Auschwitz erstmals ausprobiert (3.9.1941).

Die größten Vernichtungslager sind Auschwitz-Birkenau, Treblinka, Maidanek, Sobibor, Belzec und Chelmno. Unter dem Vorwand, zur Desinfektion geführt zu werden, werden Hunderttausende Menschen in diesen Lagern vergast und in den angeschlossenen Krematorien verbrannt. Die Zahl der Ermordeten ist nicht genau festzustellen; sie liegt bei etwa 6 Millionen. Außer Juden sind auch politische Gegner, Zeugen Jehovas, Kriminelle, Zigeuner, Homosexuelle, Geisteskranke u.a.m. Opfer der Vernichtungsaktion.

Der *Holocaust*[2] an den europäischen Juden ist ein Ereignis, das mit anderen Massenmorden nicht zu vergleichen ist. Die durchrationalisierte, geradezu fabrikmäßige Ermordung von ca. 6 Millionen Menschen, dazu die Verwertung von Kleidung, Haaren, Goldplomben und Brillen der Opfer, ist ohne Beispiel.

Widerstand im Dritten Reich

Es hat Widerstand im Dritten Reich gegeben. Er war nicht erfolgreich; aber er hat seinen Sinn darin, zu zeigen, »dass die deutsche Widerstandsbewegung vor der Welt und vor der Geschichte den entscheidenden Wurf gewagt hat« (H. v. Tresckow, s. Seite 129).

Der Begriff Widerstand ist vielschichtig: Neben dem individuellen Nonkonformismus, zu dem schon die Weigerung gehören kann, die Hakenkreuzfahne zu hissen oder nationalsozialistischen Organisationen beizutreten, reicht das Spektrum des Widerstandes über konspiratives Zusammenarbeiten in Gruppen Gleichgesinnter, Verbreitung von Flugblättern, Kontakte zum Ausland, Hilfsmaßnahmen für Verfolgte und Sabotageakte bis zum Versuch des Attentats und des Staatsstreichs. Die verschiedenen Widerstandsgruppen arbeiten jedoch weitgehend voneinander isoliert und bleiben folglich relativ wirkungslos.

Das Fehlen einer einheitlichen, organisatorisch zusammengefassten Widerstandsbewegung hat mehrere Gründe:

- Die Realität des totalitären Überwachungsstaates erschwert die Entfaltung einer wirkungsvollen Opposition. Die Bedrohung durch die Gestapo

---

[1] *R. Heydrich*, ab 1933 Chef der bayrischen Polizei, ab 1936 der Sicherheitspolizei (Sipo) und des Sicherheitsdienstes (SD); maßgeblich beteiligt an der Organisation des sog. Röhm-Putsches (s. Seite 112) und der Reichspogromnacht (s. Seite 118); 1941 mit der »Endlösung« beauftragt und zum stellvertretenden Reichsprotektor von Böhmen und Mähren ernannt; wird am 4.6.1942 in Prag Opfer eines Attentats. – Als Vergeltungsmaßnahme zerstören SD, SS und Gestapo am 10.6.1942 das Dorf *Lidice* in der Nähe von Prag, ermorden die männlichen Einwohner und verschleppen Frauen und Kinder. Lidice ist seitdem, ebenso wie das französische *Oradour* (10.6.1944), Symbol für den Nazi-Terror in den besetzten Gebieten.

[2] *Holocaust* (von griech. holókauton = Brandopfer): im englischen Sprachraum als Steigerung des Begriffs Völkermord (Genozid) verwendete Bezeichnung für den Massenmord an den Juden.

und die ständige Gefahr der Denunziation durch Spitzel macht es praktisch unmöglich, die einzelnen Widerstandsgruppen zusammenzuführen.
- Der fehlende Rückhalt in der Bevölkerung, die sich weitgehend mit dem Regime identifiziert und sich durch seine anfänglichen Erfolge blenden lässt.
- Die obrigkeitsstaatliche Tradition der deutschen Führungseliten, die eine psychologische Barriere gegen jede Form von Umsturz oder Staatsstreich errichtet.
- Der in der Wehrmachtsführung geltende Ehrenkodex mit seiner hohen Wertschätzung der Pflichterfüllung und des Soldateneides, der seit 1934 auf Hitler persönlich geleistet wird.
- Schließlich, nach Ausbruch des Krieges, die Skrupel, dass der innenpolitische Widerstand als »Verrat am deutschen Frontsoldaten« ausgelegt werden und einer neuen Dolchstoßlegende (s. Seite 95) Vorschub leisten könnte. Vor allem in der ersten Phase des Krieges, die durch zahlreiche Erfolge der Wehrmacht gekennzeichnet ist (s. Seite 123), wäre kaum Verständnis für einen Staatsstreich gegen Hitler zu erwarten.

Der Widerstand unterschiedlichster Formen wird getragen

- von Kreisen christlich und humanistisch gesinnter Politiker und Militärs, vor allem der Gruppe um *Carl Goerdeler*[1] und *Ludwig Beck*[2] sowie dem *Kreisauer Kreis,* so benannt nach dem schlesischen Gut des Grafen *Helmut James von Moltke* (23.1.1945 hingerichtet). Der Kreisauer Kreis steht in Verbindung auch mit Mitgliedern des kirchlichen und des sozialdemokratischen Widerstands.
Die Motive dieser bürgerlich-national orientierten Gruppen sind u.a. religiöser und ethischer Art. Beide Kreise entwerfen Verfassungspläne für ein Deutschland nach Hitler, wobei der ehemalige Deutschnationale Goerdeler nicht an eine Demokratie, sondern an einen autoritären, eventuell monarchischen Staat denkt. Für den Fall eines Staatsstreichs gegen Hitler ist Goerdeler als Reichskanzler, Beck als Staatsoberhaupt vorgesehen.

- von Mitgliedern der christlichen Kirchen, die sich in Predigten, Hirtenbriefen usw. öffentlich gegen die Menschenrechtsverletzungen der Nazis stellen, gegen die Judenverfolgung und vor allem gegen das *Euthanasieprogramm*[3]: Auf Befehl Hitlers läuft ab Oktober 1939, also mit Kriegsbeginn, eine Aktion zur Ermordung geisteskranker Menschen an. Über Tarnorganisationen wie die »Reichsarbeitsgemeinschaft Heil- und Pflegeanstalten« und die »Gemeinnützige Krankentransport GmbH« werden die betreffenden Personen heimlich erfasst und unter Vorwänden in Vernichtungslager überführt. Über 100 000 Kranke werden vergast. Gegen das Euthanasieprogramm erhebt sich starker Protest von kirchlicher Seite, vor allem durch den Limburger Bischof *Hilfrich*[4], die Kardinäle *Faulhaber, von Galen* und den evangelischen Bischof *Wurm.* Am 6.7.1941 wird ein Hirtenbrief verlesen, der die Ermordung Geisteskranker verurteilt. Auf Druck der kirchlichen Protestbewegung lässt Hitler das Programm am 24.8.1941 einstellen. – Eine besondere Rolle im kirchlichen Widerstand kommt der 1934 gegründeten Bekennenden Kirche zu (s. Seite 119).

- von einzelnen Jugend- und Studentengruppen, insbesondere der *Weißen Rose* in München um die Geschwister *Hans und Sophie Scholl* (22.2.1943 hingerichtet) und den Philosophieprofessor *Kurt Huber* (13.7.1943 hingerichtet), die in mehreren Flugblättern die Inhumanität des NS-Regimes und seine unverantwortliche Kriegführung (Stalingrad) anprangern. – Andere Jugendgruppen, etwa die Kölner *Edelweißpiraten*, zeigen sich zwar gegen die nationalsozialistische Indoktrination resistent, sind aber wohl doch eher Jugendbanden als politische Widerstandskämpfer.

- von Mitgliedern der politischen Linken (KPD, SPD, Gewerkschaften), die nach der Zerschlagung ihrer Organisationen im Untergrund weiterarbeiten. Sie werden unterstützt von den entsprechenden Bewegungen im Ausland. Der SPD-Vorstand etwa konstituiert sich neu und unterstützt von der Tschechoslowakei aus den deutschen Widerstand (Prager Manifest, 28.1.1934).

---

[1] C. Goerdeler, ehemals Mitglied der DNVP und Oberbürgermeister von Leipzig, 1937 zurückgetreten; am 2.2.1945 hingerichtet.

[2] L. Beck, Generaloberst, aus Protest gegen Hitlers Außenpolitik im Zusammenhang mit der Sudetenkrise (s. Seite 122) 1938 zurückgetreten; am 20.7.1944 hingerichtet.

[3] *Euthanasie* (griech. = »schöner Tod«): ursprünglich in der Philosophie der Stoa (s. Bd.1, Seite 34) das Recht des gebrechlichen Menschen auf Freitod; heute im Sinne der medizinischen Sterbehilfe.

[4] In der Nähe von Limburg, in Hadamar, befand sich eines der Vernichtungslager.

- von Einzelgängern wie dem schwäbischen Schreinergesellen *Johann Georg Elser,* der am 8.11.1939 im Münchener Bürgerbräukeller eine selbst gebastelte Bombe detonieren lässt. Das Ziel, die Tötung Hitlers, verfehlt er, da Hitler das Lokal vorzeitig verlassen hat.

Im Lauf der Zeit wird immer deutlicher, dass ein wirkungsvoller Widerstand nur noch von der Wehrmacht ausgehen kann, der einzigen Organisation, die über die erforderlichen Machtmittel für einen Staatsstreich verfügt. Zwar ist die Wehrmacht seit 1934 durch den persönlichen Eid auf Hitler gebunden; dennoch gibt es in ihr Kräfte, die sich angesichts des höheren Notstandes über diesen Eid hinwegsetzen würden. Dabei spielen neben der politischen Ablehnung des Regimes vor allem militärische Erwägungen eine Rolle, denn die Kriegführung Hitlers wird von führenden Mitgliedern der Wehrmacht als unverantwortliches Vabanquespiel abgelehnt. Ein erster Versuch zur Entmachtung Hitlers ist 1938 anlässlich der Krise um die Tschechoslowakei geplant. Das Unternehmen scheitert, weil die Westmächte im Münchener Abkommen (s. Seite 122) zurückstecken und Hitler das Sudetenland überlassen. Auch der Plan, Hitler anlässlich eines Truppenbesuchs verhaften zu lassen (1939), schlägt fehl, da der Organisator, Generaloberst *Kurt von Hammerstein-Equord,* vorher entlassen wird.

Mit Kriegsbeginn sinken die Chancen der Militäropposition, da angesichts der überwältigenden Anfangserfolge (s. Seite 123) keine Basis für einen Umsturzversuch gegeben ist. Erst die Wende des Krieges, die Katastrophe von Stalingrad und die Niederlage im Afrikafeldzug (s. Seite 126 und 124) bestärkt den militärischen Widerstand. Generalmajor *Henning von Tresckow* schmuggelt eine Bombe in Hitlers Flugzeug (13.3.1943). Das Attentat schlägt fehl, da die Bombe nicht zündet. Ebenso scheitert der Plan *von Gersdorffs,* sich bei einem Ausstellungsbesuch zusammen mit Hitler in die Luft zu sprengen, da Hitler den Raum vorzeitig verlässt (21.3.1943).

Die sich immer deutlicher abzeichnende militärische Katastrophe (Juni 1944 Landung der Alliierten in der Normandie) setzt den militärischen Widerstand unter Zugzwang. Nach längeren Vorbereitungen, an denen Mitglieder des Kreisauer Kreises und der Gruppe um Goerdeler und Beck beteiligt sind, kommt es zum Staatsstreichversuch des

20. Juli 1944.

Oberst *Schenk von Stauffenberg,* der als Stabschef im Allgemeinen Heeresamt an den militärischen Lagebesprechungen im Führerhauptquartier »Wolfsschanze« (Ostpreußen) teilnehmen kann, deponiert in einer Aktentasche eine Zeitzünderbombe unter dem Tisch und entfernt sich bald darauf unter einem Vorwand aus der Besprechung. Er meldet telefonisch einen Erfolg des Attentats an die Verschwörer in Berlin. Bei der Explosion der Bombe wird Hitler jedoch nur leicht verletzt, weil er den Platz am Kartentisch gewechselt hat.

Im Glauben an den Erfolg des Attentats laufen in Berlin die Maßnahmen für die Machtübernahme an. Der Widerstand von Truppenteilen, das Misslingen wichtiger Schritte wie etwa der Besetzung des Rundfunks, ungenügende Nachrichtenübermittlung, schließlich die Nachricht, Hitler habe das Attentat überlebt, lassen den Umsturzversuch zusammenbrechen. Noch am Abend des 20. Juli werden die führenden Mitglieder der Verschwörung verhaftet.

Der 20. Juli ist der letzte Versuch, sich aus eigener Kraft von der Hitler-Diktatur zu lösen. Die Widerstandsgruppen sind durch Verhaftungen und Hinrichtungen der meisten aktiven Mitglieder unfähig zu weiteren Aktionen.

Obwohl die Umsturzversuche misslingen, setzen sie doch ein Zeichen und dokumentieren, dass es auch in Deutschland Widerstand gegeben hat. Der 20. Juli 1944 wird so zum Symbol für die Existenz des »besseren Deutschland«.

Zeittafel
Nationalsozialismus

1933	**Hitler zum Reichskanzler ernannt (sog. Machtergreifung) (30. 1.)**	
	Brand des Reichstagsgebäudes (27./28. 2.)	
	Reichstagsbrandverordnung (28. 2.)	
	Ermächtigungsgesetz (23. 3.)	
	Gesetze zur Wiederherstellung des Berufsbeamtentums und zur Gleichschaltung der Länder (7. 4.)	
	Zerschlagung der Gewerkschaften (2. 5.)	
	Bücherverbrennungen (Verbot »entarteter« Kunst) (10. 5.)	
	Verbot der SPD; (Selbst-)Auflösung der Parteien (22. 6.)	Reichskonkordat (20. 7.)
		Austritt aus dem Völkerbund (14. 10.)
1934	Gesetz zur Ordnung der nationalen Arbeit (20. 1.)	Nichtangriffspakt mit Polen (26. 1.)
	Gründung der Bekennenden Kirche (29./31. 5.)	
	»Röhm-Putsch« (30. 6.)	
	Tod Hindenburgs: Hitler »Führer und Reichskanzler« (2. 8.)	
1935	Saarabstimmung (13. 1.)	
	Einführung der allgem. Wehrpflicht (16. 3.)	deutsch-britisches Flottenabkommen (18. 6.)
	Nürnberger Gesetze (15. 9.)	
1936		**Besetzung des Rheinlandes (7. 3.)**
		Spanischer Bürgerkrieg (Juli 36–März 39)
	Vierjahresplan (18. 10.)	Antikominternpakt mit Japan (25. 11.)
1937	Enzyklika »Mit brennender Sorge« (4. 3.)	
1938		**Anschluss Österreichs (14. 3.)**
		Münchener Abkommen: Besetzung des Sudetenlandes (30. 9.)
	Reichspogromnacht (9./10. 11.)	
1939		**Besetzung der CSR (15./16. 3.)**
		Hitler-Stalin-Pakt (23. 8.)
		Überfall auf Polen: Beginn des Zweiten Weltkrieges (1. 9.)
1940		Besetzung Norwegens, Dänemarks, Frankreichs (»Blitzkriege«)
		Kriegseintritt Italiens (10. 6.)
1941		Afrikafeldzug (März 41–Mai 43)
		Balkanfeldzug (April/Juni)
		Überfall auf die Sowjetunion (22. 6.)
		japan. Überfall auf Pearl Harbor (7. 12.)
		deutsche Kriegserklärung an die USA (11. 12.)
1942	**Wannsee-Konferenz** (Beginn der systematischen Ermordung der europäischen Juden) (20. 1.)	
1943		**Kapitulation der 6. Armee in Stalingrad (2. 2.)**
		Kapitulation des Afrikakorps (13. 5.)
		Landung der Alliierten auf Sizilien (10. 7.)
		Italien schließt Waffenstillstand mit Alliierten (3. 9.)
1944		**Landung der Alliierten in der Normandie (6. 6.)**
	Attentatsversuch auf Hitler (20. 7.)	
1945		**Kapitulation Deutschlands (8. 5.)**

Grundzüge der Weltgeschichte nach dem Zweiten Weltkrieg

Ost-West-Konflikt

Überblick

Der Ost-West-Konflikt ist eines der zentralen Probleme der Nachkriegszeit. Er ist gekennzeichnet durch Phasen der Konfrontation *(Kalter Krieg)* und der Bemühung um friedliches Nebeneinander *(Koexistenz, Entspannung)*, wobei immer wieder Rückschläge und Neuansätze zu verzeichnen sind.

- Nach der Kapitulation Deutschlands brechen die Unterschiede zwischen den westlichen Alliierten und der Sowjetunion auf, die bislang durch das Zweckbündnis der Anti-Hitler-Koalition überdeckt waren.
- Neben den ideologischen Gegensätzen erweisen sich vor allem die außenpolitischen Interessen als unvereinbar: Dem sowjetischen *Expansionsstreben* und Sicherheitsbedürfnis (Schaffung sowjetischer Einflusszonen) steht das amerikanische Prinzip der *One world* (freier Handel, Selbstbestimmungsrecht der Völker) entgegen.
- Die Politik der UdSSR wird von den USA als Teil einer langfristig konzipierten Weltrevolution gesehen – umgekehrt deutet die UdSSR das One-world-Konzept als Zeichen eines amerikanischen Wirtschaftsimperialismus.
- Diese Einschätzungen der jeweils anderen Seite führen zur gegenseitigen Abgrenzung (1947: Truman-Doktrin und Kominform-Gründung). Der sich verschärfende Dualismus (Kalter Krieg) führt zur Teilung der Welt in Ost- und Westblock.
- Der amerikanisch-sowjetische Antagonismus wirkt sich unmittelbar auf das besetzte Deutschland aus: Die Teilung Deutschlands ist die Folge des Kalten Krieges.
- Die erste Atombombenzündung in der UdSSR (August 1949) und der Sieg der kommunistischen Partei im chinesischen Bürgerkrieg **(1.10.1949: Volksrepublik China)** schüren die Angst des Westens vor der Ausbreitung des Kommunismus.
- Der Wille, weitere Expansionen des Kommunismus zu verhindern *(containment)* – zum Teil auch die Absicht, ihn zurückzudrängen *(roll back)* – führt zum amerikanischen Engagement im **Korea-Krieg (1950–53)** und im **Vietnam-Krieg**.
- Zu einer Konfrontation kommt es in der **Kuba-Krise 1962**. Die Krise, in der die Welt am Rand eines Atomkrieges steht, macht die Notwendigkeit von Absprachen zwischen den Supermächten deutlich (heißer Draht).
- Die Verständigungsbemühungen (Phasen der **Koexistenz** nach 1953 und nach 1962) werden immer wieder durch krisenhafte Entwicklungen vereitelt. Konfliktherde sind vor allem die sowjetischen Satellitenstaaten in Osteuropa **(Ungarnaufstand 1956, Invasion in der CSSR 1968)** sowie Berlin (Berlin-Ultimatum 1958, **Berliner Mauer 1961**). Dabei wird deutlich, dass die Supermächte trotz aller gegenteiligen Rhetorik die beiderseitigen Einflussgebiete faktisch anerkennen.
- Das »Gleichgewicht der Schwäche« (Niederlage der USA im Vietnam-Krieg, chinesisch-sowjetischer Konflikt, chinesisch-amerikanische Annäherung) ermöglicht zu Beginn der 70er-Jahre eine längere **Phase der Entspannung** (Abrüstungsverhandlungen, Ostverträge der Bundesrepublik Deutschland, KSZE usw.), die erst durch die sowjetische *Invasion in Afghanistan (25.12.1979)* von einer neuen »Eiszeit« abgelöst wird.
- Mit der Wahl **Gorbatschows** zum Generalsekretär der KPdSU (1985) beginnt eine neue Entwicklung: Die Abkehr von der Zwei-Lager-Theorie und der Breschnew-Doktrin führt zum Ende des Kalten Krieges und öffnet den unterdrückten Staaten Ostmitteleuropas den Weg zu Unabhängigkeit und Demokratie.
- Auch die **Revolution in der DDR (1989)** und die Wiedervereinigung Deutschlands sind vor dem Hintergrund dieses Wandels der sowjetischen Außenpolitik zu verstehen.
- Die Bemühungen um innen- und wirtschaftspolitische Umgestaltung der UdSSR bleiben dagegen in den Ansätzen stecken. Das Scheitern der Reformen setzt einen Auflösungsprozess in Gang, der Ende 1991 zum **Zerfall der UdSSR** und zum Sturz Gorbatschows führt.
- Als Nachfolgeorganisation der UdSSR gründen elf ehemalige Sowjetrepubliken unter Führung Russlands am 21.12.1991 die **Gemeinschaft unabhängiger Staaten (GUS)**.

Die Anti-Hitler-Koalition

Mit dem deutschen Angriff auf die Sowjetunion (22.6.1941, s. Seite 125) wird Stalin zum Verbündeten der Westmächte. Die USA liefern Rüstungsgüter und Hilfsmittel, um die Sowjets zu unterstützen.

Das gemeinsame Interesse an der Niederschlagung Deutschlands lässt die ideologischen und politischen Unterschiede in den Hintergrund treten. Noch 1919/20 hatten die USA und England im russischen Bürgerkrieg (s. Seite 79) die Gegenrevolution der »Weißen« unterstützt und nach dem Sieg der Roten Armee der sowjetischen Regierung lange Zeit die Anerkennung verweigert (erst 1933 Aufnahme diplomatischer Beziehungen, erst 1934 Aufnahme der Sowjetunion in den Völkerbund).

Friedensvorstellungen im Zweiten Weltkrieg

Die amerikanische Position ist grundsätzlich durch den Rückgriff auf das *liberale Friedensmodell* gekennzeichnet, wie es Präsident *Wilson* 1918 in seinen vierzehn Punkten formuliert hat (s. Seite 69). Auf dieses Programm greift Präsident *Franklin D. Roosevelt (1933–45)* zurück:

Erklärung der vier Freiheiten	6.1.1941:

- Freiheit der Rede und der Meinungsäußerung
- Freiheit der Religionsausübung
- Freiheit von Not (gesunde wirtschaftliche Verhältnisse durch internationalen Freihandel)
- Freiheit von Furcht (Abrüstung und System der kollektiven Sicherheit[1])

Atlantik-Charta[2]	14.8.1941:

- Verzicht auf Annexionen
- Selbstbestimmungsrecht der Völker
- liberale Weltwirtschaft bei grundsätzlicher Gleichberechtigung aller Staaten im Welthandel *(One world)*
- Freiheit der Meere
- System der kollektiven Sicherheit (UNO)

Hinsichtlich Deutschlands sehen die amerikanischen Planungen dessen dauerhafte wirtschaftliche und politische Schwächung vor (*Roosevelt-* und *Morgenthau-Plan,* s. Seite 179).

Das sowjetische Interesse gilt vor allem der Wiederherstellung der Westgrenze von 1941 (mit Ostpolen, den Baltischen Staaten, Bessarabien und der Nordbukowina) und der Aufhebung des nach 1918 gebildeten antisowjetischen *cordon sanitaire* (s. Seite 95). Den Gedanken an eine kommunistische Weltrevolution stellt Stalin als derzeit unrealistisch zurück.

Auf dieser Basis können sich Roosevelt, Churchill und Stalin bei ihrem ersten Treffen auf der

Konferenz von Teheran	28.11.–1.12.1943

einigen. Es hat den Anschein, als sei die Sowjetunion bereit, bei geziemender Berücksichtigung ihrer Interessen im osteuropäischen Raum (Anerkennung der *Curzon-Linie* (s. Seite 95) als polnisch-sowjetischer Grenze) auf das Konzept der »One world«, der kollektiven Friedenssicherung und der liberalen Weltwirtschaft einzugehen.

Die Konferenz von Jalta und die sowjetische Osteuropapolitik

Trotz des vorläufigen Konsenses von Teheran lässt sich das gegenseitige Misstrauen nicht ausräumen. Die Sowjetführung fürchtet das Vordringen des amerikanischen Kapitalismus (Wirtschaftsimperialismus) in Europa und sieht darin eine potenzielle Bedrohung des eigenen Systems. Manche Entscheidungen der Westmächte – etwa das Hinauszögern der schon 1942 versprochenen Errichtung einer »zweiten Front«, die Russland entlasten sollte, bis zum 6.6.1944[3] – bestärken die sowjetischen Befürchtungen. Auch die, nicht zuletzt aus innenpolitischen Gründen stark akzentuierte liberale Programmatik, der Wilsonianismus der USA, trägt zum sowjetischen Unbehagen bei.

Die Pläne, die ab Januar 1944 in London in der EAC[4] erarbeitet werden, bleiben deshalb unverbindlich. Zwar wird die Westverschiebung Polens auf Kosten der ostdeutschen Gebiete beschlossen, aber nur provisorisch bis zur endgültigen Regelung in einem Friedensvertrag. Zwar einigt man sich grundsätzlich auf die Aufteilung des Deutschen Reiches in drei,

---

[1] Der Verwirklichung dieses Zieles dient die UNO (United Nation Organization), die 1945 als Nachfolgeorganisation des Völkerbundes (s. Seite 92) gegründet wird.

[2] Auf dem englischen Kriegsschiff »Prince of Wales« im Atlantik von Roosevelt und Churchill beschlossene Erklärung über die Grundsätze der Nachkriegspolitik.

[3] Für die USA und England, die durch den Afrikafeldzug und die Invasion auf Sizilien vorerst gebunden sind (s. Seite 126), spielen vorwiegend militärische Gründe eine Rolle. Sie wollen den Angriff erst wagen, wenn sein Erfolg außer Zweifel steht.

[4] European Advisory Commission (Europäische Beratende Kommission).

später vier[1] Besatzungszonen, doch nähere Bestimmungen, etwa über die Reparationen, werden verschoben.

Auch auf der

Konferenz von Jalta   4.–11.2.1945

bleiben wichtige Fragen offen. Die *Erklärung über das befreite Europa*, die Stalin auf Drängen Roosevelts unterzeichnet, erweist sich als ein unverbindlicher Formelkompromiss. Zwar verpflichtet sich Stalin, die sowjetische Politik mit den Westmächten abzustimmen und »in Übereinstimmung mit demokratischen Grundsätzen« zu handeln, doch diese Formulierung verschleiert den Gegensatz zwischen westlicher und sowjetischer Demokratieauffassung.

Die tatsächliche Unvereinbarkeit zwischen dem amerikanischen Konzept (One world und Selbstbestimmungsrecht der Völker) und dem sowjetischen Ziel der Schaffung einer Einflusszone zeigt sich in Osteuropa. Hier hat Stalin die politischen Verhältnisse bereits weitgehend im sowjetischen Sinne umgewandelt. Aus angeblichem Sicherheitsbedürfnis kommt es ihm darauf an, in diesen Staaten prosowjetische Regierungen einzusetzen und so eine Pufferzone gegen den Westen zu schaffen.

Bei der Durchsetzung dieses Ziels greift Stalin zu verschiedenen Mitteln:

– Zusammenarbeit mit bestehenden Kräften (etwa Exilregierungen oder sozialistischen Parteien)
– Bildung antifaschistischer Volksfronten (»Nationale Front«), in denen die kommunistische Partei schrittweise die Führung übernehmen kann
– Besetzung von Schlüsselpositionen mit Kommunisten
– bilaterale Freundschafts- und Beistandspakte
– Präsenz der Roten Armee
– Ausschaltung antikommunistischer Kräfte und Zerstörung ihrer materiellen Basis durch Enteignung und Kollektivierung.

Die so entstehenden Staatsformen werden unter dem Begriff *Volksdemokratie* zusammengefasst. –

Je nach den konkreten Umständen werden diese Mittel in unterschiedlichen Dosierungen angewandt:

● Im Fall der **Tschechoslowakei** entwickeln sich die Dinge für die Sowjetunion am günstigsten. Bereits Ende 1943 schließt Stalin einen Freundschaftspakt mit der tschechoslowakischen Exilregierung unter *Benesch*, der nach der bitteren Erfahrung des Münchener Abkommens (s. Seite 122) nicht mehr auf die Westmächte setzt. Nach der Befreiung der Tschechoslowakei durch die Rote

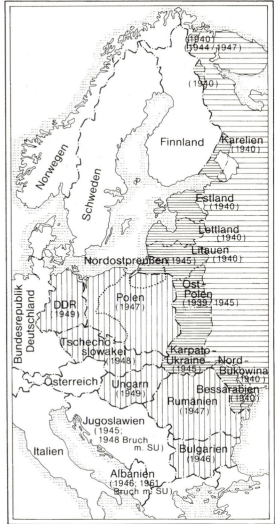

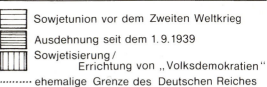

Sowjetunion vor dem Zweiten Weltkrieg
Ausdehnung seit dem 1.9.1939
Sowjetisierung / Errichtung von „Volksdemokratien"
·········· ehemalige Grenze des Deutschen Reiches

Armee (dabei Flucht bzw. Vertreibung der Sudetendeutschen) gründet Benesch unter Beteiligung der Kommunisten eine Regierung der »Nationalen Front«. Ende 1945 bereits werden die sowjetischen Truppen abgezogen (zur späteren Entwicklung s. Seite 136 u. 140).

● In **Ungarn** wird eine aus Kommunisten, Sozialisten und Kleinlandwirte-Partei bestehende Regierungskoalitition gebildet, die sich anfangs relativ

---

[1] Die Bildung einer französischen Zone wird in Jalta (Februar 1945) beschlossen.

große Unabhängigkeit von der Sowjetunion bewahren kann. Ähnlich verläuft die Entwicklung in **Bulgarien** und **Rumänien,** wo die Kommunisten zunächst mit den bürgerlichen Parteien zusammenarbeiten und sie erst im Lauf der Zeit zu machtlosen Mitläufern umfunktionieren.

- In **Polen** ist der Widerstand gegen die Sowjetisierung – aufgrund der historischen Erfahrungen der Teilungen (s. Bd. 1, Seite 161) bis hin zum Hitler-Stalin-Pakt (s. Seite 123) – am größten. Nach der Besetzung Ostpolens durch die Rote Armee (1939) werden über eine Million Polen nach Zentralasien und Sibirien deportiert; ca. 15 000 kriegsgefangene polnische Offiziere werden ermordet. Die Entdeckung von deren Massengräbern bei *Katyn*[1] Anfang 1943 verstärkt die antisowjetische Haltung der polnischen Exilregierung unter General *Sikorski* und macht eine Lösung nach tschechischem Vorbild vollends unmöglich. Stalin setzt deshalb auf das von Kommunisten gegründete Polnische Komitee der Nationalen Befreiung *(Lubliner Komitee).*

Als die nichtkommunistischen Widerstandsgruppen Polens, ermutigt durch das Vorrücken der Roten Armee, sich im

Warschauer Aufstand   1. 8.–2. 10. 1944

gegen das deutsche Besatzungsregime erheben, unterlässt Stalin jede Hilfeleistung und wartet ab, bis der Aufstand von den deutschen Truppen niedergeschlagen wird. Die Vernichtung der polnischen Résistance in Warschau erleichtert die Machtübernahme durch das prosowjetische Lubliner Komitee, das im Januar 1945 als provisorische polnische Regierung anerkannt wird.

- In **Jugoslawien** gelingt es der kommunistischen Partisanenbewegung unter *Josip Tito,* die Macht im Lande zu übernehmen und einen vom sowjetischen Einfluss unabhängigen Weg einzuschlagen. Dem späteren Versuch Stalins, Jugoslawien enger in das System der Satellitenstaaten einzubeziehen, kann sich Tito widersetzen. 1948 kommt es zum offiziellen Bruch der Beziehungen (Ausschluss Jugoslawiens aus der Kominform, 28. 6. 1948). Tito kann sich, gestützt auf westliche Hilfe, behaupten und den jugoslawischen Sonderweg[2] bis zu seinem Tod (1980) fortsetzen.

Die Konferenz von Potsdam

Das letzte Treffen der »Großen Drei«[3], die

Konferenz von Potsdam   16. 7.–2. 8. 1945,

ist gekennzeichnet durch das Aufeinanderprallen der Interessengegensätze, aber auch durch den Versuch, die Koalition zu retten. Während Churchill, beunruhigt durch die sowjetische Politik der vollendeten Tatsachen in Polen, schon im Frühjahr 1945 eine Art Eindämmungspolitik fordert[4], versucht Truman das Bündnis mit Stalin zu retten. Eine wichtige Rolle spielt dabei die Tatsache, dass sich die USA noch im Krieg gegen Japan befinden und auf die sowjetische Hilfe nicht verzichten wollen. Gleichzeitig jedoch versucht Truman, die Sowjetunion den amerikanischen Vorstellungen gefügig zu machen:

- Er lässt bereits am 11. 5. 1945 alle amerikanischen Lieferungen an die Sowjetunion stoppen (mit Ausnahme des Kriegsmaterials, das für den Krieg gegen Japan bestimmt ist), um die Sowjetunion ihre wirtschaftliche Abhängigkeit spüren zu lassen;

- aus dem gleichen Grund lässt er die Entscheidung über einen sowjetischen Kreditantrag hinausschieben;

- er lässt die Zündung der ersten Atombombe bewusst auf den 16. Juli ansetzen, den Tag des Konferenzbeginns, um Stalin mit dieser Superwaffe einzuschüchtern.

Die amerikanische Pressionspolitik scheitert; Stalin lässt sich auch von der ersten Atombombenzündung nicht beeindrucken (»Die Atombomben sind zur Einschüchterung von Leuten mit schwachen Nerven bestimmt«). So endet die Potsdamer Konferenz in einem vordergründigen Kompromiss. Die Westmächte akzeptieren im Prinzip die von der Sowjetunion geschaffenen Tatsachen in Osteuropa (also vor al-

---

[1] Erst 1990 (!), im Zuge der Glasnost-Politik (s. Seite 145), hat die Sowjetunion die Verantwortung für dieses Massaker zugegeben. Bis dahin hatte man das Verbrechen den 1941 in die ostpolnischen Gebiete einrückenden Deutschen angelastet.

[2] Der sog. *Titoismus* ist eine nationale, von Moskau unabhängige Variante des Kommunismus mit marktwirtschaftlichen Ansätzen und basisdemokratischen Strukturen (Arbeiterselbstverwaltung). Außenpolitisch vertritt Tito, nach dem Bruch mit der Sowjetunion, das Prinzip der *Blockfreiheit.*

[3] Truman (Roosevelt war am 12. 4. 1945 gestorben), Stalin und Churchill, der nach der Wahlniederlage der Konservativen am 25. 7. 1945 von Clement Attlee abgelöst wird.

[4] Churchill empfahl Roosevelt bzw. Truman, vor den Russen bis Berlin vorzudringen und die amerikanischen Truppen vorerst auch in dem als sowjetische Besatzungszone vorgesehenen Gebiet stehen zu lassen.

lem die Westverschiebung Polens bis zur Oder-Neiße-Linie), allerdings unter dem Vorbehalt einer endgültigen Regelung in einem zukünftigen Friedensvertrag.¹ Um die Konferenz nicht scheitern zu lassen, werden die noch offenen Fragen hinsichtlich Osteuropas einem zukünftigen Treffen der Außenminister überlassen. Aber auch die *Außenministerkonferenzen in London (11. 9.–2. 10. 1945) und Moskau (16.–26. 12. 1945)* können den Interessenkonflikt zwischen sowjetischer Expansionspolitik und amerikanischem One-world-Konzept nicht lösen.

Der Übergang zum Kalten Krieg

Eine der Ursachen des Kalten Krieges ist die Tatsache, dass sich 1945/46 auf beiden Seiten eine zunehmend negative Interpretation der jeweils anderen Politik durchsetzt:

- Die USA sehen die Politik der Sowjetunion in Osteuropa als Zeichen eines unbegrenzten Expansionswillens.
- Die Sowjets deuten das amerikanische Beharren auf liberalen und wirtschaftsliberalen Grundsätzen als Zeichen eines Wirtschaftsimperialismus (»Dollarimperialismus«).

Von maßgeblichem Einfluss auf die Politik Trumans ist die Lagebeurteilung, die *Georg F. Kennan,* damals Botschaftsrat in Moskau, in seinem sog.

Langen Telegramm   22. 2. 1946

gibt. Kennan geht davon aus, dass die sowjetische Außenpolitik nach wie vor von dem Ziel der kommunistischen Weltrevolution bestimmt sei. Folglich sei es notwendig, den Westen zu stärken und einen Schutzwall gegen die sowjetische Expansion zu errichten *(Eindämmung).* Etwa zur gleichen Zeit, am 5. 3. 1946, prägt *Churchill* das Bild vom **Eisernen Vorhang**, den die Sowjetunion an der Westgrenze ihres Einflussgebietes zugezogen habe.

Das gewandelte Ost-West-Verhältnis hat Folgen für die Behandlung des besiegten Deutschlands. Der Grundsatz der gemeinsamen Deutschlandpolitik der Siegermächte wird aufgegeben zugunsten einer eigenständigen Politik in den jeweiligen Besatzungszonen. Die berühmte

Stuttgarter Rede   6. 9. 1946

von Außenminister *Byrnes* kündigt das neue Programm an, das die rasche wirtschaftliche und politische Stabilisierung der Westzonen unter amerikanischem Einfluss vorsieht und damit die deutsche Teilung in Kauf nimmt (ausführlicher s. Seite 181).

Die neue amerikanische Politik findet ihre endgültige Formulierung in der

Truman-Doktrin   12. 3. 1947.

Sie geht aus von der Existenz zweier Welten: der freiheitlichen des Westens und der totalitären² des Ostens. Da totalitäre Staaten ihrem Wesen nach aggressiv und expansiv seien, müsse die freie Welt Schutzwälle errichten und durch Unterstützung aller bedrohten Länder das Vordringen der totalitären Flut verhindern. Dieses Prinzip des sog. **Containment** (Eindämmung) bestimmt auf Jahre hinaus die amerikanische Position im Ost-West-Konflikt.

Eine ähnliche, nur spiegelbildliche Einschätzung der Weltlage formuliert die kommunistische Seite, die sich im September 1947 in der

Kominform³

zusammenschließt. Die Kominform bezeichnet sich als Organisation des freiheitlich-sozialistischen Lagers, das vom aggressiven US-Imperialismus in seiner friedlichen Entfaltung gefährdet werde und sich deshalb gegen diese Bedrohung zusammenschließen müsse *(Zwei-Lager-Theorie).* Die liberalen Vorstellungen der USA (Weltfrieden, UNO, Marshall-Plan (s. Seite 182)) seien nur eine Maske, hinter der sich der kapitalistische Imperialismus verberge.

Die Politik der Supermächte, wie sie in der Truman-Doktrin und der Kominform-Gründung zum Ausdruck kommt, besiegelt den Bruch der Beziehungen zwischen den Weltmächten und führt zur Teilung der Welt in zwei feindliche Blöcke.

---

[1] Da ein Friedensvertrag nicht zustande kommt, bleibt die Abtretung der ehemaligen deutschen Ostgebiete an Polen rechtlich offen. Die Frage der Oder-Neiße-Grenze hat seither immer wieder zu innenpolitischer Auseinandersetzung und Beunruhigung bei den europäischen Nachbarn geführt, besonders stark wieder Ende 1989/Anfang 1990 im Zuge der deutschen Wiedervereinigung. Eine offizielle Lösung des Problems erfolgt erst am 21. 6. 1990 durch Erklärungen des Bundestages und der DDR-Volkskammer und am 14. 11. 1990 durch die Unterzeichnung des deutsch-polnischen Grenzvertrags (s. Seite 204).

[2] Zum Begriff Totalitarismus s. Seite 114; der Begriff, der ebenso für das NS-Regime verwendet wird, ermöglicht die Anknüpfung der antikommunistischen Politik an den Krieg gegen Hitler.

[3] Informationsbüro der kommunistischen und Arbeiterparteien, gegründet September 1947; Mitglieder sind die kommunistischen Parteien der osteuropäischen Länder (Jugoslawien nur bis 1948, s. Seite 134) sowie Frankreichs und Italiens. Das Büro sollte die straffe Organisation der kommunistischen Bewegung unter Führung der KPdSU ermöglichen. Im Zuge der Entstalinisierung 1956 aufgelöst.

Die Verfestigung der Blöcke

Die ideologische Polarisierung führt zu einer Reihe von Maßnahmen, die von der jeweils anderen Seite als Aggression gedeutet werden und Gegenmaßnahmen provozieren, die ihrerseits zur Verschärfung der Polarisierung beitragen *(circulus vitiosus)*.

Aus sowjetischer Sicht werden vor allem folgende westliche Maßnahmen als Bedrohung eigener Interessen bezeichnet:

- die Förderung der deutschen *Weststaatslösung* (Bizone, Währungsreform, schließlich Gründung der Bundesrepublik, s. Seite 181 ff.)
- der *Marshall-Plan* (s. Seite 182) als wirtschaftliches Instrument der Eindämmungspolitik
- das Beharren auf dem *Atomwaffenmonopol* und das Verschleppen von Verhandlungen über ein Atomwaffen-Kontrollsystem
- die *Londoner Sechs-Mächte-Konferenz* (ohne Beteiligung der Sowjetunion) und die Gründung des *Brüsseler Pakts* (17. 3. 1948, s. Seite 184).
- Die Gründung der *NATO (North Atlantic Treaty Organization = Nordatlantikpakt)* am 4. 4. 1949. Mitglied des Verteidigungspaktes sind die Brüsseler Paktstaaten (England, Frankreich, Belgien, Niederlande, Luxemburg), die USA, Kanada, Dänemark, Island, Italien, Norwegen und Portugal (später Beitritt Griechenlands und der Türkei (1952), der Bundesrepublik Deutschland (1955) und Spaniens (1982)). Als Gegengewicht zur NATO schließen die Ostblockstaaten am 14. 5. 1955 den *Warschauer Pakt*.

Aus westlicher Sicht bestätigen vor allem die folgenden Punkte das Bild von der aggressiven, expansionistischen Sowjetmacht:

- die mangelnde Kooperationsbereitschaft im Alliierten Kontrollrat und die – dem westlichen Demokratieverständnis widersprechenden – Maßnahmen in der sowjetischen Besatzungszone (SBZ, s. Seite 180 f.)
- die zusehends härtere *Sowjetisierung Osteuropas* (Verhaftung, z. T. Hinrichtung antikommunistischer Politiker; Verbot, das Angebot des Marshall-Plans anzunehmen u. a. m.)
- die Ereignisse in der *Tschechoslowakei* (Febr./ März 1948): Nach anfänglich problemloser Zusammenarbeit mit der Sowjetunion (s. Seite 133) entwickeln sich aufgrund wirtschaftlicher Missstände im Kabinett der Nationalen Front Spannungen zwischen der kommunistischen Partei (KPC) und den nicht kommunistischen Kräften. Deren Versuch, durch ihren Rücktritt (20. 2. 1948) Neuwahlen zu erzwingen, scheitert und führt statt dessen zur Kabinettsneubildung mit dominantem Anteil der Kommunisten. In der Folgezeit werden die nicht kommunistischen Parteien aufgelöst. – In der Sicht der Westmächte handelt es sich um einen kommunistischen »Staatsstreich«.
- Die *Berlin-Blockade* (24. 6. 1948–12. 5. 1949, s. Seite 182 f.).

Die Gründung der Volksrepublik China

Die Geschichte Chinas vom Ersten Weltkrieg[1] bis zum Sieg *Mao Tse-tungs* in der zweiten chinesischen Revolution 1949 ist durch das Miteinander und Gegeneinander zweier Parteien gekennzeichnet: der *Kuomintang* (KMT = Chinesisch-Nationale Volkspartei) unter *Sun Yat-sen* (gest. 1925) und *Chiang Kai-shek* (gest. 1975) und der 1921 gegründeten Kommunistischen Partei Chinas (KPCh).

Trotz ihrer ideologischen Gegensätze arbeiten beide Parteien anfangs zusammen. Die KMT sucht, nach der Enttäuschung über das Verhalten der Westmächte im *Pariser Friedensvertrag*[2], das Bündnis mit der UdSSR; die KPCh ist bereit, aus taktischen Gründen vorerst mit der bürgerlichen KMT zusammenzuarbeiten, solange sich deren Ziele (Befreiung von kolonialer Abhängigkeit, nationale Unabhängigkeit, wirtschaftliche und kulturelle Modernisierung) mit den eigenen decken. Das Zweckbündnis findet 1927 ein blutiges Ende, als Chiang Kai-shek einen von Kommunisten und Gewerkschaften organisierten Arbeiteraufstand niederschlagen lässt, zu einer antikommunistischen Politik übergeht (Abbruch der diplomatischen Beziehungen zur Sowjetunion) und einen auf Militärgewalt begründeten Einparteienstaat (Nanking-Regierung) bildet.

Die kommunistische Bewegung in China ist zurückgedrängt in die rückständigen agrarischen Provinzen Kiangsi, Fukien und Hunan, wo sie im bäuerlichen Proletariat eine starke Basis findet. Mao Tse-tung, einer der Gründer der KPCh, entwickelt aufgrund der Erfahrungen mit der bäuerlichen Bevölkerung eine neue, auf die chinesischen Verhältnisse zugeschnittene Revolutionsstrategie, die den armen Bauern die Führungsrolle in einer kommunistischen Revolution verspricht. Aus der bäuerlichen Bevölkerung rekrutiert Mao eine *Rote Armee*, die sich jahrelang

---

[1] Zur Entwicklung Chinas vor 1918 s. Seite 47–49.

[2] Die ehemals deutsche Kolonie in China, Tsingtau, wird nicht zurückgegeben, sondern den Japanern überlassen.

gegen die Angriffe der Truppen Chiang Kai-sheks behauptet. Erst 1934 ist Mao gezwungen, sich mit seinen Truppen vor der nationalchinesischen Übermacht zurückzuziehen.

Der strategische Rückzug im so genannten

Langen Marsch   1934/35,

der ein Jahr dauert und von Kiangsi im Süden in einem großen Bogen über 12 000 km in die nördliche Provinz Shensi führt, ist als Geburtsstunde der späteren kommunistischen Revolution in die chinesische Geschichte eingegangen.

In Yenan, der Hauptstadt der Provinz Shensi, weit entfernt vom Machtzentrum der herrschenden Kuomintang, entwickelt Mao sein revolutionäres Programm (Maoismus), experimentiert an der kommunistischen Umformung der Gesellschaft (Landreform, Alphabetisierung, Bildung von Bauernsowjets usw.) und begründet die Chinesische Sowjetrepublik als »Staat im Staate«.

Zur gleichen Zeit ist China außenpolitisch durch die imperialistische Politik Japans bedroht. Bereits 1932 hat Japan das japanhörige Kaiserreich Mandschukuo gegründet; 1933 expandiert es weiter (Provinz Jehol (1933) und Chahar (1937)); 1936 schließt es mit Deutschland den Antikominternpakt (s. Seite 121); im Juli 1937 beginnt es den Krieg gegen China. Im asiatischen Raum markiert der japanische Angriff auf China den Beginn des Zweiten Weltkriegs, der erst mit dem amerikanischen Sieg über Japan (August/September 1945) beendet wird.

Der Krieg führt noch einmal zu einem Zweckbündnis zwischen KPCh und KMT. Dabei gewinnt die kommunistische Bewegung in dem Maße an Anhängern, in dem die Regierungstruppen und die KMT durch Korruption und militärische Misserfolge an Vertrauen verlieren.

Der Sieg der USA über Japan lässt die innerchinesischen Fronten neu aufbrechen. In dem Bürgerkrieg, der sich an den Zweiten Weltkrieg anschließt, gewinnen die Kommunisten trotz der amerikanischen Unterstützung für Chiang Kai-shek die Mandschurei und dehnen ihre Herrschaft kontinuierlich nach Süden aus. Während Chiang Kai-shek nach Formosa flieht und dort die nationalchinesische Republik Taiwan (1. 3. 1950) begründet[1], proklamiert Mao Tse-tung in Peking die

Volksrepublik China   1. 10. 1949.

Für die amerikanische Politik, die seit 1947 unter dem Primat der Eindämmung (Truman-Doktrin s. Seite 135) steht, bedeutet die kommunistische Machtübernahme in China einen Rückschlag. Die chinesische Revolution bestätigt die Ängste vor einer kommunistischen Expansionspolitik und verschärft die antikommunistische Einstellung der USA. Dies macht sich innenpolitisch in der Mc Carthy-Ära (s. Seite 138), außenpolitisch in einer wachsenden Interventionsbereitschaft (Korea-Krieg, s. folg. Abschnitt) bemerkbar. Verschärfend kommt hinzu, dass die Sowjetunion seit August 1949 ebenfalls über die Atomwaffe verfügt und damit das amerikanische Sicherheitsgefühl beeinträchtigt. Als Folge des atomaren Patts beginnt eine verstärkte Rüstung auch im konventionellen Bereich; auch Trumans Entscheidung zur Entwicklung der Wasserstoffbombe (H-Bombe) (Januar 1950) ist in diesem Zusammenhang zu sehen.

Der Korea-Krieg

Der Korea-Krieg ist neben der Berlin-Blockade (s. Seite 182 f.) der Höhepunkt, aber auch ein Wendepunkt des Kalten Krieges. Er zeigt, wie der kalte in einen »heißen« Krieg umschlagen und die Gefahr eines dritten Weltkrieges heraufbeschwören kann. Der Korea-Krieg ist auch für Europa von Bedeutung, da die Verhältnisse in Korea Parallelen zu der Nachkriegssituation Deutschlands aufweisen (s. Seite 180 ff.).

Korea, das sich ähnlich wie China lange Zeit nach außen abgeschottet hat, gerät in der Epoche des Imperialismus unter japanische Herrschaft und sinkt auf einen kolonialen Status herab. In der letzten Phase des Zweiten Weltkriegs, als die japanische Kapitulation nur noch eine Frage von Tagen ist, besetzen sowjetische Truppen den Norden, amerikanische Truppen den Süden Koreas. Als Demarkationslinie zwischen den beiden Zonen wird der 38. Breitengrad festgelegt. Diese Zweiteilung sollte nicht mehr als eine Zwischenlösung sein, denn auf der Potsdamer Konferenz 1945 (s. Seite 134) hatten sich die Siegermächte auf die Bildung einer unabhängigen koreanischen Regierung geeinigt.

Die geplante gesamtkoreanische Lösung scheitert jedoch an den unterschiedlichen Demokratieauffassungen von UdSSR und USA und an der Überlagerung durch den beginnenden Kalten Krieg, sodass schließlich nur in Südkorea Wahlen abgehalten werden. Sie führen zu Konstituierung der

---

[1] Die USA setzen im Zuge ihrer Containment-Politik auf Nationalchina, garantieren seine Sicherheit und leisten Wirtschaftshilfe. Erst nach dem Anknüpfen von Beziehungen zwischen Amerika und der Volksrepublik China (Oktober 1971 Aufnahme der VR China in die UN, Februar 1972 Besuch Nixons in Peking) brechen die USA im Dezember 1978 die diplomatischen Beziehungen zu Taiwan ab und erkennen die VR China diplomatisch an.

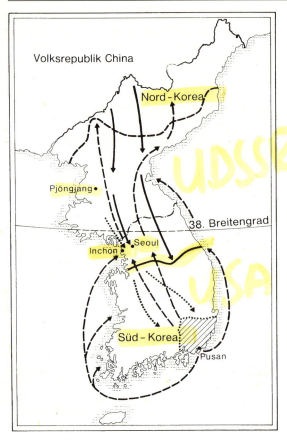

- ·······> nordkoreanischer Angriff ab Juni 1950
- ▨ amerikanische Stellung im Sept. 1950
- ---> Vorstöße der Amerikaner (UN-Truppen) und Südkoreaner ab Sept. 1950
- ——> nordkoreanisch-chinesische Gegenoffensive ab Okt. 1950
- —·—·— heutige Grenze

Republik Korea   15. 8. 1948

unter Präsident *Syngman Rhee*. Daraufhin proklamiert der Norden die

Demokratische Volksrepublik Korea   9. 9. 1948

unter Präsident *Kim Il Sung*.

Zwischen den beiden Staaten, die zwar weitgehend von den jeweiligen Besatzungstruppen geräumt werden, aber dennoch auf die sowjetisch-chinesische bzw. auf die amerikanische Hilfe rechnen können, kommt es in der folgenden Zeit zu zahlreichen Grenzzwischenfällen.

Die Ausweitung dieser inneren Auseinandersetzungen zu einem Krieg erfolgt durch den

nordkoreanischen Angriff   25. 6. 1950

auf die südkoreanische Hauptstadt Seoul. Obwohl die südkoreanischen Truppen den Angriff aufhalten können, räumt *Syngman Rhee* die Stadt (28. 6. 1950) und zieht sich nach Süden zurück. Ziel dieses taktischen Rückzugs ist es, die USA zur massiven militärischen Unterstützung zu zwingen und mit ihrer Hilfe dann über den 38. Breitengrad nach Norden vorzustoßen. Unterstützt wird diese Taktik von *General MacArthur*, dem Helden des Pazifikkrieges und Verfechter der *Roll-back-Politik*[1].

Am 27. 6. 1950 entschließt sich Truman, amerikanische Truppen (die im Auftrag der UNO handeln) zur Unterstützung Südkoreas einzusetzen. MacArthur als Oberbefehlshaber führt die von Rhee begonnene Rückzugsstrategie vorerst fort, um zusätzliche Truppen anfordern zu können und die Genehmigung zu erhalten, auch Nordkorea in die Kriegshandlungen einzubeziehen. Erst am 15. 9. 1950, als der größte Teil Südkoreas bereits von den kommunistischen Truppen besetzt ist, startet MacArthur die Gegenoffensive. Er lässt in einer überraschenden Flottenaktion einen Teil seiner Truppen in Inchon, im Rücken des Gegners landen. Innerhalb weniger Tage besiegt er die nordkoreanischen Truppen und marschiert – trotz chinesischer Warnungen – in Nordkorea ein.

Die Invasion Nordkoreas führt zum Kriegseintritt Chinas. Vor der mit zahlenmäßig überlegenen Kräften geführten chinesischen Offensive ziehen sich die Truppen MacArthurs zurück und geben sogar einen Teil Südkoreas auf. Wieder verfolgt MacArthur das Ziel, mit dem Rückzug die amerikanische Regierung zu verstärkter Hilfe zu zwingen. Er fordert – im Sinne der Roll-back-Strategie – die Ausweitung des Krieges, den Einsatz von Atombomben und die Beseitigung der kommunistischen Herrschaft in China.

Die militant antikommunistische Politik, die MacArthur im Widerspruch zur Truman-Regierung vertritt, ist vor dem innenpolitischen Hintergrund der *McCarthy-Ära (1949–1954)* zu verstehen. Der republikanische Senator *Joseph McCarthy* ist die Zentralfigur einer antikommunistischen Bewegung, die sich 1949 unter dem Eindruck der chinesischen Revolution formiert und durch den Korea-Krieg an Schärfe gewinnt. Es gibt in den USA eine Welle von Prozessen vor dem Senatsausschuss zur Unterdrückung kommunistischer Tendenzen, sog. »unamerikanischer Umtriebe«. Diese Atmosphäre begünstigt die Politik MacArthurs und erschwert der Truman-Regierung die Suche nach Lösungen im Korea-Krieg.

---

[1] Im Unterschied zur defensiven Containment-Politik beabsichtigt die Roll-back-Strategie die Zurückdrängung des kommunistischen Einflusses; das Konzept stammt von *John Foster Dulles,* dem späteren Außenminister (1953–59).

Obwohl Truman sich schließlich dazu durchringt, MacArthur den Oberbefehl zu entziehen (April 1951) und den Krieg auf Korea zu begrenzen, ziehen sich die Kampfhandlungen noch über zwei Jahre hin. Der Waffenstillstand, der am 26.7.1953 unterzeichnet wird, bringt lediglich die Wiederherstellung des vorherigen Status, also die Bestätigung der Teilung Koreas und der Grenze am 38. Breitengrad.

Innenpolitisch wird eine Präsidentschaft MacArthurs durch die Zusammenarbeit der demokratischen Regierungspartei mit dem gemäßigten Flügel der republikanischen Partei verhindert. Gegen MacArthur wird General Eisenhower, ebenfalls ein populärer Kriegsheld, aber politisch gemäßigt, zum Präsidentschaftskandidaten der Republikaner nominiert. So kommt es zwar 1952 erwartungsgemäß zum Wahlsieg der Republikaner – die Personalentscheidung für Eisenhower (1953–61) verhindert jedoch eine Radikalisierung. McCarthy wird der Vorsitz des Senatsausschusses entzogen, und mit seiner Entmachtung klingt die antikommunistische Kampagne ab.

Der Korea-Krieg erregt auch in Deutschland großes Aufsehen. Zu offensichtlich sind die Parallelen. Der Ausgang des Korea-Krieges zeigt den Deutschen, dass eine gesamtstaatliche Lösung im westlichen Sinne vorerst nicht zu erreichen ist.

Ansätze zur Koexistenz

Der Tod Stalins (5.3.1953) leitet eine Wende in der sowjetischen Politik ein. Die neue Führungsgruppe, in der sich nach internen Machtkämpfen Nikita Chruschtschow (1953–64, seit 1958 auch Ministerpräsident) als die dominierende Figur erweist, bemüht sich innenpolitisch um Wirtschaftsreformen, vor allem um die Steigerung der Konsumgüterindustrie sowie um eine Lockerung der stalinistischen Diktatur. Diese Liberalisierung, das so genannte Tauwetter (nach dem Titel eines 1954/56 erschienenen Romans von Ilja Ehrenburg), leitet die Entstalinisierung ein: Auf dem XX. Parteitag der KPdSU (1956) rechnet Chruschtschow in einer Geheimrede mit Teilerscheinungen der Schreckensherrschaft der stalinistischen Diktatur ab.

Außenpolitisch versucht Chruschtschow, die Konfrontation des Kalten Krieges durch das Prinzip der Koexistenz zu ersetzen, also des friedlichen, zumindest unkriegerischen Nebeneinanders der zwei Blöcke. Die wichtigsten Gründe für diesen Umschwung sind:

- das neue Selbstbewusstsein der UdSSR, die militärisch mit den USA gleichgezogen hat: Seit 1949 verfügt sie über die Atom-, seit 1953 über die Wasserstoffbombe
- die Einsicht, dass angesichts der atomaren Pattsituation ein Krieg zwischen den Supermächten für beide Seiten selbstmörderisch wäre
- die Erkenntnis, dass die USA trotz aller Roll-back-Rhetorik die sowjetische Interessensphäre akzeptieren: Weder bei den Aufständen in der DDR (17.6.1953, s. Seite 198) und in Ungarn (1956, s. Seite 140) noch beim Bau der Berliner Mauer (13.8.1961, s. Seite 199) lassen die Westmächte es auf einen militärischen Konflikt ankommen.
- die Notwendigkeit, die hohen Rüstungsausgaben zu senken und eine Wirtschaftsreform durchzuführen, die zur innenpolitischen Stabilisierung des Systems führen soll. Chruschtschows Absicht ist, den Westen wirtschaftlich einzuholen und zu überholen, um die Überlegenheit des kommunistischen Systems zu beweisen.

Konkrete Ergebnisse des Entspannungsansatzes nach Stalins Tod sind die Beendigung des Korea-Krieges (s. Seite 137), die vorläufige Beilegung des Vietnam-Konflikts auf der Indochinakonferenz 1954 (s. Seite 142), der Österreichische Staatsvertrag (15.5.1955)[1], die Aufnahme diplomatischer Beziehungen mit der Bundesrepublik Deutschland (September 1955), die Aussöhnung mit Tito und die Duldung des jugoslawischen Sonderweges (s. Seite 134), schließlich die Auflösung der Kominform (17.4.1956, s. Seite 135).

Krisen im Ostblock

Der neue Kurs der Moskauer Regierung hat Auswirkungen auf das kommunistische Lager. Die bislang unbestrittene Führungsrolle Moskaus wird von zwei Seiten infrage gestellt: von konservativen, stalinistischen Gegnern des Reformkurses und von Befürwortern, denen die Reformen nicht schnell und konsequent genug sind.

Gegner des Reformkurses sind vor allem die Volksrepublik China, Rumänien und Albanien. Sie sehen den außenpolitischen Kurswechsel als Verrat der Zwei-Lager-Theorie (s. Seite 135) und der weltrevolutionären Sache an und befürchten von der innenpolitischen Lockerung eine Gefährdung der eigenen Herrschaft.

---

[1] Österreich ist, ebenso wie Deutschland, auf der Konferenz von Jalta (Februar 1945) in vier Besatzungszonen geteilt worden. Im Unterschied zu Deutschland wird aber die im April 1945 in der sowjetischen Zone gebildete provisorische Regierung unter Karl Renner von allen Besatzungsmächten anerkannt, sodass eine Teilung des Landes unterbleibt. Im Österreichischen Staatsvertrag wird der Besatzungsstatus aufgehoben; Österreich erhält seine Souveränität zurück, muss sich aber zu immerwährender Neutralität und vor allem zum Verzicht auf den politischen oder wirtschaftlichen Anschluss an Deutschland verpflichten.

Im Unterschied zu den genannten Ländern, die sich gegen die Reformpolitik zur Wehr setzen, zeichnet sich in Polen und Ungarn die Tendenz ab, über Chruschtschows Ziele hinauszugehen und nationale Sonderwege einzuschlagen. Diese Tendenzen, die langfristig die sowjetische Hegemonialstellung in Osteuropa bedrohen, führen 1956 zu einer Krise, die den Entspannungsprozess wieder infrage stellt:

- In **Polen** führt die wirtschaftliche Misere zur Formierung einer starken Opposition, die von der katholischen Kirche unterstützt wird und grundsätzliche Reformen verlangt. Nach dem Tod des Parteichefs *Bierut* (12.3.1956) kommt es zum offenen Führungskampf zwischen *Edward Ochab*, dem von Moskau unterstützten Nachfolger Bieruts, und *Wladyslaw Gomulka*. Gomulka, von 1943 bis 49 Generalsekretär der Partei, dann abgesetzt, 1951 als »Titoist« verhaftet und erst im Zuge der Entstalinisierung 1956 rehabilitiert, wird zum Vertreter der Reformbestrebungen und zum Hoffnungsträger der Opposition. Die Unruhen, die am 28.6.1956 zum *Posener Aufstand* führen, spitzen sich weiter zu und gipfeln in der Krise des

polnischen Oktober	**1956,**

dem Verzicht Ochabs und der Ernennung Gomulkas zum Parteichef. Chruschtschow, der bereits Truppen an der polnischen Grenze aufmarschieren lässt und am 19.10.1956 selbst nach Warschau reist, lässt sich nur mit Mühe von der Notwendigkeit dieses Machtwechsels überzeugen, akzeptiert aber schließlich – nach Zusicherung der polnischen Loyalität gegenüber der Sowjetunion – die Entscheidung.

- Noch ernster als in Polen entwickelt sich die Krise in **Ungarn**. Hier ist *Imre Nagy* – ab 1953 Ministerpräsident, 1955 aber wieder gestürzt – der Repräsentant der nationalkommunistischen Reformbewegung und Gegenspieler des stalinistischen Generalsekretärs *Rákosi*. Parallel zum polnischen Oktober kommt es in Ungarn zu Demonstrationen und schließlich zum Generalstreik (23.10.1956). Die Sowjetführung versucht die Krise durch eine Doppelstrategie zu lösen: Sie setzt einerseits ihre in Ungarn stationierten Truppen zur Unterdrückung des Streiks ein, stimmt aber andererseits einer Regierungsneubildung unter Imre Nagy zu und vereinbart mit ihm den Abzug des sowjetischen Militärs. Der Erfolg des ungarischen Aufstands verleitet Nagy zu weiteren Schritten: Als er seine Absicht erklärt, Ungarn zu demokratisieren (Parteienpluralismus) und zur Blockfreiheit zu führen (Austritt aus dem Warschauer Pakt), ordnet Chruschtschow den

Einmarsch sowjetischer Truppen	**1.11.1956**

an, lässt den Aufstand niederwerfen und eine sowjetfreundliche Regierung unter *János Kádár* bilden. Nagy wird verschleppt und nach einem geheimen Gerichtsverfahren 1958 hingerichtet.

- Eine ähnliche Situation wie in Ungarn entwickelt sich 1967/68 in der **Tschechoslowakei:** Auch hier führen Wirtschaftskrise und autoritär-stalinistische Herrschaftspraxis zu einer breiten Oppositionsbewegung in der Bevölkerung und innerhalb der Partei. Um den wachsenden Druck zu entschärfen, billigt der sowjetische Generalsekretär *Leonid Breschnew* (1964–82) die Ernennung des Reformpolitikers *Alexander Dubček* (5.1.1968), der eine Demokratisierung mit dem Ziel eines »Sozialismus mit menschlichem Antlitz« einleitet. Die Reformbewegung wird als

Prager Frühling	**1968**

bezeichnet. Sie weckt auch im Westen Erwartungen und wird von Linken als eine Art Modellversuch begrüßt. Es gelingt Dubček jedoch nicht, die Eigendynamik der Bewegung zu bremsen, sodass die Reform zunehmend eine antisowjetische und antikommunistische Spitze bekommt. Die

Besetzung der ČSSR	**20./21.8.1968**

durch Truppen des Warschauer Paktes setzt dem Prager Frühling ein Ende.

Die Unterdrückung des ungarischen Aufstands und des Prager Frühlings zeigt, dass die Sowjetunion nicht gewillt ist, Machtpositionen infrage stellen zu lassen. Sie ist zwar bereit, den Regierungen in ihrem Einflussbereich einen gewissen Spielraum zu belassen, behält sich aber die militärische Intervention vor. Dieses Prinzip von der »beschränkten Souveränität« der Satellitenstaaten und dem »Vorrang der Interessen des Weltsozialismus« – beim Einmarsch in die Tschechoslowakei auch offiziell in der sog. **Breschnew-Doktrin (1968)** formuliert – bleibt rund zwanzig Jahre, bis zur Ära Gorbatschows (s. Seite 145), für die sowjetische Außenpolitik bestimmend.

Sowjetische Offensiven und Kubakrise

Die Jahre nach der Invasion in Ungarn sind wieder durch eine Verschärfung der Rivalität der Supermächte gekennzeichnet. Es sind vor allem folgende Ereignisse, die Schlagzeilen machen:

- Der *Sputnikschock:* Am 4.10.1957 schießt die UdSSR den Sputnik, den ersten künstlichen Erdsatelliten, ins All. Dieser sensationelle Erfolg in der Raumfahrt schreckt die USA auf und malt das Gespenst der militärischen Überlegenheit der Sowjetunion an die Wand. Der Sputnikschock löst die Förderung der amerikanischen Raumfahrtforschung aus. Der Wettlauf im All, der damit beginnt, bringt anfänglich weitere russische Erfolge, so die Landung der ersten unbemannten Rakete auf dem Mond (September 1959) und den ersten bemannten Raumflug (Jurij Gagarin) im April 1961; der Triumph der bemannten Mondlandung bleibt aber den USA vorbehalten (21.7.1969).

- Die *Berlin-Krisen* und der *Bau der Berliner Mauer (13.8.1961)* (s. Seite 199f.).

- Die *U-2-Affäre:* 1960 gelingt es der Sowjetunion, ein amerikanisches Aufklärungsflugzeug (U-2) abzuschießen, das in großer Höhe operiert und bis dahin für sowjetische Abwehrraketen als unerreichbar galt. Der Abschuss des Flugzeuges bietet Chruschtschow den willkommenen Anlass, in einem spektakulären Auftritt vor der UN-Vollversammlung die USA als Aggressor bloßzustellen und die in Genf stattfindenden Abrüstungsverhandlungen abzubrechen.

- Die **Kubakrise (22.–28.10.1962):** Auf Kuba, ehemals spanische Kolonie, ab 1902 selbstständig, aber unter amerikanischem Einfluss, übernimmt nach einer Kette von Krisen und Unruhen 1952 das Militär unter General *Batista* die Macht. Unter *Fidel Castro* formiert sich der Widerstand, der sich auf die Taktik des Guerillakampfes verlegt. Nach mehrjährigem Bürgerkrieg wird Batista am 1.1.1959 gestürzt. Castro leitet Reformen im kommunistischen Sinne ein (Enteignung von Grundbesitz und Auslandskapital usw.) und lehnt sich an die UdSSR an. 1961 versucht eine Gruppe von Exilkubanern, unterstützt vom amerikanischen Geheimdienst CIA, die Macht zurückzugewinnen (Landung in der Schweinebucht, April 1961) – ein Unternehmen, das scheitert. Als amerikanische Aufklärungsflugzeuge die Einrichtung sowjetischer Raketenbasen auf Kuba entdecken, gipfelt der Konflikt in der direkten Konfrontation der Supermächte; Präsident *John F. Kennedy* (1961 bis 1963) verhängt eine Seeblockade um Kuba und fordert am 22.10.1962 ultimativ den Abbau der Raketenstationen und die Umkehr der sowjetischen Schiffe, die Raketen nach Kuba transportieren. Mehrere Tage lang stehen die Truppen in Alarmbereitschaft, bis Chruschtschow am 28.10.1962 nachgibt und die Umkehr des Raketentransportes anordnet. Dafür verpflichtet sich Kennedy, das kommunistische Regime Castros und die Unabhängigkeit Kubas zu respektieren.

Der Schock der Kubakrise, der die Welt an den Rand des Atomkrieges bringt, führt zur Einsicht in die Wichtigkeit der Koexistenz und dadurch zur Installation eines »Roten Telefons« für Krisenfälle, einer direkten Verbindung zwischen dem Weißen Haus und dem Kreml.

Der Vietnam-Krieg

Ende des 19. Jahrhunderts, im Zeitalter des Imperialismus, gerät Vietnam ebenso wie die benachbarten Königreiche Laos und Kambodscha unter französische Herrschaft. Im Zweiten Weltkrieg wird es von japanischen Truppen besetzt. Mit der japanischen Niederlage 1945 stellt sich die Frage nach der politischen Zukunft des Landes.

Auf der Potsdamer Konferenz wird, ähnlich wie im Fall Koreas (s. Seite 137), eine vorläufige Teilung vorgesehen. Die Gebiete nördlich des 16. Breitengrades sollten unter chinesischen[1], die südlichen unter britischen Einfluss kommen. Dieser Plan wird jedoch durch folgende Ereignisse überholt:

- der *Vietminh,* die kommunistische Unabhängigkeitsbewegung unter *Ho Chi Minh,* die erst gegen die Franzosen, dann gegen die Japaner gekämpft hat, proklamiert in Hanoi eine *Demokratische Republik Vietnam (2.9.1945).*

- der französische Ministerpräsident, General *Charles de Gaulle,* der an der Potsdamer Konferenz nicht beteiligt war und sich an deren Beschlüsse nicht gebunden fühlt, betreibt eine Rekolonialisierungspolitik, lässt in Südvietnam (Cochinchina, Hauptstadt Saigon) die französische Herrschaft wieder herstellen und im Juni 1946 eine provisorische Regierung von Cochinchina proklamieren.

Als Folge dieser Teilung entwickelt sich ein Bürgerkrieg zwischen der Vietminh-Regierung im Norden (unterstützt von der UdSSR und später, ab 1949, von der neu gegründeten VR China) und der von Frankreich abhängigen Regierung im Süden. Die Truppen Ho Chi Minhs wenden nach dem Vorbild Mao Tse-tungs die Guerillataktik an und bringen die französischen Kolonialtruppen in Schwierigkeiten.

Aus der Sicht der USA bestätigt der Indochinakrieg, der zeitweise parallel zum Korea-Krieg verläuft (s. Seite 138f.), das Bild vom aggressiven Kommunismus. Die Angst, der Gewinn eines Einflussgebietes werde den kommunistischen Expansionsdrang be-

---

[1] Damit ist die Kuomintang unter Chiang Kai-shek gemeint, nicht das kommunistische China Mao Tse-tungs, das erst als Folge des chinesischen Bürgerkriegs 1949 entsteht (s. Seite 136f.).

stärken und weitere Übergriffe nach sich ziehen (Domino-Theorie[1]), führt zum Engagement der USA in Indochina. Ein Teil der Kosten des französischen Krieges wird von den USA getragen.

Trotz der amerikanischen Hilfe werden die Franzosen von den gut organisierten Vietminh-Truppen mehr und mehr zurückgedrängt. Mit der Niederlage bei Dien Bien Phu (7.5.1954) endet die

erste (französische) Phase   1946–54

des Vietnam-Krieges. Die sich anschließenden Verhandlungen auf der Genfer Indochinakonferenz (8.5.–21.7.1954), an der sich auch die USA und die UdSSR beteiligen, bringen keine befriedigende Lösung. Die Beibehaltung der Teilung Vietnams mit der Auflage, innerhalb von zwei Jahren Wahlen für die gesamtvietnamesische Regierung durchzuführen, verschiebt nur die Probleme und verschleiert die Unterschiede zwischen den beiden Teilstaaten.

Die USA betreiben inzwischen – unter dem republikanischen Präsidenten General Eisenhower (1953–1961) – eine Außenpolitik, die sich stärker an der Roll-back-Strategie (s. Seite 138) orientiert. In diesem Zusammenhang ist die Gründung der South East Asia Treaty Organization (SEATO[2]) zu sehen, die Südvietnam, Laos und Kambodscha ausdrücklich als westliche Interessengebiete benennt, die gegen einen kommunistischen Angriff zu verteidigen seien. Als Konsequenz dieser Abmachungen verstärken die USA ihre wirtschaftliche und militärische Hilfe für die südvietnamesische Regierung unter dem Präsidenten Ngo Dinh Diem. Statt der für 1956 vorgesehenen gesamtvietnamesischen Wahl kommt es zur Konsolidierung der zwei Teilstaaten. Zugleich baut die nordvietnamesische Regierung eine Untergrundbewegung, die Nationale Befreiungsfront (NLF), in Südvietnam auf. Der militärische Arm der NLF ist der Vietcong, der in Südvietnam einen Guerillakrieg führt und darin von der Pathet Lao, der kommunistischen Untergrundbewegung in Laos, unterstützt wird. Die wichtigste Hilfe besteht darin, dass der Vietcong Nachschub und Verstärkung über den sog. Ho-Chi-Minh-Pfad, der an der innervietnamesischen Grenze vorbei über laotisches Gebiet führt, nach Südvietnam liefern und dort stärkeren Einfluss gewinnen kann. Bis 1964 beherrscht der Vietcong einen Großteil der Provinzen im Mekong-Delta.

Die langsame Aushöhlung der südvietnamesischen Regierungsautorität durch die Vietcong-Operationen setzt die amerikanische Schutzmacht in Zugzwang und treibt sie schrittweise zu einem immer größeren Militärengagement in Indochina. Die

zweite (amerikanische) Phase   1964–73

des Vietnam-Krieges beginnt mit dem Tonking-Zwischenfall, einem nordvietnamesischen Angriff auf zwei amerikanische Zerstörer im Golf von Tonking (2./4.8.1964) und einem amerikanischen Vergeltungsschlag auf Ziele in Nordvietnam. Anfang 1965, nach einem Vietcong-Überfall auf einen US-Stützpunkt, beginnen die Amerikaner mit der systematischen Bombardierung der Vietcong-Nachschubwege (Ho-Chi-Minh-Pfad) und strategisch wichtiger Ziele in Nordvietnam.

Trotz des massiven Einsatzes der Luftwaffe und einer stetigen Erhöhung der Truppenstärke (1967 über eine halbe Million US-Soldaten) gelingt kein durchgreifender Erfolg. Vietnam wird zum Beispiel dafür, dass die Guerillakriegführung auch einer Supermacht überlegen sein kann. Die Misserfolge führen zur weiteren Eskalation. Der Einsatz von Napalm-Bomben und chemischen Entlaubungsmitteln und Massaker wie das von My Lai (18.3.1968) bringen die amerikanische Kriegführung in Misskredit. Der Widerspruch zwischen der Realität des Krieges und dem amerikanischen Anspruch auf Verteidigung der liberalen westlichen Grundwerte führt weltweit zu einer antiamerikanischen Protestbewegung[3].

Die Wende des Krieges wird durch die

Tet-Offensive   Februar 1968

eingeleitet, einen Überraschungsangriff, den nordvietnamesische Truppen und Vietcong-Guerillas am buddhistischen Neujahrsfest (Tet) durchführen. Der Angriff kann zwar zurückgeschlagen werden, übt aber eine demoralisierende Wirkung auf die Amerikaner aus.

---

[1] Dieses Bild wird von Präsident Eisenhower gewählt: »Wenn Sie eine Reihe Dominosteine aufstellen und den ersten umstoßen, dann kippt sehr schnell auch der letzte um.«

[2] SEATO (Südostasienpakt), 1954 unterzeichnet, 1955 in Kraft getreten, 1977 aufgelöst; Gründungsmitglieder der SEATO sind die USA, Frankreich, England, Australien, Neuseeland, Pakistan, die Philippinen und Thailand; die SEATO ist, zusammen mit der NATO (s. Seite 136) und dem ANZUS-Pakt (1951/52 zwischen Australien, New-Zealand (Neuseeland) und den USA) Teil des westlichen militärischen Sicherheitssystems gegen die kommunistische Bedrohung.

[3] Auch die Studentenbewegung in der Bundesrepublik, die ihren Höhepunkt 1968 hat, ist zu einem Teil eine Protestbewegung gegen den Vietnam-Krieg.

Im Mai 1968 beginnen die Friedensverhandlungen, die sich, immer wieder unterbrochen durch Kriegshandlungen, bis 1973 hinziehen. Das Ziel Präsident *Nixons (1969–74)* ist die *Vietnamisierung* des Konflikts: Parallel zum schrittweisen Abzug der Amerikaner sollte das südvietnamesische Militär so gestärkt werden, dass es die entstehenden Lücken ausfüllen und die Verteidigung Südvietnams aus eigener Kraft leisten könnte.

Am 23.1.1973 führen die Verhandlungen zum Abschluss eines Waffenstillstandes. Zwar werden die amerikanischen Truppen abgezogen, aber der innervietnamesische Krieg geht weiter. Diese

| **dritte (vietnamesische) Phase** | **1973–75** |

des Krieges endet Anfang 1975 mit der vollständigen Niederlage Südvietnams (30.4.1975) und der Gründung der *Sozialistischen Republik Vietnam (2.7.1976)*.

Auch die Nachbarstaaten, **Laos** und **Kambodscha**, werden in den Vietnam-Krieg verstrickt. Beide Länder werden vom Vietminh als Aufmarschgebiet benutzt und müssen es ertragen, dass die Amerikaner über ihrem Gebiet Luftangriffe gegen die nordvietnamesischen Guerillas fliegen. In beiden Ländern kommt es zum Bürgerkrieg zwischen den jeweiligen Regierungen (von den USA unterstützt) und den kommunistischen Widerstandsorganisationen (vom Vietminh unterstützt), der *Khmer Rouge* in Kambodscha, der *Pathet Lao* in Laos. Nach dem Rückzug der Amerikaner aus Vietnam (1973) gelingt den Kommunisten etwa zeitgleich mit der Eroberung Südvietnams auch in diesen Ländern der Durchbruch. Besonders hart ist die Entwicklung in Kambodscha, wo die kommunistischen Khmer Rouge unter ihrem Führer *Pol Pot* (1975–78) einen grausamen Vernichtungskampf gegen alle politischen Gegner führen. Über zwei Millionen Menschen, vorwiegend Beamte, Lehrer, Juristen, Intellektuelle, aber auch Schwache und Behinderte werden ermordet. Das System wird als »Steinzeitkommunismus« bezeichnet. Da sich Pol Pot auch gegen den vietnamesischen Vormachtanspruch in Indochina stellt, marschieren im Dezember 1978 vietnamesische Truppen in Kambodscha ein und etablieren eine neue, von Hanoi abhängige Regierung unter Präsident *Heng Samrin*.

Zusätzlich kompliziert wird der Indochinakrieg durch die Rivalitäten zwischen der Sowjetunion und der VR China, die um 1958 sichtbar werden und sich zu einem Führungskampf entwickeln. 1969 kommt es nach bewaffneten Übergriffen am Grenzfluss Ussuri zu einer zeitweise akuten Kriegsgefahr. Eine Folge dieser Rivalität ist die chinesische Entscheidung, Kontakte mit den USA anzuknüpfen

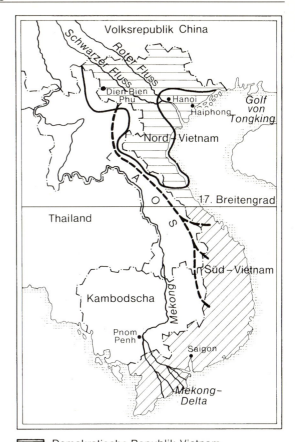

Demokratische Republik Vietnam (Nord-Vietnam)
Republik Vietnam (Süd-Vietnam)
— von den Vietminh vor 1954 beherrschte Gebiete
--- Ho-Chi-Minh-Pfad

(1972 Besuch Nixons in Peking). Eine andere Folge ist die Neubewertung der Situation im indochinesischen Krisengebiet: China befürchtet eine sowjetische Bedrohung seiner Südflanke durch eine zu große Dominanz Nordvietnams, das mit der Sowjetunion verbündet ist, und unterstützt seitdem Kräfte, insbesondere die Roten Khmer Pol Pots, die sich gegen die Vietminh-Herrschaft richten. Nach dem vietnamesischen Überfall auf Kambodscha Ende 1978 entschließt sich China sogar zu einer vierwöchigen »Strafexpedition« in Vietnam (Februar 1979), die zwar militärische Stärke demonstriert, an der vietnamesischen Vorherrschaft in Indochina jedoch nichts ändert.

Neue Ansätze einer Entspannungspolitik

Schon die Kubakrise (s. Seite 141) zeigt die Notwendigkeit, durch Verhandlungen die Gefahr eines

Atomkrieges zu bannen und Wege zu einer friedlichen Koexistenz zu finden. Der Vietnamkrieg, der Amerika schockiert, seine Wirtschaft schwächt und zu schweren innenpolitischen Krisen führt (Antivietnam-Bewegung), bestärkt die Bereitschaft der USA zur Suche nach friedlichen Regelungen. In der

Nixon-Doktrin   1969

wird ein weltweites Disengagement und die Verlagerung des außenpolitischen Schwerpunkts von der Konfrontation auf Verhandlungen angekündigt.

Das amerikanische Bedürfnis nach Entspannung findet gerade in dieser Phase seine Entsprechung auch in der UdSSR, deren Machtstellung durch die katastrophale Wirtschaftslage, den Bruch mit China und die Drohung einer chinesisch-amerikanischen Kooperation gefährdet ist.

Neben diesem »Gleichgewicht der Schwäche«, in dem sich die Supermächte befinden, wirkt sich auch der Wandel der bundesdeutschen Außenpolitik aus: die Bereitschaft der sozialliberalen Koalition (ab 1969), mit ihrer neuen Ostpolitik (s. Seite 195) die Beziehungen zum Ostblock und zur DDR zu normalisieren.

Diese günstigen Voraussetzungen führen Anfang der 70er-Jahre zu einer Entspannungsphase, die eine Vielzahl von Verträgen und Abkommen hervorbringt, insbesondere

- den *SALT-I-Vertrag* 1972 *(Strategic Arms Limitation Talks)*, der die Anzahl der strategischen Waffen und Abwehrsysteme auf beiden Seiten begrenzt
- die *SALT-I-Interimsvereinbarung* 1972, die die Anzahl der Interkontinental- und U-Boot-Raketen begrenzt
- das *Abkommen über die Verhütung von Atomkriegen* (1973), das im Falle eines Konflikts sofortige Beratungen zwischen den Supermächten vorschreibt
- die *Ostverträge* (1970–73), in denen die Bundesrepublik Deutschland den Status quo in Europa faktisch anerkennt und ihre Beziehungen mit der Sowjetunion, Polen, der CSSR und der DDR regelt (s. Seite 195 f.)
- das *Viermächte-Abkommen über Berlin* (3. 9. 1971), das den Viermächtestatus von Berlin bekräftigt und den Reiseverkehr (Transit) zwischen der Bundesrepublik Deutschland und Westberlin sowie von Westberlin nach Ostberlin erleichtert
- die *Konferenz für Sicherheit und Zusammenarbeit in Europa (KSZE)*, deren Schlussakte 1975 von 35 Staaten, unter anderem den USA und der UdSSR, in Helsinki unterzeichnet wird und die neben Sicherheitsfragen (Gewaltverzicht, territoriale Integrität der Staaten usw.) auch die Zusammenarbeit im wirtschaftlichen, kulturellen und humanitären Bereich vorsieht. Folgetreffen der KSZE-Staaten finden 1977/78 in Belgrad, 1980–83 in Madrid, 1986-89 in Wien und 1990 in Kopenhagen und Paris statt.

Erneute Verhärtung

Die Entspannungsphase der frühen 70er-Jahre wird bald wieder von Rivalität und Misstrauen eingeholt:

- Im Nahost-Konflikt, speziell im *Jom-Kippur-Krieg* (1973, s. Seite 161), stoßen die Interessen wieder aufeinander; die amerikanischen Bemühungen, einen ägyptisch-israelischen Ausgleich herbeizuführen (Camp-David-Abkommen 1978, s. Seite 162), werden von der UdSSR als Versuch der Einflussnahme gewertet

- die wirtschaftlichen Hilfen, die sich die UdSSR von den USA erwartet, werden nicht in dem erhofften Maße erfüllt und zudem an Bedingungen geknüpft, die als Einmischung in innere Angelegenheiten empfunden werden

- die Sowjetunion versucht, unterstützt von kubanischen Söldnertruppen, durch Förderung kommunistischer Bewegungen in der Dritten Welt Positionsgewinne zu erzielen, so vor allem in Angola, Äthiopien und Süd-Jemen

- die Sowjetunion setzt ihre Rüstungsanstrengungen unvermindert fort und schafft durch die Einführung der Mittelstreckenraketen vom Typ SS-20 (ab 1976) eine Situation, die eine akute Bedrohung Westeuropas ist und mit dem sog. *NATO-Doppelbeschluss (1979)* beantwortet wird (westliche Nachrüstung, zugleich verbunden mit dem Angebot, Verhandlungen über die Mittelstreckenraketen zu führen)

- die Politik des neuen amerikanischen Präsidenten *Jimmy Carter (1977–81)*, der in seinem Engagement für die Menschenrechte eine deutlich antisowjetische Position bezieht, provoziert ungewollt einen härteren Kurs der Sowjetunion gegen ihre innenpolitische Opposition (Dissidentenbewegung)

Das sich erneut entwickelnde Misstrauen überschattet und hemmt den eingeleiteten Entspannungsprozess und führt zu Rückschlägen bei den noch laufenden Verhandlungen (SALT II und KSZE-Folgeverhandlungen). Den absoluten Tiefpunkt erreichen die Beziehungen mit der sowjetischen

Invasion in Afghanistan   25. 12. 1979.

Seit 1978 befindet sich das Land im Bürgerkrieg. Gegen den anti-islamischen Kurs *Tarakis*, der durch einen Putsch am 27.4.1978 an die Macht gelangt ist und sich an die Sowjetunion anlehnt, formiert sich eine Widerstandsbewegung vorwiegend moslemischer Organisationen, die ab 1979 auch vom Iran (Khomeini, s. Seite 165) unterstützt werden. Die kommunistische Regierung Taraki hingegen – nach dessen Sturz auch sein Nachfolger *Amin* – erhält (inoffiziell) Hilfe aus der UdSSR. Als der Bürgerkrieg sich zugunsten der moslemischen Rebellen entwickelt, greift die Sowjetunion militärisch ein (sie folgt angeblich einem Hilfegesuch) und besetzt das Land.

Die Invasion des *blockfreien* Afghanistan ruft weltweit Proteste hervor und führt u.a. zum Boykott der Olympischen Spiele 1980 in Moskau.

Der neue amerikanische Präsident *Ronald Reagan (1981–89)* setzt auf eine Politik der Stärke. Unter Reagan beginnt eine massive Aufrüstung (von 144 Milliarden 1980 auf 293 Milliarden 1985); unter anderem sieht er den Aufbau einer »Sicherheitsglocke« gegen sowjetische Raketenangriffe vor (SDI: Strategische Verteidigungsinitiative) und stellt damit das bisherige Gleichgewichtskonzept infrage. Es zeichnet sich eine Rückkehr zum Kalten Krieg ab (Reagan: »Die Sowjetunion ist der Hort des Bösen«).

Die Ära Gorbatschow

In dieser Situation vollzieht sich in der Sowjetunion ein Wandel, der viele Befürchtungen entschärft und dessen Folgen noch nicht abzusehen sind. Der Tod Breschnews (10.11.1982) führt zu einer Führungskrise und bringt – nach den kurzen Zwischenspielen unter *Jurij Andropow (1982–84)* und *Konstantin Tschernenko (1984–85)* – den mit 54 Jahren für sowjetische Verhältnisse vergleichsweise jungen *Michail Gorbatschow* an die Macht, der am 10.3.1985 vom Zentralkomitee der KPdSU zum Generalsekretär gewählt wird. Gorbatschows Politik des **neuen Denkens,** der **Perestroika** (Wandel, Umgestaltung) und der **Glasnost** (Offenheit, Durchschaubarkeit) hat zu umwälzenden Veränderungen in der Sowjetunion, in Osteuropa und in den Ost-West-Beziehungen geführt.

Perestroika und Glasnost

Gorbatschows vorrangiges Ziel ist es, die rückständige und ineffektive »Kommandowirtschaft« (Planwirtschaft) der Sowjetunion zu reformieren unter Beibehaltung der Macht der kommunistischen Partei. Um den Widerstand der orthodoxen kommunistischen Kräfte gegen Reformen zu überwinden und die notwendigen Maßnahmen zu erzwingen, mobilisiert er die Kritiker des Systems und die reformwilligen Kräfte. Die *Glasnost*-Politik ab Anfang 1986 ermöglicht eine gewisse Meinungsfreiheit und führt zu einer Flut von kritischen Zeitungsartikeln, Leserbriefen, Büchern, Theaterstücken usw., die die bestehenden Missstände, Parteiherrschaft und Bürokratie, Korruption und Alkoholismus, angreifen. Die neue Freiheit der Glasnost-Bewegung löst einen kaum erwarteten Veränderungsdruck aus und setzt eine Eigendynamik in Gang, die zum Motor der *Perestroika,* des gesellschaftlichen Wandels, wird. Die Dynamik dieser Entwicklung treibt Gorbatschow weiter, als er wohl ursprünglich wollte: Während er zu Beginn seiner Amtszeit die Führungsrolle der KPdSU im Reformprozess erhalten wollte, gelangt er später zu der Einschätzung, ein »Mehrparteiensystem wäre keine Tragödie« (15.1.1990).

Nationalitätenkonflikte

Die Glasnost-Politik offenbart die Tatsache, dass sich das kommunistische System seit langem in einer Krise befindet und seine Glaubwürdigkeit verloren hat. An die Stelle der Sowjetideologie treten jetzt andere Denkmuster. Dazu gehört das Wiederaufleben des Nationalgefühls, das in der multinationalen Sowjetunion besondere Sprengkraft entfalten muss. Nationalitätenkonflikte verstärken die Krise der Union und gefährden den Reformversuch.

Die wichtigsten dieser (zahlreichen) Konflikte sind:

- der Bürgerkrieg in den kaukasischen Sowjetrepubliken *Armenien* und *Aserbaidschan* (ausgehend von der armenischen Bergregion Nagornyi-Karabach, die 1923 Aserbaidschan zugeteilt wurde): Hier kommt es zu nationalistischen und religiös-fanatischen Ausschreitungen zwischen aserbaidschanischen moslemischen Fundamentalisten und den christlichen Armeniern.

- die Unabhängigkeitsbewegung in den drei *baltischen Staaten,* die staatliche Selbstständigkeit verlangen. Während Gorbatschow der wirtschaftlichen Selbstständigkeit der baltischen Staaten zustimmt (27. 7. 1989), setzt er der politischen Unabhängigkeitserklärung Litauens (11. 3. 1990) – dem ersten Austritt einer Sowjetrepublik aus der UdSSR – entschiedenen Widerstand entgegen und verhängt eine Wirtschaftsblockade (April 1990).

Verfassungsänderungen

Während Gorbatschows Reformpolitik weiterhin auf den Widerstand konservativer Kommunisten stößt, bringt sie zugleich einen radikalreformerischen Flügel hervor, dem die Umgestaltung zu langsam und nicht konsequent genug vor sich geht. Hauptrepräsentant ist *Boris Jelzin,* der bei den demokratischen Wahlen zum Volksdeputiertenkongress in seinem Wahlkreis Moskau fast 90 % der Stimmen erhält und am 29. 5. 1990 gegen Gorbatschows Favoriten zum Parlamentspräsidenten, zum Vorsitzenden des Obersten Sowjets der Sowjetrepublik Russland gewählt wird.

Vor dem Hintergrund dieses Spannungsfeldes zwischen reaktionären und radikalreformerischen Kräften ist Gorbatschows Innenpolitik zu beurteilen. Es geht ihm darum, diese Gegenpole auszugleichen, die eigene Position zu stärken und die politischen Befugnisse vom starren Parteiapparat auf die Regierungsorgane und Räte (Sowjets) zu verlagern. Ein wichtiger Schritt ist die

Verfassungsänderung 1988,

die eine Demokratisierung und zugleich eine Stärkung der Position Gorbatschows anstrebt. Kernstück der Verfassungsreform ist die Bildung des

Kongresses der Volksdeputierten 25. 5. 1989,

eines erstmals weitgehend demokratisch gewählten Vollparlaments (ein Drittel der Sitze ist jedoch Vertretern der gesellschaftlichen Organisationen vorbehalten). Der Kongress, höchstes gesetzgebendes Organ der UdSSR, ist in allen Verfassungsfragen zuständig und bestimmt die Richtung der Innen-, Wirtschafts- und Außenpolitik; er ernennt den Staatspräsidenten, den Generalstaatsanwalt, den Vorsitzenden des Obersten Gerichts und die Mitglieder des Komitees für Verfassungskontrolle. Die 2250 Abgeordneten, die einmal im Jahr zusammentreten, wählen aus ihren Reihen in geheimer Abstimmung auf fünf Jahre den Obersten Sowjet (542 Mitglieder) mit seinen zwei Kammern (Unions- und Nationalitätenrat). Dieser Oberste Sowjet, der bislang nur wenige Tage im Jahr zusammentrat und ein reiner Bestätigungsapparat (Scheinparlament) war, wird nun zu einem regelmäßig tagenden Arbeitsparlament. Er ist dem Kongress der Volksdeputierten verantwortlich. Zu seinen Aufgaben gehört die Wahl des Vorsitzenden, der zugleich Staatspräsident ist (25. 5. 1989: Gorbatschow), und des Ministerrates der UdSSR sowie die Zustimmung zu den Gesetzen.

Ein weiterer Schritt in der Umwandlung der Verfassung ist die

Einführung des Präsidialsystems 13. 3. 1990.

Zum ersten Präsidenten wird am 15. 3. 1990 Gorbatschow gewählt. Während die bisherigen Befugnisse Gorbatschows als Staatspräsident und Vorsitzender des Obersten Sowjets nur unklar umrissen waren, ist das neu eingerichtete Amt des Präsidenten – nach dem Vorbild der USA – mit weit reichenden Vollmachten ausgestattet. Der Präsident ist oberster Befehlshaber der Streitkräfte, schlägt dem Obersten Sowjet Kandidaten für die wichtigsten Staats- und Regierungsämter vor, kann den Rücktritt der Regierung oder einzelner Minister beantragen, kann den Ausnahmezustand ausrufen (mit Zweidrittelmehrheit des Obersten Sowjets) u. a. m. Begründet wird die Einführung des Präsidentschaftssystems mit der schwierigen Situation des Landes, das besonders wegen der Nationalitätenprobleme und der Abspaltungstendenzen einzelner Republiken eine starke Führung braucht.

Von entscheidender Bedeutung ist die demokratische Legitimation des Präsidenten, der vom Volk direkt auf fünf Jahre gewählt werden soll und dessen Amtszeit auf zwei Legislaturperioden beschränkt ist. Die Wahl Gorbatschows am 15. 3. 1990 stellt jedoch noch eine Ausnahme dar: Seine Ernennung erfolgt durch den eigens dazu einberufenen Kongress der Volksdeputierten. Ab 1995 soll der Präsident dann direkt und demokratisch vom Volk gewählt werden.

Die neue Außenpolitik

Die mühsame Umwandlung der Sowjetgesellschaft wird flankiert von einer radikalen Wende in der Außenpolitik. Die Außenpolitik Gorbatschows bricht innerhalb kurzer Zeit die seit der Afghanistan-Intervention (s. Seite 144) verhärteten Fronten auf und eröffnet eine neue Ära der Ost-West-Beziehungen. Gorbatschow, der aus wirtschaftlichen Gründen an einer Beschränkung der Rüstungsausgaben interessiert ist, schlägt Rüstungsbegrenzungen vor, selbst mit einseitigen Vorleistungen. Sein gewandtes persönliches Auftreten im Westen verändert die Einstellung gegenüber der UdSSR. Der Wandel der sowjetischen Außenpolitik führt zu zahlreichen Gipfeltreffen und zum Abbau von Feindbildern.

Gorbatschow bricht mit der Zwei-Lager-Theorie (s. Seite 135) ebenso wie mit der Breschnew-Doktrin (s. Seite 140), leitet den *Rückzug der sowjetischen Truppen aus Afghanistan* ein (abgeschlossen am 15. 2. 1989), lässt die sowjetischen Atomwaffentests einstellen (1985), macht Zugeständnisse bei der KSZE-Folgekonferenz (s. Seite 144), bringt die Wiener Verhandlungen über die konventionelle Abrüstung wieder in Gang und schließt mit den USA ein Abkommen, das erstmals die Verschrottung von Atomraketen vorsieht (INF-Vertrag 1987).

Die Revolutionen in Osteuropa

Am nachhaltigsten wirkt sich die neue Außenpolitik in Osteuropa aus. Sie befreit die osteuropäischen Länder vom Druck des »Großen Bruders« und setzt Demokratisierungsprozesse in Gang, die der kommunistischen Diktatur in Osteuropa das Ende bereiten.

In Polen muss die unabhängige Gewerkschaft *Solidarnosć* (gegründet 1980, seit 25. 12. 1981 verboten) wieder zugelassen werden. Demonstrationen und Streiks setzen die kommunistischen Regierungen unter Druck: Sie sind gezwungen am so genannten »Runden Tisch« mit den demokratischen Kräften zusammenzuarbeiten und den wichtigsten Forderungen – Demokratisierung, Mehrparteiensystem, Übergang zur Marktwirtschaft – nachzugeben. Die nach 40 Jahren kommunistischer Diktatur erstmals durchgeführten freien Wahlen bringen den demokratischen Kräften überwältigende Mehrheiten und führen zur Ablösung der kommunistischen Regierungen. Führende Repräsentanten der Opposition, etwa der Schriftsteller und Bürgerrechtler *Václav Havel* (seit 28. 12. 1989 Präsident der CSR) und der Solidarnosć-Vorsitzende *Lech Walesa* (seit 9. 12. 1990 polnischer Staatspräsident), rücken in die höchsten Staatsämter. Die Geschichte wird neu bewertet: *Alexander Dubček,* Symbolfigur des Prager Frühlings (1968, s. Seite 140), und *Imre Nagy,* der Führer des Ungarn-Aufstands 1956 (s. Seite 140), werden offiziell rehabilitiert, die Bezeichnungen »Volksrepublik« (Polen, Ungarn) bzw. »Sozialistisch« (Tschechoslowakei) werden in »Republik« umgeändert bzw. gestrichen.

Die Liberalisierung in den osteuropäischen Staaten hat direkte Auswirkungen auf die Entwicklung in der DDR. Der Abbau der Befestigungen an der ungarisch-österreichischen Grenze (ab 2. 5. 1989) macht den »Eisernen Vorhang« durchlässig und ermöglicht Tausenden von DDR-Bürgern die Flucht über Österreich in die Bundesrepublik Deutschland. Diese Massenabwanderung (am 11. 9. 1989 öffnet Ungarn auch offiziell seine Grenze für DDR-Bürger) wird zum entscheidenden Anstoß für die Revolution in der DDR (s. Seite 201).

Während die Revolutionen in Polen, Ungarn, der CSR und der DDR friedlich verlaufen, kommt es in Rumänien, das seit 1965 vom »Conducator« Nicolae Ceausescu beherrscht wird, zu einem blutigen Bürgerkrieg. Entscheidend für den Verlauf der Ereignisse wird die Tatsache, dass sich die Armee schließlich mit den Demonstranten solidarisiert und den Kampf gegen Ceausescus gut bewaffnete Geheimpolizei *Securitate* aufnimmt. Fast 80 000 Menschen werden Opfer des Bürgerkrieges. Ceausescu wird bei einem Fluchtversuch gefasst, am 25. 12. 1989 von einem Militärgericht verurteilt und hingerichtet.

Die Revolution im Ostblock erfasst auch Bulgarien und zuletzt Albanien.

Am Rande des KSZE-Gipfeltreffens in Paris unterzeichnen zweiundzwanzig Staaten der NATO und des Warschauer Pakts am 19. 11. 1990 gemeinsam eine Erklärung, mit der ein Schlussstrich unter die bisherige Konfrontation gezogen wird: »Die Unterzeichnerstaaten erklären feierlich, dass sie in dem anbrechenden Zeitalter europäischer Beziehungen nicht mehr Gegner sind, sondern neue Partnerschaften aufbauen und einander die Hand zur Freundschaft reichen wollen.« In der zwei Tage später veröffentlichten Schlussakte des KSZE-Treffens, der so genannten

Charta von Paris   **21. 11. 1990,**

entwerfen die Teilnehmer ein Programm für die Zukunft Europas. Es enthält vorrangig

- die Verpflichtung zu Demokratie, Rechtsstaat und Achtung der Menschenrechte

- die Verpflichtung zu wirtschaftlicher Freiheit (Marktwirtschaft), sozialer Gerechtigkeit und Verantwortung für die Umwelt

Darüber hinaus sieht es vor:
- regelmäßige Treffen der Staats- und Regierungschefs sowie der Außenminister
- die Verpflichtung zur Reduzierung der Streitkräfte (Vertrag über Konventionelle Streitkräfte in Europa, 19.11.1990)
- die Einrichtung eines KSZE-Sekretariats in Prag
- die Einrichtung eines Zentrums für Konfliktverhütung in Wien
- die Einrichtung eines Zentrums zur Überwachung von Wahlen in Warschau

Das Abkommen beendet die Phase des Kalten Krieges und begründet eine neue europäische Friedensordnung.

Am 1.7.1991 wird der Warschauer Pakt in Prag offiziell aufgelöst.

Die Entwicklung in China

Völlig anders verläuft die Entwicklung in der **Volksrepublik China.** Hier hat zwar schon seit dem Tod Mao Tse-tungs (9.9.1976) eine beschränkte Wirtschaftsreform stattgefunden, die zum Teil privates Wirtschaften wieder erlaubt, den Markt für einige ausgewählte ausländische Waren und Investitionen öffnet und China einen bescheidenen Wirtschaftsaufschwung beschert. Es fehlt jedoch eine Liberalisierung im politischen Bereich. Der Initiator der Wirtschaftsreform, *Deng Xiaoping,* lässt an der alleinigen Machtstellung der kommunistischen Partei nicht rütteln und unterdrückt jede Kritik. Die Politik der Umwandlung und Offenheit, die Gorbatschow in der UdSSR eingeleitet hat, ist in Dengs Sicht ein Fehler und Ursache für den Zerfall des Sowjetimperiums.

In China zeigt sich, dass eine wirtschaftliche Öffnung unter Ausklammerung politischer Reformen auf Dauer nicht möglich ist. Bereits 1986 gehen in allen großen Städten Chinas Studenten mit der Forderung nach Demokratie, Pressefreiheit und der Verwirklichung der Menschenrechte auf die Straße. Im Frühjahr 1989, zur gleichen Zeit, als China seine seit 1958 schwelende Feindschaft mit der UdSSR beenden will und Gorbatschow in Peking zum Staatsbesuch erwartet wird (15.5.1989), besetzen Tausende von Studenten den Tienanmen-Platz (»Platz des himmlischen Friedens«) in Peking und demonstrieren für die Demokratisierung der Gesellschaft. Deng Xiaoping und Ministerpräsident Li Peng lassen den Studentenaufstand durch Militär unterdrücken (4.6.1989). Die Armee erschießt Tausende unbewaffneter Demonstranten und räumt den Platz mit Panzern. Danach setzt eine Welle von Verhaftungen, Prozessen und Hinrichtungen gegen die »Konterrevolutionäre« ein. Dadurch wird China außenpolitisch erneut isoliert.

Die Krise der Perestroika

Der Versuch der wirtschaftlichen Umgestaltung der UdSSR bleibt erfolglos. Die Reformmaßnahmen Gorbatschows sind halbherzig, von Kompromissen und Rücksichten auf die alten Kräfte bestimmt, und es fehlen selbst die fundamentalsten Voraussetzungen für einen Wirtschaftsaufschwung.

Die katastrophale wirtschaftliche Lage führt zu Streiks und Protestdemonstrationen. Während Gorbatschow im Ausland hohes Ansehen genießt – im Oktober 1990 wird ihm der Friedensnobelpreis verliehen –, fordert die Bevölkerung seinen Rücktritt. Konservative Kräfte in Partei, KGB und Militär fordern die Rückkehr zu den alten Zuständen.

Gorbatschow lässt sich auf Kompromisse mit den konservativen Kommunisten ein und beruft deren Vertreter an Schaltstellen der Macht. Am 20.12.1990 erklärt Außenminister *Eduard Schewardnadse,* Symbolfigur der weltpolitischen Kehrtwende der Sowjetunion, überraschend seinen Rücktritt und warnt vor einer Diktatur.

Die russische Republik, die weitaus größte und mächtigste der fünfzehn Sowjetrepubliken, wird zur treibenden Kraft der Reform. Ihr Präsident *Boris Jelzin* stellt sich auf die Seite der baltischen Republiken und schließt mit ihnen einen Pakt zum gegenseitigen Schutz vor Angriffen auf ihre Souveränität. Zusätzlichen Einfluss erhält Jelzin durch die russische Präsidentschaftswahl im Juni 1991, in der er über 57 % der Stimmen erhält. Die demokratische Legitimation durch die Bevölkerung der russischen Republik (über 50 % der Gesamtbevölkerung der Union) verschafft ihm auch ein gewisses Übergewicht über Gorbatschow, der nur vom Volksdeputiertenkongress der UdSSR legitimiert ist.

Gorbatschow nähert sich nun wieder den Reformern an:
- Er erarbeitet mit neun kooperationsbereiten Republiken einen *Unionsvertrag,* der die UdSSR zu einer Föderation souveräner und wirtschaftlich autonomer Republiken umgestalten soll.
- Wirtschaftspolitisch kündigt er die Öffnung zur Marktwirtschaft (Privatisierung von Betrieben, Freigabe der Preise) und zum Weltmarkt (Konvertierbarkeit des Rubels binnen zwei Jahren) an.
- Parteipolitisch kündigt er ein »sozialdemokratisches« Programm an.

Der Zerfall der UdSSR

Einen Tag vor der beabsichtigten Unterzeichnung des Unionsvertrags übernimmt ein »Notstandskomitee« unter Führung von Gorbatschows Stellvertreter Gennadi Janajew die Macht. Das Komitee lässt Panzer auffahren und verhängt den Ausnahmezustand. Gorbatschow wird auf der Krim unter Hausarrest gestellt. Der

Putsch gegen Gorbatschow 19.–21.8.1991

erfolgt überraschend.

Sechs Jahre Glasnost haben jedoch die Menschen nachhaltig verändert. Die Bevölkerung missachtet das Demonstrationsverbot, das die Putschisten verhängt haben.

Boris Jelzin verurteilt den Putsch und ruft zum Generalstreik auf. Tausende von Menschen errichten Barrikaden um das russische Parlament und schützen es durch eine Menschenkette.

Das energische Auftreten Jelzins, der Mut der Bevölkerung und das Überlaufen einzelner Truppenverbände führen zum Scheitern des Putsches (21.8.1991).

Jelzin, der »Vater des Sieges«, kann dem von ihm geretteten Gorbatschow nun das Handeln vorschreiben. Am 23.8.1991 verbietet Jelzin die KPdSU in Russland. Gorbatschow tritt als Generalsekretär der Partei zurück (24.8.) und untersagt der KPdSU die parteipolitische Tätigkeit im Staatsapparat der Sowjetunion. Damit ist die zentrale Rolle der Kommunistischen Partei, die seit der Oktoberrevolution 1917 das Machtmonopol in der UdSSR innegehabt hat, beendet.

Die Unabhängigkeit der baltischen Staaten wird nun anerkannt. Auch die anderen Republiken mit Ausnahme Russlands, das sich als Nachfolger der Sowjetunion versteht, erklären jetzt ihre Unabhängigkeit.

Gorbatschows Bemühungen, dem Auflösungsprozess entgegenzusteuern und eine Nachfolge-Union zu gründen, scheitern, als sich am 1.12.1991 in einem Volksentscheid 90% der Bewohner der Ukraine für einen unabhängigen Staat aussprechen. Boris Jelzin übernimmt daraufhin an Gorbatschow vorbei die Initiative und betreibt ein Bündnis der drei slawischen Republiken Russland, Weißrussland und Ukraine (Brester Abkommen, 8.12.1991), dem sich bald darauf acht weitere Republiken anschließen (Kasachstan, Usbekistan, Kirgisien, Turkmenien, Tadschikistan, Armenien, Aserbaidschan und Moldawien). Auf dem

Gipfeltreffen in Alma Ata 21.12.1991

–·–·– Ehemalige Grenze der UdSSR
– – – – Grenzen der ehemaligen Sowjetrepubliken
——— GUS (Gemeinschaft unabhängiger Staaten) 21.12.1991
20.8.1991: Datum der Unabhängigkeit

beschließen die Politiker dieser elf Republiken die **Auflösung der UdSSR** und die Gründung eines losen Staatenbundes, der **Gemeinschaft unabhängiger Staaten (GUS).** Über eine Schlüsselrolle in der GUS verfügt Russland, das die Nachfolge der UdSSR in der UNO antritt und dessen Präsident Jelzin die Gewalt über die Atomwaffen erhält.

Der Präsident der bisherigen UdSSR, Gorbatschow, wird am 21.12.1991 in Alma Ata für abgesetzt erklärt und tritt am 25.12.1991 zurück. Damit endet die Geschichte der UdSSR.

Die Neuordnung Russlands

Die Russische Sozialistische Föderative Sowjetrepublik (RSFSR) unter Präsident Jelzin ist Rechtsnachfolgerin der ehemaligen UdSSR. Der international bedeutenden Rolle diametral entgegengesetzt ist die katastrophale wirtschaftliche Situation und politische Instabilität des Landes.

Die Entwicklung nach 1991 ist durch den Versuch einer umfassenden Neuordnung geprägt. Ein wichtiger Schritt ist die

Gründung der Russischen Föderation – Russland 31.3.1992,

die von 18 Vertretern der auf dem Gebiet der RSFSR liegenden Republiken unterzeichnet wird. Die russische Föderation umschließt 89 territoriale Einheiten, so genannte »Subjekte der Föderation«.

Tschetschenien und Tatarstan, die schon 1991 ihre Unabhängigkeit proklamiert haben, unterzeichnen den Föderationsvertrag nicht. Der Versuch, die erdölreiche Kaukasienrepublik Tschetschenien durch eine Militärintervention (Beginn: 11.12.1994) zum Beitritt zu zwingen, stößt auf erbitterten Widerstand und weitet sich zum

Tschetschenienkrieg
Dezember 1994 – August 1996

aus. Dieser Krieg, der unter der Zivilbevölkerung hohe Opfer fordert und zur fast völligen Zerstörung der tschetschenischen Hauptstadt Grosny führt, der aber auch die Ohnmacht der russischen Truppen aufzeigt, führt zu internationalen Protesten und belastet das Ansehen Russlands in erheblichem Maße.

Anfang 1997 ist der Rückzug der russischen Truppen aus Tschetschenien abgeschlossen. Am 27.1. wählen die Tschetschenen einen Präsidenten, der am 12.5.1997 in Moskau mit Präsident Jelzin einen Friedensvertrag unterschreibt. Das Land kommt jedoch nicht zur Ruhe: Wirtschaftliche Zerrüttung, hohe Kriminalität, interne Machtkämpfe sowie ethnische und religiöse Rivalitäten bestimmen das Bild. Angriffe tschetschenischer Rebellen auf russische Einrichtungen und terroristische Anschläge führen im Oktober 1999 zum erneuten Einmarsch russischer Truppen. Dieser **zweite Tschetschenienkrieg (1999/2000)** endet mit der völligen Zerstörung Grosnys; der Partisanenkrieg gegen die russischen Besatzungstruppen dauert im Jahre 2000 noch an.

Um die desolate Wirtschaftslage in den Griff zu bekommen, beschließt der Kongress der Volksdeputierten Ende 1991 ein radikales Reformprogramm für den Übergang in die Marktwirtschaft. Es sieht unter anderem die Freigabe der staatlich kontrollierten Preise, die Senkung der Staatsausgaben und Privatisierungen vor. Zur Durchsetzung des Programms erhält Jelzin Sondervollmachten. Per Dekret übernimmt er am 6.11.1991 auch das Amt des russischen Regierungschefs.

Die eingeleiteten Maßnahmen führen jedoch in den ersten Jahren zu einer weiteren Verschärfung der Krise. Bei rapide fallendem Bruttosozialprodukt führt die Freigabe der Preise zu einer drastischen Verteuerung und einer hohen Inflationsrate; Löhne und Renten werden vielfach erst verspätet ausgezahlt, rund ein Drittel der Bevölkerung gerät unter die Armutsgrenze. Nur wenige profitieren von der marktwirtschaftlichen Neuorientierung, sodass es zu bislang unbekannten sozialen Ungleichheiten kommt. Die organisierte Kriminalität nimmt im Lauf der folgenden Jahre in erschreckendem Maße zu.

Innenpolitisch kompliziert sich die Situation durch den Gegensatz zwischen der reformorientierten Exekutive um Präsident Jelzin und der reformunwilligen, zum großen Teil noch von Altkommunisten beherrschten Legislative, dem Kongress der Volksdeputierten und dem Obersten Sowjet. So muss Jelzin auf Druck des Volksdeputiertenkongresses das Amt des Regierungschefs wieder abgeben: Am 15.6.1992 ernennt er den Radikalreformer Jegor Gaidar zum russischen Ministerpräsidenten. Schon wenige Monate später, am 17.12.1992, zwingt der Kongress der Volksdeputierten, der sich gegen den konsequenten Reformkurs zur Wehr setzt, Jelzin zur Entlassung Gaidars. Neuer Ministerpräsident wird *Wiktor Stepanowitsch Tschernomyrdin*.

Im Laufe des Jahres 1993 eskaliert der Machtkampf. Jelzin lässt den Entwurf einer neuen Verfassung ausarbeiten, die die bisherige Legislative durch ein neues Parlament, bestehend aus einer Staatsduma (Abgeordnetenhaus) und einem Föderationsrat (Oberhaus mit 178 Mitgliedern, je zwei aus den 89 Subjekten der Föderation), ersetzen soll. Am 21.9.1993 ernennt er den Radikalreformer und ehemaligen Ministerpräsidenten Gaidar zum Wirtschaftsminister, löst den Volksdeputiertenkongress und den Obersten Sowjet auf und schreibt für den 12.12.1993 Neuwahlen für die Staatsduma und den Föderationsrat aus, die aber nur in dem Verfassungsentwurf vorgesehen sind. Diese Wahlen sind verknüpft mit einer Volksabstimmung über die neue Verfassung.

Diese verfassungsrechtlich äußerst fragwürdige Entscheidung führt zur offenen Konfrontation. Der Oberste Sowjet wertet Jelzins Dekret als »Staatsstreich«, erklärt die Absetzung Jelzins und ernennt *Alexander Ruzkoj* zum »amtierenden Präsidenten«. Die kommunistischen und nationalistischen Abgeordneten des Parlaments und Gegner Jelzins verbarrikadieren sich im »Weißen Haus«, dem Parlamentssitz in Moskau, und rufen die Bevölkerung zum Widerstand gegen Jelzin auf. Jelzin, von der Regierung und der Militärführung unterstützt, lässt den

Oktoberputsch   **3./4.10.1993**

durch Elitetruppen, die das »Weiße Haus« stürmen, beenden. Das Referendum am 12.12.1993 ergibt eine Mehrheit von 58,4 % für die neue Verfassung, die damit in Kraft tritt. Sie sichert dem Präsidenten, unabhängig vom Parlament, große Vollmachten. Die gleichzeitig erfolgten Wahlen zur Staatsduma ergeben jedoch keine klaren Mehrheitsverhältnisse. Die Mehrheit der neu gewählten Abgeordneten ist gegen die Reformpläne Jelzins. Am 23.2.1994 beschließt die Staatsduma mit großer Mehrheit die Amnestie für die Oktober-Putschisten von 1993 und für die Führer des Putsches vom August 1991 gegen Gorbatschow (s. Seite 149).

Der Konflikt zwischen Exekutive und Legislative bleibt auch nach 1996 bestehen. Jelzin, der von der westlichen Welt massiv unterstützt wird, wird im zweiten Wahlgang am 3.7.1996 zwar als Präsident bestätigt, die Duma-Wahlen vom 17.12.1996 stärken jedoch die alten Kräfte, die von der Unzufriedenheit mit der wirtschaftlichen Entwicklung profitieren.

Die Situation der Russischen Föderation bleibt auch in den folgenden Jahren bestimmt durch die enormen wirtschaftlichen Probleme, die weitere Verschlechterung der sozialen Lage, eine sich zuspitzende Finanzkrise, durch Korruption und organisierte Kriminalität. Daran können auch die finanziellen Hilfen, die IWF, Weltbank und andere mehr aus politischen denn aus wirtschaftlichen Gründen gewähren, nichts ändern.

Präsident Jelzin, innenpolitisch inzwischen höchst umstritten (ein Amtsenthebungsverfahren scheitert im Mai 1999), greift mehrfach in die Regierung ein. Viermal entlässt er den amtierenden Ministerpräsidenten: Auf *Tschernomyrdin* (1992 – März 1998) folgen in diesem Amt *Sergej Kirijenko* (März–August 1998), *Jewgenij Primakow* (September 1998 – Mai 1999), *Sergej Stepaschin* (Mai–August 1999) und schließlich *Wladimir Putin* (August 1999 – Anfang 2000).

Am 31.12.1999 tritt Jelzin, gesundheitlich schwer angeschlagen und selbst in Korruptionsskandale verstrickt, überraschend zurück und setzt *Putin* als Interimspräsident ein, der im Gegenzug Jelzin Immunität vor eventueller strafrechtlicher Verfolgung gewährt. Bei den vorgezogenen Neuwahlen zum Präsidentenamt erhält *Putin*, dessen kompromissloser Kurs in der Tschetschenienfrage (s. oben) ihm breite Unterstützung sichert, die absolute Mehrheit der Stimmen (26.3.2000). Neuer Ministerpräsident wird *Michail Kasjanow*.

Der jugoslawische Bürgerkrieg

Anfang der 90er-Jahre bricht auch die Sozialistische Föderative Republik Jugoslawien auseinander.

Jugoslawien, 1918 als Königreich der Serben, Kroaten und Slowenen gegründet, hat von Anfang an mit nationalen Problemen zu tun. Der im 19. Jahrhundert entwickelten Idee des »Jugoslawismus« stehen nationalistische Interessen der Teilrepubliken gegenüber, die insbesondere von der kroatischen Partei der »Ustaschi« militant vertreten werden (1934: Attentat der Ustaschi auf den jugoslawischen König). Als 1941 Jugoslawien von den Achsenmächten besetzt wird, bildet sich ein von den Nationalsozialisten abhängiger Staat Kroatien, in dem die Ustaschi mit brutalen Terrormethoden gegen Serben und jugoslawisch gesinnte Kroaten vorgehen. 1945 wird der Staat – ungeachtet der nationalen Gegensätze – als Föderative Volksrepublik von *Josip Tito* (s. Seite 134) neu formiert: Es gibt sechs Republiken, zwei Autonome Provinzen (Vojvodina und Kosovo), ein Dutzend Nationalitäten, drei Staatssprachen (serbokroatisch, mazedonisch, slowenisch), zwei Schriftarten (lateinisch und kyrillisch) und vier Religionen (römisch-katholisch, islamisch, serbisch-orthodox und mazedonisch-orthodox). Tito gelingt es, dieses heterogene Gebilde unter der Klammer der kommunistischen Ideologie zusammenzuhalten. Allerdings verfügen die Teilstaaten der Föderation auf der Grundlage der Verfassung von 1974 über ein große Selbstständigkeit. Nach Titos Tod (1980) und mit der weltweiten Krise der kommunistischen Systeme führen die nationalen, politischen und religiösen Gegensätze, verschärft durch eine katastrophale wirtschaftliche Lage, zu Spannungen, die 1991 in einen blutigen Bürgerkrieg münden.

Ausgelöst werden die Ereignisse vor allem durch die nationalistische »großserbische« Politik des serbischen KP-Chefs Slobodan Milošević. Er will die bislang autonomen Gebiete Kosovo und Vojvodina der direkten Verwaltung Serbiens unterstellen. Miloševic´s Forderung nach »Vereinigung Serbiens« ruft den Widerstand der übrigen Teilrepubliken gegen das serbische Vormachtstreben hervor. Mit der

Unabhängigkeitserklärung Sloweniens und Kroatiens 25.6.1991

weitet sich der Konflikt zum Bürgerkrieg aus. Die serbisch dominierte jugoslawische Volksarmee greift in Slowenien und Kroatien ein.

Vermittlungsversuche der EG führen für Slowenien rasch zu einer Lösung. Hauptgrund dafür ist die ethnische Geschlossenheit der slowenischen Bevölkerung (91% Slowenen, nur 2% Serben). In Kroatien dagegen gibt es Gebiete mit relativer und teilweise absoluter serbischer Bevölkerungsmehrheit, z.B. das Gebiet *Krajina,* das im März 1991 seine Autonomie und den Anschluss an Serbien erklärt. Hinzu kommt die jahrhundertealte Rivalität zwischen westlich (habsburgisch) orientierten Kroaten und osmanisch geprägten Serben, die schon die Innenpolitik des jugoslawischen Königreichs belastet und noch im Zweiten Weltkrieg zu gegenseitigen Gräueltaten der kroatischen Ustaschi und der serbischen Tschetniks geführt hat. Deshalb schlagen die zahlreichen Friedensinitiativen von EG und UN fehl. Erst im Januar 1992 wird der Krieg in Kroatien beendet. Am 5.12.1991 tritt der letzte (gesamt)jugoslawische Staatspräsident, Stjepan Mesić, am 20.12.1991 der jugoslawische Ministerpräsident, Ante Marković, zurück. Als Nachfolgestaat gründen Serbien und Montenegro am 27.4.1992 die »Föderative Republik Jugoslawien« (auch: Rest-Jugoslawien).

1992 weitet sich der Bürgerkrieg auf *Bosnien-Herzegowina* aus, das in einem Referendum vom 29.2./1.3.1992 gegen den Willen der bosnischen

Serben seine Unabhängigkeit erklärt hat. In Bosnien-Herzegowina gibt es drei verfeindete Bevölkerungsgruppen: Bosniaken (= Muslime in Bosnien-Herzegowina, ca. 44 %), Serben (ca. 32 %) und Kroaten (ca. 17 %), deren Siedlungsgebiete untrennbar miteinander verzahnt sind. Serbische Truppen besetzen in der Folgezeit vorübergehend rund zwei Drittel des Landes, erobern auch von der UN zu Schutzzonen erklärte Gebiete und scheuen nicht davor zurück, UN-Soldaten als Geiseln zu nehmen. Von allen Seiten wird der Krieg mit großer Grausamkeit geführt. Der Versuch, die jeweiligen Einflusszonen zu sichern, geht einher mit »ethnischen Säuberungen«, d. h. der Ermordung oder Vertreibung der Minderheiten. Millionen von Menschen werden aus ihrer Heimat vertrieben, ungefähr 200 000 kommen ums Leben.

Die zahlreichen Vermittlungsversuche, von unterschiedlichen Seiten vorgetragen, bleiben lange Zeit ergebnislos. Erst die serbischen Übergriffe auf UN-Schutzzonen führen im Sommer 1995 zu einem schärferen Eingreifen der NATO (Luftangriffe gegen serbische Stellungen und Einrichtung einer Schnellen Eingreiftruppe). Seit dem Frühjahr 1995 geraten die serbischen Truppen zugleich unter Druck durch eine Gegenoffensive kroatischer und bosnischer Regierungstruppen, die im August die von Serben gehaltene kroatische Krajina und Teile Westbosniens zurückerobern. Diese neuen Entwicklungen ermöglichen das

Friedensabkommen von Dayton 21. 11. 1995,

das unter massivem Druck der USA zustande kommt und eine Aufteilung Bosniens in eine muslimisch-kroatische Föderation und eine serbische Republik vorsieht. Im *Frieden von Paris (14. 12. 1995)* tritt das Abkommen offiziell in Kraft. Eine von der NATO gestellte Schutztruppe von rund 60 000 Mann *(Peace Implementation Force = IFOR)*, an der auch deutsche Soldaten beteiligt sind (s. auch Seite 208), sichert die Einhaltung der Abmachungen. Die Zusammenführung der verfeindeten Volksgruppen, vor allem die Rückkehr von Flüchtlingen, erweist sich vorerst jedoch als faktisch undurchführbar.

Im Oktober 1997 spitzen sich die ethnischen Konflikte in Jugoslawien erneut zu: Die albanische Bevölkerung (ca. 90 %) der Provinz *Kosovo*, die 1990 ihre Autonomie an Serbien verloren hat (s. Seite 151), fordert nach wie vor ihre Unabhängigkeit. Am 30. 11. 1997 proklamiert die UÇK, die Befreiungsarmee des Kosovo, den Kampf gegen die serbische Herrschaft und beginnt mit Guerilla-Aktionen »befreite Territorien« zu schaffen. Trotz internationaler Vermittlungsversuche und Warnungen eröffnen serbisch-jugoslawische Truppen im März 1998 eine Großoffensive gegen die von der UÇK kontrollierten Gebiete und lösen eine Massenflucht der albanischen Bevölkerung aus. Angesichts der drohenden humanitären Katastrophe fordern die UN von Jugoslawien die sofortige Einstellung der Kämpfe, von der UÇK Gewaltverzicht und Entwaffnung. Die im Falle der Nichtbefolgung angekündigten »weiteren Maßnahmen« werden von den NATO-Staaten als Legitimation für ein potenzielles militärisches Eingreifen interpretiert.

In dieser Phase kann eine Eskalation vorerst vermieden werden. Ende des Jahres flammt der Konflikt jedoch erneut auf. Als die Friedensverhandlungen in *Rambouillet (7. 2.–18. 3. 1999)* an der jugoslawischen Weigerung scheitern, eine internationale Friedenstruppe im Kosovo zu tolerieren, macht die NATO ihre mehrfach erneuerte Drohung wahr und beginnt am 24. 3. – gegen den Widerstand Russlands und ohne ausdrückliches Mandat der UN – mit Luftangriffen gegen militärische Ziele in Jugoslawien. Die

NATO-Luftangriffe auf Jugoslawien 24. 3.–10. 6. 1999

zeigen nicht die erhoffte Wirkung. Milošević lässt den Krieg gegen die UÇK und die Vertreibung der Albaner fortsetzen – das Flüchtlingselend im Kosovo nimmt mit Beginn der Luftangriffe immer dramatischere Formen an (ca. 750 000 Flüchtlinge).

Das Ausbleiben eines frühen Erfolges zwingt die NATO zur Ausweitung ihrer Angriffe: Neben militärischen Zielen werden nun auch Industrieanlagen und Infrastruktureinrichtungen (Brücken, Strom- und Wasserversorgung) bombardiert. Dabei bleibt es nicht aus, dass auch Zivilisten ums Leben kommen und gravierende Fehler unterlaufen (z. B. die Zerstörung der chinesischen Botschaft in Belgrad, 7. 5. 1999).

Es gibt zahlreiche diplomatische Bemühungen, den kostspieligen und in der Öffentlichkeit zunehmend kritisch gesehenen Krieg um das Kosovo zu beenden. Am 3. 6. 1999 einigt man sich auf einen Friedensplan, mit dessen Umsetzung am 10. 6. begonnen wird. Die NATO stellt ihre Angriffe ein, die jugoslawische Armee zieht ihre Truppen zurück. Die albanischen Flüchtlinge kehren in das Kosovo zurück, wo sie ihrerseits eine Fluchtwelle unter der serbischen Bevölkerung auslösen. Die *Kosovo Force* (KFOR), eine internationale Truppe, zu der auch ein Kontingent der Bundeswehr gehört, übernimmt die Kontrolle. Sie soll ethnische Konflikte zwischen den zurückkehrenden Albanern und der verbliebenen serbischen Minderheit verhindern, für die Entwaffnung der UÇK sorgen und neue Verwaltungsstrukturen aufbauen.

Jugoslawien selbst ist durch die massiven Schäden, die die Luftangriffe der NATO verursacht haben, wirtschaftlich zurückgeworfen und innenpolitisch zerstritten. Bei den Präsidentenwahlen am 24. September 2000 unterliegt Milošević dem Kandidaten der Opposition, *Vojislav Koštunica*. Als Milošević das Wahlergebnis nicht anerkennt, ruft die Opposition zum Generalstreik auf, der sich am 5. Oktober zum **Volksaufstand** ausweitet. Milošević, dem auch die neue russische Regierung unter *Putin* (s. Seite 151) den Rückhalt entzieht, dankt ab. Ende Juni 2001 wird er dem UN-Tribunal für Kriegsverbrechen in Den Haag ausgeliefert.

Der Volksaufstand vom 5./6. Oktober hat den Bürgerkrieg, der 1989/90 durch Milošević́s serbischen Hegemonialanspruch angestoßen worden ist, zwar beendet. Ein dauerhafter Frieden ist damit aber noch nicht gesichert: Nur die Präsenz der IFOR-Truppen in Bosnien und der KFOR-Truppen im Kosovo sichert den Status quo. Die Unvereinbarkeit zwischen dem Autonomieverlangen der albanischen Bevölkerung und der fortbestehenden staatsrechtlichen Zugehörigkeit des Kosovo zu Serbien und Jugoslawien wird auch weiterhin den Balkan nicht zur Ruhe kommen lassen. Schon Anfang 2001 erfasst dieser Konflikt auch *Mazedonien*, dessen westlicher, mehrheitlich albanisch bevölkerter Teil ebenfalls von den albanischen Separatisten reklamiert wird.

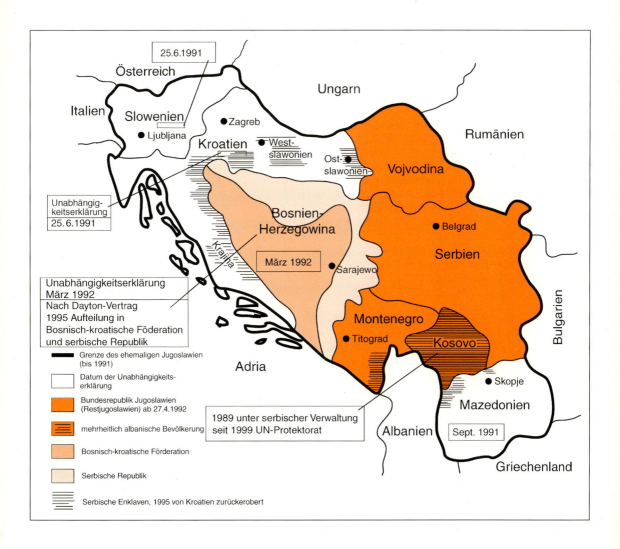

Zeittafel
Ost-West-Konflikt

1941	Anti-Hitler-Koalition (ab 22. 6.)
1943	Konferenz von Teheran (28. 11.–1. 12.)
1945	Konferenz von Jalta (4.–11. 2.)
	Sowjetisierung der osteuropäischen Länder (Bildung sog. »Volksdemokratien«) – Westverschiebung Polens – Flucht und Vertreibung der deutschen Bevölkerung
	Kapitulation Deutschlands (8. 5.)
	Konferenz von Potsdam (16. 7.–2. 8.)
	1. Atombombenzündung in den USA (16. 7.)
	Atombombenabwurf auf *Hiroshima* und *Nagasaki* (6. und 9. 8.)
1946	Langes Telegramm *Kennans* (22. 2.)
	Stuttgarter Rede des US-Außenministers *Byrnes* (6. 9.)
1947	**Truman-Doktrin (Containment) (12. 3.)**
	UdSSR lehnt Teilnahme am *Marshall-Plan* ab (5. 6.)
	Gründung der Kominform (Zwei-Lager-Theorie) (September)
1948	kommunistischer »Staatsstreich« in der Tschechoslowakei (Februar/März); Brüsseler Pakt (17. 3.)
	Berlin-Blockade und Luftbrücke (24. 6. 1948–12. 5. 1949)
1949	Rat für gegenseitige Wirtschaftshilfe (RgW bzw. Comecon) im Ostblock (25. 3.)
	Nordatlantikpakt (NATO) (4. 4.)
	1. sowjet. Atombombenzündung (August)
	Gründung der Volksrepublik China (Mao Tse-tung) (1. 10.)
	McCarthy-Ära (1949–1954)
1950	**Korea-Krieg**
1953	Tod Stalins (5. 3.), Ansätze zur friedlichen Koexistenz (Chruschtschow)
1954	französische Niederlage im Indochinakrieg (Vietnam) (7. 5.)
1955	**Warschauer Pakt (14. 5.)**
	Österreichischer Staatsvertrag (15.5.)
1956	20. Parteitag der KPdSU *(Entstalinisierung)* (Februar)
	Suez-Krise (Juli)
	Aufstände in Polen (polnischer Oktober) und Ungarn (Oktober)
	Niederschlagung des Ungarn-Aufstands (23. 10.)
1957	Sputnik (4. 10.)
1958	**Berlin-Ultimatum (27. 11.)**, Berlin-Krise, zunehmender Flüchtlingsstrom aus der DDR in die BRD
1961	**Bau der Berliner Mauer (13. 8.)**
1962	Kuba-Krise (22.–28.10.)
1964	Vietnamkrieg (amerikanische Phase)
1968	**Intervention in der CSSR:** Unterdrückung des »Prager Frühlings« (20./21. 8.)
	Breschnew-Doktrin
1969	**Nixon-Doktrin:** Beginn des amerikanischen Disengagements in Vietnam
	bewaffnete Auseinandersetzungen an chinesisch-sowjetischer Grenze (Juni)
	Mondlandung (21. 7.)
1970 ff.	Ostverträge der BRD
1972	Präsident Nixon besucht die VR China und die UdSSR; SALT-I-Vertrag
1973	Abzug der Amerikaner aus Vietnam
1979	**sowjetische Invasion in Afghanistan (25. 12.)** → Verhärtung der Ost-West-Beziehungen
1985	**Michail Gorbatschow** Generalsekretär der KPdSU (10. 3.): *Glasnost* und *Perestroika*, Abrüstung, Entspannung der Ost-West-Beziehungen
1988	Demokratisierung der Verfassung der UdSSR
1989	Rückzug der sowjetischen Truppen aus Afghanistan abgeschlossen (15. 2.)
	Revolutionen in Ostmitteleuropa: Ablösung der kommunistischen Regime in Polen, Ungarn, Rumänien, Bulgarien, CSSR und DDR; Unabhängigkeitsbestrebungen der baltischen Sowjetrepubliken
	Massaker auf dem Tienanmen-Platz in Peking (4. 6.)

1990	Einführung des Präsidentschaftssystems in der UdSSR (15.3.) (1. Präsident: Gorbatschow) 2. Gipfeltreffen Bush-Gorbatschow (Juni) Friedensnobelpreis für Gorbatschow (Oktober) **Charta von Paris (21.11.): Beendigung des Kalten Krieges**
1991	*Boris Jelzin* in demokratischen Wahlen zum russischen Präsidenten gewählt (12.6.) Auflösung des Warschauer Pakts (1.7.); **Putsch gegen Gorbatschow scheitert (19.–21.8.)** Entmachtung der KPdSU (24.8.), Unabhängigkeitserklärungen der Sowjetrepubliken / Zerfall der UdSSR **Gipfeltreffen in Alma Ata: Auflösung der UdSSR, Gründung der GUS (21.12.)** **Rücktritt Gorbatschows (25.12.)**
1992	Gründung der Russischen Föderation (31.3.)
1993	Oktoberputsch (3./4.10.) gegen Jelzin niedergeschlagen Verfassung der Russischen Föderation per Referendum angenommen (12.12.)
1994–96	Erster Tschetschenienkrieg
1996	Wiederwahl Jelzins als Präsident der Russischen Föderation (3.7.)
1999–2000	Zweiter Tschetschenienkrieg
1999	Rücktritt Jelzins (31.12.): Kommissarischer Präsident wird der russ. Ministerpräsident Wladimir Putin
2000	Putin zum Präsidenten der Russ. Föderation gewählt (26.3.)

Zeittafel
Jugoslawische Bürgerkriege

1990	Milošević stellt die bis dahin autonome Provinz **Kosovo** unter serbische Zwangsverwaltung. Die jugoslawischen Teilrepubliken Slowenien und Kroatien protestieren gegen diesen Verfassungsbruch.
1991	**Slowenien** und **Kroatien** erklären ihre Unabhängigkeit und setzen diese im slowenischen (1991) und kroatischen Krieg (1991/92) gegen die serbisch-jugoslawischen Bundestruppen durch. **Mazedonien** löst sich auf friedlichem Wege von Jugoslawien.
1992	**Bosnien-Herzegowina** erklärt gegen den Widerstand der serbischen Abgeordneten seine Unabhängigkeit (29.2./1.3.). Beginn des Bürgerkriegs in Bosnien-Herzegowina (bis 1995). Am 27.4.1992 löst sich das ehemalige Jugoslawien auf: Serbien und Montenegro bilden die neue **Bundesrepublik Jugoslawien (»Restjugoslawien«)**. Die Abspaltung Sloweniens, Kroatiens, Mazedoniens und Bosniens ist damit faktisch anerkannt.
1993	UN richtet »Schutzzonen« in Bosnien-Herzegowina ein
1994	Bündnis der bosnischen Muslime und Kroaten mit Kroatien
1995	Mai–August: Kroatische Truppen erobern die serbischen Enklaven Krajina und Westslawonien. Juli: Serbische Truppen erobern die UN-Schutzzonen Srebrenica und Sarajewo. August: NATO-Luftangriffe gegen serbische Stellungen. Gebietsgewinne der kroatisch-muslimischen Truppen und Vertreibung serbischer Zivilisten. 21.11.: Der blutige Bürgerkrieg in Bosnien-Herzegowina (1992–1995) wird durch internationale Vermittlung im **Friedensabkommen von Dayton** beigelegt: Aufteilung Bosniens in eine muslimisch-kroatische Föderation und eine serbische Republik; Überwachung des Friedens durch IFOR-Truppen der NATO.
1997	Guerillakrieg der albanischen Untergrundarmee (UÇK) im Kosovo gegen Serbien. Die serbisch-jugoslawische Gegenoffensive führt zum **Kosovokrieg (1997–1999)**.
1999	Nach dem Scheitern der Kosovo-Friedenskonferenz in Rambouillet erzwingt die NATO durch massive **Luftangriffe gegen Jugoslawien** (24.3.–10.6.) ein Friedensabkommen, das durch KFOR-Truppen gesichert wird.
2000	Wahlniederlage und Sturz Miloševićs (Volksaufstand 5./6.10.). Milošević wird inhaftiert und am 28.6.2001 dem UN-Kriegsverbrechertribunal in Den Haag überstellt.

Der Nahost-Konflikt

Überblick

- Ende des 19. Jahrhunderts, bedingt durch den europäischen Antisemitismus, setzt die zionistische Siedlungsbewegung in Palästina ein. Sie führt 1948, nach Ablauf des britischen Mandats in Palästina, zur Gründung des Staates Israel.

- Der neue Staat Israel ist von Anfang an bedroht. In mehreren Kriegen muss er seine Existenz gegen die arabischen Nachbarn verteidigen.

- Die palästinensische Nationalbewegung, seit 1964 in der PLO organisiert, führt einen permanenten Kleinkrieg gegen Israel. Sie bedient sich darüber hinaus des internationalen Terrorismus (Flugzeugentführungen usw.) zur Durchsetzung ihrer Ziele.

- Seit 1988 rückt die PLO unter Jassir Arafat von ihrer kompromisslosen Haltung ab: 1993 erkennen Israel und die PLO gegenseitig ihre Existenzberechtigung an. Die Palästinenser, denen im Gaza-Jericho-Abkommen 1993 eine Teilautonomie zugestanden wird, arbeiten auf die Bildung eines autonomen Staates im Gazastreifen und Westjordanland hin.

- Der israelisch-palästinensische Konflikt ist nicht die einzige Komponente der Nahost-Krise. Auch soziale und religiöse Spannungen (Libanon) und das Engagement der Großmächte in der Region tragen zur Krisenanfälligkeit des Nahen Ostens bei.

- Verschärft werden die Konflikte durch den islamischen Fundamentalismus. Religiöser Fanatismus und machtpolitische Rivalität zwischen Irak und Iran führen zu dem überaus verlustreichen Ersten Golfkrieg (1980–88).

- Die Besetzung Kuwaits durch irakische Truppen (2.8.1990) stößt auf weltweiten Protest: Im Zweiten Golfkrieg (1991) zwingen UN-Truppen unter amerikanischer Führung den Irak zum Rückzug aus Kuwait.

- Der Zweite Golfkrieg löst verstärkte Bemühungen aus, eine grundsätzliche Regelung der schwierigen Nahost-Probleme zu finden (Nahost-Friedenskonferenz 1991). Die Friedensbemühungen werden sowohl von palästinensischer wie von israelischer Seite immer wieder durch Gewalttaten, Attentate und Vergeltungsschläge infrage gestellt. Trotz mancher Erfolge im Einzelnen erweisen sich die grundsätzlichen Gegensätze als unüberbrückbar. Ab September 2000 kommt es im Zuge der zweiten Intifada zu einer erneuten Gewalteskalation.

- Als Reaktion auf den Terroranschlag vom 11.9.2001 beginnen die USA einen »Krieg gegen den Terror«, der sich erst gegen das Taliban-Regime in Afghanistan (2001), dann gegen den Irak richtet (2003). Im Zuge der Neuordnung der Region wird 2003 ein neuer »Friedensfahrplan« zur Beilegung des palästinensisch-israelischen Konflikts entworfen.

Krisenherd Nahost

Der Nahe Osten ist seit Anfang des Jahrhunderts ein Krisenherd von weltpolitischer Brisanz. Er ist Schauplatz zahlreicher Kriege und Kleinkriege, Überfälle, Kommandounternehmen, Attentate. Von hier werden terroristische Aktionen – Flugzeugentführungen, Geiselnahmen usw. – in der ganzen Welt organisiert. Eine der Wurzeln des Konflikts ist der Kampf um das »Heilige Land«, auf das zwei Nationen Anspruch erheben:

Die Juden, die hier im Altertum gesiedelt haben, vertrieben wurden, seit Ende des 19. Jahrhunderts wieder eingewandert sind und 1948 den Staat Israel gegründet haben.

Die Palästinenser, die arabischen Bewohner, die, seit Großbritannien das Protektorat Palästina in die Selbstständigkeit entlassen hat, zum Teil geflohen sind oder vertrieben wurden und nun für die Gründung ihres eigenen palästinensischen Staates kämpfen.

Dieser Konflikt ist Bestandteil der antizionistischen panarabischen Bewegung, die aber ihrerseits wieder durch nationale Einzelinteressen gespalten ist. So existiert zwar eine rhetorische Gemeinsamkeit für die Sache der Palästinenser, die reale Politik einzelner arabischer Staaten aber blockiert eher die Gründung eines Palästinenserstaates, der auch deren Existenz gefährden könnte. So gibt es auch Konflikte und Kämpfe zwischen arabischen Staaten und Palästinensern ebenso wie Friedensbemühungen zwischen arabischen Staaten und Israel (Camp David 1978).

Erschwert wird die Situation durch Konflikte innerhalb der arabischen Staaten und innerhalb der palästinensischen Befreiungsbewegung selbst: durch soziale und religiöse Gegensätze und unterschiedliche ideologische Ausrichtungen. Vor allem der Libanon ist durch innere Gegensätzlichkeit bestimmt und versinkt im Chaos des Bürgerkrieges. Hinzu kommt das Interesse der Großmächte an dieser Region, die dadurch auch Teil des Ost-West-Gegensatzes wird.

Eine neue Dimension schließlich erreicht der Konflikt durch die iranische Revolution und den schiitischen Fundamentalismus des Ayatollah Khomeini, der weit über den Iran hinaus seine fanatischen Anhänger findet und die Gründung »islamischer Republiken« anstrebt. Dieser radikale, religiös begründete Anspruch bedroht die Existenz anderer Staaten und führt zu Machtkämpfen innerhalb der Region (1980–88 Erster Golfkrieg).

Das Gemisch aus verschiedenen Ideologien, Religionen, nationalen und übernationalen Interessen, aus einer Vielzahl von Organisationen, Parteien und Milizen ist schwer zu durchschauen. In den folgenden Abschnitten soll versucht werden, die Grundstrukturen des Gesamtproblems aufzuzeigen, um eine grobe Orientierung zu ermöglichen.

Die zionistische Bewegung

Seit Jahrhunderten haben die Juden überall in der Welt verstreut gelebt, oft verfolgt, sozial geächtet, in Gettos abgedrängt. Trotzdem oder auch gerade deswegen sind sie sich ihrer jüdischen Identität bewusst geblieben. Auch die europäische Aufklärung hat keine grundsätzliche Verbesserung gebracht. Sie führt zwar zur Emanzipation der Juden, also zu ihrer bürgerlichen Gleichstellung[1], aber Vorurteile und Ablehnung, oft durch wirtschaftlichen Neid bedingt, bleiben. Auch die zunehmende Assimilation[2] vieler Juden – durch Übertritt zum christlichen Glauben, durch Namensänderung, durch nationale Identifikation (Patriotismus, Kriegsdienst usw.) – nützt ihnen letztlich nichts. Im 19. Jahrhundert kommt eine neue Variante des Judenhasses auf: der rassisch begründete Antisemitismus[3]. Der Franzose *Arthur de Gobineau* stellt in seinem Buch »Versuch über die Ungleichheit der menschlichen Rassen« (1853/55) die Theorie von der Überlegenheit der »arisch-nordischen Rasse« auf, die von *Houston Stewart Chamberlain* (»Die Grundlagen des 19. Jahrhunderts«, 1899) und anderen übernommen wird. Bekannte Persönlichkeiten wie der Historiker *Heinrich von Treitschke* (1834–96) (»Die Juden sind unser Unglück«), der Komponist *Richard Wagner* (1813–83), der Schriftsteller *Julius Langbehn* (1851–1907) und andere verbreiten diese Auffassungen.

Der rassisch begründete Antisemitismus mit seiner biologistischen Komponente (»Reinheit des Blutes«) lässt jede Angleichung als wertlos oder gar als heimtückische Täuschung erscheinen und suggeriert jedem Nichtjuden eine naturgegebene, im Blut liegende Überlegenheit über jeden Juden.

Besonders bedrückend ist die Lage der Juden in Osteuropa, vor allem im zaristischen Russland. Hier kommt es immer wieder zu blutigen Pogromen[4], vor allem im Zusammenhang mit politischen und sozialen Unruhen wie der Ermordung Alexanders II. 1881 oder der Revolution 1905 (s. Seite 75). Fast drei Millionen Juden emigrieren Ende 19./Anfang 20. Jahrhundert aus Russland, davon über zwei Millionen in die USA, ca. 100 000 nach Palästina.

Das 19. Jahrhundert ist aber auch das Jahrhundert der nationalstaatlichen Idee, die ihren Hauptimpuls durch die Französische Revolution erhalten und zur Gründung von Nationalstaaten geführt hat. Diese Idee des Nationalstaates und der wachsende Antisemitismus sind die Wurzeln des **Zionismus,** der jüdischen Nationalbewegung. Die Grundidee ist die Schaffung eines unabhängigen jüdischen Staates, der für alle verfolgten Juden offen sein und ihnen ein Leben in Freiheit ermöglichen soll.

Die Anfänge der Idee gehen schon in die Zeit nach 1860 zurück (Hirsch Kalischer, Moses Hess). Wirksam wird sie aber erst durch die Schriften *Leon Pinskers* (»Autoemanzipation«, 1882) und vor allem *Theodor Herzls* (»Der Judenstaat«, 1896). Herzl ist es auch, der in Basel den

ersten Zionistenkongress	*1897*

organisiert. Das Baseler Programm sieht »die Schaffung einer öffentlich-rechtlich gesicherten Heimstätte in Palästina« (also einen jüdischen Staat) vor. Die Festlegung auf Palästina, das Land der Väter, liegt nahe, ist aber keineswegs unverzichtbare Voraussetzung. Auch Pläne einer Staatsbildung in Argentinien oder Uganda werden zeitweise diskutiert.

Palästina bis zum Ausgang des Ersten Weltkriegs

1882 und ab 1904/05 kommt es zu größeren Einwanderungswellen (Alija[5]), ausgelöst durch die Po-

---

[1] Zuerst in Frankreich während der Revolution, 1791; in Preußen im Rahmen der preuß. Reformen, 1812; zuletzt in Russland 1917.

[2] (lat. *assimilatio*): Angleichung, Gleichstellung.

[3] Der Begriff wird 1879 von dem Journalisten Wilhelm Marr geprägt. Er ist eigentlich unsinnig, denn der Begriff »semitisch« stammt aus der Sprachwissenschaft und bezeichnet eine Gruppe verwandter Sprachen, zu denen neben anderen das Hebräische gehört.

[4] (russ.): Verwüstung, Krawall.

[5] (hebräisch): Aufstieg (ins Land Israel).

grome in Russland. Damals werden die ersten *Kibbuzim* und *Moschawim*[1] gegründet, werden unfruchtbare und wenig besiedelte Gebiete erschlossen und urbar gemacht. 1909 entsteht nördlich von Jaffa die rein jüdische Stadt Tel Aviv.

Der arabischen Bevölkerung Palästinas kann man anfangs noch aus dem Weg gehen. Je größer aber die Zuwanderung wird, umso mehr muss der kulturelle und dann auch politische Gegensatz ins Bewusstsein rücken: 1918 wird in Jaffa die antizionistische Islamisch-Christliche Vereinigung (ICV) gegründet. Mit ihr beginnt die Geschichte der arabisch-palästinensischen Nationalbewegung. Ab 1918 kommt es auch mehrfach zu antijüdischen Demonstrationen und zu Massakern von Arabern an Juden.

Bis zum Ersten Weltkrieg gehören Palästina und die arabischen Gebiete zum Osmanischen Reich, das mit Deutschland verbündet ist. Schon 1915 kommt es zu Absprachen der Entente-Mächte über ihre Kriegsziele, unter anderem über die zukünftige Aufteilung des Osmanischen Reiches in Einflussgebiete. Im *Sykes-Picot-Abkommen* (Mai 1916) legen England und Frankreich die Grenzen ihrer zukünftigen Einflusssphäre fest. Palästina (bis zum Jordan) soll danach unter internationale Verwaltung gestellt werden.

Da nun der Krieg gegen das türkische Reich sich weit schwieriger gestaltet als erwartet, sucht England die Unterstützung der Araber. Um sie zum Aufstand gegen die Türken zu bewegen, verspricht man ihnen die Schaffung eines Großarabischen Königreiches (Oktober 1915). Diese Abmachung steht im Widerspruch zum Sykes-Picot-Abkommen.[2]

Noch ein drittes britisches Versprechen ist zu nennen. Um die Juden zu gewinnen, insbesondere um die einflussreichen amerikanischen Juden für den Kriegseintritt der USA günstig zu stimmen, verspricht der englische Außenminister in der nach ihm benannten

Balfour-Erklärung   **1917**

die »Errichtung einer nationalen Heimstätte in Palästina für das jüdische Volk«, eine Erklärung, die von der zionistischen Bewegung mit Jubel aufgenommen wird.

Die widersprüchlichen Erklärungen – die Abmachung mit Frankreich, die Versprechungen an die Araber, die Versprechungen an die Zionisten – und die jetzt als Reaktion auf die Balfour-Erklärung entstehende palästinensische Nationalbewegung (1918 Gründung der ICV, s. o.; 1919 erster Palästinensischer Nationalkongress in Jerusalem) erschweren eine einvernehmliche Lösung.

Das Ergebnis ist schließlich die durch den Völkerbund vorgenommene Aufteilung der Region in *Mandatsgebiete:* Syrien und der Libanon werden französisches, Palästina und der Irak britisches Mandat[3]. 1921 teilt die britische Mandatsmacht ihr Gebiet auf: Die Gebiete östlich des Jordan werden zum Emirat Transjordanien erklärt (seit 1946 Königreich Jordanien).

Die Gründung des Staates Israel

Die Situation in Palästina ist damit gekennzeichnet durch das dreiseitige Spannungsverhältnis zwischen britischer Mandatsmacht, zionistischer und arabisch-palästinensischer Nationalbewegung.

Den palästinensischen Widerstand kann England bis 1936 unterdrücken. Nur 1920 kommt es zu einem Aufstand der Geheimorganisation »Schwarze Hand«, den die britische Armee niederschlägt.

Dagegen kommt es immer wieder zu Ausschreitungen zwischen Juden und Arabern. Die Spannungen nehmen zu durch den Zustrom jüdischer Siedler, aus Polen vor allem, ab 1933 aus Deutschland. Auf beiden Seiten wächst die Militanz. 1929 kommt es zu einem Massaker im jüdischen Viertel von Jerusalem, ab 1931 zu Terroraktionen gegen jüdische Siedlungen. Die Einzelaktionen münden schließlich in den

arabischen Aufstand   **1936–39,**

der sich sowohl gegen die Engländer als auch gegen die Juden richtet. Der arabische Aufstand wird von den veränderten weltpolitischen Konstellationen begünstigt: Die Besetzung Äthiopiens durch das faschistische Italien (1935), Unabhängigkeitsbewegungen in Ägypten, im Irak und in Syrien und die von Hitler-Deutschland ausgehende Kriegsgefahr bedrohen die englische Position im Nahen Osten. Erst 1939, nachdem durch das Münchener Abkommen (1938) die Kriegsgefahr in Europa gebannt scheint, verstärkt England seine Truppen in Palästina und schlägt den arabischen Aufstand nieder.

---

[1] *Kibbuz* (Pl.: Kibbuzim): Agrarkommune mit kollektiver Wirtschafts- und Lebensweise (kein Privatbesitz, Kindererziehung durch die Gemeinschaft usw.); im Moschaw dagegen bleibt die individuelle Lebens- und Produktionsform erhalten (Privatbesitz, Familie), der Verkauf aber ist genossenschaftlich.

[2] Seit 1916 kämpfen die Araber gegen die Türken, unterstützt von dem Engländer Thomas Edward Lawrence, der als *Lawrence von Arabien* legendären Ruhm erworben hat.

[3] (lat. *mandare* = anvertrauen): Gebiete, die vorübergehend der Verwaltung einer Großmacht übertragen werden.

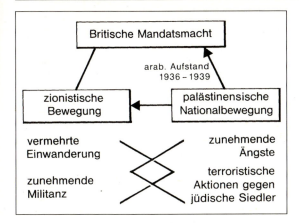

Im Vorfeld des Zweiten Weltkrieges revidiert die englische Regierung ihre Politik erneut, um die Unterstützung der Araber zu gewinnen. Sie distanziert sich von der Balfour-Erklärung und erklärt die Gründung eines unabhängigen arabischen Staates Palästina zu ihrer neuen Absicht (Mai 1939). Die weitere Zuwanderung von Juden wird drastisch beschränkt. Dennoch kämpfen die Zionisten mit England gegen Hitler, den Todfeind der Juden, während die meisten arabischen Staaten auf Seiten der Deutschen kämpfen, weil die Deutschen Gegner der Mandatsmächte Frankreich und England und der Juden sind.

Gegen Kriegsende, als die deutsche Niederlage abzusehen ist, hört auch das jüdische Zweckbündnis mit den Engländern auf. Jetzt kämpfen die zionistischen Untergrundorganisationen gegen die englische Mandatsmacht. Diese »jüdische Widerstandsfront« versucht zugleich, trotz des Einreiseverbots jüdische Flüchtlinge ins Land zu schleusen. Die Engländer fangen viele der Flüchtlingsschiffe mit den Überlebenden des Holocaust ab und schicken sie zurück.

Die öffentliche Meinung richtet sich nun gegen England, und der moralische Druck auf England, auch durch das einflussreiche Amerika mit seiner relativ großen jüdischen Gemeinschaft, wird immer stärker. Daraufhin bringt England im Februar 1947 das Problem vor die UNO.

Die UNO-Vollversammlung entscheidet sich am 29.11.1947, unter anderem mit den Stimmen der Sowjetunion und der osteuropäischen Länder, aber gegen den Widerstand der arabischen Staaten, für die Teilung Palästinas in einen jüdischen und einen arabischen Staat. Jerusalem soll einer internationalen Treuhandschaft unterstellt werden. Ein halbes Jahr später erfolgt die

Gründung des Staates Israel   14.5.1948.

Israels Kampf um die Unabhängigkeit

Die arabische Bevölkerung Palästinas nimmt die Entscheidung der UNO nicht hin. Im November 1947 beginnt der Bürgerkrieg mit gegenseitigem Terror. Am Tag nach dem Abzug der britischen Truppen und der Unabhängigkeitserklärung erfolgt der Einmarsch der Truppen der Arabischen Liga (Ägypten, Jordanien, Syrien, Libanon, Irak). Trotz der zahlenmäßigen und materiellen Überlegenheit der Gegner kann sich Israel in dem

arabisch-israelischen Krieg   1948–49

behaupten und in einigen Gegenoffensiven sogar Geländegewinne erzielen. Hauptursache für den überraschenden Erfolg ist neben der eigenen Entschlossenheit (nie wieder Opfer sein!) die mangelnde Geschlossenheit der arabischen Angreifer, die jeweils ihre eigenen Kriegsziele verfolgen und untereinander politisch zerstritten sind.

Schon während des Bürgerkrieges beginnt die Flucht bzw. Vertreibung der Palästinenser. Ca. 750 000 Menschen fliehen in die benachbarten arabischen Staaten. Ihre Hoffnung auf baldige Rückkehr ist durch den überraschenden Sieg der Israelis vereitelt worden. Aber auch die Integration dieser Menschen in den Aufnahmeländern gelingt nicht oder nur unvollkommen, ist zum Teil auch gar nicht beabsichtigt. So ist das Flüchtlingsproblem bis heute noch nicht gelöst. Aus den Palästinenserlagern rekrutiert sich der Nachwuchs der Fedajin-Kämpfer[1], die nach eigener Auffassung Freiheitskämpfer, nach israelischer Terroristen sind.

Die Niederlage gegen das kleine Israel führt auch zu inneren Wandlungen der arabischen Staaten. Gegen die alten Führungseliten, die versagt haben, erhebt sich eine moderne, sozialistisch und panarabisch ausgerichtete Bewegung. Zu nennen sind besonders die Baath-Partei[2] und der Nasserismus, so genannt nach Gamal Abdel Nasser, der 1952 durch einen Militärputsch den ägyptischen König Faruk stürzt. Nasser gelingt es 1956, gegen eine israelisch-englisch-französische Intervention den Suezkanal zu verstaatlichen. Er nutzt dabei durch zeitweise Anlehnung an die Sowjetunion geschickt den

---

[1] (arab.): »Die sich selbst opfern«; schon im 12. Jh. Name einer Untergrundorganisation gegen die Kreuzfahrer.

[2] Abkürzung für (arab.): »Sozialistische Partei der arabischen Auferstehung«; 1947 in Syrien gegründet, Ausbreitung in allen arabischen Staaten, Machtübernahme in Syrien und im Irak.

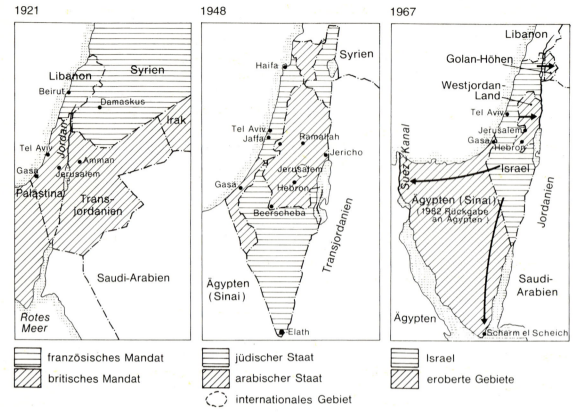

französisches Mandat	jüdischer Staat	Israel
britisches Mandat	arabischer Staat	eroberte Gebiete
	internationales Gebiet	

Ost-West-Konflikt aus. Die Erfolge Nassers machen ihn zur Symbol- und Führungsfigur der panarabischen Sache und damit auch zum Hoffnungsträger der Palästinenser.

Aber konkrete Schritte zugunsten der Palästinenser bleiben aus. So beginnen diese, ihre Sache selbst in die Hand zu nehmen. Im Jahre 1959 wird die palästinensische Geheimorganisation *Al Fatah*[1] gegründet. Sie orientiert sich an Guerillatheorien anderer Befreiungsbewegungen, etwa der algerischen *(Frantz Fanon)* und der kubanischen *(Che Guevara)*. Die erste Kommandoaktion der Al Fatah findet Ende 1964 statt. Die erste von vielen.

In diesem Jahr wird auch als Dachorganisation verschiedener palästinensischer Gruppen die

Palestine Liberation Organization (PLO)
2. 6. 1964

gegründet, deren Präsident im Februar 1969 der Al Fatah-Chef *Jassir Arafat* wird. Der »bewaffnete Kampf« wird damit zur offiziellen Politik der PLO.

Inzwischen war der Stern Nassers verblasst. Nichts, abgesehen von dem Guerillakrieg der Fedajin, war seit der Niederlage von 1948/49 gegen Israel unternommen worden. Deshalb plant Nasser zusammen mit König Hussein von Jordanien einen neuen Krieg. Das Ziel: »Israel von der Landkarte verschwinden zu lassen.«

Aber Israel reagiert auf die Bedrohung mit einem Präventivkrieg[2], dem

Sechstagekrieg **5.–11. 6. 1967.**

Ein Überraschungsangriff der Israelis zerschlägt die ägyptische Luftwaffe, israelische Truppen besetzen die Sinai-Halbinsel, das Westjordangebiet, die Golanhöhen, Jerusalem – ein militärischer Triumph für Israel. Am Suez-Kanal, wo sich nun ägyptische und israelische Truppen gegenüberliegen, geht der Krieg zwar weiter. Aber auch in diesem sog.

Abnützungskrieg *1969/70*

erweist sich Israel als überlegen. Er wird durch Vermittlung der USA und UdSSR schließlich beigelegt. Die unerwünschte Folge der israelischen Siege ist aber, dass Israel mit den Gebietsgewinnen auch

---

[1] »Fatah« ergibt sich aus den Anfangsbuchstaben – in umgekehrter Reihenfolge gelesen (!) – von arabisch »Bewegung für die Befreiung Palästinas«.

[2] Von lat. *prae-venire* = zuvorkommen.

sein Araberproblem erschwert hat. Rund 800 000 Araber leben 1967 in den besetzten Gebieten. Ihre Siedlungen bilden gute Ausgangsbasen für die Guerilla-Aktionen der Al Fatah.

Jordanien

Die Aktionen der PLO richten sich nicht nur gegen Israel, sondern auch gegen den jordanischen König Hussein, dessen Stellung im arabischen Lager umstritten ist. Vor allem die Palästinenser im Westjordanland, das ja Teil des Königreichs Jordanien ist, fühlen sich im Stich gelassen und werden zu einer immer größeren Gefahr für Husseins Herrschaft. Es kommt König Hussein deshalb gar nicht ungelegen, dass Israel dieses Gebiet im Sechstagekrieg besetzt. Vieles spricht dafür, dass Hussein sich sogar eigens zu diesem Zweck am Krieg beteiligt hat. Jedenfalls unternimmt er nach 1967 nichts zur Rückgewinnung Westjordaniens. Mit dem dortigen Palästinenserproblem muss sich seitdem Israel befassen.

1970, ausgelöst durch einen Attentatsversuch auf Hussein, kommt es zur militärischen Auseinandersetzung zwischen PLO-Milizen und jordanischen Truppen, dem palästinensischen »Volkskrieg« gegen Hussein. Er endet mit der Niederlage der PLO, dem sog.

Schwarzen September	*September 1970.*

Die PLO-Milizen müssen ihre Stützpunkte östlich des Jordan, von denen sie Überfälle auf israelisches Gebiet geführt haben, räumen. Sie suchen eine Operationsbasis im Süden des Libanon, der damit in den Konflikt hineingezogen wird (s. Seite 163).

Der ägyptisch-israelische Ausgleich

Das Jahr 1970 ist auch in anderer Hinsicht eine Wende. Am 28. September stirbt Nasser. Sein Nachfolger, *Anwar Sadat* (1970–81), ist gewillt, im nationalen Interesse Ägyptens einen Ausgleich mit Israel herbeizuführen. Es geht ihm um die Rückgewinnung der Sinai-Halbinsel, die seit 1967 von den Israelis besetzt ist.

Verhandlungen mit Israel setzen aber voraus, dass Ägpyten sich von der Fessel des Palästinenserproblems löst. Solange die ägyptische Politik im panarabischen Sinne mit der Palästinenserfrage verknüpft wäre, würde dieses Junktim[1] jede Regelung verhindern. Sadats Politik zielt deshalb auf zwei Punkte:

- die palästinensischen Interessen von den ägyptischen zu trennen,
- durch einen militärischen Erfolg gegen Israel eine starke Verhandlungsposition zu gewinnen.

Das erste Ziel erreicht er auf der arabischen Gipfelkonferenz 1973 in Algier. Dort wird die PLO als »die einzige legitime Vertreterin des palästinensischen Volkes« anerkannt. Diese Formel, die einerseits eine Stärkung der PLO bedeutet, entbindet auf der anderen Seite die arabischen Staaten von dem Zwang, für die Palästinenser zu sprechen, ermöglicht ihnen also eine unabhängige, am Nationalinteresse orientierte Politik.

Das zweite Ziel erstrebt Sadat durch den

Jom-Kippur-Krieg	**6.–24. 10. 1973.**

Am Tag des jüdischen Versöhnungsfestes (Jom Kippur) überquert die ägyptische Armee in einem Überraschungsangriff den Suez-Kanal. Gleichzeitig rücken syrische Truppen auf den Golanhöhen vor.

Die UdSSR unterstützt Ägypten und Syrien, die USA beliefern Israel mit Waffen und Satellitenbildern: Wieder führt der Nahostkrieg zu internationalen Verwicklungen und im Zeichen des Ost-West-Konflikts zur Gefahr eines Weltkrieges. Unter dem Druck der Großmächte (Verhandlungsführer auf amerikanischer Seite ist Außenminister Henry Kissinger) kommt es am 24. 10. 1973 zum Waffenstillstand und zum Beginn israelisch-ägyptischer Verhandlungen. In diesen Verhandlungen wird erstmals die »Ölwaffe« als Druckmittel eingesetzt, also die Androhung bzw. Verhängung eines Ölembargos, das die Abhängigkeit der westlichen Industrienationen von arabischen Öllieferungen schlagartig deutlich macht *(Ölschock[2])*. 1977 geht Sadat, der auch mit inneren Unruhen und wirtschaftlichen Schwierigkeiten zu kämpfen hat, noch einen Schritt weiter auf dem Weg der bilateralen Verständigung mit Israel. Er erklärt in der so genannten

Sadat-Initiative	*9. 11. 1977*

seine Bereitschaft, mit Israel über einen Friedensvertrag zu sprechen. Am 19. 11. reist er nach Tel Aviv, am 20. 11. hält er eine Rede vor dem israelischen Parlament, der Knesset. – Damit hat erstmals seit der Gründung Israels vor rund 30 Jahren ein arabischer Staatsmann die Existenz dieses Staates anerkannt.

---

[1] *Junktim* (lat.): »Verbindung« zweier oder mehrerer Vorlagen, die nur gemeinsam angenommen werden können.

[2] Dieser Ölschock ist eine entscheidende Ursache für den Entschluss zum Ausbau der Kernenergie, mit der die Abhängigkeit vom Öl gemildert werden soll.

Den Amerikanern ist sehr am Erfolg der israelisch-ägyptischen Gespräche gelegen, zumal sich in dieser Zeit schon die iranische Revolution Khomeinis (s. Seite 165) abzeichnet. Präsident *Jimmy Carter (1977–81)* lädt Begin und Sadat zu Verhandlungen nach Camp David bei Washington ein. Das

Abkommen von Camp David   17. 9. 1978

setzt die Rahmenbedingungen, die dann den

**ägyptisch-israelischen Friedensvertrag
26. 3. 1979**

in Washington ermöglichen. Er sieht vor:

- staatliche Anerkennung Israels
- Nichtangriffsgarantie
- Räumung der Sinai-Halbinsel durch Israel bis 1982; Auflösung der jüdischen Siedlungen im Sinai

Sadats Initiative wird von den meisten arabischen Staaten verurteilt, Ägypten aus der Arabischen Liga ausgeschlossen. Am 6. 10. 1981 wird Sadat von einem islamischen Fanatiker ermordet.

Die Politik der PLO

Die Kriege 1948/49, 1967, 1969/70 und 1973 haben die Palästinenser ihrem Ziel eines eigenen Staates nicht näher gebracht. In der Auseinandersetzung mit König Hussein von Jordanien haben sie den Kürzeren gezogen (1970: Schwarzer September), und ab Ende 1973 bahnt sich ein ägyptisch-israelischer Ausgleich an. – Insgesamt keine guten Bedingungen für die PLO, und es stellt sich die Frage, wie sie darauf reagieren sollte.

Die PLO (gegründet 1964, Vorsitzender seit 1969 *Jassir Arafat*) ist keine einheitliche, geschlossene Organisation. Sie besteht aus verschiedenen Gruppierungen mit unterschiedlicher ideologischer Ausrichtung. Die wichtigsten Gruppen sind Arafats Al Fatah sowie die Volksfront für die Befreiung Palästinas (Popular Front of the Liberation of Palestine, PFLP) unter Georges Habasch. Zusätzlich kompliziert wird das Bild dadurch, dass es innerhalb der Gruppierungen wieder Abspaltungen gibt, bis hin zu terroristischen Einzeltätern. Entsprechend uneinheitlich und verwirrend ist die Politik der PLO.

Besonders brutal ist das Vorgehen der Terrororganisation »Schwarzer September«, die als Reaktion auf die Niederlage der PLO im September 1970 in Jordanien (s. Seite 161) entsteht. Sie richtet sich anfangs gegen jordanische Diplomaten und Politiker (1971 Ermordung des jordan. Ministerpräsidenten). Sie ist aber auch verantwortlich für den Überfall auf die israelische Olympiamannschaft (5. 9. 1972) in München.

Spektakulär sind auch die Aktionen der PFLP, die sich auf Flugzeugentführung spezialisiert. Ziel sind nicht nur israelische, sondern auch Flugzeuge der mit Israel verbündeten (West-)Mächte. Diese Aktionen sollen zum einen die Weltöffentlichkeit wachrütteln und auf das Palästinenserproblem aufmerksam machen, zum anderen dienen sie oft der Freipressung von Inhaftierten. Die Angriffe auf Flugzeuge verschiedener Länder sind aber ebenso durch die besondere ideologische Ausrichtung der PFLP zu erklären: Sie sieht ihre Aktionen nicht beschränkt auf den palästinensisch-israelischen Konflikt, sondern als Teil eines *internationalen* Befreiungskampfes. Konsequenterweise arbeitet sie deshalb mit entsprechenden Organisationen anderer Länder zusammen, unter anderem mit der deutschen *Rote Armee Fraktion (RAF)* (s. Seite 194). RAF-Mitglieder werden in Lagern der PFLP ausgebildet, und die Flugzeugentführungen nach Entebbe (27. 6. 1976) und Mogadischu (17. 10. 1977) verfolgen auch das Ziel der Freipressung von RAF-Häftlingen.

Neben solchen Terroraktionen, die weltweit Ängste, verstärkte Sicherheitsmaßnahmen und auch innenpolitische Polarisierungen hervorrufen, führt die PLO ihre Angriffe auf israelische Ziele fort, ab 1974 auch mit der Absicht, die anlaufenden Friedensbemühungen zu stören. Israel reagiert jeweils mit harten Vergeltungsschlägen, die auch die Zivilbevölkerung treffen.

Arafat bemüht sich zugleich aber auch um eine politische Lösung. Nachdem die PLO 1973 von der Arabischen Liga als alleinige Palästinenser-Vertretung offiziell anerkannt worden ist, erreicht Arafat diese Anerkennung auch weltweit bei einem Auftritt vor der UN-Vollversammlung am 22. 11. 1974. Die politische Anerkennung der PLO hilft aber insofern nicht weiter, als Israel jegliche Verhandlungen mit den »PLO-Mördern« strikt ablehnt und die PLO ihrerseits nicht zur Anerkennung des Staates Israel bereit ist.

Eine neue Entwicklung tritt 1988 ein. Auf einer Tagung des Palästinensischen Nationalkomitees kommt es zur

*Proklamation eines unabhängigen Staates
Palästina   15. 11. 1988,*

zu dessen Präsident Arafat gewählt wird (April 1989). Mit der Ausrufung dieses fiktiven Staates verknüpft ist die indirekte Anerkennung Israels und die Bereitschaft zu Verhandlungen.

Parallel zu dieser politischen Initiative kommt es seit Anfang 1988 zur *Intifada*[1], zu Aufständen und

---

[1] (arab.): Aufstand.

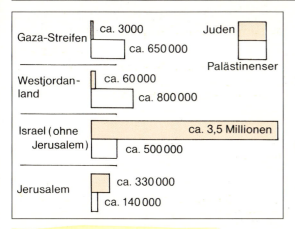

Widerstandsaktionen der Palästinenser in den seit 1967 von Israel besetzten Gebieten (Westjordanland und Gazastreifen), auf die die israelische Besatzungsmacht mit massiver militärischer Gewaltanwendung reagiert. Eine eventuelle Rückgabe aller besetzten Gebiete ist praktisch kaum möglich, da Israel unter der Regierung des rechtsgerichteten Likudblocks (ab 1977) mit einer (stets umstrittenen) offensiven Siedlungspolitik begonnen hat. Die in diesen Gebieten lebenden jüdischen Siedler lehnen jedes Nachgeben ab, drohen im Fall entsprechender Verhandlungen gar mit Sezession und der Gründung eines Staates Judäa.

Der Libanesische Bürgerkrieg

Der Libanon wird seit 1970 zunehmend in die Wirren des Nahost-Konflikts hineingezogen, weil die aus Jordanien vertriebene PLO (s. Seite 161) hier ihre neuen Basen und, gestützt auf ihre Milizen, eine Art Staat im Staate (»Fatah-Land«) aufbaut. Damit wird die ohnehin schwierige politische Situation im Libanon zusätzlich verschärft.

Die libanesische Situation ist charakterisiert durch das Nebeneinander verschiedener Glaubensrichtungen – Maroniten, Drusen[1], Sunniten, Schiiten u.a.m. – und Familienclans, die über eigene Armeen verfügen. Die Vorherrschaft üben die maronitischen Christen aus, die seit 1943 den Staatspräsidenten stellen (Ministerpräsident ist ein sunnitischer, Parlamentspräsident ein schiitischer Moslem) und im Parlament über eine Mehrheit verfügen (nach der Klausel 6 Christen – 5 Moslems). Diese Regelungen aus den 40er-Jahren entsprechen aber nicht mehr den tatsächlichen Bevölkerungsverhältnissen, die sich auch durch den Zuzug palästinensischer Flüchtlinge zuungunsten der Christen verschoben haben. Die panarabische Bewegung ebenso wie die offenkundig prowestliche Ausrichtung der Christen, aber auch das soziale und kulturelle Gefälle, bewirken eine zunehmende Polarisierung zwischen christlicher und moslemischer Bevölkerung. Dieser innerlibanesische Konflikt wird nun durch einen Faktor von außen verstärkt, nämlich durch die PLO, die ab 1970 ihre Zentrale im Libanon einrichtet und den eigenen Kampf gewissermaßen importiert. Die PLO verbündet sich mit Drusen und Moslems gegen die maronitische Regierung. Es kommt zu Zusammenstößen zwischen libanesischer Nationalarmee und PLO-Milizen.

Nach einem maronitischen Terroranschlag auf einen mit Palästinensern besetzten Bus bricht der

libanesische Bürgerkrieg   April 1975

offen aus. Die libanesische Armee, die die religiös-politische Zersplitterung widerspiegelt, zerfällt, weil die moslemischen Offiziere meutern. In dieser gefährlichen Krise greift die syrische Armee ein und hilft bei der Niederschlagung des Aufstandes. Im Beiruter Flüchtlingslager Tel as-Satar begeht sie ein Massaker an den Palästinensern. Die syrischen Truppen, die 1976 als Ordnungsmacht zum Schutz der Christen eingerückt sind, geraten in der Folgezeit aber selbst in die innerlibanesischen Spannungen und werden zu einer Partei des Bürgerkriegs, die auch von christlichen Milizen bekämpft wird.

Die syrische Armee kontrolliert ab 1976 weite Teile des Landes. Im Süden aber bleibt, mit Rücksicht auf Israel, eine freie Zone südlich des Litani-Flusses, die von den PLO-Kämpfern weiter für ihre Überfälle genutzt wird. Ab 1978 geht Israel deshalb mehrfach militärisch gegen die Stellungen im Südlibanon vor – ohne durchschlagenden Erfolg. Darauf beschließt die israelische Führung (Begin, Scharon) die Zerschlagung der PLO, deren Zentrale sich in Beirut befindet.

Ein Attentat auf den israelischen Botschafter in London (3.6.1982) bietet den Anlass für den

Libanonkrieg   6.6. – Ende September 1982.

Als Kriegsziel nennt die israelische Regierung die Eroberung eines Sicherheitsstreifens von 40 km; tatsächlich aber lässt sie die Armee rasch nach Norden vorrücken. Der Beiruter Flughafen wird besetzt, Westbeirut eingeschlossen. Der Ostteil der Stadt wird von den christlichen Truppen kontrolliert, mit deren Führer *Beschir Dschemajel* Israels Vorge-

---

[1] Die *Maroniten* (um 400 von Maron in Syrien gegründet) sind eine christliche, die *Drusen* (um 1000 in Ägypten gegründet) eine islamische Sekte. Beide suchen im Libanongebirge Schutz vor Verfolgung; seit Anfang des 14. Jahrhunderts Rivalität und wachsende Feindschaft zwischen Drusen und Maroniten.

hen abgestimmt ist. Damit sitzt die PLO-Führung in Beirut in der Falle.

Der Krieg ruft aber erheblichen Protest hervor, auch in Israel selbst. Zu sehr trägt er den Stempel eines Angriffs- und Eroberungskrieges, der mit dem legitimen Bedürfnis der Verteidigung und Selbstbehauptung nicht mehr zu vereinbaren sei.

Auf Vermittlung der USA wird den in Beirut eingeschlossenen PLO-Truppen freier Abzug gewährt. Beschir Dschemajel, inzwischen zum Präsidenten gewählt, wird am 14.9.1982 ermordet. Darauf kommt es zum Massaker von Sabra und Schatilla: Maronitische Milizen ermorden Hunderte von Palästinensern, darunter zahlreiche Frauen und Kinder, ohne dass Israel dagegen Maßnahmen ergreift.

Nach der Ermordung Beschirs wird dessen Bruder Amin Dschemajel zum Präsidenten gewählt. Israel setzt auf diese maronitische Regierung, die nun schrittweise die Kontrolle über den Libanon hätte erreichen sollen. Unterstützt wird sie auch von Truppen aus den USA, Frankreich und Italien, der Multinational Force (MNF).

Aber die Rechnung geht nicht auf: Das grundlegende libanesische Problem der religiösen und politischen Heterogenität bleibt erhalten und die Drusen, Schiiten usw. sind nicht gewillt, die von Israel und der MNF gestützte Maronitenregierung zu akzeptieren. Sie antworten mit einem Kleinkrieg, der immer radikaler geführt wird und in Selbstmord-Sprengkommandos[1] seinen fanatischen Ausdruck findet (23.10.1983: Sprengung des amerikanischen Truppenhauptquartiers).

Gegen diese Form der Kriegführung kann die MNF trotz massiver Überlegenheit nichts ausrichten. Sie verschärft nur die Spannungen und den Fanatismus der Kämpfer. Das direkte militärische Engagement der USA und Frankreichs erweist sich als Fehler. Im Frühjahr 1984 ziehen sie ihre Truppen ab. 1985 räumt auch Israel – bis auf eine »Sicherheitszone« im Süden des Landes – den Libanon. Die Kämpfe der verfeindeten Milizen – in bisweilen wechselnder Konstellation – dauern noch mehrere Jahre an. Der einzig starke Ordnungsfaktor im Libanon ist die syrische Armee.

Ein Ende des Bürgerkriegs beginnt sich Ende 1989 abzuzeichnen. Am 22.9.1989 schließen die Konfliktparteien einen vorläufigen Waffenstillstand. Am 29.9.1989 versammeln sich in der saudiarabischen Stadt Taif 62 der 73 noch lebenden Abgeordneten des 1972 gewählten Parlaments und verabschieden ein Programm der nationalen Eintracht, das die Vormachtstellung der Christen aufhebt (neues Verhältnis von Christen und Moslems im Parlament jetzt 1:1). Die Regelung über die Verteilung der Regierungsämter bleibt bestehen. Am 5.11.1989 wählen die Abgeordneten René Muawad zum Staatspräsidenten. Muawad wird aber bereits am 22.11.1989 ermordet. Erst seinem Nachfolger Elias Hrawi (am 24.11.1989 gewählt) gelingt mit syrischer Hilfe die Wiederherstellung der staatlichen Ordnung. Im Oktober 1990 werden die antisyrischen christlichen Milizen unter General Michel Aoun, die das Abkommen von Taif ablehnen, von der syrischen Luftwaffe zur Kapitulation gezwungen. Ihrer Niederlage folgt die schrittweise Auflösung der meisten anderen Milizen. Bis Ende April 1991 müssen sie ihre Waffen der regulären libanesischen Armee ausliefern, die damit nach und nach die Kontrolle über das Land übernimmt. Die PLO-Milizen im Südlibanon (»Fatah-Land«) widersetzen sich ihrer Entwaffnung, werden aber nach viertägigen Gefechten besiegt (4.7.1991). Damit ist der Libanon, abgesehen von dem israelisch besetzten Sicherheitsstreifen im Süden, wieder unter Kontrolle der Regierung, die dafür allerdings im syrisch-libanesischen »Vertrag der Bruderschaft und Koordination« (22.5.1991) eine enge Bindung an Syrien in Kauf nimmt.

Islamischer Fundamentalismus

Eine zusätzliche Verschärfung der Konflikte im Nahen und Mittleren Osten erfolgt seit den 70er-Jahren durch die so genannte Re-Islamisierung, die Wiederaufwertung und Erneuerung der islamischen Religion. Solche Rückbesinnung gibt es schon seit längerem. Sie ist eine Reaktion auf das Eindringen kolonialer Mächte, die ihre westliche Vorstellung und Lebensweise in die ganz anders geartete islamische Kultur hineingetragen und damit die islamischen Eliten beeinflusst haben (die große Masse bleibt davon unberührt und kann deshalb heute problemlos gegen die Verwestlichung mobilisiert werden). Zu einer umfassenden Bewegung wird die Re-Islamisierung aber erst in neuerer Zeit, nachdem durch die wirtschaftlichen Perspektiven (Ölförderung, Abhängigkeit der westlichen Industriestaaten) das Selbstbewusstsein der betreffenden Staaten gewachsen ist, zugleich aber die Bewegung des Panarabismus ihre Kraft verloren hat. Das Bedürfnis nach gemeinsamen, identitätsbildenden Werten fördert den Prozess der Re-Islamisierung. Er zeigt sich vor allem in seiner reaktionären Variante, nämlich dem unkritischen und fanatischen Zurückgreifen auf die jahrhundertealten

---

[1] Besonders durch die Organisation Hisbollah, die unter dem Einfluss des iranischen Revolutionsführers Khomeini (s. Seite 165) steht.

Vorschriften und Grundlagen des Islams *(Fundamentalismus)*. Von daher ist es zu erklären, dass in einigen islamischen Staaten »Reformen« durchgeführt wurden, die zurück ins Mittelalter weisen (grausame Strafrechtsbestimmungen wie Auspeitschen, Hand-Abhacken usw.; Verschleierung der Frauen; Herrschaft der Geistlichen). Auch die Ermordung Sadats (6.10.1981) ist das Werk islamischer Fundamentalisten. In den folgenden Jahren breitet sich der Fundamentalismus stetig aus. In Algerien führt der sich abzeichnende Wahlsieg der Islamischen Heilsfront Ende 1991 zu einer schweren Staatskrise und zur Verhängung des Ausnahmezustands.

In Afghanistan kommt es nach dem Sieg über die Sowjetunion (1989, siehe S. 147) zu einem Bürgerkrieg, in dem sich 1996 die radikal-islamischen Taliban-Milizen durchsetzen. Sie errichten ein fundamentalistisches Regime, unter dessen Schutz fanatische Moslems wie der aus Saudi-Arabien stammende Osama Bin Laden das weltweit verzweigte Terrornetz Al-Qaida (= Der Stützpunkt) aufbauen können, das sich gegen die westliche Welt, vor allem die USA, richtet. Bin Laden gilt als Drahtzieher mehrerer Bombenanschläge, die in den 90er-Jahren gegen amerikanische Einrichtungen im Nahen Osten und in Afrika ausgeübt wurden. In speziellen Trainingslagern werden durch gezielte Indoktrination Männer ausgebildet, die danach als so genannte »Schläfer« ein scheinbar normales Leben führen, aber jederzeit für terroristische Anschläge aktiviert werden können (siehe dazu S. 168 f.).

Iranische Revolution und Erster Golfkrieg

Einen ersten großen Erfolg erzielt der islamische Fundamentalismus im Iran (Persien).

Der Iran gilt bis Anfang 1979 als besonders sicherer Vorposten des Westens im Mittleren Osten. Der Schah betreibt eine am Westen, vor allem an Amerika orientierte Politik der Modernisierung und Industrialisierung und holt Tausende von westlichen Fachleuten und Militärberatern ins Land. Die forcierte Industrialisierung aber verschärft die sozialen Spannungen (moderne Hochhäuser neben Slums) und die autokratische Regierungsweise des Schahs, gestützt auf Armee und Geheimdienst, führt zu einer wachsenden politischen Opposition. Ab 1978 kommt es zu Demonstrationen gegen das Schah-Regime, wobei die islamischen Geistlichen eine führende Rolle spielen. Die Führung kommt dabei mehr und mehr dem Ayatollah[1] Khomeini zu, der 1965 aus dem Iran ausgewiesen worden ist und nun in Paris den Widerstand gegen den Schah organisiert. Ihm gelingt es, die Massen zu mobilisieren und eine Streikwelle in Gang zu setzen, die zum Sturz des Schahs führt. Diese

iranische Revolution	16.1.1979

mündet in die Gründung einer »islamischen Republik Iran«, in der Khomeini als oberster Geistlicher und Stellvertreter des Imams[2] die höchste Autorität beansprucht.

Die von Khomeini eingeleitete radikale schiitische Neuordnung richtet sich außenpolitisch gegen den Westen, vor allem die USA (»den Teufel«), und führt zur

Besetzung der amerikanischen Botschaft in Teheran[3]	Nov. 1979 – Jan. 1981.

Sie richtet sich aber auch gegen den westlichen Nachbarn Irak, der von der Baath-Partei unter Saddam Hussein regiert wird. Khomeini ruft die mehrheitlich schiitische Bevölkerung des Irak zum Kampf gegen die Regierung des Sunniten Hussein und zur Errichtung einer islamischen Republik auf. Saddam Hussein sieht dagegen die Chance, die vermeintliche Schwäche des Iran für irakische Gebietsansprüche zu nutzen (Schatt-al-Arab) und von eigenen innenpolitischen Spannungen abzulenken. Es häufen sich die terroristischen Anschläge und kleinere Grenzgefechte. Am 22.9.1980 beginnt der Irak schließlich mit einer groß angelegten militärischen Offensive, die den

Ersten Golfkrieg	1980–88

auslöst. Die irakische Hoffnung auf einen schnellen Zusammenbruch des noch ungefestigten Khomeini-Regimes erfüllt sich nicht. Im Gegenteil: Der Krieg trägt zur Stabilisierung des Systems bei, ermöglicht die Unterdrückung der Opposition und die Einstimmung der Massen auf ein alles überragendes Ziel: den Sieg über die Ungläubigen, die »Teufel«, im »Heiligen Krieg«. Schon Ende 1980 geht der Angriff in einen verlustreichen Stellungskrieg über, ab 1981 kann die iranische Armee das besetzte Gebiet zurückerobern.

---

[1] *Ayatollah* (= Zeichen Gottes): Titel für herausragende Geistliche im schiitischen Islam.

[2] Nachfolger Mohammeds und Oberhaupt aller Moslems. Nach schiitischer Auffassung (s. Bd. 1, Seite 73 f.) gab es 12 rechtmäßige Imame; der letzte, 873 in den Zustand der Verborgenheit übergegangen, werde am Zeitenende als *Mahdi* wiedererscheinen. Bis dahin werde der Imam durch die Gelehrten, die Ayatollahs, vertreten.

[3] Ein von Präsident Carter angeordnetes Kommando-Unternehmen zur Befreiung der Geiseln (24.4.1980) scheitert. Erst am 20.1.1981 (mit Beginn der Präsidentschaft Ronald Reagans) endet die Geiselnahme.

Parallel zu dem Stellungskrieg, der fanatisch geführt wird (schließlich werden auch Kinder an die Front geschickt), läuft ein Wirtschaftskrieg, der die Zerstörung der Ölanlagen zum Ziel hat. Die Beschießung von Öltankern im Persischen Golf gefährdet die Ölversorgung der westlichen Staaten. Ab 1987 gibt die amerikanische Marine den Tankern Geleitschutz, ein Engagement, das zu ernsten Zwischenfällen führt (etwa dem irrtümlichen Abschuss eines iranischen Airbusses durch ein US-Kriegsschiff am 3.7.1988). Der Krieg kostet mehr als eine Million Menschenleben. Die beiderseitige Erschöpfung ermöglicht schließlich auf Vermittlung der UN den Abschluss eines *Waffenstillstandes* (20.8.1988) und die Einleitung von Friedensverhandlungen.

Am 4.6.1989 stirbt Ayatollah Khomeini.

Der Zweite Golfkrieg

Das Ende des irakisch-iranischen Krieges bringt der Golfregion keine dauerhafte Beruhigung. Der Irak ist finanziell durch den Krieg zerrüttet, aber immer noch hoch gerüstet. Schon 1989/90 kommt es zum Konflikt mit dem Emirat Kuwait, einem der Hauptgläubiger Iraks: Saddam Hussein wirft Kuwait vor, sich durch widerrechtliche Ausbeutung des Erdölfelds von Rumaila auf irakische Kosten zu bereichern und durch die im Frühsommer 1990 beschlossene Erhöhung seiner Erdöl-Förderquote die Preise zu drücken, sodass dem Irak Schäden in Milliardenhöhe entstünden. Darüber hinaus bestreitet Saddam Hussein grundsätzlich das Existenzrecht Kuwaits, das ein künstliches, von der ehemaligen Kolonialmacht (engl. Protektorat) gegründetes Gebilde sei und in Wirklichkeit zum Irak gehöre[1]. Im Sommer 1990 eskaliert die Krise. Saddam Hussein droht Kuwait mit militärischen Schritten und befiehlt schließlich die

Invasion Kuwaits   **2.8.1990.**

Damit scheint der Irak mehrere wichtige Ziele erreicht zu haben:

- Er verfügt nun über einen direkten Zugang zum Golf.
- Er hat durch die Besetzung Kuwaits einen Teil seiner Schulden »getilgt«.
- Er kann seine Ölproduktion ungefähr verdoppeln.

Da Kuwait von einem halbfeudalen Regime regiert worden ist, das zudem enge Kontakte zu den westlichen Industriestaaten gepflegt und einen Großteil seiner Kapitalüberschüsse in westliche Unternehmen investiert hat, kann Hussein sogar auf eine gewisse Sympathie seitens der ärmeren arabischen Nationen rechnen.

Husseins Kalkül geht jedoch nicht auf. Die Annexion Kuwaits, ein offenkundiger Verstoß gegen das Völkerrecht, stößt auf weltweiten Protest. Der Sicherheitsrat der UN verurteilt das irakische Vorgehen bereits am 2.8.1990 einhellig und fordert den sofortigen und bedingungslosen Rückzug der irakischen Truppen. Erstmals in der Nachkriegsgeschichte verfolgen die USA und die UdSSR in der Nahost-Politik eine gemeinsame Linie – Zeichen der gewandelten Verhältnisse nach dem Ende des Kalten Krieges. Am 6.8.1990 beschließt der UN-Sicherheitsrat ein Handels-, Finanz- und Militärembargo gegen den Irak, am 8.8.1990 beginnen die USA mit der Entsendung von Truppen an den Golf (»Operation Wüstenschild«).

In dieser Phase sucht Saddam Hussein Anhänger zu finden, indem er vom eigentlichen Problem – der Annexion Kuwaits – ablenkt und den Konflikt mit der Palästinenserfrage verbindet. Als Vorbedingung für Verhandlungen fordert er den Abzug der israelischen Truppen aus den von Israel besetzten Gebieten. Er will sich damit zum Wortführer der arabischen Staaten im Kampf gegen Israel machen und dem irakischen Expansionsstreben eine höhere Legitimation geben. In die gleiche Richtung zielen auch seine Hinwendung zum islamischen Fundamentalismus und, damit verknüpft, seine Angriffe auf den westlichen »Imperialismus« (7.8.: Drohung mit dem Heiligen Krieg gegen die »Ungläubigen«).

Die UN beharrt jedoch auf der eingeschlagenen Linie. In seiner Resolution vom 29.11.1990 stellt der UN-Sicherheitsrat dem Irak ein *Ultimatum* (bis zum 15.1.1991) und ermächtigt gleichzeitig die Mitgliedstaaten, »alle erforderlichen Mittel« einzusetzen, um den Irak zum Rückzug aus Kuwait zu zwingen.

Trotz zahlreicher diplomatischer Bemühungen auf verschiedenen Ebenen lässt Saddam Hussein das Ultimatum verstreichen. Darauf eröffnet die alliierte Streitmacht, an der sich unter amerikanischer Führung 28 Staaten beteiligen, am 17.1. den Angriff (»Operation Wüstensturm«). Der damit eingeleitete

Zweite Golfkrieg   **17.1.–12.4.1991**

ist von der militärisch-technologischen Überlegenheit der alliierten Truppen geprägt, die in pausenlosen Luftangriffen die kriegswichtigen Ziele im Irak bombardieren. Eine nennenswerte Gegenwehr gelingt den Truppen Saddam Husseins nicht. Auch seine Absicht, durch Raketenangriffe auf Israel den Konflikt auszuweiten und zu einer panarabischen

---

[1] Diese These ist auch von Saddams Vorgängern vertreten worden; 1963 jedoch hat der Irak gegen eine Zahlung von 84 Millionen Dollar auf seine Ansprüche verzichtet und Kuwait völkerrechtlich anerkannt.

Sache zu machen, scheitert an der zurückhaltenden Politik Israels, das auf Vergeltungsschläge verzichtet. Als nach rund fünfwöchigem Luftbombardement am 24.2.1991 die Bodenoffensive beginnt, kapituliert Saddam Hussein und kündigt den Rückzug seiner Truppen aus Kuwait an. Am 27.2.1991 ist der Krieg praktisch beendet; der offizielle Waffenstillstand tritt am 12.4.1991 in Kraft.

Der Sieg bleibt jedoch in mehrfacher Hinsicht unbefriedigend:

- Er kostet auf irakischer Seite über 100 000 Tote
- Er bringt ökologische Zerstörungen enormen Ausmaßes mit sich: Die irakischen Truppen stecken bei ihrem Rückzug ca. 900 kuwaitische Ölquellen in Brand; der Golf ist durch einlaufendes Öl auf lange Zeit verseucht
- In Kuwait kommt es zur Restauration der alten Herrschaftsverhältnisse; die versprochene Demokratisierung lässt auf sich warten
- Der Diktator Saddam Hussein, Hauptverantwortlicher für den Krieg und vielfach mit Hitler verglichen, bleibt im Amt und kann seine Position in der Folgezeit festigen
- Die in der Endphase des Krieges ausbrechenden Erhebungen der Kurden im Norden und der Schiiten im Süden des Irak werden von irakischen Truppen brutal niedergeworfen, ohne dass die alliierten Streitmächte intervenieren
- Die Probleme der Region – Lösung der Palästinenserfrage, gerechtere Verteilung des Reichtums, islamischer Fundamentalismus – bleiben ungelöst.

Der Friedensprozess in Nahost

Der Schaffung einer dauerhaften Friedensordnung gelten die diplomatischen Bemühungen der folgenden Jahre. Die von Präsident George Bush verkündete Formel »Land gegen Frieden« stößt jedoch bei der israelischen Regierung auf nachhaltigen Widerstand. Nach langen und schwierigen Vorverhandlungen kann der amerikanische Außenminister James Baker schließlich die Einberufung einer

Nahost-Friedenskonferenz 30.10.1991

nach Madrid durchsetzen. Damit sind erstmals seit der gescheiterten Genfer Konferenz von 1973 Vertreter aller beteiligten Parteien am Verhandlungstisch versammelt.

Nach Geheimverhandlungen in Oslo gelingt am 13.9.1993 ein entscheidender Durchbruch: Israel und die PLO erkennen nach jahrelanger Feindschaft ihre Existenzberechtigung gegenseitig an (Oslo-Abkommen) und legen die Grundlage für eine Teilautonomie der Palästinenser im besetzten Gaza-Streifen und in Jericho (Gaza-Jericho-Abkommen, 4.5.1994).

Nach Abschluss des Gaza-Jericho-Abkommens verüben extremistische Gruppierungen und Einzeltäter auf beiden Seiten zahlreiche Anschläge, um den Friedensprozess zu untergraben. Mitglieder der Hamas verüben unter anderem mehrere Selbstmordanschläge auf Linienbusse in Tel Aviv und Jerusalem, ein jüdischer Siedler erschießt am 25.2.1994 in einer Moschee in Hebron 30 betende Muslime. Trotz der zahllosen Anschläge und immer wiederkehrender Ausschreitungen halten der israelische Ministerpräsident Yitzhak Rabin und PLO-Chef Arafat an den Vereinbarungen fest. Im Mai 1994 übernimmt eine palästinensische Behörde die Verwaltung in den Autonomiegebieten.

Ein zweites Abkommen über die (Teil-)Autonomie der Palästinenser im Westjordanland wird am 28.9.1995 unterzeichnet (Oslo-B-Abkommen).

Parallel zu den palästinensisch-israelischen Verhandlungen finden auch, vermittelt vor allem durch den amerikanischen Präsidenten Bill Clinton, Gespräche mit den arabischen Nachbarstaaten statt. Gespräche zwischen Rabin und dem jordanischen König Hussein in Washington münden in den

jordanisch-israelischen Friedensvertrag 26.10.1994.

Jordanien ist damit (nach Ägypten 1979) der zweite arabische Staat, der mit Israel Frieden schließt. Auch mit Syrien finden Gespräche statt, bei denen Rabin ein israelisches Einlenken in der umstrittenen Frage der Golan-Höhen signalisiert.

Einen schweren Rückschlag erleidet der Friedensprozess durch die

Ermordung Rabins 4.11.1995.

Rabin wird von einem jungen Israeli, der einer rechtsextremistischen Siedlergruppe angehört, bei einer Großveranstaltung in Tel Aviv erschossen. Der bisherige Außenminister Shimon Peres übernimmt Rabins Nachfolge. Er will den Versöhnungskurs weiterführen, wird aber bei den Neuwahlen zur Knesset am 29.5.1996 abgewählt. Neuer israelischer Ministerpräsident wird mit hauchdünner Mehrheit der rechtskonservative Führer des Likud-Blocks, Benjamin Netanjahu. Unter Netanjahu kommt der Friedensprozess wieder ins Stocken.

Netanjahu löst die in den Verhandlungen von Oslo gegebenen Zusicherungen nicht ein. Die Wiederaufnahme und massive Forcierung der 1992 gestoppten israelischen Siedlungspolitik in den besetzten Gebieten führt zu erneuten Konfrontationen mit den Palästinensern und zu zahlreichen Gewaltakten. Auch außenpolitisch gerät Israel zunehmend in Isolation: Die mühsam geknüpften Beziehungen zu den arabischen Nachbarstaaten erreichen unter Netanjahu einen neuen Tiefpunkt. Mehrere Vermittlungsversuche, die 1997/98 von den USA, der UN und auch von Russland unternommen werden, scheitern. Die USA ebenso wie die EU und die UN missbilligen Netanjahus Verschleppungstaktik und verurteilen offiziell die israelische Siedlungspolitik.

Erst im Oktober 1998 kommt es auf Vermittlung des amerikanischen Präsidenten Bill Clinton und des jordanischen Königs Hussein in Wye Plantation bei Washington zu neuen Verhandlungen zwischen Netanjahu und Arafat. Das **Abkommen von Wye (23. 10. 1998)**, das unter dem Motto »Land gegen Sicherheit« steht und die Abtretung weiterer Teile des besetzten Westjordanlandes an die Palästinenser vorsieht, unterbricht jedoch nur für kurze Zeit die Stagnation im Friedensprozess.

Dagegen erklärt Ehud Barak, der Vorsitzende der sozialdemokratischen Arbeitspartei, der Netanjahu bei vorgezogenen Neuwahlen am 17. 5. 1999 ablöst, seine Bereitschaft zur raschen Umsetzung des Wye-Abkommens, die im so genannten »Wye-2-Abkommen« (September 1999) bekräftigt wird. Trotz dieser positiven Wende im Friedensprozess und einiger viel versprechender Maßnahmen, unter anderem des Abzugs der israelischen Truppen aus dem Südlibanon (s. Seite 164) im Mai 2000, gelingt auch Barak der Durchbruch nicht. Die Friedensverhandlungen in Camp David (USA) scheitern. Vor allem die Frage nach dem zukünftigen Status Jerusalems und eine Vielzahl anderer Probleme (Rückkehr der palästinensischen Flüchtlinge, Zukunft der jüdischen Siedlungen) können nicht geklärt werden.

Statt der für das Jahr 2000 erhofften endgültigen Friedensregelung brechen Ende September, ausgelöst durch einen provokativen Besuch des israelischen Likud-Chefs Ariel Scharon auf dem Tempelberg in Jerusalem, die schwersten Unruhen seit der Intifada (s. Seite 162 f.) aus.

Die Neuwahlen im Februar 2001, in denen der als Hardliner geltende Scharon den Sieg über Barak davonträgt, verschärfen den Konflikt. Die Spirale der Gewalt in dieser »zweiten Intifada« (auch Al-Aksa-Intifada) wird durch palästinensische Selbstmordattentate vorangetrieben, die von der islamisch-fundamentalistischen Organisation Hamas, dem Islamischen Jihad (Heiliger Krieg) und den Al-Aksa-Brigaden verübt und von Israel jeweils mit massiven Vergeltungsschlägen beantwortet werden. Im Zuge der Vergeltungsmaßnahmen werden Führer des palästinensischen Widerstandes liquidiert, Häuser von Verdächtigen zerstört, Angriffe auf die palästinensische Infrastruktur durchgeführt (unter anderem Zerstörung der Landebahn des Flughafens von Gaza). Wiederholt rückt die Armee in Palästinensergebiete ein und führt Razzien durch. Auf einen schweren Selbstmordanschlag am 27. 3. 2002 in Netanya, der auf israelischer Seite 22 Tote und über 100 Verletzte fordert, reagiert die israelische Regierung Ende März mit der Zerstörung der palästinensischen Regierungsgebäude in Ramallah. Im Juni 2002 beginnt sie mit dem Bau eines Sicherheitszaunes entlang der Grenze zum Westjordanland. Die Eskalation der Gewalt während der zweiten Intifada fordert bis Mitte März 2003 auf israelischer Seite über 750, auf palästinensischer über 2000 Todesopfer.

Die sich immer schneller drehende Spirale von Gewalt und Gegengewalt wird auch in dieser Phase von zahllosen und vergeblichen Friedensinitiativen begleitet. Eine vage Chance zeichnet sich im Juni 2003 ab, als die Amerikaner nach Abschluss des Irak-Krieges (siehe S. 169 f.) im Bemühen um eine Neuorganisation der Region verstärkt auf eine Lösung des Konflikts drängen. Der Friedensplan, die so genannte »Roadmap«, sieht die stufenweise Entwicklung der Koexistenz eines palästinensischen und eines israelischen Staates bis 2005 vor. Ob dieser Initiative mehr Erfolg beschert sein kann als ihren zahllosen Vorgängerinnen, ist mehr als fraglich.

Der 11. September 2001

Eine neue und schockierende Dimension erreicht der islamische Fundamentalismus (siehe S. 164) mit den **Selbstmordanschlägen auf das World Trade Center in New York und das Pentagon in Washington 11. 9. 2001,** die über 3000 Tote kosten und weltweit Entsetzen auslösen. Eine Gruppe von Selbstmordattentätern entführt in einer präzise geplanten Aktion vier Passagierflugzeuge und steuert sie binnen 60 Minuten in die ausgewählten Ziele: zwei in die Türme des World Trade Centers, eines in das amerikanische Verteidigungsministerium (Pentagon); das vierte stürzt ab und erreicht sein Ziel (möglicherweise das Weiße Haus in Washington oder Camp David) nicht. Die beiden Türme des World Trade Centers, Symbol der amerikanischen Wirtschaftsmacht, werden vollständig zerstört, das Pentagon, Symbol der amerikanischen Militärmacht, zu einem erheblichen Teil.

Die Täter sind junge Moslems, die bis dahin als so genannte »Schläfer« an einer deutschen Universität ein unauffälliges Leben als Studenten geführt haben. Kopf der Anschläge ist Osama Bin Laden (siehe S. 165), der im Oktober 2001 den »Heiligen Krieg« gegen die »Ungläubigen« ausruft.

Der Anschlag, der die Erinnerung an den japanischen Überfall auf Pearl Harbor weckt, macht schlagartig die Verwundbarkeit auch des Westens, selbst der USA als der einzig verbliebenen Supermacht, deutlich und wird von Präsident Bush als Kriegserklärung gewertet. Die NATO-Staaten erklären, erstmals in ihrer Geschichte, den Bündnisfall.

Im Unterschied zu Pearl Harbor (siehe S. 126) ist der neue Feind, der »internationale Terrorismus«, jedoch kein wirklich greifbarer und angreifbarer Gegner. Auch wenn die USA als Kopf der Anschläge den Terroristenchef Osama Bin Laden namhaft machen, der von dem Taliban-Regime in Afghanistan gedeckt wird, ist der radikal-islamistische Terrorismus doch ein umfassenderes Phänomen, das in vielen Ländern – in Palästina, im Irak, Iran, in Saudi-Arabien u. a. – beheimatet ist. Seine historischen, sozialen und politischen Ursachen sind militärisch wohl nicht zu bekämpfen.

Krieg gegen den Terror

Die US-Regierung reagiert auf den Terroranschlag vom 11. September mit der Errichtung einer Sonderbehörde zur Terrorabwehr *(Office of Homeland Security)* und Antiterrorgesetzen, die den Sicherheitsbehörden weit reichende Überwachungsvollmachten zugestehen. Zum anderen zeigt sich Präsident *George W. Bush* entschlossen, den Terrorismus aktiv zu bekämpfen. Am 13. 9. kündigt er Vergeltung an und spricht vom »ersten Krieg des 21. Jahrhunderts«. Als Grundlage dient eine Antiterrorismus-Resolution, die der UN-Sicherheitsrat am 12. 9. beschlossen hat.

Als erstes Ziel rückt Afghanistan ins Visier, dessen fundamentalistisches Taliban-Regime die geforderte Auslieferung des Al-Qaida-Führers *Osama bin Laden* verweigert. Der Angriff der amerikanischen und britischen Streitkräfte, die **Operation »Enduring Freedom«**, beginnt am 7. Oktober 2001. Der

| Afghanistankrieg | 7. 10.–Dezember 2001 |

führt zum Sturz des Taliban-Regimes und am 22. 12. 2001 zur Bildung einer Übergangsregierung unter *Hamid Karzai,* jedoch nicht zur Festnahme bin Ladens. Eine internationale Schutztruppe für Afghanistan (ISAF), an der auch deutsche Soldaten beteiligt sind, soll die fragile Nachkriegsordnung sichern. Auch im Jahr 2002 kommt es noch zu mehreren Kampfeinsätzen gegen Reste von Taliban- und Al-Qaida-Truppen. Der neuen Regierung unter Karzai, der am 13. 6. 2002 zum Präsidenten Afghanistans gewählt wird, gelingt es vorerst nicht, eine stabile staatliche Ordnung zu errichten.

Nach dem Sieg über Afghanistan wird deutlich, dass die USA in ihrem Antiterrorkampf weiter reichende Ziele verfolgen. Am 29. 1. 2002 bezeichnet Präsident *Bush* die Staaten Nordkorea, Irak und Iran als »Achse des Bösen« und benennt weitere Staaten – den Jemen, Somalia, den Sudan, Syrien und Libyen – als »Paten des Terrors«. Im Laufe des Jahres wird immer deutlicher, dass die USA eine Ausweitung des Antiterrorkrieges planen und für sich – auch ohne Zustimmung der internationalen Staatengemeinschaft – das Recht auf eigenmächtiges Vorgehen in Anspruch nehmen. Mit der so genannten

| Bush-Doktrin | 1. 6. 2002, |

in der das Recht Amerikas auf Präventivkriege gegen die terroristische Bedrohung proklamiert wird, legitimieren die USA den geplanten Angriff auf den Irak, dessen Diktator *Saddam Hussein* beschuldigt wird, über Massenvernichtungswaffen zu verfügen und den Terrorismus zu unterstützen.

Während der Afghanistankrieg noch auf breite internationale Unterstützung oder Billigung, unter anderem Russlands, stieß, bröckelt in der Irak-Frage die Solidarität mit Amerika. Vor allem die Ankündigung Bushs, auch ohne UN-Mandat handeln zu wollen, und das Fehlen eines eindeutigen Kriegsgrundes (die UN-Waffeninspektoren, die seit Ende November 2002 im Irak eingesetzt sind, können trotz intensiver Suche die Existenz von Massenvernichtungswaffen nicht nachweisen) lassen die Zweifel an der völkerrechtlichen Legitimation des geplanten Krieges wachsen. In etlichen Ländern kommt es zu Demonstrationen gegen die Politik Bushs, hinter der man hegemoniale und wirtschaftliche Interessen, vor allem den Zugriff auf die irakischen Ölvorkommen, vermutet.

Im Vorfeld der Bundestagswahl (siehe S. 211) erklärt Bundeskanzler Schröder, Deutschland werde sich auf keinen Fall an einem Irak-Krieg beteiligen. Diese Position wird von den Staatspräsidenten Frankreichs und Russlands, *Jacques Chirac* und *Wladimir Putin,* mitgetragen. Dagegen unterstützen Großbritannien, Spanien, Polen u. a. m. den amerikanischen Kurs. Gegen alle Bedenken und Proteste beginnen die amerikanischen und britischen Streitkräfte am 20. 3. 2003 mit der Invasion des Iraks. Der

| Irak-Krieg | 20. 3.–1. 5. 2003 |

endet militärisch mit einem überraschend schnellen Erfolg. Der angekündigte massive Widerstand der so genannten Republikanischen Garden bleibt weitgehend aus, Massenvernichtungswaffen kommen nicht zum Einsatz. Vom 7. bis 9. April besetzen amerikanische Truppen die irakische Hauptstadt Bagdad. Am 1.5. erklärt Bush die Kämpfe für beendet.

Über die langfristigen Auswirkungen des Irak-Krieges kann noch nicht geurteilt werden. Er hat die brutale Diktatur Saddam Husseins beseitigt, doch ist es vorerst fraglich, ob eine stabile demokratische Neuorganisation des Landes gelingen kann.

Die Autorität der UN ist durch die amerikanische Politik der vollendeten Tatsachen nachhaltig beschädigt worden. Die USA haben einen Präzedenzfall geschaffen, nach dessen Muster auch weitere »Schurkenstaaten« Ziel eines Präventivschlags werden könnten. Nicht zuletzt ist die Europäische Union in diesem Konflikt gespalten worden (US-Verteidigungsminister Rumsfeld prägt das Wort vom »alten« und »neuen« Europa).

Zeittafel
Nahost-Konflikt

1896	Herzl, »Der Judenstaat«
1897	1. Zionistenkongress (Basel)
1914–18	**1. Weltkrieg**
1917	Balfour-Erklärung
1920–48	**Britisches Mandat über Palästina**
1936–39	Arabischer Aufstand
1939–45	**2. Weltkrieg**
1947	UNO-Teilungsplan für Palästina
1948	**Gründung des Staates Israel (14.5.)**
1948/49	arabisch-israelischer Krieg, palästinensische Fluchtbewegung
1956	Suezkrise/Sinaikrieg
1959	Gründung der Al Fatah (Jassir Arafat)
1964	Gründung der PLO
1967	Sechstagekrieg
1969/70	Abnützungskrieg
1973	Jom-Kippur-Krieg
1975	Libanesischer Bürgerkrieg (–1991)
1978	Camp-David-Abkommen
1979	Iranische Revolution (Khomeini) (16.1.)
	ägyptisch-israelischer Friedensvertrag (26.3.)
1980	**Erster Golfkrieg (–1988)**
1982	Israelische Invasion des Libanons
1988	PLO proklamiert Palästinenserstaat, palästinensischer Aufstand (Intifada) in den von Israel besetzten Gebieten
1990	Besetzung Kuwaits durch Irak (2.8.)
1991	**Zweiter Golfkrieg (17.1.–12.4.)**
	Eröffnung der Nahost-Friedenskonferenz (30.10.)
1993	Israel und PLO erkennen sich gegenseitig an, Gaza-Jericho-Abkommen (13.9.)
1994	jordanisch-israelischer Friedensvertrag (26.10.)
1995	Ermordung des israelischen Ministerpräsidenten *Yitzhak Rabin* (4.11.)
1996	*Benjamin Netanjahu* (Likud) zum Ministerpräsidenten gewählt (29.5.)
1998	Wye-Abkommen zwischen Israel und Palästina (23.10.)
1999	*Ehud Barak* (Arbeitspartei) zum Ministerpräsidenten gewählt (17.5.)
	Wye-2-Abkommen (September)
2000	Abzug der israelischen Truppen aus Südlibanon (Mai)
	Das Gipfeltreffen von Camp David zwischen *Barak, Arafat* und *Clinton* scheitert (25.7.)
	ab Ende September erneute Gewalteskalation: Zweite Intifada
2001	*Ariel Scharon* (Likud) zum Ministerpräsidenten gewählt
11.9.2001	**Terroranschläge gegen das World Trade Center in New York und das Pentagon in Washington**
2001	Krieg gegen das Taliban-Regime in Afghanistan (7.10.–22.12.)
2003	Irak-Krieg (20.3.–1.5.)

Nord-Süd-Konflikt

Überblick

- Der Begriff Nord-Süd-Konflikt ist in Analogie zum Begriff Ost-West-Konflikt gebildet. Er bezeichnet den Interessengegensatz zwischen den reichen westlichen Industriestaaten und den so genannten Entwicklungsländern in Afrika, Asien und Lateinamerika. Der Konflikt hat seine Wurzeln in der ungleichen Verteilung der wirtschaftlichen und politischen Chancen zwischen den Konfliktparteien.

- Die Probleme der Entwicklungsländer sind sowohl durch Ausbeutung und Zerstörung der Kulturen und Lebensformen durch die ehemaligen Kolonialmächte verursacht als auch durch politische und wirtschaftliche Fehlentwicklungen nach der Entlassung in die Selbstständigkeit. Die Macht ging häufig an Despoten und diktatorisch regierende Gruppierungen über. Bürgerkriege, Korruption und Misswirtschaft ruinieren die Wirtschaftsstrukturen und machen die Länder hilfsbedürftig.

- Seit etwa 1950 wird von staatlichen, kirchlichen und privaten Organisationen umfangreiche Hilfe geleistet. Die von den Entwicklungsländern seit den 70er-Jahren geforderten Strukturänderungen (Neue Weltwirtschaftsordnung) sind aber bislang an den nationalen Interessen der Industriestaaten weitgehend gescheitert. Initiativen verschiedenster Art (OPEC, UNCTAD, Gruppe der 77, Nord-Süd-Kommission u. a. m.) haben keine durchgreifenden Erfolge erzielen können.

- Der Nord-Süd-Konflikt ist mit der globalen ökologischen und wirtschaftlichen Krise verknüpft: Energieverschwendung und Umweltzerstörung in den Industrieländern, Bevölkerungsexplosion, Armut und Raubbau der natürlichen Ressourcen in den Entwicklungsländern sind Aspekte desselben Problems.

Die Auflösung der Kolonialreiche

Seit dem 15./16. Jahrhundert gerät ein Großteil der Welt – das neu entdeckte Amerika und die Küstengebiete Afrikas – in die koloniale Abhängigkeit weniger europäischer Staaten (s. Bd. 1, Seite 117). Ende des 19. Jahrhunderts, in der Epoche des Imperialismus, teilen die Industriemächte den Rest der Erde, vor allem Afrika und Asien, untereinander auf (s. Seite 46).

Die nordamerikanischen Kolonien lösen sich bereits im 18. Jahrhundert vom englischen Mutterland. – Die lateinamerikanischen Kolonien lösen sich zwar in der ersten Hälfte des 19. Jahrhunderts von Spanien und Portugal und bilden eigenständige Staaten, bleiben jedoch politisch und wirtschaftlich instabil. Japan entzieht sich der drohenden kolonialen Bevormundung durch radikale Anpassung an die westlichen Industrieländer und entwickelt sich selbst zur imperialistischen Macht, während das konservative China zeitweise in immer tiefere Abhängigkeiten gerät (s. Seite 47 ff.).

1918 befinden sich ca. 72 Millionen km^2, also mehr als die Hälfte der festen Erdoberfläche, und ca. 550 Millionen Menschen, über ein Drittel der damaligen Weltbevölkerung, unter kolonialer Herrschaft.

Durch den Zweiten Weltkrieg werden die klassischen Kolonialmächte militärisch und wirtschaftlich geschwächt und müssen den Unabhängigkeitsbestrebungen ihrer Kolonien entgegenkommen. Die Vereinten Nationen (UNO) setzen sich für die Selbstständigkeit der Kolonien ein.

Die Dekolonisation verläuft nicht ohne Konflikte. Großbritannien ist in Indien schon seit Jahrzehnten mit einer starken Unabhängigkeitsbewegung (Kongresspartei) konfrontiert, die 1947 unter der Führung *Mahatma Gandhis (1869–1948)* die Unabhängigkeit erreicht. Gandhi wird zur Symbolfigur des gewaltlosen Widerstands (passiver Widerstand, ziviler Ungehorsam). Die sozial-religiösen Spannungen zwischen Hindus und Moslems führen zur staatlichen Teilung (Indien und Pakistan) und in der Folgezeit zu mehreren Bürgerkriegen.

Frankreichs Versuch, seine Position in Indochina wiederzugewinnen, verstrickt es in einen achtjährigen Krieg gegen die kommunistisch orientierte Unabhängigkeitsbewegung des Vietminh und endet 1954 mit der französischen Niederlage in Dien Bien Phu (zum *Vietnam-Krieg* s. Seite 141). Auch Algerien wird erst nach einem langen Krieg in die Unabhängigkeit entlassen. Der *Algerienkrieg (1954–1962)* hat auch innenpolitische Folgen für Frankreich: Ein Militärputsch in Algier führt 1958 zum Ende der IV. Republik und zur Übernahme der Regierung durch General Charles de Gaulle (1959–1969, gest. 1970).

Auch die Niederlande, Belgien und Portugal setzen den Nationalbestrebungen ihrer Kolonien Widerstand entgegen, müssen deren Unabhängigkeit letztlich aber zustimmen (Indonesien 1949, Belgisch-Kongo/Zaire 1962, Mozambique und Angola 1975).

Eine Ausnahme bildet das sowjetische Imperium, das durch die ideologische Klammer des Kommunismus noch bis zum Ende der 80er-Jahre zusammengehalten worden ist. Die Konflikte, die aus der Auflösung dieses letzten Kolonialsystems erwachsen werden, sind noch nicht abzusehen.

Die Auflösung der Kolonialreiche führt zur Gründung von über hundert neuen Staaten.

Die Unabhängigkeit führt aber keineswegs zu innenpolitischer Stabilität. Gegensätze sozialer, religiöser oder ethnischer Art brechen auf. Die Geschichte der neuen Staaten ist geprägt durch Aufstände, Militärputsche, Sezessionsbewegungen und Bürgerkriege. Wirtschaftliche Unerfahrenheit, Korruption und Preisverfall führen zu Hungerkatastrophen und Verelendung.

Die politische Unabhängigkeit beseitigt auch nicht die wirtschaftliche Abhängigkeit, in der die meisten dieser Staaten verbleiben (Neokolonialismus). Sie zählen seitdem zu den *Entwicklungsländern,* zur *Dritten Welt.* Die Auseinandersetzung zwischen den armen Ländern und den westlichen Industriestaaten um eine gerechtere Verteilung der Güter dieser Welt wird als *Nord-Süd-Konflikt* bezeichnet. Er bildet ein zentrales Problem der Gegenwart.

Merkmale der Entwicklungsländer

Der Begriff »Entwicklungsländer« (LDC: Less Developed Countries) hat die früher üblichen, allzu negativ besetzten Bezeichnungen »rückständige« bzw. »unterentwickelte Länder« abgelöst. Als Synonym wird der Begriff »Dritte Welt« verwendet, der auf der Einteilung in Erste Welt (westliche Industriestaaten), Zweite Welt (Ostblock-Staaten des ehemals kommunistischen Herrschaftsbereichs) und Entwicklungsländern basiert.

Als wichtigste Kennzeichen der Entwicklungsländer gelten:

- Ökonomische Merkmale
  - unzureichende Ernährung
  - unzureichende medizinische Versorgung, geringe Lebenserwartung, Säuglingssterblichkeit
  - geringes Pro-Kopf-Einkommen, Kapitalmangel
  - geringe Produktivität, rückständige Technologie, geringer Industrialisierungsgrad
  - Analphabetismus, geringe fachliche Qualifikation
  - hohe Arbeitslosigkeit
  - Abhängigkeit vom Ausland, Orientierung der Produktion an den Bedürfnissen der Industrieländer
  - Abhängigkeit vom Export weniger Produkte bzw. Rohstoffe und entsprechende Anfälligkeit gegenüber Schwankungen des Weltmarktpreises oder sinkender Nachfrage
  - hohe Auslandsverschuldung
- Demographische Merkmale
  - hohe Geburtenziffern, die zum Teil durch den Zwang zu wirtschaftlicher Absicherung (Fehlen eines sozialen Netzes, v. a. der Altersversorgung), zum Teil durch traditionelle Wertvorstellungen bedingt sind; sie führen zu einer Bevölkerungsexplosion, mit der das Wirtschaftswachstum nicht Schritt halten kann
  - unkontrolliertes Wachstum der Städte durch Landflucht und Slumbildung
- Politische und soziale Merkmale
  - Korruption, Cliquenwirtschaft
  - autoritäre Regime
  - Polarisierung zwischen einer kleinen, relativ reichen Oberschicht und der Masse der Bevölkerung, hohe soziale Krisenanfälligkeit
  - geringe soziale Mobilität

Innerhalb der Dritten Welt gibt es erhebliche Unterschiede. Folgende Gruppen werden genannt:

- die *Schwellenländer,* deren insgesamt positive wirtschaftliche und soziale Entwicklung den baldigen Übergang in den Kreis der fortschrittlichen Industrieländer erwarten lässt (z. B. Malaysia, Südkorea, Taiwan).
- die *OPEC-Länder* (Organization of the Petroleum Exporting Countries), die sich 1960 zu einem Öl-Kartell zusammengeschlossen haben und durch Preis- und Produktionsabsprachen ihre Terms of trade[1] erheblich verbessert haben; der Einsatz der »Ölwaffe« in der Ölkrise 1973 (s. Seite 161) hat die Abhängigkeit auch der Industriestaaten von der Dritten Welt bewusst gemacht.
- Die am stärksten von den Ölpreiserhöhungen betroffenen Länder (MSAC: Most Seriously Affected Countries)
- Binnen- und Inselländer, die aufgrund geographischer Gegebenheiten (Transportprobleme, kein Zugang zum Meer) benachteiligt sind
- die *Vierte Welt* (LLDC: Least Developed Countries): Unter dieser Bezeichnung fasst man die

---

[1] Verhältnis von Importpreis- und Exportpreisindex.

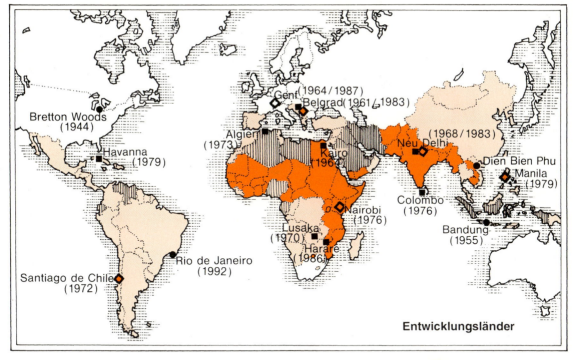

ärmsten der armen Länder zusammen, die extrem rohstoff-, kapital- und exportschwach sind, deren Pro-Kopf-Einkommen unter 425 Dollar/Jahr und deren Alphabetisierungsquote unter 20 % liegt.

Ursachen des Entwicklungsrückstandes

Die Ursachen für die Rückständigkeit der Entwicklungsländer sind komplex und lassen sich nur bedingt verallgemeinern. Es lassen sich jedoch folgende Unterscheidungen treffen:

- Endogene Faktoren
  Hier handelt es sich um Ursachen, die in den Gegebenheiten des Entwicklungslandes selbst zu finden sind, insbesondere
  – im Mangel an Rohstoffen
  – in der Begrenztheit der Produktpalette (Monokultur)
  – in ungünstigen klimatischen Verhältnissen
  – in sozialen Mustern, die einem Modernisierungsprozess im Wege stehen (z. B. Rolle der Frau, Kastenwesen)

Erklärungsmodelle, die sich vorwiegend auf die endogenen Faktoren beziehen, werden als *Modernisierungstheorien* bezeichnet. Sie sehen die Hauptursache der Unterentwicklung in einem Modernisierungsdefizit.

Nach dem Konzept der Teufelskreise (circuli vitiosi) kann die Armut der Entwicklungsländer aus eigener Kraft nicht behoben werden, weil die Folgen der Armut Prozesse in Gang setzen, die die Armut reproduzieren und im Sinne eines Teufelskreises verstärken.

ARMUT		
geringer Konsum	geringe Ersparnisse	geringes Einkommen
mangelhafte Ernährung	geringe Investition	mangelhafte Ausbildung
Krankheit	geringes Wachstum	geringe Produktivität
geringe Leistung		
geringe Produktion	geringe Produktion	geringe Produktion
	geringes Einkommen	
ARMUT		

- Exogene Faktoren
  Hier handelt es sich um Hemmnisse, die von außen an die Entwicklungsländer herangetragen worden sind oder noch werden, vor allem
  - die durch den Kolonialismus erzwungene Ausrichtung auf die wirtschaftlichen Bedürfnisse des Mutterlandes (Ausbeutung der Kolonien), die eine eigenständige Entwicklung verhindert hat
  - das System der ungleichen Internationalen Arbeitsteilung, in das die Entwicklungsländer hineingezwungen worden sind und das eine »strukturelle Abhängigkeit« bewirkt. In diesem Zusammenhang wird vielfach auf die Schwankungen oder gar den langfristigen Verfall der Terms of trade (siehe oben) verwiesen. Der Verfall der Rohstoffpreise und/oder die Verteuerung der importierten Industriegüter führe trotz verstärkten Exports zu wachsender Verschuldung und entsprechender Abhängigkeit vieler Entwicklungsländer.

Erklärungsmodelle, die sich primär auf die exogenen Faktoren beziehen, werden als *Dependenztheorien* bezeichnet. Sie betonen die historische Dimension: Die Entwicklungsländer seien nicht von Natur aus rückständig, sie seien vielmehr im Interesse der Industrieländer unterentwickelt worden.

In der neueren Diskussion dieser Fragen zeigt sich die Tendenz, keine dieser Theorien zu verabsolutieren, vielmehr die verschiedenen Ansätze miteinander zu verknüpfen.

Entwicklung der Nord-Süd-Beziehungen

Die gegen Ende des Zweiten Weltkriegs einsetzenden Bemühungen zur Schaffung eines neuen Weltwirtschaftssystems, das sich am klassisch-liberalen Modell orientiert, führen im

Abkommen von Bretton Woods (USA) 1944

zur Gründung des Internationalen Währungsfonds (IWF) und der Weltbank (IBRD: International Bank for Reconstruction and Development). Dem Ausbau des internationalen Handels, der Erschließung der nationalen Ressourcen und der Erhöhung des Lebensstandards dient ein 1948 in Kraft getretenes Zoll- und Handelsabkommen (GATT: General Agreement on Tariffs and Trade).

Die genannten Institutionen, in den ersten Jahren nach dem Zweiten Weltkrieg vor allem mit dem Wiederaufbau Europas beschäftigt, widmen sich ab 1950 überwiegend der wirtschaftlichen Förderung der Entwicklungsländer.

Ein starker Impuls geht dabei von den Ost-West-Beziehungen aus: Vor dem Hintergrund des Kalten Krieges versuchen beide Blöcke, Einfluss auf die Dritte Welt zu gewinnen. Im Sinne der Truman-Doktrin (1947, s. Seite 135) dient die amerikanische Auslandshilfe bis zur Kuba-Krise auch als Instrument der antikommunistischen Eindämmungspolitik. Umgekehrt dient die Entwicklungshilfe der UdSSR der Stärkung der sozialistisch orientierten Länder.

In den 50er-Jahren wenden sich unter Führung des indischen Premierministers *Jawaharlal Nehru (1889 bis 1964)* mehrere Entwicklungsländer gegen die drohende Vereinnahmung durch den Ost-West-Konflikt. Auf der

Konferenz von Bandung (Java) 1955

formulieren sie Prinzipien der friedlichen Koexistenz. Die Bandung-Konferenz steht am Anfang der

Bewegung der Blockfreien,

die sich 1961 auf einer ersten Gipfelkonferenz in Belgrad formiert. Neben Nehru haben die Staatschefs Jugoslawiens und Ägyptens, *Tito* (gest. 1980) und *Nasser* (gest. 1970), entscheidenden Anteil an der Blockfreienbewegung, die von ursprünglich 25 (1961) auf 101 Mitglieder (1988) angewachsen ist. Die Bewegung bleibt nicht ohne innere Widersprüche: Wie das Beispiel Kubas zeigt, lehnen sich einzelne blockfreie Staaten in der Praxis durchaus eng an einen der Blöcke an (Kuba-Krise, s. Seite 141).

Anfang der 60er-Jahre wird deutlich, dass eine Entwicklungspolitik, die nach dem Vorbild des Marshall-Plans (European Recovery Program, s. Seite 182) auf Kapitalhilfe setzt und sich von diesem *big push* das Einsetzen einer sich selbst tragenden Wachstumsdynamik verspricht, in den Entwicklungsländern nicht zum erhofften Erfolg führt. Die Unzufriedenheit der Entwicklungsländer findet ihren Ausdruck im Drängen nach Einberufung der

UN-Welthandelskonferenz (UNCTAD) 1964

in Genf. Die UNCTAD (UN-Conference for Trade and Development) erhält jedoch, entgegen der Absicht der Entwicklungsländer, nicht den Status einer unabhängigen Organisation, sondern wird zu einem ständigen Organ der UN gemacht (Tagungen im Durchschnitt alle vier Jahre). Als erste von den Entwicklungsländern selbst geprägte UN-Organisation erhält die UNCTAD dennoch große Bedeutung.

Im Gefolge der ersten UNCTAD schließen sich 77 Entwicklungsländer zur

Gruppe der 77 1967

zusammen. Sie versteht sich als Interessenvertretung und versucht, insbesondere vor UNCTAD-Konferenzen, sich auf gemeinsame Positionen festzulegen. Die Gruppe der 77 (G-77) zählt mittlerweile 125 Mitglieder.

Trotz dieser Initiativen verlaufen die 60-er-Jahre, von der UN 1961 als »erste Entwicklungsdekade« proklamiert, für die Entwicklungsländer enttäuschend. Anfang der 70er-Jahre mehren sich die Krisenzeichen:

- Die weltweite Wirtschaftskrise wirkt sich negativ aus (Einsparungen bei der Entwicklungshilfe, Stagnation bzw. Rückgang der Rohstoff-Exporte, wachsende Verschuldung).
- Die Krise des internationalen Währungssystems führt 1973 zur Aufgabe des festen Wechselkurses und damit zum Zusammenbruch des Bretton-Woods-Systems (s. oben).
- In verschiedenen Gebieten kommt es zu Missernten und Hungersnot.
- Der 1972 veröffentlichte Bericht des Club of Rome zeigt Grenzen des industriellen Wachstums und damit auch der Entwicklungsfähigkeit der Dritten Welt auf.

Auf der anderen Seite zeigt sich 1973 erstmals auch die Macht, die Entwicklungsländer bei solidarischem Verhalten ausüben können: Die 1973 im Zusammenhang mit der Krise im Nahen Osten (s. Seite 161) von den OPEC-Ländern durchgesetzte drastische Erhöhung der Rohölpreise wirkt auf die Industrieländer wie ein Schock und macht die Abhängigkeit auch der Ersten Welt deutlich.

Obwohl die OPEC-Maßnahmen auch vielen Entwicklungsländern, sofern sie auf Öl-Importe angewiesen sind, sehr schaden (MSAC: Most Seriously Affected Countries), werden sie als Erfolg verbucht und geben den Vertretern der Dritten Welt insgesamt ein größeres Selbstbewusstsein. Resultate des neuen Selbstbewusstseins sind:

- der Ausbau der *Süd-Süd-Beziehungen*, d. h. die verstärkte Zusammenarbeit der Entwicklungsländer untereinander (CDC: Cooperation among Developing Countries). Zusammenarbeit und Absprachen, gegenseitige Handelsbegünstigungen, gemeinsame Projekte usw. sollen nach dem Muster der OPEC die Position der Entwicklungsländer gegenüber den Industrieländern stärken. Entsprechende Programme sind von der Gruppe der 77 (Arusha-Erklärung 1979) und einer 1986 vom ehemaligen Präsidenten Tansanias, *Nyerere,* gegründeten Süd-Süd-Kommision vorgelegt worden.
- die Forderung nach einer **Neuen Weltwirtschaftsordnung (NWWO),** die das Verhältnis von Industriestaaten und Dritter Welt fairer regeln soll. Der Katalog der Forderungen, die im Zusammenhang der NWWO gestellt werden, ist komplex. Er enthält Forderungen nach Schuldenerlass bzw. Umschuldung, verstärkter Mitbestimmung in internationalen Organisationen, Erhöhung der Entwicklungshilfe, internationaler Rohstoffpolitik, Abbau von Handelshemmnissen u. a. m. 1974 werden von der UN-Vollversammlung, in der die Staaten der Dritten Welt dominieren, entsprechende Programme verabschiedet.

Impulse sind auch ausgegangen von der

Cocoyoc-Erklärung 1974,

die eine Neuorientierung der Entwicklungshilfe fordert und als vorrangiges Ziel die Befriedigung der Grundbedürfnisse (Nahrung, Gesundheit, Bildung, soziale Partizipation) nennt.

Die Bereitschaft, den Forderungen der Entwicklungsländer entgegenzukommen, ist auch mitbedingt durch die damals vorherrschende Neu-Interpretation der Ursachen der Unterentwicklung, die so genannten Dependenztheorien (s. oben). Sie sehen in den Industrieländern die primären Verursacher der Unterentwicklung und legen ihnen folglich eine moralische Verpflichtung der Wiedergutmachung auf.

Die Zugeständnisse der Industrieländer bleiben jedoch weitgehend verbal. Trotz zahlreicher Initiativen, etwa des *RIO-Berichts* 1976[1], und trotz zahlreicher Konferenzen, die sich seit 1974 mit der NWWO befassen, ist ihre praktische Realisierung bisher am hinhaltenden Widerstand der Industriestaaten weitgehend gescheitert.

Die ins Stocken geratene Diskussion erhält Anfang der 80er-Jahre einen neuen Anstoß durch die *Nord-Süd-Kommission,* die auf Anregung des damaligen Weltbankpräsidenten McNamara unter Vorsitz von Willy Brandt gegründet wird. Die zwei Berichte der Kommission – »Das Überleben sichern« (1980) und »Hilfe in der Weltkrise« (1982) – erfahren weltweit große Resonanz; die konkrete Umsetzung der geforderten Sofortprogramme scheitert jedoch auch bei dieser Initiative weitgehend.

Ob die Beendigung des Kalten Krieges, in dessen Schatten der Nord-Süd-Konflikt stets gestanden hat, neue Chancen für die Lösung der immer größer werdenden Probleme der Dritten Welt eröffnet, bleibt abzuwarten.

---

[1] RIO: Reform der Internationalen Ordnung: Expertenbericht, unter der Leitung des niederländischen Nationalökonomen und Nobelpreisträgers Jan Tinbergen 1976 erstellt.

Die ökologische Krise

In zunehmendem Maße ist die Nord-Süd-Diskussion ergänzt und überlagert worden von der globalen ökologischen Krise, deren Auswirkungen immer deutlicher sichtbar werden:

- Die wachsende Konzentration von Kohlenstoffdioxid (CO_2) in der Erdatmosphäre, verursacht vor allem durch die Verbrennung fossiler Energie (Kohle, Öl, Gas), bewirkt den so genannten *Treibhauseffekt,* einen globalen Temperaturanstieg, der wiederum zur Verschiebung der Klimazonen, zur Ausbreitung der Wüstengebiete (Desertifikation), zum Ansteigen der Meeresspiegel, zu Trinkwassermangel usw. führt.

- Die Globalisierung der Wirtschaft verschärft die Umweltprobleme, weil im Zuge der internationalen Verflechtung das Verkehrsaufkommen wächst und weil viele Staaten dazu tendieren, sich durch Reduktion der Umweltauflagen Standortvorteile im internationalen Konkurrenzkampf zu erwerben.

- Die Abholzung der Wälder trägt zur Verschlechterung des globalen Klimagefüges und zur Bodenerosion (Desertifikation) erheblich bei. Solange für die meisten Menschen der Entwicklungsländer Holz die einzige Energiequelle (Brennmaterial) oder die einzige lukrative Exportquelle (Tropenholz) darstellt, ist weiterer Kahlschlag kaum zu verhindern.

- Die Bevölkerungsexplosion (von ca. 1,5 Milliarden am Beginn des 20. Jahrhunderts auf derzeit ca. 6 Milliarden) findet fast ausschließlich in den Entwicklungsländern statt und lässt die Zahl der Menschen, die in absoluter Armut leben, ständig wachsen.

- Die abzusehenden Folgen der Umweltzerstörung und der Bevölkerungsexplosion betreffen Industrie- und Entwicklungsländer gleichermaßen. Armut, Verlust der Existenzgrundlage, Umweltkatastrophen (Überschwemmungen, Dürre usw.) könnten riesige Flüchtlingsströme in Bewegung setzen, eine Völkerwanderung von Süd nach Nord. Der Nord-Süd-Konflikt könnte in einen Nord-Süd-Krieg umschlagen.

Zwischen Entwicklung und Umwelt besteht ein Zusammenhang: Menschen, die unter der Armutsgrenze leben, kann man weder zum Verzicht auf Industrialisierung noch zu kostspieligen Umweltschutzmaßnahmen verpflichten. Armut und Verschuldung erzwingen den Raubbau der natürlichen Ressourcen, obwohl er nur kurzfristig Linderung, langfristig aber Verschärfung der Notlage bringt. Armut ist auch eine Ursache des Bevölkerungswachstums, das die Überwindung der Armut jedoch verhindert und die Umweltprobleme vermehrt. Es ist ein Teufelskreis: Umweltzerstörung ist Folge und zugleich Ursache der Unterentwicklung.

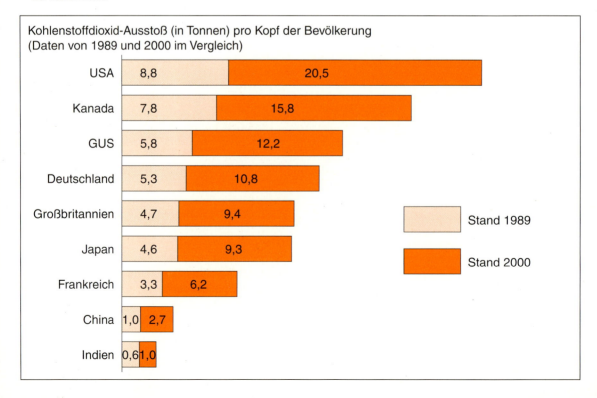

Kohlenstoffdioxid-Ausstoß (in Tonnen) pro Kopf der Bevölkerung (Daten von 1989 und 2000 im Vergleich)

Land	Stand 1989	Stand 2000
USA	8,8	20,5
Kanada	7,8	15,8
GUS	5,8	12,2
Deutschland	5,3	10,8
Großbritannien	4,7	9,4
Japan	4,6	9,3
Frankreich	3,3	6,2
China	1,0	2,7
Indien	0,6	1,0

Um diesen Teufelskreis zu durchbrechen, bedürfte es einschneidender Maßnahmen. Die Industriestaaten wollen einen Weltvertrag, eine »Erd-Charta«, die alle Nationen gleichermaßen zum Schutz des Ökosystems verpflichtet. Die Entwicklungsländer betonen dagegen ihr »Recht auf Entwicklung« und verweisen darauf, dass allein die Energieverschwendung der Industriestaaten für die globale Umweltkrise verantwortlich sei. Die Erste Welt, obwohl nur ca. 15 % der Bevölkerung, verbrauche fast die Hälfte der Weltenergie. Die Entwicklungsländer fordern deshalb deutliche Vorleistungen, vor allem die drastische Senkung der CO_2-Emission, Öffnung der Märkte für Fertigprodukte aus der Dritten Welt und Kapitalhilfe zur Überwindung der Verschuldungskrise.

Die Lösung der globalen Krise erweist sich als langwieriger und mühsamer Prozess. Nach einer ersten internationalen Umweltkonferenz 1972 in Stockholm schärft in den 80er-Jahren vor allem der Bericht der *Brundtland-Kommission* (so benannt nach der Vorsitzenden, der norwegischen Ministerpräsidentin Brundtland) das Bewusstsein für die Gefährdung des globalen Ökosystems. Auf der

Umweltkonferenz von Rio de Janeiro 1992

werden Richtlinien für das nächste Jahrhundert verabschiedet (Agenda 21). Die praktische Umsetzung erweist sich jedoch als überaus problematisch und kollidiert immer wieder mit den nationalen Interessen einzelner Staaten. So werden auf einer der Folgekonferenzen, dem **Umweltgipfel von Kyoto (1997),** zwar konkrete Vorgaben zur Reduktion der klimaschädigenden Emissionen verabschiedet, doch schon im Jahr 2001 erklären die USA unter ihrem neuen Präsidenten George W. Bush den Ausstieg aus dem Abkommen. Das Umweltabkommen von Bonn (2001) muss die ohnehin unzureichenden Zielvorstellungen von Kyoto deshalb deutlich herabsetzen. Auch der **Weltgipfel für nachhaltige Entwicklung in Johannesburg (2002)** bleibt hinter den Erwartungen zurück.

Das Eigeninteresse der Nationalstaaten, die unter dem Druck der sich globalisierenden Wirtschaft um ihre Konkurrenzfähigkeit kämpfen müssen, verdrängt vorerst die Einsicht, dass ohne tief greifende Schutzmaßnahmen das Ökosystem Erde gefährdet ist.

Zeittafel
Nord-Süd-Konflikt

1944	Abkommen von Bretton Woods; Gründung des Internationalen Währungsfonds (IWF) und der Weltbank (IBRD)
1945 ff.	Phase der **Dekolonisation**
	1947: Unabhängigkeit Indiens und Pakistans
	1949: Unabhängigkeit Indonesiens
	Gründung der Volksrepublik China
	1954: Unabhängigkeit Vietnams, Laos', Kambodschas
	1962: Unabhängigkeit Algeriens und Zaires (Belgisch-Kongo)
	1975: Unabhängigkeit Mozambiques und Angolas
	...
1948	GATT (General Agreement on Tariffs and Trade)
1955	Bandung-Konferenz
1960	Gründung der **OPEC**
1961	erstes Gipfeltreffen der **Blockfreien** in Belgrad
1964	**erste UN-Welthandelskonferenz (UNCTAD)**
1967	Gruppe der 77
1972	Bericht des Club of Rome
	Umweltkonferenz in Stockholm
1973	**Öl-Krise;** Öl-Boykott durch die OPEC
1974	UN-Erklärung zur **Neuen Weltwirtschaftsordnung (NWWO)**
	Cocoyoc-Erklärung
1976	RIO-Bericht
1979	Arusha-Erklärung
1980	Nord-Süd-Kommission
1992	**Umweltkonferenz in Rio de Janeiro**
1997	Umweltgipfel von Kyoto
2001	Umweltkonferenz von Bonn
2002	Weltgipfel von Johannesburg

Deutsche Geschichte nach 1945

Überblick

- Auf der *Potsdamer Konferenz* wird Deutschland in vier Besatzungszonen (Berlin in vier Sektoren) geteilt. Die Gebiete östlich von Oder und Neiße werden unter polnische und das nördliche Ostpreußen unter russische Verwaltung gestellt.

- Die vereinbarte Gemeinsamkeit der Behandlung Deutschlands scheitert. Die in der Sowjetischen Besatzungszone (SBZ) durchgeführten Maßnahmen (Bodenreform, Verstaatlichungen, Vereinigung von SPD und KPD zur SED usw.) führen zur Auseinanderentwicklung von Westzonen und Ostzone.

- Nach dem Scheitern der Pariser Außenministerkonferenz entschließen sich die USA und England zu einer gemeinsamen Politik in ihren Zonen (*Byrnes-Rede* vom 6.9.1946 und *Bizone* ab 1.1.1947).

- Der Kalte Krieg verschärft die Gegensätze in der Deutschlandpolitik. Die USA drängen auf eine **Weststaatslösung:** Im Sinne der *Truman-Doktrin* (Containment) soll ein starker Weststaat (spätere Bundesrepublik Deutschland) als Damm gegen die sowjetische Bedrohung gebildet werden. Dem dient auch der *Marshall-Plan*.

- **Berlin-Blockade** (1948/49): Die Bedrohung durch die UdSSR und die amerikanische Hilfeleistung (Luftbrücke) fördern den antikommunistischen Konsens und die Weststaatslösung.

- Mit der **Gründung der Bundesrepublik Deutschland (23.5.1949)** und der **DDR (7.10.1949)** ist die Teilung Deutschlands vollzogen.

- Die erste Bundesregierung unter *Konrad Adenauer (CDU)* verfolgt die Westorientierung mit dem Ziel, die Souveränität zurückzugewinnen. Sie beteiligt sich am Aufbau der Europäischen Gemeinschaft und ist bereit zu einem Verteidigungsbeitrag.

- Das Ziel der deutschen Wiedervereinigung ist dem der Westintegration vorerst untergeordnet. Die Regierung Adenauer setzt auf eine »Politik der Stärke« (Alleinvertretungsanspruch, Hallstein-Doktrin).

- Mit dem **Beitritt zur NATO (5.5.1955)** und dem Inkrafttreten des **Deutschlandvertrags** ist das primäre Ziel der Bundesregierung erreicht. 1956 wird die allgemeine Wehrpflicht eingeführt.

- Das **Wirtschaftswunder** der 50er-Jahre trägt zu der breiten Akzeptanz der Adenauer-Regierung in der Bevölkerung bei.

- Die SPD, als Oppositionspartei, akzeptiert schließlich die von der Regierung getroffenen außenpolitischen Entscheidungen und vollzieht mit dem *Godesberger Programm 1959* den Wandel zur Volkspartei.

- In der DDR wird die Kluft zwischen Bevölkerung und dem aufgezwungenen SED-Regime unter Walter Ulbricht immer deutlicher **(Aufstand des 17. Juni 1953)**. Um den Flüchtlingsstrom in den Westen zu stoppen, wird die innerdeutsche Grenze mit dem **Bau der Berliner Mauer** ab 13.8.1961 geschlossen.

- Die Kritik am Führungsstil Adenauers, die *Spiegel-Affäre (1962)* u.a.m. führen 1963 zur Ablösung Adenauers durch Ludwig Erhard. 1966 kommt es zur Bildung einer **großen Koalition** von CDU/CSU und SPD (Kiesinger/Brandt).

- Die große Koalition ist innenpolitisch umstritten (*außerparlamentarische Oppostion, 68er-Bewegung*).

- Die sozialliberale Koalition ab 1969 leitet eine Wende in der Ost- und Deutschlandpolitik ein: Die **Ostverträge** (1970–73) zielen – ohne das Ziel der Wiedervereinigung aufzugeben – auf eine Normalisierung der Beziehungen zu den Ostblockstaaten.

- Der »Reformenthusiasmus« der SPD-FDP-Regierung wird gedämpft durch den wirtschaftlichen Abschwung und durch die **Ölkrise 1973**. Unter Bundeskanzler *Helmut Schmidt (SPD) (1974–82)* wird Politik zunehmend zum Krisenmanagement.

- Die 70er-Jahre sind überschattet von zahlreichen **terroristischen** Anschlägen (*Rote Armee Fraktion/RAF*).

- Als Reaktion auf die wachsende Umweltzerstörung und die latenten Gefahren der Atomenergie bilden sich Bürgerinitiativen. Die Partei der *Grünen* zieht 1983 erstmals in den Bundestag ein.

- Am 1.10.1982 wird die Regierung Schmidt (SPD) gestürzt. Die FDP vollzieht aufgrund der wirtschaftspolitischen Differenzen mit der SPD eine Wende zur CDU/CSU. Bundeskanzler wird *Helmut Kohl (CDU)*.

- Die Reformen Gorbatschows (s. Seite 147) wirken sich auch auf die DDR aus: Massendemonstrationen und eine Massenflucht von DDR-Bürgern in die Bundesrepublik führen im November 1989 zum Sturz der SED-Führung und zur **Öffnung der Grenzen und der Berliner Mauer (9.11.1989)**.

- Nach einer Übergangsphase unter Ministerpräsident *Hans Modrow (SED)* finden am 18.3.1990 die ersten freien Wahlen in der DDR statt. Die aus den Wahlen hervorgehende Regierung unter *Lothar de Maizière (CDU)* handelt mit der Regierung Kohl die Modalitäten der Wiedervereinigung aus.

- Am **3.10.1990** wird die **Wiedervereinigung Deutschlands** durch Beitritt der DDR zur Bundesrepublik Deutschland vollzogen.

Die Nachkriegszeit (1945–1949)

Die »Stunde null«

Der »totale« Krieg, den Goebbels gegen Ende des Zweiten Weltkrieges proklamiert hat, und das Scheitern des deutschen Widerstandes am 20. Juli 1944 (s. Seite 129) verzögern die Beendigung des militärisch aussichtslos gewordenen Krieges. Der Krieg endet mit der bedingungslosen Kapitulation Deutschlands (8.5.1945). Deutschland ist eine Trümmerwüste, von den Truppen der Alliierten besetzt und ohne eigene staatliche Organisation[1].

Die Städte sind weitgehend zerstört, fast ein Fünftel des Wohnraums in Deutschland ist durch die Luftangriffe der Engländer und Amerikaner vernichtet.

Die wirtschaftliche Lage ist katastrophal. Die Versorgung der Bevölkerung mit Lebensmitteln kann nur notdürftig aufrechterhalten werden, Hunger, Wohnungsnot und Mangel an Brennstoffen bestimmen die Nachkriegszeit. Durch den Verlust der Agrargebiete im Osten, Zerstörung und Demontage der Fabriken, Schäden an der Infrastruktur (Eisenbahnen, Straßen, Brücken usw.) werden die Versorgung der Bevölkerung und die Wiederbelebung der Wirtschaft erschwert. Die Kohleförderung im Ruhrgebiet sinkt auf ein Viertel der bisherigen Produktion, die wirtschaftliche Gesamtproduktion auf unter 20 %.

Katastrophal wird die Lage durch den Flüchtlingsstrom in die westlichen Gebiete Deutschlands. Er wird ausgelöst durch die russische Offensive Anfang 1945 und ist verbunden mit zahllosen Gräueltaten russischer Soldaten und Zivilisten der befreiten Länder. Der Hass, der sich seit Jahren gegenüber dem Nazi-Regime aufgestaut hat, entlädt sich in millionenfachen Racheakten an deutschen Soldaten und Zivilisten, in Mord, Misshandlungen, Plünderungen und Vergewaltigungen.

Insgesamt werden bis Ende 1948 über 12 Millionen Menschen aus den Ostgebieten vertrieben. Ungefähr 2,8 Millionen deutsche Zivilisten kommen dabei ums Leben.

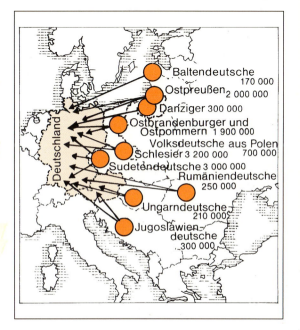

Pläne zur Neuordnung Deutschlands

Bereits während des Krieges sind von den Alliierten Modelle entwickelt worden, wie Deutschland nach dem Krieg zu organisieren sei. Die von Stalin gewünschte Westverschiebung Polens (s. Seite 181) wird von Roosevelt und – widerstrebend – von Churchill akzeptiert. Für die territoriale Neuordnung Deutschlands gibt es mehrere Konzeptionen:

- der *Churchill-Plan* sieht eine Nord-Süd-Teilung Deutschlands vor, die Preußen durch die Bildung eines starken Südstaates neutralisieren soll, sonst aber ein relativ starkes Deutschland als Schutzwall gegen den Kommunismus bewahren will;

---

[1] Die »geschäftsführende Reichsregierung«, die Großadmiral *Karl von Dönitz* am 2.5.1945 in Schleswig-Holstein bildet, wird am 23.5.1945 verhaftet.

Besatzungszonen

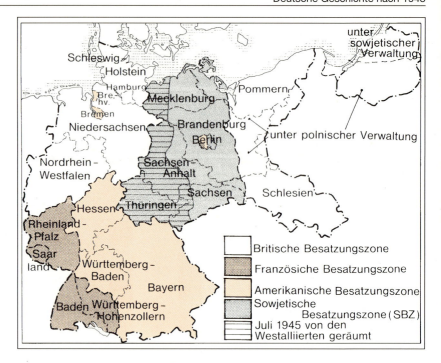

- der *Roosevelt-Plan* zielt auf eine dauerhafte Schwächung Deutschlands durch seine Aufteilung in fünf unabhängige Länder und die Internationalisierung seiner Wirtschaftszentren;
- der *Morgenthau-Plan* (1944, nach dem damaligen amerikanischen Finanzminister benannt) geht noch über die Ziele Roosevelts hinaus: Er sieht die Demontage der Industrieanlagen und die Rückstufung Deutschlands zum Agrarstaat vor;
- *Stalin* unterstützt anfänglich das Konzept Roosevelts, ändert aber im März/April 1945 seine Position und plädiert nun für die Beibehaltung der deutschen Einheit. Ein einheitliches Deutschland böte Stalin die Möglichkeit, den sowjetischen Einfluss auf ganz Deutschland auszudehnen.

Die Unterschiedlichkeit der Zielvorstellungen und die sowjetische Politik der vollendeten Tatsachen in Osteuropa (s. Seite 133f.) verhindern eine gemeinsame Position in der Deutschlandfrage. Auf den Konferenzen von *Jalta* (4.–11.2.1945) und *Potsdam* (17.7.–2.8.1945) werden dennoch Regelungen getroffen:

- Aufteilung in vier Besatzungszonen
- Entmilitarisierung

- Entnazifizierung und Bestrafung der deutschen Kriegsverbrecher (*Nürnberger Prozesse,* Nov. 1945 – Okt. 1946)
- Demokratisierung
- Dezentralisierung der Verwaltung und Wirtschaft
- Verwaltung durch den Rat der Außenminister bzw. durch den *Alliierten Kontrollrat*[1]

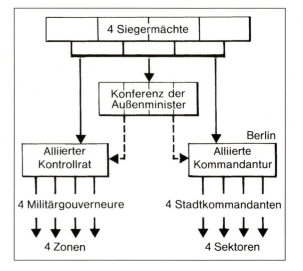

---

[1] *Alliierter Kontrollrat:* als oberstes Regierungsorgan der Besatzungsmächte am 8.8.1945 gegründet, bestehend aus den vier Oberbefehlshabern und zuständig für alle Fragen, die Deutschland als Ganzes betreffen. Im Lauf des eskalierenden Ost-West-Konflikts und aufgrund des Vetorechts, von dem auch Frankreich häufigen Gebrauch macht, verliert der Rat an Bedeutung und tritt seit März 1948 nicht mehr zusammen. In Berlin übernehmen die Stadtkommandanten *(Alliierte Kommandantur)* die Verwaltung (Juni 1948 Austritt des sowjet. Vertreters).

Gebietsverluste im Osten Deutschlands und Westverschiebung Polens

___ Grenze Polens bis 1939
..... Deutsch-sowjetische Interessengrenze 1939–1941
▓▓ Polen seit 1945/1990

- Während der *Besatzungszeit* Behandlung Deutschlands als »wirtschaftliche Einheit«
- Im Streit um die Reparationen (Stalin fordert 10 Milliarden Dollar) einigt man sich darauf, dass jede Besatzungsmacht ihre *Ansprüche vorerst aus der eigenen Zone befriedigen solle.*
- Das nördliche Ostpreußen mit Königsberg fällt unter sowjetische, das Gebiet östlich der Oder und der (Görlitzer) Neiße und das südliche Ostpreußen unter polnische Verwaltung. Diese Regelung gilt als provisorisch; die endgültige Lösung wird einem künftigen Friedensvertrag vorbehalten.

Die Konferenzen von Jalta und Potsdam begründen aber nur scheinbar eine gemeinsame Deutschlandpolitik. In Wirklichkeit führt die gegensätzliche Interpretation des Demokratiebegriffs zu einer Auseinanderentwicklung der Zonen. Damit scheitert die gemeinsame Verwaltung durch den Alliierten Kontrollrat, zumal sich weltpolitisch die Entwicklung zum *Kalten Krieg* abzeichnet (s. Seite 135) und Deutschland zum Frontgebiet des Ost-West-Konflikts wird.

Die Entwicklung in der Sowjetischen Besatzungszone (SBZ)

Bereits während des Krieges sind in der Sowjetunion Pläne für die Nachkriegsordnung ausgearbeitet worden. Aus Deutschland emigrierte Kommunisten werden in Moskau ausgebildet und noch vor Kriegsende nach Deutschland gebracht.

Die sog. *Gruppe Ulbricht,* benannt nach dem späteren SED-Vorsitzenden Walter Ulbricht, bereitet die kommunistische Machtübernahme im besetzten Gebiet vor. Am 9.6.1945 wird die *Sowjetische Militäradministration in Deutschland (SMAD)* als oberste Behörde der sowjetischen Besatzungszone geschaffen. Sie beginnt unverzüglich, kommunistische Pläne zu verwirklichen. Dazu gehören vor allem

- die *Bodenreform* (September 1945): Enteignung des Grundbesitzes über 100 Hektar (»Junkerland in Bauernhand«) und Neuverteilung des Landes: Den Boden erhalten zu einem Drittel die Länder, Kreise und Gemeinden, zu zwei Dritteln Landarbeiter, Vertriebene und landarme Bauern. Da eine rationelle Bewirtschaftung bei der geringen Größe (5–8 Hektar) nicht möglich ist, wird damit die Grundlage für die spätere »sozialistische Umgestaltung der Landwirtschaft« gelegt (s. Seite 201).

- *Enteignung bzw. Verstaatlichung* von Banken und Industrie- und Handelsunternehmen; Umwandlung zu Volkseigenen Betrieben (VEB) und Handelsorganisationen (HO). Bis 1948 sind über 9000 Betriebe mit 42% der Industrieproduktion enteignet.

- *Demontagen* und Überführung von ca. 25% der Industriekapazität in sowjetische Aktiengesellschaften (SAG), deren Gewinne bis 1953 in die Sowjetunion fließen. Im Vergleich zu den Westzonen, wo die Demontagen früh beendet werden (Verlust: ca. 4 Milliarden Mark), ist die SBZ extrem benachteiligt (Verlust bis 1953: ca. 66 Milliarden, bei nur einem knappen Drittel der Bevölkerungszahl).

- *Entnazifizierung,* die zugleich als Vehikel zur gesellschaftlichen Umwandlung im sozialistischen Sinne dient: An die Stelle der entlassenen Lehrer, Richter, Beamten (im Schul- und Justizwesen fast 80%) treten unbelastete, im kommunistischen Sinne formbare Kräfte. Bereits 1945 errichten die sowjetischen Organe eine Reihe von Lagern (auch ehemalige KZs wie Buchenwald und Sachsenhausen) für Funktionäre der NSDAP und für tatsächliche und vermutete »Gegner«. Viele kommen in diesen Lagern um.

- Bereits am 11.6.1945 Gründung der *Kommunistischen Partei Deutschlands (KPD)* unter Führung von Walter Ulbricht, Wilhelm Pieck u. a. Daneben werden andere Parteien zugelassen (SPD, CDU und LDPD), die jedoch am 14.7.1945 zwangsweise zum »Antifaschistischen Block« zusammengeschlossen werden. Durch den Zusammenschluss von KPD und SPD zur *Sozialistischen Einheitspartei Deutschlands* (SED,

22.4.1946) beginnt die Umwandlung der Parteienlandschaft im Sinne des Einparteienstaates. Eine Abstimmung der SPD-Mitglieder wird unterbunden. Teile der SPD-Mitgliedschaft sind für die Vereinigung; der größere Teil ist dagegen, wie die am 20.10.1946 durchgeführten Landtagswahlen zeigen (Wahlergebnis in Berlin, wo die Wahlen unter alliierter Kontrolle erfolgen: SPD: 48,7%, CDU: 22,2%, SED: 19,8%, LDPD: 9,3%).

- Neben den Parteien werden Massenorganisationen ins Leben gerufen und unter kommunistischen Einfluss gebracht, so der *Freie Deutsche Gewerkschaftsbund (FDGB)*, die *Freie Deutsche Jugend (FDJ)*, der *Demokratische Frauenbund Deutschlands (DFD)* u.a. Diese Organisationen sind keine Interessenverbände, sondern – nach einem Wort Lenins – »Transmissionsriemen der Partei«, d.h. Instrumente zur ideologischen Beeinflussung breiter Bevölkerungskreise.

- Auf Veranlassung der SMAD wird 1947 die *Deutsche Wirtschaftskommission (DWK)* gegründet. Sie hat die Reparationsleistungen zu sichern, die Arbeit der Landesverwaltungen zu koordinieren und erhält im April 1948 praktisch Gesetzgebungsbefugnisse. – Nach der Auflösung Preußens (23.8.1946) entstehen in der SBZ fünf Länder (Sachsen, Thüringen, Sachsen-Anhalt, Brandenburg und Mecklenburg).

Die Entwicklung in den Westzonen

Dem steht die Entwicklung in den drei westlichen Zonen gegenüber:

- Zulassung demokratischer Parteien (CDU, CSU, SPD, FDP sowie einige kleinere Parteien).
- Auflösung Preußens (23.8.1946) und Konstituierung von 11 Ländern, wobei den USA und England die spätere Bildung eines Bundesstaates vorschwebt, während Frankreich einen schwächeren, partikularistischen Staatenbund anstrebt.
- Sonderstatus des Saarlandes durch wirtschaftliche Angliederung an Frankreich.
- Allmähliche Übertragung von Verwaltungsbefugnissen an kommunale Verwaltungsbehörden und Länderregierungen, die unter der Aufsicht des zonalen Militärgouverneurs arbeiten.
- Kommunal- und Landtagswahlen (zuerst in der amerikanischen Zone).

Weltpolitisch vollzieht sich gleichzeitig der Wandel zur Konfrontation der Weltmächte und zur Eindämmungspolitik (s. Seite 135). Damit erhält die Deutschlandfrage eine neue Wertigkeit: Die Machtpolitik der Sowjetunion in der SBZ veranlasst die USA, die drei Westzonen zu einem starken Staat zusammenzufassen, der als Prellbock gegen die Sowjetunion dienen soll *(Weststaatslösung)*. Das bedeutet, dass die USA ihre früheren Vorstellungen (Roosevelt- und Morgenthau-Plan, s. Seite 180) revidieren und stattdessen den wirtschaftlichen (und schließlich auch militärischen) Wiederaufbau Westdeutschlands betreiben.

Die endgültige Entscheidung für diese historische Wende fällt, nachdem auf der *Außenministerkonferenz in Paris (25.4.–12.7.1946)* die unüberbrückbaren Gegensätze in der Deutschlandpolitik erneut offen zutage getreten sind. Darauf kündigt Außenminister *Byrnes* in der berühmten

Stuttgarter Rede   **6.9.1946**

die neue Linie der amerikanischen Politik an, die auf Wiedererlangung der deutschen Souveränität (»bei geeigneten Sicherheiten«) und Bewahrung der territorialen Integrität Deutschlands gerichtet ist. Unter Berufung auf das Potsdamer Abkommen (s. Seite 180f.) betont er den provisorischen Charakter der Oder-Neiße-Grenze[1] und lehnt zugleich die französischen Forderungen nach Abtrennung des Ruhrgebietes und der linksrheinischen Gebiete ab. Wenn (wie zu erwarten) eine »völlige Vereinigung« am Widerstand der Sowjetunion scheitere, würden die USA alles daransetzen, eine »größtmögliche Vereinigung« zu erreichen.

Der erste Schritt auf diesem Wege ist die

Schaffung der Bizone   **1.1.1947,**

also der Zusammenschluss der britischen und amerikanischen Zone und die Bildung eines gemeinsamen Wirtschaftsrates, der eine Vorform der späteren westdeutschen Regierung bildet (s. Seite 183). Erst nach einigem Zögern und als Gegenleistung für die Marshallplan-Hilfe tritt Frankreich der Bizone bei *(Trizone, 8.4.1949)*.

Einen letzten Versuch, die sich abzeichnende Spaltung Deutschlands zu verhindern und eine gemeinsame Lösung der wirtschaftlichen und politischen Probleme zu finden, unternimmt der bayrische Ministerpräsident *Hans Ehard*. Auf seine Einladung treffen sich alle Länderchefs, auch die der SBZ, auf der

Münchener Ministerpräsidentenkonferenz   **7.5.1947.**

---

[1] Die sowjetische Besatzungsmacht geht dagegen, ebenso wie die französische, von der Endgültigkeit der Grenzen aus (Rede Molotows vom 17.9.1946 und Moskauer Außenministerkonferenz vom 10.3. bis 24.4.1947).

Da aber die Ministerpräsidenten von ihren jeweiligen Militärregierungen mit strengen Verhandlungsauflagen versehen sind, scheitert diese gesamtdeutsche Initiative schon im Vorfeld.

Die entscheidende Maßnahme zur Stabilisierung Westeuropas und Westdeutschlands bildet das *European Recovery Program* (ERP = Europäisches Wiederaufbau-Programm), bekannter als

Marshall-Plan   5.6.1947.[1]

Er sieht Sachlieferungen und Kredite vor, die zum wirtschaftlichen Wiederaufbau zu verwenden sind. Zur Kontrolle über Verteilung und Verwendung der Gelder wird die *Organization for European Economic Cooperation (OEEC)* gegründet. Insgesamt belaufen sich die Lieferungen und Kredite auf über 15 Milliarden Dollar, von denen Westdeutschland ca. 2,2 Milliarden Dollar erhält. Die amerikanische Hilfe trägt erheblich zum sog. *Wirtschaftswunder* der 50er-Jahre bei.

Der Marshall-Plan geht von der Voraussetzung aus, dass es ohne gesunde wirtschaftliche Verhältnisse keine politische Stabilität und keinen sicheren Frieden geben kann. Er ist als europäisches Programm gedacht und richtet sich theoretisch auch an die Sowjetunion und die von ihr abhängigen Staaten. Die Sowjetunion lehnt das Angebot für sich und ihre Satellitenstaaten ab.

Der Marshall-Plan ist nicht nur als Wirtschaftshilfe für das kriegszerstörte Europa zu sehen, sondern auch unter politischen Aspekten: Die Wirtschaftshilfe soll Europa gegen den sowjetischen Einfluss immunisieren und ist insofern Bestandteil der Containment-Strategie. In der Erklärung der Kominform des Ostblocks (s. Seite 135) wird der Marshall-Plan als Instrument der »Versklavung der geschwächten Länder Europas« abgelehnt.

Währungsreform und soziale Marktwirtschaft

Die wichtigste Institution des am 1.1.1947 gegründeten *Vereinigten Wirtschaftsgebietes (Bizone)* ist der

Frankfurter Wirtschaftsrat,

dessen 52 Mitglieder von den acht Ländern der Bizone gewählt sind und der eine Art Vorparlament bildet. Neben einem *Exekutivrat* (8 Vertreter der Landesregierungen) gibt es fünf *Verwaltungsdirektoren*

(in der Funktion von Ministern), die vom Exekutiv- und Wirtschaftsrat ernannt und kontrolliert werden.

Parteipolitisch spiegelt der Wirtschaftsrat bereits die Konstellation wider, die bis 1966 auch die Verhältnisse im Bundestag bestimmt: CDU und CSU (als Fraktionsgemeinschaft) bilden zusammen mit den Liberalen (FDP) die Mehrheit, die SPD übernimmt die Rolle der Opposition.

Im März 1948 wird *Ludwig Erhard*[2] zum Wirtschaftsdirektor gewählt. Er vertritt das Konzept der sozialen Marktwirtschaft, also einer liberalen, freien Marktwirtschaft, die aber unter staatlicher Kontrolle (z.B. Kartellamt) steht und sozial eingebunden bleibt.

Voraussetzung für die Wende von der Zwangswirtschaft der Nachkriegszeit zum freien Markt und zur Selbstregulierung durch Angebot und Nachfrage ist die Neuordnung des Geldwesens, das als Folge der inflatorischen Kriegswirtschaft völlig zerrüttet ist. Nach geheimen Vorbereitungen durch deutsche und alliierte Experten wird schließlich die

Währungsreform   20.6.1948

durchgeführt. Die Reichsmark wird durch die *Deutsche Mark (DM)* ersetzt. Löhne, Gehälter und Mieten werden im Verhältnis 1:1, Schulden und Guthaben im Verhältnis 10:1 umgestellt. Mit der Einführung der neuen Währung füllen sich schlagartig die Schaufenster: Waren, die bislang wegen der Wertlosigkeit des Geldes zurückgehalten wurden, werden nun angeboten. Gleichzeitig wird durch das Gesetz über *Leitsätze für die Bewirtschaftung und Preispolitik nach der Geldreform* (24.6.1948) die Marktwirtschaft eingeführt.

Trotz mancher anfänglich negativer Folgen (Preisanstieg, Anstieg der Arbeitslosenzahl, Verlust der Guthaben) erweist sich das neue Konzept innerhalb kurzer Zeit als erfolgreich. Die Währungsreform und die Einführung der sozialen Marktwirtschaft bilden, zusammen mit den Geldern des Marshall-Plans, die Grundlage für den schnellen wirtschaftlichen Wiederaufstieg Westdeutschlands, das sog. *Wirtschaftswunder* der 50er-Jahre.

Die Berlin-Blockade

Die Sowjetunion antwortet auf die Währungsreform, die die Vorstufe der von den USA betriebenen Weststaatslösung ist, mit der

---

[1] Genannt nach dem amerikanischen Außenminister George Marshall (1947–49); das Programm tritt am 3.4.1948 in Kraft. Als Gegengewicht gründet der Ostblock am 25.1.1949 den *Rat für gegenseitige Wirtschaftshilfe (RgW)* bzw. *Comecon* (Council for mutual economic assistance); Beitritt der DDR zum RgW am 29.9.1950.

[2] *Ludwig Erhard,* CDU, Professor für Volks- und Betriebswirtschaft, 1945/46 bayrischer Handelsminister; März 1948 Wirtschaftsdirektor des Wirtschaftsrates und Begründer der sozialen Marktwirtschaft; 1949–63 Wirtschaftsminister der Bundesrepublik Deutschland und (ab 1957) Vizekanzler; 1963–66 Bundeskanzler; gest. 5.5.1977.

Berlin-Blockade 24.6.1948 – 12.5.1949, d.h. der Sperrung aller Zufahrtswege nach Westberlin sowie der Sperrung der Strom- und Kohleversorgung. Am gleichen Tag wird auch in der SBZ eine neue Währung (Deutsche Mark Ost, Ostmark) eingeführt. Die Sowjetunion nutzt damit die schwierige Lage Westberlins aus, das wie eine Insel im sowjetisch beherrschten Gebiet liegt, und setzt die Blockade als Druckmittel ein, um die Weststaatslösung zu verhindern.

Vor einem Krieg um Berlin scheuen die USA zurück.

Als Lösung erweist sich die Einrichtung einer *Luftbrücke,* d.h. die vollständige Versorgung der Westsektoren Berlins durch Transportflugzeuge (»Rosinenbomber«). Zehn Monate lang wird Westberlin nur auf dem Luftweg versorgt.

Ein Motiv der Amerikaner für diese beispiellose Hilfsaktion ist die Überlegung, dass die Aufgabe Berlins die Sowjets zu weiteren Schritten ermutigen würde. Entgegen der sowjetischen Absicht fördert die Berlin-Blockade die von den USA betriebene Weststaatslösung.

Überblick
Nachkriegszeit in Deutschland 1945–1949

1945	**Kapitulation Deutschlands** (8.5.) **Konferenz von Potsdam** (17.7.–2.8.) faktische Abtrennung der Ostgebiete (Westverschiebung Polens) Aufteilung Deutschlands in 4 Besatzungszonen, aber »wirtschaftliche Einheit« Nürnberger Kriegsverbrecher-Prozess (Nov. 1945 – Okt. 1946) Bodenreform und Verstaatlichungen in der SBZ und
1946	Vereinigung von SPD und KPD zur SED (22.4.) → **Auseinanderentwicklung von SBZ und Westzonen** Pariser Außenministerkonferenz scheitert (25.4.–12.7.) **Byrnes-Rede in Stuttgart** (6.9.)
1947	Bizone (1.1.) Münchener Ministerpräsidentenkonferenz scheitert (7.5.) **Marshall-Plan** (5.6.)
1948	Londoner Sechs-Mächte-Konferenz (23.2.–2.6.) **Währungsreform in Westzonen** (20.6.) Währungsreform in SBZ (23.6.) Einführung der **sozialen Marktwirtschaft** in Westzonen (24.6.) **Berlin-Blockade und Luftbrücke** (24.6.1948 – 12.5.1949) Entwurf einer Verfassung für Westzonen (Grundgesetz) (August) Parlamentarischer Rat (1.9.)
1949	Trizone (8.4.) **Gründung der BRD** (23.5.) **Gründung der DDR** (7.10.)

Die Bundesrepublik Deutschland

Die Gründung der Bundesrepublik Deutschland

Parallel zu den wirtschaftlichen Maßnahmen (Währungsreform) wird die politische Einigung der Westzonen vorangetrieben. Nach dem Scheitern der Londoner Außenministerkonferenz Ende 1947 (s. Seite 135) findet – unter Beteiligung der Benelux-Staaten (Belgien, Niederlande, Luxemburg), aber ohne die Sowjetunion – die

Londoner Sechs-Mächte-Konferenz 23. 2.–2. 6. 1948

statt. Ihre wichtigsten Ergebnisse sind:

- die Einigung auf die Weststaatslösung, d. h. Beitritt der französischen Zone zum Vereinigten Wirtschaftsgebiet (*Trizone*, ab 8. 4. 1949)
- der Auftrag an die westdeutschen Ministerpräsidenten, eine Verfassung ausarbeiten zu lassen
- der *Brüsseler Pakt* (17. 3. 1948), ein Beistandspakt zwischen Frankreich, England und den Benelux-Staaten (Westunion), der unter dem Eindruck des kommunistischen Staatsstreiches in der Tschechoslowakei (s. Seite 136) geschlossen wird.[1]

Am 1. Juli 1948 beauftragen die westlichen Militärgouverneure die Ministerpräsidenten ihrer Zonen, eine Verfassunggebende Versammlung einzuberufen und eine demokratische und föderalistische Verfassung ausarbeiten zu lassen. Trotz der grundsätzlichen Befürchtung, dass die geplante West-Verfassung die Teilung Deutschlands vertiefen werde, erklären sich die Ministerpräsidenten unter dem Eindruck der Berlin-Blockade bereit, den Londoner Empfehlungen nachzukommen. Sie setzen jedoch durch, dass die Verfassung als Provisorium betrachtet werden müsse und einer gesamtdeutschen Verfassung nicht vorgreifen dürfe. Aus dieser Überlegung erklärt sich, dass der Begriff »Verfassung« bewusst vermieden wird. Stattdessen wählt man für die Verfassunggebende Versammlung den Ausdruck *Parlamentarischer Rat;* die Verfassung selbst wird als *Grundgesetz* bezeichnet.[2]

In einer Expertenkommission, die vom 10. bis 23. 8. 1948 auf Schloss Herrenchiemsee tagt, wird der Entwurf des Grundgesetzes erarbeitet und dem Parlamentarischen Rat zur Beratung vorgelegt.[3] Vorsitzender des Rates ist *Konrad Adenauer,* CDU-Chef in der britischen Zone und späterer Bundeskanzler. Leiter des Hauptausschusses, in dem die Verfassungsberatungen stattfinden, ist *Carlo Schmid* (SPD).

Der Verfassungsentwurf wird am 8. 5. 1949 (am Jahrestag der deutschen Kapitulation) vom Parlamentarischen Rat angenommen; am 12. 5. wird er von den Militärgouverneuren gebilligt. Mit der Unter-

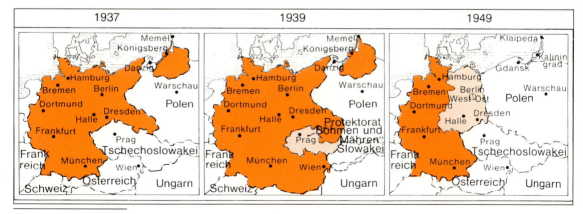

---

[1] Der Brüsseler Pakt ist Vorläufer der 1954 in den Pariser Verträgen gegründeten *Westeuropäischen Union (WEU),* eines europäischen Verteidigungspaktes im Rahmen der NATO, dem auch die Bundesrepublik Deutschland und Italien beitreten.

[2] Das Grundgesetz ist für eine »Übergangszeit« (Präambel) konzipiert. Art. 146 sieht – im Falle einer Wiedervereinigung – die Ausarbeitung einer neuen Verfassung vor. 1990, bei der Vereinigung der Bundesrepublik Deutschland und der DDR, wird jedoch Art. 23 angewandt, der den einfachen Beitritt zur Bundesrepublik Deutschland vorsieht.

[3] 1. 9. 1948–8. 5. 1949; der Parlamentarische Rat besteht aus 65 von den Landtagen gewählten Mitgliedern sowie 5 Westberliner Abgeordneten (nur beratende Funktion); parteipolitische Zusammensetzung: CDU/CSU: 27, SPD: 27, FDP 5, Zentrum, Deutsche Partei (DP) und KPD: je 2.

Verfassung der
Bundesrepublik
Deutschland

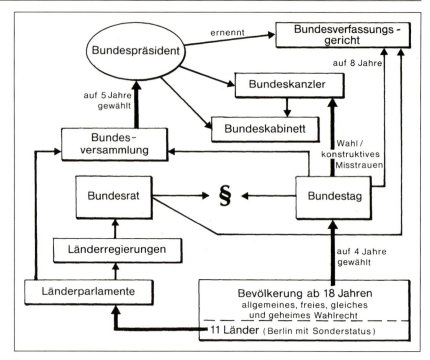

zeichnung des Grundgesetzes durch die Ministerpräsidenten[1] wird die

Gründung der Bundesrepublik Deutschland 23. 5. 1949

vollzogen. Am 14. 8. 1949 wird der erste Bundestag gewählt. Am 15. 9. 1949 wählt er Konrad Adenauer (CDU) zum ersten Kanzler (1949–63). Erster Bundespräsident wird der FDP-Vorsitzende *Professor Theodor Heuss* (1949–59).

Die Verfassung der Bundesrepublik Deutschland

Das Grundgesetz konstituiert eine föderalistische, repräsentative Demokratie. Das vom Volk gewählte Parlament *(Bundestag)* übt zusammen mit dem *Bundesrat,* der Vertretung der Länder, die Legislative aus und kontrolliert die Exekutive *(Bundeskanzler und -kabinett). Das Staatsoberhaupt, der Bundespräsident*, ist weitgehend auf repräsentative Funktionen beschränkt.

Bei der Ausarbeitung des Grundgesetzes spielen die Erfahrungen mit der Weimarer Verfassung (s. Seite 90) eine wesentliche Rolle. Die neue Verfassung soll die Schwachpunkte ausschalten, die zur Instabilität der ersten Republik beigetragen haben. Die wichtigsten Änderungen, die sich aus dieser Intention ergeben, sind:

- Beschränkung der Macht des *Bundespräsidenten:* Er wird nicht direkt vom Volk gewählt, sondern von der *Bundesversammlung,* die nur zu diesem Zweck zusammentritt; er wird nur auf fünf Jahre gewählt; seine Amtszeit ist auf zehn Jahre beschränkt; insgesamt bleibt das Amt – im Gegensatz zu der Machtfülle des Reichspräsidenten – auf vorwiegend repräsentative Funktion begrenzt.

- Die Rolle des *Bundeskanzlers* wird aufgewertet: Er bestimmt die Grundlinien der Politik *(Richtlinienkompetenz)*, ist allein dem Parlament (Bundestag) verantwortlich und kann nur durch das *konstruktive Misstrauensvotum*[2] abgesetzt werden.

- Die Einführung einer *Sperrklausel (5 %-Klausel)* (ab 1953) verhindert, dass Splitterparteien im Bundestag repräsentiert sind, erleichtert die Koalitionsbildung und trägt so zur Stabilität der Exekutive bei.

---

[1] Eine Volksabstimmung zur Legitimierung der Verfassung wird vermieden, da die Bevölkerung der SBZ (Sowjetische Besatzungszone) von der Abstimmung ausgeschlossen wäre.

[2] Im Unterschied zum einfachen Misstrauensvotum muss mit der Abwahl des Kanzlers zugleich die Wahl eines Nachfolgers erfolgen; damit wird die Kontinuität der Regierungsarbeit gewahrt. In der bisherigen Geschichte der Bundesrepublik Deutschland hat es nur einen Regierungswechsel aufgrund eines konstruktiven Misstrauensvotums gegeben, nämlich die Ablösung H. Schmidts (SPD) durch H. Kohl (CDU) im Jahre 1982 (s. Seite 198).

- Parteien und Vereinigungen, deren Zwecke sich gegen die verfassungsmäßige Ordnung richten, sind verboten.
- Das plebiszitäre Element der Weimarer Verfassung wird ausgeschaltet: Weder wird der Präsident direkt vom Volk gewählt noch gibt es die Möglichkeit eines Volksbegehrens.
- Die Grund- und Menschenrechte stehen an zentraler Stelle der Verfassung (Art. 1–17): Sie sind »vorstaatlich« und damit unaufhebbar.
- Einrichtung des Bundesverfassungsgerichts (1951) als oberste Instanz in Verfassungsfragen.

Westintegration und Wiederbewaffnung

Mit der Gründung der Bundesrepublik Deutschland (23. 5. 1949) wird das Besatzungsstatut gemildert, aber nicht aufgehoben. Statt der drei Militärgouverneure übt die Alliierte Hohe Kommission die oberste Gewalt aus. Insbesondere die Außenpolitik und die Kontrolle des wirtschaftlich wichtigen Ruhrgebiets bleiben den Alliierten vorbehalten.

Die Wiedererlangung der Souveränität und die Wiedervereinigung Deutschlands sind deshalb die vorrangigen Ziele der Bundesregierung unter ihrem ersten Kanzler Konrad Adenauer (CDU, 1949–1963).

Adenauers Politik ist dabei von dem Gedanken bestimmt, durch eine Westintegration das Vertrauen der Westmächte und schrittweise die Souveränität zu gewinnen, um dann, aus dieser Position heraus und mit Unterstützung der Westmächte, die Wiedervereinigung anzustreben (»Politik der Stärke«).

Der erste Schritt (abgesehen vom Marshall-Plan 1948, s. Seite 183) auf dem Wege der Westintegration ist das

Petersberger Abkommen   22. 11. 1949,

benannt nach dem Hotel auf dem Petersberg bei Königswinter/Bonn, dem Sitz der Hohen Kommission. Es regelt den Beitritt zur Internationalen Ruhrbehörde (Ruhrstatut vom 28. 4. 1949) und beteiligt damit die Bundesrepublik Deutschland an der Kontrolle der Produktion und Verteilung von Kohle, Koks und Stahl im Ruhrgebiet.

Beitritt zum Europarat   8. 7. 1950,

einer 1949 in Straßburg gegründeten Organisation der europäischen Staaten (s. Seite 189). Adenauer setzt diese Entscheidung gegen erheblichen innenpolitischen Widerstand durch, denn gleichzeitig mit der Bundesrepublik Deutschland tritt auch das Saargebiet dem Europarat bei, womit der Eindruck geweckt wird, als sanktioniere die Bundesrepublik Deutschland die Abtretung des Saargebiets. Die Haltung der französischen Regierung, die von einem Sicherheitsbedürfnis gegenüber Deutschland geprägt ist, stellt ein Problem dar. Ein Schritt zur Überwindung der französischen Vorbehalte ist die Gründung der

Montanunion   1951,

der EGKS[1], die auf Initiative des französischen Außenministers Robert Schuman (Schuman-Plan) einen gemeinsamen Markt in diesem wichtigen wirtschaftlichen Teilbereich vorsieht und einen ersten Schritt zur europäischen Wirtschaftsgemeinschaft darstellt (s. Seite 189). Es gelingt damit, die Ängste des französischen Nachbarn vor einer Wiederaufrüstung (West-)Deutschlands abzubauen und einen Normalisierungsprozess einzuleiten, der zum

Freundschaftsabkommen (Elysée-Vertrag) 1963

führt, durch das Adenauer und de Gaulle die deutsch-französische »Erbfeindschaft« beenden.

Ein Problem der frühen 50er-Jahre ist die militärische Rolle der Bundesrepublik Deutschland im westlichen Bündnis. Die in Jalta und Potsdam (s. Seite 180) festgeschriebene Absicht einer Demilitarisierung

---

Kanzler der Bundesrepublik Deutschland:
1. Konrad Adenauer (CDU) 1949–1963
2. Ludwig Erhard (CDU) 1963–1966
3. Kurt Georg Kiesinger (CDU) 1966–1969
4. Willy Brandt (SPD) 1969–1974
5. Helmut Schmidt (SPD) 1974–1982
6. Helmut Kohl (CDU) 1982–1998
7. Gerhard Schröder (SPD) 1998–

Präsidenten der Bundesrepublik Deutschland:
1. Theodor Heuss (FDP) 1949–1959
2. Heinrich Lübke (CDU) 1959–1969
3. Gustav Heinemann (SPD) 1969–1974
4. Walter Scheel (FDP) 1974–1979
5. Karl Carstens (CDU) 1979–1984
6. Richard v. Weizsäcker (CDU) 1984–1994
7. Roman Herzog (CDU) 1994–1999
8. Johannes Rau (SPD) 1999–

---

[1] Europäische Gemeinschaft für Kohle und Stahl; Gründungsmitglieder sind die Bundesrepublik Deutschland, Frankreich, Belgien, Luxemburg, Italien und die Niederlande (Gemeinschaft der Sechs); das Ruhrstatut vom 28. 4. 1949 wird damit hinfällig.

Deutschlands ist durch die Konfrontation des Ost-West-Konflikts überholt. Vor allem der *Korea-Krieg* (1950–53, s. Seite 137) mit seinen Parallelen zur deutschen Teilung stärkt die Position derer, die eine Wiederbewaffnung Westdeutschlands zum Schutz gegen Expansionsbestrebungen der Sowjetunion in Europa fordern. Dem steht das Sicherheitsbedürfnis Frankreichs entgegen, das – fünf Jahre nach dem Zweiten Weltkrieg! – eine Remilitarisierung Deutschlands nicht akzeptieren will. Eine Kompromisslösung bietet der

Pleven-Plan 24. 10. 1950,

benannt nach dem französischen Ministerpräsidenten René Pleven. Er sieht die Bildung einer **Europäischen Verteidigungsgemeinschaft (EVG)** vor, in deren Rahmen und unter deren Kontrolle die Bundesrepublik Deutschland ihren militärischen Beitrag leisten solle. Adenauer akzeptiert diesen Vorschlag, nutzt aber zugleich die Chance, die Frage nach einem deutschen Verteidigungsbeitrag mit der Forderung nach der Wiedererlangung der deutschen Souveränität zu verknüpfen.

Die Verhandlungen werden auf zwei Ebenen geführt und münden in zwei miteinander verknüpften (Junktim) Verträgen:

- dem *EVG-Vertrag (27. 5. 1952):* Er sieht die Zusammenfassung der Truppen Frankreichs, Italiens, der Benelux-Staaten und der Bundesrepublik Deutschland unter einem gemeinsamen Oberbefehl vor; vom Bundestag am 19. 3. 1953 ratifiziert, scheitert der Vertrag jedoch am Widerstand des französischen Parlaments, das den mit der EVG vebundenen Souveränitätsverzicht nicht hinnehmen will (30. 8. 1954).
- dem **Deutschlandvertrag (26. 5. 1952):** Er garantiert der Bundesrepublik Deutschland weit gehende Souveränität, allerdings unter Einbeziehung der sog. Besatzungsvorbehalte (»Rechte und Verantwortlichkeit der drei Mächte in Bezug auf Berlin und auf Deutschland als Ganzes«); ein wesentlicher Punkt des Vertrages ist auch die Verpflichtung aller Unterzeichnerstaaten auf das Ziel der Wiedervereinigung Deutschlands; der Vertrag tritt – wegen des Scheiterns der EVG – erst am 5. 5. 1955 in Kraft.

Das Scheitern der EVG-Pläne führt zu neuen Verhandlungen zwischen der Regierung Adenauer und den Westmächten, die einen Verteidigungsbeitrag der Bundesrepublik Deutschland wollen. Die

Pariser Verträge 23. 10. 1954

sehen eine Lösung des Problems im Rahmen der NATO vor:

- Die Bundesrepublik Deutschland tritt, zusammen mit Italien, dem *Brüsseler Pakt* bei (s. Seite 185) (der damit zur Westeuropäischen Union (WEU) erweitert wird) und wird, wie die Brüsseler Paktstaaten, Mitglied der NATO
- Mit der Aufnahme in die NATO ist die Annahme des *Deutschlandvertrages* (s. o.) verknüpft
- Der Streit mit Frankreich um das Saarstatut (s. Seite 182) wird beigelegt: Die Bevölkerung des Saargebietes entscheidet sich in einer Volksabstimmung (23. 10. 1955) für die Eingliederung des Saarlandes in die Bundesrepublik Deutschland (1. 1. 1957)

Der 5. 5. 1955, der Tag, an dem die Pariser Verträge in Kraft treten, ist für die Bundesrepublik Deutschland ein Datum von entscheidender Bedeutung. Mit diesem Tag

- ist die Westintegration der Bundesrepublik Deutschland abgeschlossen
- beginnt die Wiederbewaffnung, der Aufbau der *Bundeswehr* im Rahmen der NATO
- erlangt die Bundesrepublik Deutschland weit gehende Souveränität.

Europäische Integration

Der Zweite Weltkrieg hat vor Augen geführt, welche Folgen nationalstaatliches Hegemoniestreben in einer industrialisierten, mit Vernichtungswaffen ausgestatteten Welt hat. Nach dem Krieg formiert sich deshalb eine *europäische Bewegung,* deren Ziel die Überwindung des Nationalismus und die Schaffung eines Vereinigten Europas ist. Die Bewegung knüpft an Vorstellungen an, die bereits zwischen dem 1. und 2. Weltkrieg entwickelt wurden (z. B. von Stresemann und Briand, s. Seite 100).

Die europäische Bewegung, die vor dem Hintergrund des sich anbahnenden Ost-West-Dualismus die Rolle einer *dritten Kraft* übernehmen will, gerät immer wieder in Konflikt mit den nationalstaatlichen Interessen und Egoismen (z. B. Scheitern der EVG, s. o.), erzielt aber wirtschaftliche Erfolge. Die heutige *Europäische Union (EU)* ist Ergebnis dieser Bewegung.

Für die Bundesrepublik Deutschland, die inzwischen eine führende Rolle in der EU spielt, ist der europäische Einigungsprozess anfangs vor allem ein Mittel, die Isolierung zu überwinden und einen Platz in der europäischen Staatenwelt zu gewinnen.

Die wichtigsten Stationen der europäischen Integration sind:

- die *OEEC* (Organization for European Economic Cooperation, 1948): Sie ist für die Verwaltung der Marshall-Plan-Gelder zuständig

- der *Europarat,* 1949 von 10 Staaten gegründete Organisation mit Sitz in Straßburg; derzeit 25 Mitglieder (Beitritt der Bundesrepublik Deutschland am 8.7.1950); mit ständigem Sekretariat, regelmäßigen Außenministertreffen und einer beratenden Versammlung aus Mitgliedern der Nationalparlamente; wichtige Unterorganisationen sind die *Menschenrechtskommission* und der *Europäische Gerichtshof für Menschenrechte*
- die *Montanunion* (Europäische Gemeinschaft für Kohle und Stahl, EGKS, 1951) (s. Seite 187)
- die mit den *Römischen Verträgen (25.3.1957)* gegründete *Europäische Wirtschaftsgemeinschaft (EWG)* und *Europäische Atomgemeinschaft (Euratom)*
- der deutsch-französische Freundschaftsvertrag (Elysée-Vertrag, 1963)
- die Zusammenfassung von EGKS, EWG und Euratom zur *Europäischen Gemeinschaft (EG) (1967)*
- der Beitritt Großbritanniens, Irlands, Dänemarks (1973), Griechenlands (1981), Spaniens und Portugals (1986) zur EG
- die Direktwahlen zum Europäischen Parlament (ab 1979) und die Schaffung des Europäischen Währungssystems (EWS) (1979) mit der European Currency Unit (ECU) als gemeinsamer Währungseinheit
- die Entscheidung (Einheitliche Europäische Akte, 1987) für die Schaffung des europäischen Binnenmarktes (ab. 1.1.1993)
- der **Vertrag über die Europäische Union** (sog. *Maastricht-Vertrag)* vom Dezember 1991. Ziel des Vertrages ist die Weiterentwicklung der europäischen Gemeinschaft zur europäischen Union mit gemeinsamer Währung, Außenpolitik und Unionsbürgerschaft. Die Umsetzung des weit reichenden Vertrages erfolgt in mehreren Stufen. Erste Voraussetzung ist seine Ratifizierung durch die Parlamente der Mitgliedstaaten. Dazu sind in einigen Ländern Volksabstimmungen erforderlich, die z.T. nur knappe Mehrheiten erbringen (Frankreich 51,05%; die dänische Bevölkerung entscheidet am 2.6.1992 erst gegen den Unionsvertrag, stimmt erst am 18.5.1993 mit 56,8% für ihn). Nach der Ratifizierung durch alle zwölf Mitgliedstaaten tritt der Vertrag am 1.11.1993 in Kraft.
- Am 1.1.1994 bilden die 12 EU-Staaten und 6 der 7 EFTA-Staaten (die Schweiz entscheidet sich in einer Volksabstimmung 1991 gegen die Teilnahme) den Europäischen Wirtschaftsraum (EWR) mit freiem Binnenmarkt. Die EFTA-Staaten **Österreich, Finnland und Schweden** treten zum **1.1.1995** der Europäischen Union bei. Norwegen entscheidet sich in einer Volksabstimmung im November 1994 gegen den Beitritt. Mit den östlichen Staaten Polen, Slowakei und Tschechien, Ungarn, Rumänien und Bulgarien werden 1993 sog. Assoziierungsabkommen getroffen. 1995 folgen auch Estland, Litauen und Lettland. Ebenfalls am 1.1.1994 wird das *Europäische Währungsinstitut* (EWI) als Vorläufer der späteren *Europäischen Zentralbank* (EZB) gegründet. Im Dezember 1995 einigt sich der Europäische Rat auf den Namen der einzuführenden gemeinsamen Währung: »Euro« (Untereinheit: »Cent«).
- Die Einführung des Euro wird an bestimmte **Stabilitätskriterien (Konvergenzkriterien)** gebunden. So darf zum Beispiel die Inflationsrate nicht höher als 1,5% über der durchschnittlichen Teuerungsrate der drei stabilsten Mitglieder liegen, Staatsverschuldung und Budgetdefizit dürfen 60 bzw. 3% des Bruttoinlandprodukts nicht überschreiten. Die Einhaltung dieser Kriterien erweist sich als problematisch und erfordert drastische Sparprogramme in den beitrittswilligen Staaten.
- Elf EU-Staaten, die die Beitrittskriterien erfüllen (Belgien, Deutschland, Finnland, Frankreich, Italien, Irland, Luxemburg, Niederlande, Österreich, Portugal und Spanien), führen den **Euro** als gemeinsame Währung ein (vorerst nur im bargeldlosen Zahlungsverkehr). Die Verantwortung für die Geldpolitik wird der neu gegründeten *Europäischen Zentralbank (EZB)* übertragen.
- Ab dem 1.1.2002 ersetzt der Euro in den genannten Staaten und in Griechenland (Beitritt am 1.1.2001) die jeweilige Nationalwährung.
- Seit 1998 werden Verhandlungen mit zahlreichen Staaten, vor allem in Ost- und Mitteleuropa, geführt, die der EU beitreten wollen.
- Erweiterung der EU zum 1.5.2004 durch zehn neue Mitglieder: Estland, Lettland, Litauen, Polen, Tschechien, Slowakei, Ungarn, Slowenien, Malta und Zypern. Die Aufnahme Bulgariens und Rumäniens ist für 2007 geplant. Mit der Türkei sollen ab 2005 Verhandlungen geführt werden.
- 28.2.2002 bis Juni 2003: Ein Konvent unter Vorsitz des früheren französischen Präsidenten *Valéry Giscard d'Estaing* erarbeitet den Entwurf einer europäischen Verfassung.

Ost- und Deutschlandpolitik der Regierung Adenauer

Die Gründung von zwei deutschen Staaten hat die Teilung Deutschlands als Konsequenz des Kalten Krieges festgeschrieben. Alle Ansätze zur Wiedervereinigung scheitern an denselben Gründen, die schon vor 1949 die Zusammenarbeit der Westalli-

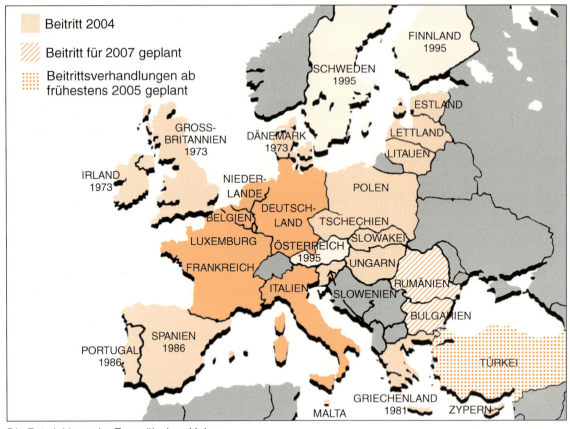

Die Entwicklung der Europäischen Union

ierten mit der sowjetischen Besatzungsmacht unmöglich gemacht haben.

Es wirkt deshalb wie eine Sensation, als Stalin den Gedanken der Wiedervereinigung wieder aufnimmt und in mehreren Noten *(Deutschland- bzw. Stalinnoten, ab März 1952)* weit reichende Angebote unterbreitet:

- Wiederherstellung der deutschen Einheit (Oder-Neiße-Grenze) unter einer demokratischen Regierung
- Abzug aller Besatzungstruppen
- Aufbau eigener Streitkräfte zur Landesverteidigung
- Neutralität Deutschlands

Der historische Zusammenhang, in dem die Noten zu sehen sind, lässt jedoch viele Politiker, insbesondere Adenauer, mit Skepsis reagieren:

- Das Angebot Stalins erfolgt ausgerechnet in der Phase, in der sich ein Erfolg der EVG-Verhandlungen (s. Seite 188) anbahnt. Es erscheint deshalb als Versuch, die Westintegration der Bundesrepublik Deutschland zu verhindern.

- Ein neutrales Deutschland würde so schwach sein, dass es sich sowjetischem Druck und Einfluss nicht entziehen könnte.

Die Beurteilung von Stalins Angebot als Versuch, auch Westdeutschland seinem Machtbereich einzuverleiben, bringt die Stalin-Offensive im September 1952 zum Scheitern.

Die Gegner dieser Politik (SPD und linke Gruppierungen) werfen Adenauer vor, mit der Ablehnung des Stalin-Angebots die Chance zur Wiedervereinigung leichtfertig vertan zu haben.

Auf die Unterzeichnung von EVG-Vertrag und Deutschlandvertrag reagiert die Regierung der DDR mit der Abriegelung der Grenze nach Westdeutschland und mit dem Programm zum »planmäßigen Aufbau des Sozialismus« (s. Seite 200).

Bundesregierung und Westmächte beharren auf der Forderung nach Wiedervereinigung und der These von der Unrechtmäßigkeit der DDR-Regierung (was sich sprachlich in den Anführungszeichen (»DDR«) oder der Formulierung von der »so genannten DDR« niederschlägt). Dieser Auffassung entspricht die

Hallstein-Doktrin[1] 1955,

die den *Alleinvertretungsanspruch* der Bundesrepublik Deutschland für das gesamte deutsche Volk postuliert und von daher diplomatische Beziehungen zu Staaten, die die DDR anerkennen, untersagt. Eine Ausnahme bildet die UdSSR, zu der die Bundesrepublik Deutschland 1955 diplomatische Beziehungen aufnimmt, um die seit 10 Jahren in der Sowjetunion festgehaltenen Kriegsgefangenen freizubekommen.

Dagegen stellt die UdSSR die *Zwei-Staaten-Theorie*, also die These von der Existenz zweier gleichrangiger, souveräner Staaten in Deutschland. Mit dem

Berlin-Ultimatum 27.11.1958

versucht Chruschtschow, die Westmächte unter Druck zu setzen. Er fordert die Aufhebung des Viermächtestatus und die Einbeziehung Berlins in die DDR, zumindest aber die Umwandlung Westberlins in eine freie, entmilitarisierte Stadt. Die Westmächte weisen das Ultimatum zurück, worauf Chruschtschow mit Verhandlungsangeboten ähnlich denen der Stalinnote von 1952 reagiert. Auf der *Genfer Außenministerkonferenz (11.5.–5.8.1959)* werden diese Vorschläge diskutiert, ohne dass Ergebnisse erzielt würden. – Die Krise um Berlin schwelt weiter.

Im Bundestag vertretene Parteien 1949-1990[1]									
	KPD	SPD	FDP		CDU/CSU	DP	Z	BP	*DRP Sonstige
14.8.1949	5,7% 15 S.	29,2% 131 S.	11,9% 52 S.		31% 139 S.	4% 17	3,1 10	4,2 17	9,1% 1,8 16 S. 5
6.9.1953		28,8% 151 S.	9,5% 48 S.		45,2% 243 S.	0,8 3 S.	3,3 15		GB/BHE 5,9 6,5% 27 S. —
15.9.1957		31,8% 169 S.	7,7% 41 S.		50,2% 270 S.	3,4 17			6,9% —
17.9.1961		36,2% 190 S.	12,8% 67 S.		45,3% 242 S.				5,7%
19.9.1965		39,3% 202 S.	9,5% 49 S.		47,6% 245 S.				3,6
28.9.1969		42,7% 224 S.	5,8% 30 S.		46,1% 242 S.				5,4% —
19.11.1972		45,8% 230 S.	8,4% 41 S.		44,9% 225 S.				0,9
3.10.1976		42,6% 214 S.	7,9% 39 S.		48,6% 243 S.				0,9
5.10.1980		42,9% 218 S.	10,6% 53 S.		44,5% 226 S				2 —
6.3.1983	Grüne 5,6% 27 S.	38,2% 193 S.	7% 34 S.		48,8% 244 S.				0,4
25.1.1987	8,3% 42 S.	37% 186 S.	9,1% 46 S.		44,3% 223 S.				1,3
2.12.1990 gesamtdeutsch	2,4 5,1% 17 S. PDS Bd. 90/Grüne	33,5% 239 S.	11% 79 S.		43,8% 319 S.				4,2% —

* BP: Bayernpartei; DRP: Deutsche Reichspartei; PDS: Partei des Demokratischen Sozialismus
[1] Zu den Bundestagswahlen ab 1990 s. Seite 209.

---

[1] Benannt nach *Walter Hallstein,* 1951–58 Staatssekretär im Auswärtigen Amt.

Mit der zunehmenden Abschottung der DDR setzt eine Fluchtbewegung ein, die für die politische und wirtschaftliche Entwicklung der DDR verheerende Folgen hat (s. Seite 201). Darum lässt die SED-Führung durch den

Bau der Berliner Mauer 13. 8. 1961

den Ostsektor systematisch abriegeln (s. Seite 201 f.).

Die USA, seit dem 20. 1. 1961 unter der Präsidentschaft *John F. Kennedys* (22. 11. 1963 ermordet), akzeptieren schließlich die Abgrenzungsmaßnahme. Für die USA bildete die Berlin-Krise einen ständigen Gefahrenherd, der sie im Falle einer Eskalation (etwa durch einen Aufstand in der DDR) doch in einen militärischen Konflikt mit der Sowjetunion verwickeln könnte. Kennedy signalisiert deshalb in seinen »drei essentials« (25. 7. 1961), dass die USA zwar auf dem Erhalt der Lebensfähigkeit Westberlins und auf der Stationierung westalliierter Truppen bestehen, aber bereit sind, den Vier-Mächte-Status stillschweigend aufzugeben und den Ostsektor dem sowjetischen Einflussgebiet zu überlassen. Entgegen der offiziellen Rhetorik (Kennedy: »Ich bin ein Berliner«) anerkennen die USA – wie schon beim DDR-Aufstand am 17. Juni 1953 und beim Ungarnaufstand 1956 – de facto den Status quo in Europa.

Die innenpolitische Entwicklung unter Adenauer

Die Anfangsphase der Bundesrepublik Deutschland ist durch die Persönlichkeit Adenauers geprägt, der über eine lange, noch in die wilhelminische Epoche hineinreichende politische Erfahrung verfügt. Am 15. 9. 1949 wird er mit 73 Jahren zum ersten Kanzler der Bundesrepublik gewählt. Er ist zugleich Bundesvorsitzender der CDU (1950–1966) und ist von 1951 bis 1955 auch Außenminister.

Seine Regierung stützt sich anfangs auf eine Koalition der Christlich-Demokratischen Union (CDU) und ihrer bayrischen Schwesterpartei, der Christlich-Sozialen Union (CSU), mit den Freien Demokraten (FDP) und der Deutschen Partei (DP). Nach den Bundestagswahlen von 1953 verfügt diese Koalition, ergänzt durch den GB/BHE (Gesamtdeutscher Block/Bund der Heimatvertriebenen und Entrechteten), sogar über die Zweidrittelmehrheit.

Nach dem Ausscheiden des GB/BHE und der Spaltung der FDP (in FDP und Freie Volkspartei/FVP) bleibt ab 1957 nur die Deutsche Partei in der Koalition (1961 mit dem GB/BHE zur Gesamtdeutschen Partei (GDP/BHE) vereinigt). Das Parteienspektrum vereinfacht sich auch durch die Einführung der Fünfprozentklausel (1953) und durch die Verbote der rechtsextremen *Sozialistischen Reichspartei* (1952) und der *Kommunistischen Partei Deutschlands* (1956). Seit dem 1. 7. 1960 regieren CDU und CSU, die bei den Wahlen 1957 die absolute Mehrheit (50,2 %) erzielt haben, zeitweise allein, von 1961 bis 1966 dann im Bündnis mit der FDP.

In der Anfangszeit der Republik stehen die wirtschaftlichen und die außenpolitischen Fragen im Vordergrund:

- Wirtschaftspolitisch sind die Weichen durch die Entscheidung für die soziale Marktwirtschaft gestellt (s. Seite 183). Auf dieser Grundlage, begünstigt durch die Marshall-Plan-Hilfe (s. Seite 183), entwickelt sich die Wirtschaft gut und der Wiederaufbau gelingt schneller als erwartet. Das so genannte *Wirtschaftswunder* ermöglicht die Eingliederung der ca. 10 Millionen Flüchtlinge und Vertriebenen aus den deutschen Ostgebieten. Es ermöglicht auch wichtige soziale Leistungen, vor allem den *sozialen Wohnungsbau*, den *Lastenausgleich* (Ausgleich für Vermögensverluste von Flüchtlingen und Vertriebenen) und die Einführung der *dynamischen Rente* (Koppelung der Renten mit dem Einkommen der Berufstätigen). Die günstige Entwicklung im Wirtschafts- und Sozialbereich ist die wichtigste Ursache für die Wahlerfolge der CDU/CSU.

- Außenpolitisch geht es um die Westintegration, die Wiedererlangung der Souveränität, die Frage eines deutschen Verteidigungsbeitrags und die Wiedervereinigung mit den Deutschen in der DDR (s. Seite 187).

Die außenpolitischen Themen führen zu Kontroversen mit der SPD-Opposition. Sie wirft der Adenauer-Regierung vor, durch einseitige Westbindung die Wiedervereinigung Deutschlands zu verhindern. Sie ist vor allem auch gegen den Aufbau der Bundeswehr und die

Einführung der allgemeinen Wehrpflicht 1956.

Die Mehrheit der Bevölkerung akzeptiert die Politik der Regierung Adenauer, deren Programm – Sicherheit, Stabilität (»Keine Experimente!«) und »Wohlstand für alle!« – den Bedürfnissen der Menschen gerecht wird. Die Wahlen zum 3. Bundestag am 15. 9. 1957 bringen der CDU/CSU mit 50,2 % die absolute Mehrheit.

Die SPD ist durch den Wahlerfolg der Christdemokraten gezwungen ihre Position zu überdenken. Die Überlegungen finden ihren Niederschlag im

Godesberger Programm 1959,

mit dem die SPD ihre traditionelle Rolle als Arbeiterpartei aufgibt und sich als *Volkspartei* für alle

Wählerschichten öffnet. Das Programm enthält eine Absage an einige marxistische Positionen, insbesondere den Verzicht auf Sozialisierung, und plädiert für Sozialreformen im Rahmen des bestehenden marktwirtschaftlichen Systems. Die von der Adenauer-Regierung getroffenen grundsätzlichen Weichenstellungen – vor allem die Westintegration der Bundesrepublik und deren Vorrang vor der Wiedervereinigung, schließlich auch die allgemeine Wehrpflicht – werden von der SPD als verbindliche Vorgaben anerkannt.

Der Kurswechsel der SPD wird bald darauf durch einen Wechsel in der Führung unterstrichen: Am 25.10.1960 wird *Willy Brandt,* seit 1957 Regierender Bürgermeister von Berlin (West), zum Kanzlerkandidaten der SPD gewählt. 1964, nach dem Tod Erich Ollenhauers, übernimmt er auch den Parteivorsitz.

Bei den vierten Bundestagswahlen am 17.9.1961, die vom Schock über den Bau der Berliner Mauer (s. Seite 201) überschattet sind, bleibt die CDU/CSU stärkste Partei; die SPD erreicht jedoch mit 36,2 % der Stimmen ihr bis dahin bestes Ergebnis. Die FDP unter ihrem Vorsitzenden Erich Mende kann sich mit 12,8 % als »dritte Kraft« fest etablieren, während alle übrigen Parteien an der Fünf-Prozent-Hürde scheitern.

Die Bundestagswahl von 1961 leitet das Ende der Adenauer-Ära ein. Die FDP, die für die Ablösung Adenauers eingetreten ist, stimmt einer Koalition mit der CDU/CSU nur unter der Bedingung zu, dass im Laufe der Legislaturperiode das Kanzleramt auf *Ludwig Erhard* übergeht, den Wirtschaftsminister und populären »Vater des Wirtschaftswunders«. Der Wechsel zu Erhard erscheint umso dringlicher, als sich die Krisensymptome häufen:

- der Mauerbau von 1961 scheint die bisherige Deutschlandpolitik infrage zu stellen
- innenpolitisch führt die *Spiegel-Affäre* (Oktober 1962) – die Verhaftung des »Spiegel«-Herausgebers Rudolf Augstein wegen angeblichen Landesverrats – zu einer Regierungskrise und zum Rücktritt von Verteidigungsminister *Franz-Josef Strauß (CSU)*
- bei den Landtagswahlen in Berlin und Rheinland-Pfalz erleidet die CDU Verluste

In dieser Phase werden aber auch große Erfolge erzielt, insbesondere der Abschluss des *Elysée-Vertrags,* der die deutsch-französische Freundschaft begründet (22.1.1963, s. Seite 187).

Am 15.10.1963 tritt Adenauer zurück und überlässt Ludwig Erhard das Kanzleramt.

Die Regierung Erhard

Auch unter der Erhard-Regierung (17.10.1963 bis 30.11.1966) reißen die Krisen nicht ab.

Eine Rolle spielt hierbei das Wiederaufleben des **Rechtsradikalismus** (Neonazismus) Anfang der 60er-Jahre. In den 50er-Jahren haben die Anforderungen des Wiederaufbaus und das Streben nach Wohlstand im Vordergrund des Interesses gestanden; die nationalsozialistische Vergangenheit ist im Bewusstsein der Bevölkerung in den Hintergrund getreten. Um die Jahreswende 1959/60 kommt es zu Hakenkreuzschmierereien und Schändungen jüdischer Friedhöfe. Bei den Tätern handelt es sich vorwiegend um Jugendliche.

Die nun einsetzende Aufarbeitung der nationalsozialistischen Vergangenheit wird gefördert durch den Prozess gegen *Adolf Eichmann,* den Leiter des Judenreferats im Reichssicherheitshauptamt, das mit der »Endlösung der Judenfrage« (s. Seite 126) befasst gewesen ist. 1961 wird Eichmann von israelischen Agenten aus Argentinien entführt und von einem israelischen Gericht zum Tode verurteilt. 1963–1965 findet in Frankfurt der *Auschwitz-Prozess* statt. Beide Prozesse machen das Ausmaß der von den Nationalsozialisten begangenen Verbrechen der Öffentlichkeit bewusst.

Diese Ereignisse führen auch zur Mobilisierung neonazistischer Kräfte. Die Nationaldemokratische Partei Deutschlands (NPD) wird am 28.11.1964 gegründet. In den Landtagswahlen der folgenden Jahre erreicht die NPD hohe Ergebnisse (bis zu 9,8 %). Bei den Bundestagswahlen scheitert sie an der Fünfprozentklausel.

Eine Abschwächung des Wirtschaftswachstums tritt 1965 ein. Bis dahin hat es ein insgesamt kräftiges, wenn auch in unterschiedlichen Konjunkturzyklen verlaufendes Wirtschaftswachstum mit Vollbeschäftigung gegeben. Um den Bedarf an Arbeitskräften zu decken, wurden seit den frühen 50er-Jahren *Gastarbeiter* geworben (1965 bereits über eine Million).

1965 kommt es zu einer Rezession. Die Zahl der Arbeitslosen steigt von 0,7 % im Jahre 1965 auf 2,1 % im Jahre 1967. Erhards Appelle zum »Maßhalten« der Sozialpartner (Gewerkschaften und Unternehmer) sind unpopulär, Löhne und Preise steigen weiter.

An den Wirtschaftsproblemen zerbricht die CDU/CSU-FDP-Koalition: Als in der Haushaltsdebatte im Herbst 1966 die CDU/CSU entgegen früheren Bekundungen Steuererhöhungen für unumgänglich ansieht, tritt die FDP aus der Regierungskoalition aus. Daraufhin beschließen die Fraktionen von CDU/CSU und SPD die Bildung einer

großen Koalition	1.12.1966,

die, gestützt auf ihre überwältigende parlamentarische Mehrheit, zur Lösung der Probleme am besten geeignet scheint. Die große Koalition ist von Anfang an als Übergangslösung (bis zur Bundestagswahl 1969) gedacht. Neuer Kanzler wird der bisherige Ministerpräsident von Baden-Württemberg, *Kurt Georg Kiesinger (CDU),* Vizekanzler und Außenminister wird *Willy Brandt (SPD).*

Die große Koalition

Ihrer Zielsetzung entsprechend wendet sich die große Koalition der Lösung der wichtigsten Probleme zu:

- Zur Bekämpfung der Rezession wie zur langfristigen Sicherung der wirtschaftlichen Stabilität ergreift die Regierung mit Finanzminister *Strauß* (CSU) und Wirtschaftsminister *Schiller* (SPD) ein Bündel von Maßnahmen. Eine Beratungsrunde von Wissenschaftlern, Politikern, Vertretern der Wirtschaft und der Gewerkschaften, die so genannte

»Konzertierte Aktion«	ab 14.2.1967,

ermöglicht aufeinander abgestimmte und von allen Teilnehmern getragene Entscheidungen. Dazu gehören die Erhöhung der Mehrwertsteuer von 10% auf 11%, eine Ergänzungsabgabe, Einsparungen bei den Bundesausgaben u.a.m. Mit dem Gesetz zur Förderung der Stabilität und des Wachstums der Wirtschaft, dem

Stabilitätsgesetz	14.6.1967,

werden die Voraussetzungen für eine längerfristige Wirtschaftsplanung geschaffen. Es legt fest, dass die Regierung stabilisierend in das Auf und Ab der wirtschaftlichen Prozesse eingreift, indem sie in Phasen des Aufschwungs bremsende (Erhöhung der Steuern, Reduzierung der Investitionen, Zinserhöhung usw.), in Phasen der Rezession fördernde Maßnahmen ergreift (Senkung der Steuern usw.). Das Ziel ist dabei die Harmonisierung der vier wirtschaftlichen Hauptziele: Preisstabilität, angemessenes Wirtschaftswachstum, ausgeglichene Handelsbilanz und hoher Beschäftigungsgrad.

Diese Wirtschaftspolitik beruht im Wesentlichen auf dem Keynesianismus, den Auffassungen des englischen Wirtschaftstheoretikers *John M. Keynes (1883–1946).* Sie zeigt innerhalb kurzer Zeit Erfolge: Investitionen, Außenhandel und Bruttosozialprodukt steigen an; die Zahl der Arbeitslosen, die Anfang 1967 einen Höchststand von fast 700 000 erreicht hat, sinkt in den folgenden drei Jahren auf 150 000.

- Einen weiteren Schwerpunkt bildet die **Notstandsverfassung.** Die Ausarbeitung einer speziellen Gesetzgebung für den Notstand, d.h. für die Situation einer extremen äußeren oder inneren Gefährdung der öffentlichen Sicherheit, geht auf eine Forderung der Alliierten zurück, die sich im Deutschlandvertrag von 1955 (s. Seite 188) für den Notfall Vorbehaltsrechte ausbedungen haben. Die Verabschiedung einer eigenen Notstandsgesetzgebung soll die Souveränität der Bundesrepublik herstellen.

Die Notstandsgesetzgebung sieht im Notfall eine Entmachtung des Parlaments vor. Das stößt auf Kritik. Erste Entwürfe (1960 und 1963) finden keine Mehrheit. Erst mit der großen Koalition wird die erforderliche Zweidrittelmehrheit möglich. Am 28.6.1969 treten die Notstandsgesetze in Kraft.

- Die Deutschland- und Ostpolitik der großen Koalition versucht sich von den Vorgaben der Adenauer-Regierung (Alleinvertretungsanspruch, Hallstein-Doktrin, s. Seite 191) zu lösen, ohne dabei den bundesdeutschen Rechtsstandpunkt aufzugeben. So kommt es etwa 1967 zur Aufnahme diplomatischer Beziehungen zu Rumänien und zu verschiedenen Kontakten mit der DDR. Die Besetzung der Tschechoslowakei durch Truppen der Warschauer-Pakt-Staaten im August 1968 (s. Seite 140) macht eine neue Ostpolitik vorerst zunichte.

Die drei Jahre der großen Koalition sind begleitet von einer **Protestbewegung der Studenten.** Die Studentenunruhen, nach ihrem Höhepunkt 1968 auch als »68er-Bewegung« bezeichnet, haben verschiedene Ursachen:

Sie sind Ausdruck eines in allen westlichen Ländern aufkommenden Jugendprotestes gegen das »Establishment«, die Lebens- und Denkweise der Erwachsenen: gegen bürgerliche Ordnungsvorstellungen, autoritäres Verhalten, sexuelle Beschränkungen usw. Die Revolte findet neue, provozierende Ausdrucksformen in der Musik *(Beat-Generation),* in der äußeren Erscheinung (lange Haare, Bärte), in betont antibürgerlichen Lebensformen (Hippie-Bewegung, Kommunen, Rauschgiftkonsum, freie Liebe, Verherrlichung kommunistischer Idole). Die Universitäten stehen im Zentrum der Revolte.

Das Fehlen einer starken Opposition im Parlament (die FDP verfügt nur über 49 Sitze) liefert der Studentenbewegung die Begründung für ihre

Außerparlamentarische Opposition (APO).

Hauptformen der APO-Bewegung sind Demonstrationen, Sitzstreiks (Sit-in), Besetzung von Hörsälen (Go-in) usw. Ihre Kritik richtet sich gegen autoritäre Universitätsstrukturen, die Notstandsgesetze, die Springer-Presse, gegen den Vietnam-Krieg, die Regierung des Schahs von Persien (s. Seite 165) u. a. m. Theoretische Grundlagen liefern die marxistische Theorie und die »Kritische Theorie« der Frankfurter Schule um Theodor Adorno, Herbert Marcuse und Max Horkheimer, derzufolge der liberale Staat nur eine besonders sublime Form des Unterdrückungsstaates darstelle. Eine Veränderung der Gesellschaft im sozialistischen Sinne wird zum Fernziel der Bewegung.

Höhepunkte erreichen die Ausschreitungen, als am 2. 6. 1967 der Student *Benno Ohnesorg* bei Demonstrationen gegen den Besuch des Schahs von Persien/Iran in Berlin versehentlich von einem Polizisten erschossen wird und am 11. 4. 1968 *Rudi Dutschke,* einer der führenden Köpfe der APO, bei einem Attentat schwer verletzt wird, sowie in Aktionen gegen die Springer-Presse, die die APO kritisiert. Trotz der Eskalation der Gewalt lässt sich die Regierung nicht unter Druck setzen. Nach Verabschiedung der Notstandsgesetze (30. 5. 1968) und mit dem Ende der großen Koalition im Oktober 1969 zerfällt die Bewegung. Es bleibt ein fanatischer Teil der Bewegung, die Baader-Meinhof-Gruppe, aus der sich die Terrororganisation »Rote Armee Fraktion« (RAF) entwickelt.

Die linken Unruhen führen zur Gründung einer neuen kommunistischen Partei am 27. 10. 1968 (nach dem Verbot der KPD 1956), der **Deutschen Kommunistischen Partei (DKP)**. Sie erreicht bei den folgenden Bundestagswahlen nur 0,3 %.

Während der großen Koalition mehren sich Anzeichen für eine Ablösung der CDU/CSU aus der Regierungsverantwortung:

- Die FDP, einzige Oppositionspartei, rückt nach links und signalisiert Bereitschaft zu einer Koalition mit der SPD. Anfang 1968 löst *Walter Scheel*, Repräsentant der neuen Linie, den bisherigen Parteivorsitzenden Erich Mende ab.
- Am 5. 3. 1969 wählt die Bundesversammlung mit einer knappen SPD-FDP-Mehrheit erstmals einen Sozialdemokraten, *Gustav Heinemann,* zum Bundespräsidenten (1969–1974).

Bei der Bundestagswahl 1969 bleibt die CDU/CSU mit 46,1 % zwar stärkste Partei, aber SPD und FDP (zusammen 48,5 %) bilden die Regierung (»Koalition der Verlierer«). Neuer Kanzler wird *Willy Brandt (SPD),* Vizekanzler und Außenminister *Walter Scheel (FDP).*

Die sozialliberale Koalition

Die sozialliberale Koalition verfügt nur über eine dünne Mehrheit von 12 Mandaten. Die CDU/CSU bleibt die stärkste Fraktion im Bundestag und verfügt auch im Bundesrat über eine knappe Mehrheit.

Als im Zusammenhang mit der umstrittenen Ostpolitik mehrere Abgeordnete der FDP zur CDU übertreten, versucht *Rainer Barzel*, Fraktionsvorsitzender und Kanzlerkandidat der CDU/CSU, die sozialliberale Regierung vorzeitig abzulösen. Das

Misstrauensvotum 27. 4. 1972

scheitert jedoch. Um aus der Pattsituation herauszukommen, werden für November 1972 Neuwahlen beschlossen. Diese Wahlen, die mit 91,1 % die höchste Wahlbeteiligung seit Bestehen der Bundesrepublik aufweisen, bringen der SPD/FDP-Koalition eine eindeutige Mehrheit (55,5 %); die SPD wird stärkste Fraktion im Bundestag.

In seiner Regierungserklärung vom 28. 10. 1969 hat Bundeskanzler Brandt die Aufbruchstimmung, von der die sozialliberale Koalition getragen wird, zusammengefasst: »Wir stehen nicht am Ende unserer Demokratie, wir fangen erst richtig an.« Das Regierungsprogramm unter dem Motto »Mehr Demokratie wagen« sieht mehr Mitbestimmung vor. Zu den Maßnahmen zählen:

- die Herabsetzung des aktiven Wahlalters auf 18 Jahre, des passiven auf 21 (1970); 1975 folgt die Festsetzung der Volljährigkeit auf 18 Jahre
- die Verbesserung der betrieblichen Mitbestimmung (Betriebsverfassungsgesetz 1971, Mitbestimmungsgesetz 1976)
- die Bildungsreform. Leitendes Interesse ist die Herstellung von »Chancengleichheit«. Wichtige Maßnahmen in diesem Sinne sind die Einführung der Orientierungsstufe, die Reform der Oberstufe (Sekundarstufe), das Angebot von Gesamtschulen, der Ausbau des Hochschulbereichs, der Ausbau des zweiten Bildungsweges u. a. m. Die Reformen führen zu einem deutlichen Anstieg der Abiturientenzahlen und als Folge zu Zulassungsbeschränkungen (Numerus clausus) an den Universitäten, die den »Studentenberg« nicht bewältigen können. – Die von der SPD-FDP-Regierung im Bildungsbe-

reich getroffenen Änderungen sind bis heute heftig umstritten. Im Schulwesen entwickeln sich durch die Kulturhoheit der Länder erhebliche Unterschiede zwischen CDU- und SPD-regierten Ländern.

Weitere Gesetzesinitiativen sind die Einkommenssteuerreform (1974) mit Einführung eines einheitlichen Kindergeldes, die Refom des Abtreibungsparagraphen (§ 218) und das Scheidungs- und Sexualstrafrecht.

Die zahlreichen kostenintensiven Reformprogramme belasten den Haushalt und führen zu hoher Staatsverschuldung und Geldentwertung. Aus Protest gegen die Finanzpolitik der SPD-FDP-Regierung treten 1971 Finanzminister Möller (SPD), 1972 Wirtschafts- und Finanzminister Schiller (SPD) zurück.

Die Wirtschaftskrise wird verschärft durch die

Ölkrise   **Ende 1973.**

Die OPEC-Staaten[1] erhöhen die Preise für Rohöl. Die Maßnahme steht im Zusammenhang mit dem Jom-Kippur-Krieg 1973 (s. Seite 161). Der Ölpreis wird zum Druckmittel gegen die Israel unterstützenden westlichen Staaten, deren Industrie dadurch empfindlich getroffen wird (*»Ölwaffe«*). Um den Öl- und Benzinverbrauch einzuschränken, verhängt die Bundesregierung an vier Sonntagen im November und Dezember 1973 ein allgemeines Fahrverbot.

Der Ölschock führt zur Einsicht in die Abhängigkeit der Industriestaaten vom Erdöl und seinen Besitzern. Eine entsprechende Dokumentation des »Club of Rome«, *Grenzen des Wachstums,* ist schon 1972 veröffentlicht worden.

Die Wirtschaftskrise macht die Aufbruchsstimmung, von der die Regierung Brandt bis dahin getragen worden ist, zunichte. Brandt resigniert, als einer seiner engsten Mitarbeiter, Günter Guillaume, als Agent des Staatssicherheitsdienstes (Stasi) der DDR entlarvt wird. Nach dem

Rücktritt Willy Brandts   **6. 5. 1974**

tritt am 16.5.1974 *Helmut Schmidt,* der seit 1972 das Finanz- und Wirtschaftsministerium leitet, dessen Nachfolge an. Der pragmatische »Macher« Schmidt leitet eine Tendenzwende ein: Die »Reformeuphorie« verebbt; Politik wird zunehmend zum Krisenmanagement.

Zentrales Thema bleiben die wirtschaftlichen Probleme. Mehrere kostspielige Konjunkturprogramme bringen keine Wende der wirtschaftlichen Talfahrt. Auch die Erhöhung der Mehrwertsteuer auf 13 % und Sparmaßnahmen wie Personalabbau und Beförderungsstopp im öffentlichen Dienst können die Staatsverschuldung nicht ausgleichen. Die Zahl der Arbeitslosen überschreitet 1975 die Millionengrenze.

In den 70er-Jahren entwickelt sich der **Terrorismus** der »Rote Armee Fraktion« (RAF), der »Bewegung 2. Juni« (nach dem Todestag Benno Ohnesorgs, s. Seite 195) und anderer linksextremistischer Gruppierungen. Er hat seine Wurzeln in der 68er-Bewegung (s. Seite 194): Am Anfang steht die »Gewalt gegen Sachen«, etwa die Brandstiftung in Kaufhäusern, bald darauf folgt die Gewalt gegen Menschen: Anschläge auf führende Vertreter des »Systems«, etwa die Ermordung des Berliner Kammergerichtspräsidenten *Günter Drenkmann* (Nov. 1974), die Entführung des Berliner CDU-Vorsitzenden *Peter Lorenz* (Febr. 1975) zur Freipressung inhaftierter Terroristen, der Anschlag auf die deutsche Botschaft in Stockholm (April 1975), die Ermordung des Generalbundesanwalts *Siegfried Buback* (April 1977) und des Bankiers *Jürgen Ponto* (Juli 1977), die Entführung und spätere Ermordung des Arbeitgeberpräsidenten *Hans Martin Schleyer* (Sept. 1977) und die Kaperung eines Flugzeugs mit Urlaubern durch palästinensische Terroristen zur Freipressung verhafteter RAF-Mitglieder.

Der aus Mitgliedern aller Parteien gebildete Große Krisenstab weigert sich, den Erpressungsversuchen der Geiselnehmer nachzugeben. Die Flugzeugentführer werden am 17.10.1977 von einer Spezialeinheit des Bundesgrenzschutzes auf dem Flughafen von Mogadischu (Somalia) überwältigt. Führende Vertreter der RAF (Baader, Enßlin, Raspe) begehen daraufhin im Gefängnis Selbstmord. Auch danach kommt es immer wieder zu Sprengstoffanschlägen und u. a. zur Ermordung des Ministerialbeamten *von Braunmühl,* Okt. 1986, des Bankiers *Alfred Herrhausen,* Nov. 1989, des Präsidenten der Treuhandanstalt *Karsten Rohwedder,* April 1991. 1990 stellt sich heraus, dass die bundesdeutschen Terroristen vom Staatssicherheitsdienst der DDR unterstützt worden sind und teilweise die Möglichkeit erhalten haben, in der DDR unterzutauchen.

In den 70er-Jahren gewinnt die **Umweltbewegung** an Boden, die sich in Bürgerinitiativen organisiert. Sie wendet sich gegen den Bau von Kernkraftwerken, der nach dem Ölschock 1973 (siehe oben) forciert worden ist. Störfälle in Atomkraftwerken (etwa 1979 in *Harrisburg, USA*) und vor allem die *Katastrophe von Tschernobyl (Ukraine)* 1986 geben dieser Bewegung Auftrieb.

Die Umweltbewegung wendet sich auch gegen Luft- und Wasserverschmutzung, Waldsterben,

---

[1] OPEC: Organization of the Petroleum Exporting Countries (Zusammenschluss der Erdöl exportierenden Staaten, seit 1960).

Deutsche Geschichte nach 1945

Überhandnehmen des Straßenverkehrs und ähnliche Probleme. Als Sammelbecken dieser Bewegungen bildet sich 1979/80 die **Partei der Grünen**. Bei den Bundestagswahlen überspringt sie erstmals 1983 die Fünf-Prozent-Hürde (5,6 %) und etabliert sich in der Folgezeit als vierte Partei.

Ost- und Deutschlandpolitik der sozialliberalen Koalition

Die Ostpolitik der Adenauer-Zeit – gekennzeichnet durch Hallstein-Doktrin (s. Seite 191), Alleinvertretungsanspruch, Beharren auf den Grenzen von 1937 und die »Politik der Stärke« – blockiert Verhandlungen über praktische Fragen und verschärft die Trennung zwischen Ost und West. Die »neue Ostpolitik« der sozialliberalen Koalition, flankiert von der Entspannungspolitik der Westmächte (s. Seite 144), zielt dagegen auf:

- Normalisierung der Beziehungen zu den Ostblockstaaten
- die Verbesserung der zwischenmenschlichen Beziehungen durch vermehrten Austausch
- die faktische Anerkennung der DDR sowie der Oder-Neiße-Linie als polnischer Westgrenze, ohne jedoch das Ziel der deutschen Einheit aufzugeben und ohne die DDR im völkerrechtlichen Sinne anzuerkennen. Willy Brandt: Die zwei Staaten in Deutschland seien »füreinander nicht Ausland«, ihre Beziehung könne »nur von besonderer Art sein«.

Die neue Ostpolitik – innenpolitisch umstritten und von der CDU/CSU-Opposition sowie den Vertriebenenverbänden bekämpft (»Ausverkauf Deutschlands«) – führt zum Abschluss einer Reihe von Verträgen *(Ostverträge)*, die die Beziehungen zum Ostblock auf eine neue Ebene stellen.

Zwischen 1970 und 1973 werden folgende Verträge geschlossen:

Moskauer Vertrag   12. 8. 1970

- Entwicklung friedlicher Beziehungen
- Gewaltverzicht
- Anerkennung der bestehenden Grenzen (einschließlich der Oder-Neiße-Linie)
- In einem separaten *Brief zur deutschen Einheit*, der von der UdSSR widerspruchslos entgegengenommen wird und damit Bestandteil des Vertrages ist, stellt die Bundesregierung klar, dass das übergeordnete Ziel, auf *friedlichem* Wege die deutsche Einheit anzustreben, von diesem Vertrag nicht berührt ist (»auf einen Zustand des Friedens in Europa hinzuwirken, in dem das deutsche Volk in freier Selbstbestimmung seine Freiheit wiedererlangt«)

Warschauer Vertrag   7. 12. 1970

- Unverletzlichkeit der Grenzen (Oder-Neiße); der Verzicht auf die deutschen Ostgebiete gilt nur für die Bundesregierung, die nicht für ein wiedervereinigtes Deutschland sprechen kann[1]
- Gewaltverzicht
- Normalisierung der Beziehungen
- wirtschaftlicher, wissenschaftlicher und kultureller Austausch
- Familienzusammenführung

Viermächteabkommen über Berlin   3. 9. 1971

- Beibehaltung der Viermächte-Verantwortung für Berlin
- Vereinfachung des Transitverkehrs (Transitabkommen, 17. 12. 1971)
- Bindung Westberlins an die Bundesrepublik Deutschland, aber *nicht* als »Bestandteil (konstitutiver Teil) der Bundesrepublik«
- Erleichterung der Besuchsregelungen, Verbesserung der Telefonverbindungen

Verkehrsvertrag mit der DDR   17. 10. 1972

Im Unterschied zum Transitabkommen, das im Auftrag der Alliierten geschlossen wird, ist der Verkehrsvertrag das erste zwischen den beiden Staaten in Deutschland selbst getroffene Abkommen: Es regelt Fragen der Verkehrsverbindungen und bringt leichte Lockerungen der Reisesperre für DDR-Bürger.

Grundlagenvertrag mit der DDR   21. 12. 1972

- Unverletzlichkeit der Grenzen
- Gewaltverzicht
- Gleichberechtigung der DDR (damit ist die Hallstein-Doktrin, s. Seite 191, aufgegeben)
- wechselseitige Vertretungen, jedoch nicht im Rang von Botschaften
- Anträge beider Seiten zur Aufnahme in die UNO
- Normalisierung der Beziehungen in »praktischen und humanitären Fragen« (wirtschaftliche Beziehungen, Kulturaustausch, Reiseerleichterungen usw.)
- im *Brief zur deutschen Einheit* wird am Ziel der Selbstbestimmung und der friedlichen Wiedervereinigung festgehalten

---

[1] Zur definitiven Anerkennung der polnischen Westgrenze am 14. 11. 1990 und 17. 6. 1991 s. Seite 206.

Prager Vertrag 11.12.1973

- Gewaltverzicht, Unverletzlichkeit der Grenzen
- Annullierung des Münchener Abkommens über das Sudetenland (1938, s. Seite 122)

Mit den Ostverträgen setzt eine gewisse Entspannung ein, die auch durch die 1973 beginnenden KSZE-Verhandlungen in Helsinki (s. Seite 144) und die Entspannungsansätze im Ost-West-Konflikt (s. Seite 143 f.) gefördert wird.

Die Regierung Kohl

Widerstrebend schwenkt die CDU/CSU im Lauf der 70er-Jahre auf den neuen ost- und deutschlandpolitischen Kurs der Regierung ein. Strauß: »Pacta sunt servanda« (Verträge sind einzuhalten). Gegensätze zur SPD-FDP-Regierung bleiben im sozialpolitischen Bereich und in der Wirtschaftspolitik bestehen. In verschiedenen Landtagswahlen erzielt die CDU Erfolge. 1979 wird *Karl Carstens* (CDU) zum neuen Bundespräsidenten gewählt. Bei der Bundestagswahl 1980 erhalten SPD und FDP jedoch erneut eine Mehrheit (53,5 %). Die CDU/CSU erzielt mit 44,5 % ihr bis dahin schlechtestes Ergebnis.

Dieser Wahlerfolg der SPD-FDP-Koalition, der nicht zuletzt auf den umstrittenen Kanzlerkandidaten der CDU/CSU, *Franz-Josef Strauß,* zurückzuführen ist, kann deren Brüchigkeit aber nicht verdecken. Die Vorstellungen zur Bekämpfung der Wirtschaftskrise sind gegensätzlich. Die SPD will weitere Konjunkturprogramme und eine Ergänzungsabgabe für höhere Einkommen einsetzen, die FDP ist für Einsparungen im Sozialbereich und eine unternehmerfreundlichere Politik, um die Leistungsfähigkeit der Industrie zu verbessern. Ein Memorandum des FDP-Wirtschaftsministers *Otto Graf Lambsdorff* (9.9.1982) formuliert die Unterschiede und leitet damit den Bruch der Koalition ein. Nach dem Rücktritt ihrer Minister am 17.9.1982 vollzieht die FDP trotz innerparteilicher Widerstände unter der Führung Genschers und Lambsdorffs den Wechsel zur CDU. Bundeskanzler *Helmut Schmidt* (SPD) wird über ein

konstruktives Misstrauensvotum 1.10.1982

gestürzt. Der CDU-Vorsitzende *Helmut Kohl* wird zum neuen Bundeskanzler gewählt. Bei den vorgezogenen Neuwahlen zum Bundestag am 6.3.1983 erhält die neue Regierungskoalition eine klare Bestätigung durch den Wähler (CDU/CSU: 48,8 %; FDP: 7,0 %).

Die Regierung Kohl tritt mit dem Anspruch auf, eine grundlegende »Wende« zu vollziehen. Diesem Anspruch scheint sie anfangs auch gerecht zu werden: Wachsende Investitionsbereitschaft der Industrie und Einschränkung der Neuverschuldung, Steuer-, Renten- und Gesundheitsreform werden in Angriff genommen. Das Problem der Arbeitslosigkeit bleibt jedoch bestehen.

Belastend wirken sich einige persönliche Affären von Politikern der Koalition aus:

- Rücktritt des Wirtschaftsministers Lambsdorff (FDP) und des Bundestagspräsidenten Barzel (CDU) wegen der *Spendenaffäre* 1983/84
- die Affäre um den Wahlkampf des Ministerpräsidenten von Schleswig-Holstein, *Uwe Barschel* (CDU)

Bei der Bundestagswahl am 25.1.1987 erzielt die CDU/CSU mit 44,3 % ihr schlechtestes Ergebnis seit 1949. Auch in den Landtagswahlen der Zeit von 1983 bis 1988 spiegelt sich der Abwärtstrend der christlich-liberalen Koalition wider.

Helmut Kohl gewinnt neues Ansehen durch die Erfolge der Wirtschaftspolitik ab 1987 und durch das Abkommen mit Gorbatschow (s. Seite 206), das den Weg zur deutschen Wiedervereinigung öffnet. Die Regierung Kohl hat diese Chance genutzt. Als »Kanzler der deutschen Einheit« wird Kohl bei den ersten gesamtdeutschen Wahlen am 2.12.1990 in seinem Amt bestätigt (s. weiter Seite 207 ff.: Deutschland nach der Wiedervereinigung).

Die Deutsche Demokratische Republik

Die Gründung der DDR

Die Sowjetische Militäradministration (SMAD) betreibt die Einbindung der SBZ in den Kreis der sowjetischen Satellitenstaaten (der »Volksdemokratien«). Die Staatsgründung erfolgt ohne demokratische Legitimation. Die für Oktober 1949 vorgesehenen Landtags- und Gemeindewahlen, bei denen eine klare Niederlage der SED abzusehen ist, werden abgesagt. Stattdessen greifen SMAD und SED auf die sog. *Volkskongresse* zurück, die 1947 ins Leben gerufen worden sind und ein Vorparlament darstellen sollen. Die Teilnehmer an den Volkskongressen sind nicht demokratisch legitimiert, sondern von SMAD und SED ausgewählt.

Der *Deutsche Volksrat,* das oberste Organ des Volkskongresses, entwirft eine Verfassung, die auf ein totalitäres System nach sowjetischem Vorbild abzielt, jedoch das Einparteiensystem durch ein – in der Wirkung gleiches – *Blocksystem* ersetzt. Art. 6 des Verfassungsentwurfs ermöglicht die strafrechtliche Verfolgung jeder Opposition: »Boykotthetze gegen demokratische Einrichtungen und Organisationen sind Verbrechen im Sinne des Strafgesetzbuches.« Am 7.10.1949 erklärt sich der Deutsche Volksrat zur *Provisorischen Volkskammer* und proklamiert die

Deutsche Demokratische Republik 7.10.1949.

Am 11.10.1949 wählt sie Wilhelm Pieck (SED, früher KPD) zum Staatspräsidenten, am 12.10.1949 Otto Grotewohl (SED, früher SPD) zum Ministerpräsidenten. Damit ist die staatliche Teilung Deutschlands, die sich unter den Rahmenbedingungen des eskalierenden Ost-West-Konfliktes seit 1946 angekündigt hat, vollzogen.

Die am 7.10.1949 in Kraft getretene Verfassung schreibt – nach außen hin demokratisch – »allgemeine, unmittelbare und geheime Wahlen« vor, legt formal fest, dass »die im öffentlichen Dienst Tätigen Diener der Gesamtheit und nicht einer Partei« sind und garantiert verbal Rede-, Presse-, Versammlungs- und Religionsfreiheit, Wahrung des Postgeheimnisses und Schutz des Eigentums. Das steht im krassen Gegensatz zur ausgeübten Praxis: Statt freier Wahlen gibt es in Zukunft nur die Möglichkeit, einer *Einheitsliste* der so genannten *Nationalen Front* zuzustimmen. Nach einem festgelegten Verteilungsschlüssel erhalten SED, Blockparteien und Massenorganisationen eine bestimmte Zahl von Sitzen in der Volkskammer. Die Wahlkabinen dürfen nicht benutzt werden, die Stimmen sollen »offen und ehrlich« als »Bekenntnis zum Frieden« abgegeben werden. Proteste gegen diese Manipulierung gelten als »Boykotthetze« und sind damit strafbar. Der überwiegende Teil der Bevölkerung ordnet sich unter, weil sonst berufliche und persönliche Repressalien drohen. Durch Betrug werden ungünstige Ergebnisse »korrigiert«, sodass die grotesken Wahlergebnisse um 99% zustande kommen. Der Wähler geht zum »Zettelfalten«.

Die Volkskammer, laut Verfassung das höchste Organ der DDR, ist in Wirklichkeit nur ein Zustimmungsgremium. Sie tritt nur selten zusammen, um (fast immer einstimmig) die Gesetzesvorlagen zu bestätigen.

Die tatsächliche Macht geht von der SED aus. Nach dem Vorbild der KPdSU wird sie nach dem Prinzip des *demokratischen Zentralismus* organisiert. Das bedeutet, dass die Parteiorgane zwar scheinbar demokratisch von unten nach oben gewählt werden, der Entscheidungsfluss tatsächlich aber zentralistisch von oben nach unten erfolgt. Die unteren Parteiorgane sind an die Weisungen der oberen gebunden. Die SED lenkt durch ihre *Kaderpolitik* (Personalpolitik) alle Bereiche des öffentlichen Lebens. Sie beherrscht den Staatsapparat, die Justiz und die Massenorganisationen. Der Marxismus-Leninismus wird zur herrschenden Ideologie erklärt, oppositionelle Kräfte werden gemaßregelt, verfolgt, ausgeschaltet. Mit dem Gesetz zur Demokratisierung der Schule nimmt die Partei- und Staatsführung ideellen Einfluss auf die Erziehung der Kinder und Jugendlichen; die *Freie Deutsche Jugend (FDJ)* erfasst bis auf Ausnahmen alle Jugendlichen ab 14 Jahren.

Die Ära Ulbricht (1949–1971)
Der Ausbau der SED-Herrschaft

An der Spitze des Zentralkomitees (ZK) der SED steht als Generalsekretär seit 1950 *Walter Ulbricht,* unter dessen Führung sich immer stärker eine Einparteienherrschaft herausbildet.

Innenpolitisch wird die Gleichschaltung vorangetrieben. Die neue schulpolitische Konzeption der SED stellt den Schulen die Aufgabe, die Jugendlichen zu »allseitig entwickelten Persönlichkeiten« zu erziehen, die »fähig und bereit sind, den Sozialismus aufzubauen«. Die gleiche Entwicklung gibt es an den Fach- und Hochschulen, um eine »neue Intelligenz«

herauszubilden. Ein gesellschaftswissenschaftliches Grundstudium zur Vermittlung der SED-Ideologie wird für alle Studierenden Pflichtfach. Die Zahl der Studenten wird beträchtlich erhöht.

Auch in Kunst und Kultur werden die Ziele der SED zum Maßstab gemacht. Der »sozialistische Realismus« normt mit neuen Moralkategorien: »Sittlich ist alles, was zur Errichtung der Grundlagen des Sozialismus beiträgt.« Der Kirchenkampf verstärkt sich; evangelische Bischöfe nennen diesen Druck »unerträglich, unmenschlich und unverzeihlich«.

Zur Sicherung der SED-Diktatur wird am 8.2.1950 das *Ministerium für Staatssicherheit (MfS)* geschaffen, die sog. »Stasi«. Das MfS entwickelt sich zu einem riesigen Apparat mit zuletzt ca. 85 000 offiziellen und zahllosen inoffiziellen Mitarbeitern (IM), der das Land mit einem dichten Überwachungsnetz überzieht. Bespitzelungen, Terror, Verhaftungen vergiften das Klima und zwingen die Bevölkerung wenigstens zur äußeren Anpassung an das System. Das erschreckende Ausmaß der Stasi-Aktivitäten, die sich auch auf die Bundesrepublik erstreckt haben (Guillaume-Affäre, s. Seite 196; RAF-Unterstützung, s. Seite 196; u. v. a.), wird erst mit dem Zerfall der DDR 1989/90 der Öffentlichkeit bekannt. Die Bewältigung der Stasi-Vergangenheit, in die viele Bürger der DDR verstrickt worden sind, ist seitdem eines der problematischsten Kapitel der deutschen Wiedervereinigung.

1950 wird die DDR in den RgW (Comecon) aufgenommen. Wichtigstes Ziel der Wirtschaftspolitik ist die Steigerung der Arbeitsproduktivität. Auf der 2. Parteikonferenz der SED (1952) wird der »planmäßige Aufbau der Grundlagen des Sozialismus« beschlossen. Nach sowjetischem Vorbild liegen die Schwerpunkte des Programms in der Förderung der Schwerindustrie und in der sozialistischen Umgestaltung der Landwirtschaft (Bildung landwirtschaftlicher Produktionsgenossenschaften, sog. LPGs). Die Konsumgüterindustrie wird hingegen vernachlässigt.

Trotz guter Erfolge in der Rohstahlerzeugung, der chemischen Industrie und der Energieerzeugung bleibt der Lebensstandard in der DDR gering. Es gibt viele Engpässe und Mangelerscheinungen, Grundnahrungsmittel wie Fett, Fleisch und Zucker sind noch immer rationiert.

1952 werden im Zuge der Zentralisierung die fünf Länder abgeschafft und durch 14 Bezirke mit 217 Kreisen ersetzt.

Der niedrige Lebensstandard und die rigorosen Maßnahmen der SED-Führung (hohe Steuern für Private, Vorgehen gegen Einzelbauern und Handwerker, pauschale Erhöhung der Arbeitsnormen um 10%, Preissteigerungen) schüren die Unzufriedenheit der Bevölkerung und gefährden die Stabilität des Systems. Der Wechsel in der Führung der UdSSR (Tod Stalins am 5.3.1953) weckt Hoffnungen auf eine Liberalisierung.

Tatsächlich sieht sich die SED-Führung unter sowjetischem Druck gezwungen, am 9.6.1953 einen »Neuen Kurs« zu verkünden. Sie räumt Fehler ein und nimmt einige der getroffenen Maßnahmen zurück, nicht jedoch die Erhöhung der Arbeitsnormen. Darauf kommt es am 16.6. zu einem Streik Ostberliner Bauarbeiter, der sich am

17. Juni 1953[1]

zu einem Volksaufstand in rund 300 Städten und Großbetrieben ausweitet. Die anfangs wirtschaftlichen Forderungen werden überlagert durch politische Ziele – freie Wahlen, Sturz der Regierung, Freiheit für politische Gefangene –, die den Aufstand zu einer antikommunistischen Demonstration werden lassen. Grenzmarkierungen werden niedergerissen, rote Fahnen zerfetzt, SED-Parteibüros zerstört. Bei den Zusammenstößen zwischen Demonstranten und Volkspolizei kommen ca. 300 Menschen ums Leben.

In dieser Situation wird die SED-Führung nur durch das Eingreifen sowjetischer Truppen und Panzer vor dem Sturz bewahrt. Die brutale Niederschlagung des Aufstands zeigt – wie später der Ungarnaufstand (1956, s. Seite 140) und der Prager Frühling (1968, s. Seite 140) –, dass die Sowjetunion ihre Vorherrschaft in Ostmitteleuropa nicht infrage stellen lässt.

Der 17. Juni 1953 zeigt zugleich, dass auch die Westmächte trotz aller Wiedervereinigungs-Rhetorik den sowjetischen Einflussbereich de facto akzeptieren und nicht bereit sind, wegen der DDR oder anderer sowjetischer Satellitenstaaten einen Krieg zu führen.

Nach dem Aufstand, der offiziell als eine von der Bundesrepublik angezettelte »faschistische Provokation« gewertet wird, bemüht sich die Ulbricht-Regierung um Verbesserungen in der Lebensmittelversorgung. Die UdSSR, die mit ihren rücksichtslosen Demontagen und Reparationsforderungen erheblich zur wirtschaftlichen Schwäche der DDR beigetragen hat (s. Seite 181), leistet dazu ihren Beitrag: Ab 1.1.1954 verzichtet sie auf weitere Reparationen und gibt die noch bestehenden SAG-Betriebe (s. Seite 181) zurück. 1955 erklärt sie den Kriegszustand für beendet und gewährt der DDR weit gehende Souveränität. Im gleichen Jahr tritt die DDR dem Warschauer Pakt

---

[1] Der 17. Juni wird in der Bundesrepublik am 4.8.1953 zum nationalen Gedenktag erklärt (»Tag der deutschen Einheit«).

bei. Mit dem Gesetz über die Nationale Volksarmee (NVA) und der Schaffung des Ministeriums für Nationale Verteidigung (1956) sind die DDR-Streitkräfte in die Warschauer Vertragsorganisation eingebunden.

Der zweite Fünfjahresplan (1956) zielt auf eine »industrielle Umwälzung«: »Modernisierung, Mechanisierung, Automatisierung« sollen eine Produktionssteigerung um 55 % bewirken, der Reallohn soll um 30 % anwachsen. Betriebe mit staatlicher Beteiligung, Produktionsgenossenschaften des Handwerks, private Händler und Handwerker werden gefördert, um die Mittelschichten stärker einzubeziehen und Versorgungslücken zu füllen. 1958 erklärt Ulbricht es zur Hauptaufgabe, »bis 1961 ... den Pro-Kopf-Verbrauch Westdeutschlands bei den Nahrungsmitteln und den wichtigsten industriellen Konsumgütern zu erreichen und zu übertreffen«.

In der Landwirtschaft wird die Kollektivierung mit starkem Druck durchgesetzt (Gesetz über die landwirtschaftlichen Produktionsgenossenschaften, 1959). Die Zwangskollektivierung ist nach Angaben der SED-Führung mit »harten Auseinandersetzungen gegen verwurzelten Eigentumssinn und alte Gewohnheiten« verbunden. Rechtlich gesehen (Grundbucheintragung) bleiben Grund und Boden und Wohngebäude im Eigentum der Bauern. Die LPG hat das Nutzungsrecht. Eine Enteignung wie zur Bodenreform 1945 erfolgt nicht. Die Kollektivierung wird 1960 abgeschlossen: Die landwirtschaftliche Produktion wird nun zu mehr als 90 % von LPGs und Staatsgütern getragen.

Im Bildungswesen wird 1959 auf der Grundlage des Gesetzes über die sozialistische Entwicklung des Schulwesens die Einführung der zehnklassigen Schule angestrebt. Während 1951 rund 16 % die Schule länger als acht Jahre besuchen, erhöht sich diese Zahl bis 1970 auf 85 %. Die polytechnische Bildung und Erziehung hat das Ziel, eine engere Verbindung zwischen Unterricht und Produktion in Industrie und Landwirtschaft herzustellen. Diese Linie setzt sich an den Hochschulen fort. Durch die Verstärkung der naturwissenschaftlich-technischen Ausbildung soll in Wissenschaft und Forschung »Weltniveau« erreicht werden.

Nach dem Tod Wilhelm Piecks (7. 9. 1960) wird das Amt des Präsidenten abgeschafft und durch einen *Staatsrat* ersetzt. Den Vorsitz übernimmt Walter Ulbricht, der zugleich Erster Sekretär der SED und seit Anfang 1960 Vorsitzender des Nationalen Verteidigungsrates ist.

Die Abschottung der DDR

Die optimistischen Wirtschaftsprognosen erfüllen sich nicht. Von 1959 bis 1961 sinkt die industrielle Zuwachsrate um 50 % (von 12 % auf 6 %).

Das Jahr 1961 bildet eine wichtige Zäsur in der Geschichte der DDR. Bis zu diesem Jahr haben ca. 3,5–3,8 Millionen Menschen das Land verlassen. Die politische Reglementierung, die Unfreiheit des Systems und die Verlockung des westdeutschen »Wirtschaftswunders« sind Ursachen für die »Abstimmung mit den Füßen«, die Flucht in den Westen, wobei die noch durchlässige Sektorengrenze in Berlin das Schlupfloch bildet.

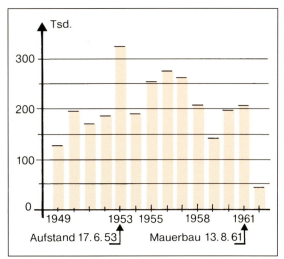

Statistik Fluchtbewegung

Ein erheblicher Teil der Flüchtlinge sind Facharbeiter, etwa die Hälfte ist unter 25 Jahre alt. Ihr Weggang verschärft die wirtschaftlichen Probleme der DDR.

Die Wirtschaftskrise seit 1959 und die gleichzeitig durchgeführte Zwangskollektivierung der Landwirtschaft führen 1960 zu einem erneuten Anschwellen der Fluchtbewegung. 1961 nimmt sie dramatische Ausmaße an. Der DDR droht der wirtschaftliche Kollaps.

Noch am 15. 6. 1961 dementiert Ulbricht Gerüchte über ein Dichtmachen der Grenze (»Niemand hat die Absicht, eine Mauer zu bauen«). Wenige Wochen später lässt die SED-Führung, mit Zustimmung der UdSSR, durch den

Bau der Berliner Mauer   13. 8. 1961

den Ostsektor abriegeln. In der Folge zieht sich quer durch Deutschland eine Grenze von 1392 km Stacheldraht, Wachtürmen, Minengürteln und Selbstschussanlagen. Ein Überschreiten ist nur unter Lebensgefahr möglich. Für diese Grenze und die sich immer mehr ausweitende Überwachung durch die Staatssicherheit werden Milliardensummen aufgewandt. Es entsteht ein Dauerkonflikt zwischen Regierung und Volk; die Menschen fühlen sich eingesperrt »wie in einem Gefängnis«. In der Propaganda wird der Mauerbau hingegen als notwendige Schutzmaßnahme gegen den aggressiven imperialistischen Einfluss des Westens bezeichnet (»antifaschistischer Schutzwall«). Ulbricht erklärt im Nachhinein, dass durch die Massenflucht vor 1961 der DDR ein Schaden von rund 30 Milliarden zugefügt worden sei.

Die Schließung der Grenzen zwingt die Bevölkerung sich mit dem System zu arrangieren. Eine stärkere Berücksichtigung der materiellen Interessen soll ihr dabei entgegenkommen. Das 1963 beschlossene »Neue Ökonomische System der Planung und Leitung« (NÖSPL) gewährt den Betrieben größere Selbstständigkeit und führt in der Folgezeit zu relativen wirtschaftlichen Erfolgen. Von 1961 bis 1970 kommt es zu einer beträchtlichen Steigerung der Gesamtproduktion. Die DDR rückt als zweitstärkste Industriemacht des sozialistischen Blocks auf den 10. Platz innerhalb der Weltindustriemächte vor. Der Lebensstandard erhöht sich, bleibt jedoch im Vergleich zur Bundesrepublik niedrig. Ende der 60er-Jahre flaut die positive Entwicklung jedoch wieder ab: Die Planziele werden nicht erreicht, die Arbeitsproduktivität bleibt mit 60% weit unter dem Soll. Nicht zuletzt durch die Belastungen im Handel mit der UdSSR bleibt die Mangelwirtschaft in der DDR bestehen.

Innenpolitisch verändern sich die Methoden stärker vom Terror in Richtung Manipulierung der Menschen. Die Bevölkerung soll »neutralisiert« werden, um sich mit dem System zu arrangieren. Wichtiges Integrationsmittel ist die Förderung des Spitzensports (durch Talentförderung an den Schulen, »Spartakiadebewegung« für Kinder und Jugendliche usw.); bei den Olympischen Spielen 1968 in Mexiko erreichen die DDR-Sportler hinter den USA und der UdSSR den dritten Platz in der Länderwertung. Zeitweise werden auch westliche Lebensformen (Musik, Kleidung) und Auftritte systemkritischer Schriftsteller (z. B. Wolf Biermann) toleriert.

Beim Führungsanspruch macht die SED-Spitze jedoch keine Zugeständnisse – in der neuen Verfassung von 1968 wird er sogar rechtlich verankert (Art. 1). Zur gleichen Zeit wird das politische Strafrecht verschärft, die Liberalisierungsansätze werden zurückgenommen.

Außenpolitisch bleibt die DDR – als Folge der westdeutschen Hallstein-Doktrin (s. Seite 191) – isoliert und betreibt eine völlig von der Sowjetunion abhängige Politik. Ende der 60er-Jahre kann sie zwar aufgrund ihrer stark akzentuierten »anti-imperialistischen« Politik diplomatische Beziehungen zu einigen Ländern der Dritten Welt aufnehmen (1969 zum Irak und zu Ägypten, 1970 zu Somalia, Algerien, Ceylon und Guinea); der internationale Durchbruch gelingt jedoch nicht.

Ende der 60er-Jahre kommt es zu Differenzen mit der Sowjetunion: Ulbricht betont die wirtschaftlichen Leistungen der DDR, spricht der DDR-Politik Modellcharakter zu und fordert damit indirekt größere Selbstständigkeit gegenüber der UdSSR. Auch die neue Deutschlandpolitik der UdSSR (Moskauer Vertrag 1970, s. Seite 197) will Ulbricht nicht mittragen. Als sich auch wirtschaftliche Krisensymptome zeigen, ist die Zeit für die Ablösung Ulbrichts gekommen. Am 3.5.1971 erklärt er seinen Rücktritt.

Die Ära Honecker (1971–1989)

Zum neuen Ersten Sekretär des ZK des SED (seit 1976 Generalsekretär) wird *Erich Honecker* gewählt, der bald darauf auch den Vorsitz im Nationalen Verteidigungsrat übernimmt. Honecker distanziert sich von der Ulbricht-Ära und erkennt die Führungsrolle der UdSSR uneingeschränkt an.

Wirtschaftspolitisch werden 1971–1976 die Eigentumsstrukturen weiter nach dem Beispiel der Sowjetunion entwickelt. Auf Anregung der LDPD kommt es zur »freiwilligen« Umwandlung der privaten Betriebe mit staatlicher Beteiligung in Volkseigene Betriebe (VEB). 1972 sind über 99% des Industriesektors in staatlicher Hand. Kurt Hager als Chefideologe der Partei verkündet die Theorie des »entwickelten Sozialismus«. Mit einem Programm der sozialen Reformen (»Einheit von Wirtschafts- und Sozialpolitik«) und der liberaleren Politik gegenüber oppositionellen Kräften soll die Bevölkerung gewonnen werden.

Das Wohnungsbauprogramm sieht für 1971–1975 den Bau bzw. die Modernisierung von 500000, bis 1980 von 700000 bis 800000 Wohnungen vor. Renten und Leistungen auf sozialem Gebiet werden erhöht. Durch niedrige (nicht kostendeckende) Preise für Grundnahrungsmittel, künstlich niedrig gehaltene Mieten (Ergebnis: Verfall der Altbausubstanz), Sicherheit des Arbeitsplatzes (Folge: verdeckte Arbeitslosigkeit) und kostenlose medizinische Versorgung etabliert sich ein System scheinbarer sozialer Sicherheit. Es gelingt in den 70er-Jahren, das Wirtschaftssystem zu stabilisieren und Wirtschaftswachstum zu erreichen. Die Löhne steigen an. Die DDR weist die Strukturen eines modernen Industriestaates auf, was auch durch den Rückgang der Zahl der ungelernten Arbeiter und die deutlich zunehmende Qualifikation der Bevölkerung belegt wird. Dennoch bleibt der Abstand zwischen den beiden deutschen Staaten beträchtlich.

Die Außenpolitik der Honecker-Zeit ist bestimmt durch eine Neuorientierung gegenüber der Bundesrepublik. Während unter Ulbricht anfänglich mehrfach Schritte in Richtung einer gemeinsamen Deutschlandpolitik gemacht worden sind (z. B. Vorschlag einer Konföderation der beiden deutschen Staaten, 1957), bezeichnet Honecker 1972 die Bundesrepublik erstmals als »Ausland«. Viele Institutionen ändern in dieser Zeit ihren Namen und ersetzen das Attribut »deutsch« durch »DDR« (z. B. »Radio DDR« statt »Deutschlandsender«). In der 1974 erneut geänderten Verfassung werden alle Hinweise auf die deutsche Nation gestrichen.

Auf der anderen Seite geht die DDR vertragliche Regelungen mit der Bundesrepublik ein, die nach dem Regierungswechsel 1969 eine Wende in ihrer Ost- und Deutschlandpolitik vollzogen hat (s. Seite 197). Schon 1970 kommt es in Erfurt und Kassel zu persönlichen Begegnungen zwischen dem neuen Bundeskanzler Brandt und dem DDR-Ministerpräsidenten Stoph. Im Dezember 1971 schließen DDR und Bundesrepublik ein *Transitabkommen,* im Mai 1972 ein *Verkehrsabkommen,* im Dezember 1972 den *Grundlagenvertrag* (s. Seite 197). Die ursprünglich geforderte völkerrechtliche Anerkennung erreicht die DDR mit diesen Verträgen nicht. Dennoch bedeuten sie eine internationale Aufwertung: Die DDR wird am 18. 9. 1973 zusammen mit der Bundesrepublik Mitglied der UNO und nimmt mit zahlreichen Staaten diplomatische Beziehungen auf, u. a. mit Frankreich, Großbritannien, Japan (1973) und den USA (1974). Auch wirtschaftlich bietet die Öffnung nach Westen manche Vorteile. 1975 nimmt die DDR an der *Konferenz über Sicherheit und Zusammenarbeit in Europa (KSZE)* teil und unterzeichnet die Schlussakte von Helsinki. Wesentliche Punkte des Abkommens werden aber von Anfang an nicht eingehalten. Gegenüber dem Westen betreibt die DDR faktisch weiter Abgrenzungspolitik.

Der Widerspruch zwischen Abgrenzung einerseits und Öffnung andererseits verstärkt zwangsläufig die **innenpolitischen Probleme.**

Das rasche Anwachsen des Reiseverkehrs – seit 1974 reisen jährlich mehr als 3 Millionen Westdeutsche in die DDR – und der bessere Zugang zu westlichen Medien stärken die oppositionellen Kräfte. Menschenrechtsverletzungen wie der Schießbefehl an der Grenze stehen im Kontrast zu den Bestimmungen der KSZE-Schlussakte. Tausende von Bürgern stellen Anträge auf Auswanderungen; die Kritik am System nimmt zu.

Die Führung reagiert mit Repressalien und weiterer Abgrenzung. Regimekritiker wie *Prof. Havemann* und *Rudolf Bahro*, kritische Schriftsteller wie *Wolf Biermann* und *Reiner Kunze* werden mundtot gemacht oder in den Westen abgeschoben. Kritische Westjournalisten werden ausgewiesen.

Honecker erklärt in völliger Verkennung der Lage, dass der Sozialismus eines Tages auch in der Bundesrepublik kommen werde und sich dann die Frage der »Vereinigung der beiden deutschen Staaten völlig neu stellen werde«.

Ein Treffen von Honecker und Bundeskanzler Schmidt in der Schorfheide (innerdeutscher Gipfel, 1981) führt zu einigen Zugeständnissen. Die DDR sagt Reiseerleichterungen zu und garantiert Republikflüchtlingen Straffreiheit bei Besuchsreisen. Die Bundesrepublik verlängert ihren zinslosen Überziehungskredit. 1983 erhält die DDR auf Veranlassung des CSU-Vorsitzenden Franz-Joseph Strauß einen weiteren Milliardenkredit. Als Gegenleistungen werden Selbstschussanlagen und Minenfelder an der innerdeutschen Grenze abgebaut.

Die Wirtschaft mit ihrer geringen Arbeitsproduktivität bleibt auch in den 80er-Jahren krisenanfällig. Reformversuche, z. B. der Wegfall der Vereinigung volkseigener Betriebe (VVB) und die Schaffung von großen Kombinaten, bleiben ohne entscheidende Wirkung. Wirtschaftliche Dauerkrise, Rechtsunsicherheit, politische Bevormundung und Schwanken zwischen hartem und weichem Kurs, Zugeständnissen und Repressalien lassen den Gegensatz zwischen Bevölkerung und Partei- und Staatsführung anwachsen.

Die Wahl **Gorbatschows** zum Generalsekretär der KPdSU (1985) leitet eine neue Phase der sowjetischen Politik ein (s. Seite 147). In der DDR-Bevölkerung wird Gorbatschows Reformpolitik hoffnungsvoll verfolgt; die SED-Führung hingegen grenzt sich vom Reformkurs ab. Sie spricht nun – anstatt der jahrelang propagierten Phrase »Von der Sowjetunion lernen heißt Siegen lernen« – vom »Sozialismus in den Farben der DDR«. Chefideologe Hager formuliert arrogant: »Würden Sie, nebenbei gesagt, wenn Ihr Nachbar seine Wohnung neu tapeziert, sich verpflichtet fühlen, Ihre Wohnung ebenfalls zu tapezieren?«

Die Revolution in der DDR 1989/90

Die Ablehnung der Reformpolitik Gorbatschows verstärkt die Unzufriedenheit der Bevölkerung. Das Verbot der sowjetischen Monatszeitschrift »Sputnik« im November 1988 führt zu Empörung und Protesten, auch in Tausenden SED-Parteigruppen. Anlässlich einer Demonstration zum Jahrestag der Ermordung Luxemburgs und Liebknechts (s. Seite 90) am 15. 1. 1989 tragen in Leipzig Teilnehmer Transparente mit dem Luxemburg-Zitat »Freiheit ist immer auch Freiheit des anders Denkenden«. Über

50 Angehörige der Menschenrechtsbewegung werden vorübergehend festgenommen. Im März 1989 demonstrieren in Leipzig etwa 600 Personen für die Genehmigung ihrer Ausreiseanträge in den Westen.

Im Mai 1989 spitzt sich die Lage zu:

- Nach den Kommunalwahlen (7.5.1989) verhärtet sich der Verdacht, dass das Ergebnis gefälscht worden ist.
- Die Erfolge der Reformbewegung in Ungarn und der Abbau der Befestigung an der ungarisch-österreichischen Grenze (ab 2.5.1989) führen zu einer spektakulären Massenflucht.
- Hunderte von DDR-Bürgern besetzen die Ständige Vertretung der Bundesrepublik Deutschland in Ostberlin und die Botschaften der Bundesrepublik in Prag, Warschau und Budapest. Die DDR-Führung ist – auch mit Rücksicht auf die bevorstehenden Feiern zum 40. Jahrestag der DDR-Gründung (7.10.1949) – gezwungen, diesem Druck nachzugeben und den Botschaftsflüchtlingen die Ausreise zu gestatten.

Parallel zu der Ausreisewelle weitet sich die Demonstrationsbewegung in der DDR aus. Als am 7.10.1989 – im Kontrast zur Stimmung der Bevölkerung – die offiziellen Feiern zur Staatsgründung vor 40 Jahren über die Bühne gehen, mahnt der prominenteste Gast, Michail Gorbatschow, sich für Reformen zu öffnen, mit dem Hinweis: »Wer zu spät kommt, den bestraft das Leben!«

Als am 9.10.1989 rund 70 000 Menschen an einer Großdemonstration in Leipzig teilnehmen, tritt am 18.10. Parteichef Erich Honecker nach 18-jähriger Herrschaft zurück. Sein Nachfolger wird *Egon Krenz* (ab 24.10.1989 auch Staatschef). Krenz bemüht sich Ventile zu öffnen und kündigt neue Reisegesetze an. Dennoch geht die Ausreisewelle unvermindert weiter: Über die Tschechoslowakei, die ab Anfang November 1989 wie Ungarn ihre Grenzen öffnet, kommen in wenigen Tagen über 50 000 DDR-Bürger in den Westen (insgesamt sind es ca. 350 000, die 1989 in die Bundesrepublik Deutschland übersiedeln). – Gleichzeitig weiten sich die Demonstrationen aus: Mit dem Ruf »Wir sind das Volk!« sammeln sich in Leipzig ca. 300 000 (23.10., 30.10.1989), in Ostberlin rund eine Million Menschen (4.11.1989). Darauf treten die DDR-Regierung und das Politbüro zurück (7. und 8.11.1989). Ihren Höhepunkt finden die Ereignisse in der

Öffnung der Berliner Mauer   9.11.1989.

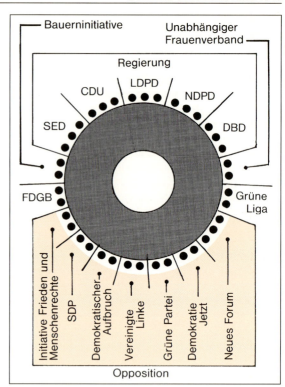

Teilnehmer am Runden Tisch

Nach dem Sturz der SED-Regierung und dem Abklingen des Siegesrausches stehen umwälzende Reformen im wirtschaftlichen und politischen Bereich an. *Hans Modrow* (SED), ein Reform-Kommunist, bildet am 13.11.1989 eine Koalitionsregierung der alten Parteien (SED, CDU, LDPD, NDPD und DBD). Im Januar 1990 werden auch Vertreter der zahlreichen neuen Parteien[1] aufgenommen. Neben der Regierung bildet sich am 7.12.1989 der *Runde Tisch,* ein Forum fast aller inzwischen entstandenen Parteien und Gruppierungen.

Am 1.12.1989 streicht die Volkskammer den Führungsanspruch der SED aus der Verfassung. Nach dem Rücktritt von Politbüro und Zentralkomitee (3.12.1989) verliert Egon Krenz, inzwischen als »Wendehals« kritisiert, seine Ämter. Sein Nachfolger als Staatschef wird *Manfred Gerlach* (LDPD) (6.12.1989); den Parteivorsitz der SED übernimmt *Gregor Gysi* (8.12.1989). Am 15.12.1989 löst sich die SED auf und formiert sich als SED-PDS neu (Partei des Demokratischen Sozialismus).

Die Ziele der »Novemberrevolution« 1989 waren Demokratisierung und Öffnung der Grenzen. Dabei

---

[1] Neues Forum, Bürgerbewegung Demokratie jetzt, Initiativgruppe Sozialdemokratische Partei in der DDR (alle gegründet im September 1989) u.a.m.

gehen die Demonstranten anfangs zum Teil von der Eigenständigkeit der DDR aus. Manche glauben eine Art dritten Weg zwischen Marktwirtschaft und Sozialismus finden zu können. Die Beziehungen zur Bundesrepublik Deutschland könnten durch eine Vertragsgemeinschaft, eine Föderation selbstständiger Staaten geregelt werden. In diese Richtung zielt auch das von Bundeskanzler Helmut Kohl am 28.11.1989 verkündete *Zehn-Punkte-Programm,* das die schrittweise Integration zweier Staaten vorsieht.

Dieses Programm wird innerhalb weniger Tage durch den Gang der Ereignisse überholt. Immer mehr DDR-Bürger fordern nun – mit den Parolen »Wir sind *ein* Volk!« und »Deutschland, einig Vaterland!« – die rasche Vereinigung mit der Bundesrepublik Deutschland, wobei auch der Wunsch eine Rolle spielt, möglichst schnell am wirtschaftlichen Wohlstand der Bundesrepublik zu partizipieren. Das Streben nach schneller nationaler Einheit gewinnt die Oberhand. Die ursprünglich für den 6.5.1990 vorgesehenen ersten freien Wahlen zur Volkskammer werden auf den 18.3.1990 vorgezogen. Der Wahlkampf ist geprägt von den bundesrepublikanischen Parteien, die im Gegensatz zu ihren DDR-Partnern über Erfahrung und finanzielle Mittel verfügen. Die Wahlen bringen den Befürwortern der schnellen Wirtschafts- und Währungsunion einen klaren Sieg.

Parteichefs der SED		Ministerpräsidenten der DDR	
21.4.1946–6.4.1954	Otto Grotewohl (vormals SPD) und Wilhelm Pieck (vormals KPD)	1949–1964	Otto Grotewohl (SED – früher SPD)
7.4.1954–3.5.1971	Walter Ulbricht (SED)	1964–1973	Willi Stoph (SED)
3.5.1971–18.10.1989	Erich Honecker (SED)	1973–1976	Horst Sindermann (SED)
18.10.1989–3.12.1989	Egon Krenz (SED)	1976–1989	Willi Stoph (SED)
8.12.1989–1993	Gregor Gysi (SED/PDS)	13.11.1989–12.4.1990	Hans Modrow (SED)
		12.4.1990–2.10.1990	Lothar de Maizière (CDU)

Ergebnisse der Volkskammerwahl vom 18.3.1990

Partei	% der Stimmen	Sitze	Partei	% der Stimmen	Sitze
CDU	40,59	163	Grüne-UFV	1,96	8
SPD	21,76	88	DA	0,93	4
PDS	16,32	66	NDPD	0,38	2
DSU	6,27	25	DFD	0,33	1
BFD	5,28	21	AVL	0,18	1
Bündnis 90	2,9	12	Sonstige	0,45	–
DBD	2,17	9			

Die Wiedervereinigung Deutschlands

Die am 12.4.1990 neu gebildete Regierung unter *Lothar de Maizière* (CDU), die erste demokratisch legitimierte Regierung der DDR, handelt in der Folgezeit mit der Bundesregierung die Modalitäten für die Vereinigung der deutschen Staaten aus. Im Zentrum der Verhandlungen stehen die Probleme

- der Wirtschafts- und Währungsunion (Einführung der D-Mark in der DDR, Frage des Umtauschkurses)
- des Weges zur Vereinigung (Beitritt der DDR nach Art. 23 GG oder Neugründung eines vereinten Staates mit Ausarbeitung einer neuen Verfassung nach Art. 146 GG)
- der zukünftigen internationalen Rolle Deutschlands, besonders der Bündniszugehörigkeit (die Integration der DDR in die NATO stößt auf den Widerstand der Sowjetunion) und der Einbeziehung der DDR in den europäischen Einigungsprozess
- des Zeitpunkts der Vereinigung (Diskussion, ob die für den 2.12.1990 anstehende Bundestagswahl bereits zu einer gesamtdeutschen Wahl umfunktioniert werden könne)

Auf der innerdeutschen Ebene (Bundesrepublik Deutschland–DDR) kommt schnell ein Konsens zustande. Im

Staatsvertrag 18.5.1990

wird die *Wirtschafts-, Währungs- und Sozialunion* beschlossen. Mit der

Währungsunion 1.7.1990

ist der erste Schritt zur staatlichen Einheit getan. Die

Beitrittserklärung der DDR zur Bundesrepublik Deutschland 23.8.1990

wird von der DDR-Volkskammer mit Wirkung vom 3.10.1990 beschlossen. Der

Einigungsvertrag 31.8.1990

tritt am 29.9.1990 in Kraft. Die Entscheidung für die Beitrittslösung nach Art. 23 des Grundgesetzes der Bundesrepublik Deutschland bedeutet, dass die DDR nicht nur das Grundgesetz und die Gesetze und Verordnungen der Bundesrepublik Deutschland übernimmt, sondern auch die außenpolitischen Bindungen (insbesondere EG und NATO). Wegen dieser außenpolitischen Konsequenzen stößt die Beitrittslösung auf den Widerstand der UdSSR. Erst anlässlich eines persönlichen

Treffens von Kohl und Gorbatschow 16./17.7.1990

im Kaukasus hat Kohl die Zustimmung Gorbatschows zur NATO-Mitgliedschaft des vereinten Deutschland erreicht. Voraussetzungen für die sowjetische Einwilligung sind

- die Reform der NATO, d. h. ihre allmähliche Umwandlung von einem rein militärischen zu einem eher politischen Bündnis mit engen Beziehungen zu den osteuropäischen Staaten und der Sowjetunion (Londoner Erklärung vom 6.6.1990)
- die Begründung einer neuen deutsch-sowjetischen Partnerschaft und die Zusage deutscher Wirtschaftshilfe für die UdSSR; am 13.9.1990 wird ein entsprechendes Abkommen paraphiert und am 9.11.1990, anlässlich des Gorbatschow-Besuchs in Bonn, unterzeichnet
- die Beschränkung der deutschen Streitkräfte auf 370 000 Mann.

Das Deutschland-Problem liegt auch im Verantwortungsbereich der Siegermächte des Zweiten Weltkriegs, die in allen Fragen, die Berlin und Deutschland als Ganzes betreffen, nach wie vor entscheiden können (Viermächtevorbehalt, s. Seite 188). Parallel zu den deutsch-deutschen und deutsch-sowjetischen Verhandlungen werden die Kontakte auf dieser Ebene in den so genannten

Zwei-plus-vier-Gesprächen 5.5.–12.9.1990

geführt (zwei deutsche Staaten plus vier Siegermächte).

In insgesamt vier Begegnungen – die dritte unter Beteiligung des polnischen Außenministers – werden die Bestimmungen des *Vertrags über die abschließende Regelung in Bezug auf Deutschland* erarbeitet und am 12.9.1990 in Moskau unterzeichnet. Der Vertrag sieht im Wesentlichen vor:

- Festlegung der Grenzen des vereinten Deutschland, insbesondere der umstrittenen deutsch-polnischen Grenze (s. Seite 135). Am 14.11.1990 wird ein deutsch-polnischer Grenzvertrag unterzeichnet, der Bestandteil eines am 17.6.1991 unterzeichneten deutsch-polnischen Freundschaftsvertrages wird; Deutschland verzichtet damit endgültig auf die Ostgebiete
- Verzicht des vereinten Deutschland auf Herstellung und Besitz von atomaren, biologischen und chemischen Waffen
- Beendigung der Rechte der Siegermächte in Bezug auf Berlin und Deutschland als Ganzes

Mit dem Abschlussvertrag der Zwei-plus-vier-Gespräche, der den nach dem Zweiten Weltkrieg nicht zustande gekommenen Friedensvertrag ersetzt, erhält Deutschland seine volle Souveränität zurück.

Die im Lauf des Jahres 1990 in Eile und unter dem Druck der unsicheren Verhältnisse in der Sowjetunion (s. Seite 148) zustande gekommenen Vereinbarungen auf bi- und multilateraler Ebene bilden die rechtlichen Voraussetzungen für die

Wiedervereinigung Deutschlands 3.10.1990.

Der 3. Oktober (Beitritt der DDR zur Bundesrepublik Deutschland) wird als »Tag der Einheit« neuer nationaler Gedenktag und löst den 17. Juni (1953, Aufstand in der DDR) als Tag der deutschen Einheit ab (s. Seite 200).

Die ersten Landtagswahlen in den fünf neuen Bundesländern Brandenburg, Mecklenburg-Vorpommern, Sachsen, Sachsen-Anhalt und Thüringen (14.10.1990) bringen der CDU/FDP-Koalition deutliche Mehrheiten; nur in Brandenburg bilden SPD, FDP und Bündnis 90 die Regierung. Die

erste gesamtdeutsche Bundestagswahl 2.12.1990

bestätigt diesen Trend: Die SPD (Kanzlerkandidat ist der saarländische Ministerpräsident *Oskar Lafontaine*) erhält nur 33,5 % der Stimmen; CDU/CSU (43,8 %) und FDP (11,0 %) gewinnen eine klare parlamentarische Mehrheit.

Deutschland nach der Wiedervereinigung

Der Euphorie der Wiedervereinigung folgt schon bald eine Phase der Ernüchterung. Die wirtschaftsstrukturellen Anpassungsprozesse in den neuen Ländern erweisen sich als komplizierter und viel kostspieliger als erwartet. Es stellt sich heraus, dass die Wirtschaft der DDR marode, der Staat praktisch bankrott ist. Die Produktivität der staatlichen Unternehmen der DDR liegt nur bei einem Drittel der westlichen Konkurrenz; sie sind hoch verschuldet, technisch rückständig und in erschreckendem Maße umweltschädlich; die Infrastruktur ist desolat. Nur innerhalb des geschlossenen RgW-Systems konnte die DDR-Industrie einen Spitzenplatz halten – auf dem freien Weltmarkt ist sie chancenlos. 1990 sinkt das Bruttosozialprodukt um 18,5 %, die Arbeitslosigkeit (die es in der Ex-DDR offiziell nicht gab) schnellt 1991 auf 12,1 %.

Die im März 1990 gegründete **Treuhandanstalt** (Ende 1994 aufgelöst) hat die Aufgabe, die ehemaligen Staatsbetriebe zu privatisieren oder zu kommunalisieren und Investitionen anzuschieben, die zu einer Modernisierung der Wirtschaft und in Folge zur Sicherung und Schaffung von Arbeitsplätzen führen sollen. Diese Aufgabe erweist sich als äußerst schwierig, unter anderem wegen ungeklärter Eigentumsrechte, der finanziellen und ökologischen Altlasten und der Mängel in der Infrastruktur. Erschwerend kommt hinzu, dass auch die traditionellen Absatzmärkte der ehemaligen DDR im Osten zusammenbrechen. Um Investoren für die Betriebe zu finden, muss die Treuhand Vorleistungen erbringen und finanzielle Anreize bieten, die den Verkaufserlös bei weitem übersteigen. Jeder Privatisierungserfolg führt somit zu einer höheren Verschuldung der Treuhand (Ende 1994 insgesamt über 256 Milliarden). Für die Sanierung der Wirtschaft, Infrastrukturmaßnahmen, Sozialversicherungsleistungen usw. sind folglich erhebliche Transferleistungen von West nach Ost erforderlich. Zur Finanzierung wird unter anderem ein »Fonds Deutsche Einheit« gegründet (Mai 1990) und ein »Solidaritätszuschlag« von 7,5 % auf die Lohn- und Einkommenssteuer erhoben (1991/92 und ab 1995).

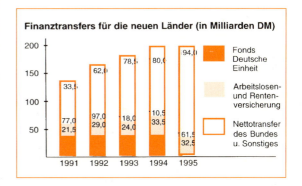

Finanztransfers für die neuen Länder (in Milliarden DM)

Die wirtschaftlich und auch politisch notwendige Phase der forcierten Umorientierung und Anpassung wird von vielen Ostdeutschen als Schock empfunden. Betriebsschließungen, Entlassungen, Kurzarbeit und Arbeitslosigkeit, unter Umständen auch die Ansprüche ehemaliger Eigentümer und ein bisweilen als überheblich empfundenes Verhalten von Westdeutschen (»Besserwessis«) führen zu Verunsicherung und Enttäuschung. Der Unmut macht sich zum Beispiel Luft in einer großen »Montagsdemonstration« in Leipzig (25.3.1991), er zeigt sich aber auch in einer gewissen DDR-Nostalgie und in den Wahlerfolgen der SED-Nachfolgepartei PDS. Umgekehrt wächst auf westlicher Seite ein gewisser Verdruss über die explodierenden Kosten der Vereinigung und die vermeintliche Anspruchshaltung vieler Ostdeutscher. Es wird deutlich, dass die »Vereinigung in den Köpfen« noch Zeit brauchen wird.

Erst allmählich beginnt der »Aufbau Ost« zu greifen. Die Treuhand privatisiert etwa 15 000 Betriebe, etwa 3 600 werden stillgelegt. Vor allem durch den Boom in der Bauwirtschaft wird eine insgesamt positive Wirtschaftsentwicklung in den neuen Ländern eingeleitet. Das Bruttoinlandsprodukt wächst z. B. 1993 um 7 %, 1994 um 9,2 %, die Inlandsnachfrage steigt an. Trotz der positiven Wirtschaftsentwicklung nimmt die Arbeitslosigkeit auch in den neuen Ländern zu.

Die hohen Kosten der Wiedervereinigung und die auch in den alten Ländern hohe Arbeitslosenquote belasten den Staatshaushalt des wiedervereinigten Deutschland erheblich und zwingen zu drastischen Einschnitten vor allem im Sozial- und Bildungsbereich. Der Druck, auch die im Maastricht-Vertrag geforderten Stabilitätskriterien (s. Seite 189) erfüllen zu müssen, verschärft die Situation zusätzlich. Die Debatten um Steuerreform, Einsparungen im Gesundheitswesen, »Sparpakete« und das Auftauchen immer neuer »Milliardenlöcher« im Haushalt prägen die politische Diskussion in beunruhigendem Maße und stellen auch die Regierungskoalition aus CDU/CSU und FDP des Öfteren vor Zerreißproben.

Ein Problem stellt auch die **juristische Aufarbeitung der DDR-Vergangenheit** dar. In sog. »Mauerschützenprozessen« werden ehemalige DDR-Grenzsoldaten zur Verantwortung gezogen. Auch Verfahren gegen Mitglieder der ehemaligen Führungsschicht werden eingeleitet, etwa gegen *Erich Mielke* (Minister für Staatssicherheit), *Markus Wolf* (Chef der Abteilung »Aufklärung« im MfS), *Willi Stoph* (Ministerpräsident 1964–73 und 1976–89). Die rechtliche Grundlage ist jedoch umstritten. Am 23. 5. 1994 urteilt das Bundesverfassungsgericht, dass die im Dienst der Ex-DDR erfolgte Spionagetätigkeit nicht strafrechtlich verfolgt werden dürfe. *Erich Honecker*, seit dem 29. 7. 1991 in Haft, wird aufgrund seines Gesundheitszustandes am 13. 1. 1993 entlassen und reist nach Chile aus (gestorben am 29. 5. 1994).

Die ersten Jahre nach der Wiedervereinigung sind auch geprägt durch zahlreiche Enthüllungen über die Stasi-Vergangenheit prominenter Ostdeutscher. So gerät unter anderem *Manfred Stolpe* (SPD, seit 1990 Ministerpräsident von Brandenburg) in den Verdacht, als IM (Informeller Mitarbeiter) für das MfS tätig gewesen zu sein. Die Stasi-Untersuchungsbehörde (nach ihrem ersten Leiter sog. *Gauck-Behörde*) ist mit der Aufarbeitung dieses Kapitels der Geschichte beauftragt.

Die ersten Jahre nach der Wiedervereinigung sind auch durch zahlreiche Gewalttaten geprägt. Der starke Zustrom von Aussiedlern und Asylbewerbern, der durch den Wegfall des »Eisernen Vorhangs« ermöglicht wird, setzt ein erschreckendes ==Potenzial an Ausländerfeindlichkeit und Rechtsradikalismus frei.== Es kommt zu einer Reihe von Brandanschlägen auf Wohnheime von Asylbewerbern und zu Übergriffen gegen Ausländer, z. B. in **Hoyerswerda** (Sachsen), wo es vom 17. bis 22. 9. 1991 zu schweren Ausschreitungen gegen Ausländerwohnheime kommt. Weitere Anschläge auf Asylbewerberheime gibt es in **Saarlouis** (Saarland, 19. 9. 1991), **Hünxe** (Nordrhein-Westfalen, 3. 10. 1991), **Rostock** (Mecklenburg-Vorpommern, 23./25. 8. 1992), **Mölln** (Schleswig-Holstein, 23. 11. 1992), **Solingen** (Nordrhein-Westfalen, 30. 5. 1993) und anderen Städten. Besonders erschreckend ist es, dass diese Übergriffe zum Teil, wie in Hoyerswerda und Rostock, ==von Teilen der Bevölkerung mitgetragen werden.== Auch neonazistische Gewalttaten, wie Brandanschläge auf KZ-Gedenkstätten (Sachsenhausen und Buchenwald) und Synagogen (Lübeck), und Aufmärsche (Fulda, 14. 8. 1993) häufen sich. Rechtsextreme Parteien wie die DVU oder die Republikaner erzielen bei Landtags- und Kommunalwahlen deutliche Gewinne. Zugleich finden aber auch zahlreiche Demonstrationen gegen Ausländerfeindlichkeit und Rechtsextremismus statt, an denen sich Hunderttausende von Menschen beteiligen und kilometerlange Lichterketten bilden.

Das Anwachsen rechtsradikaler Gewalttaten hat seine Ursachen vor allem in der sozialen und wirtschaftlichen Perspektivlosigkeit der vorwiegend jugendlichen Täter, zum anderen wird es angeheizt durch einen wachsenden Zustrom von Aussiedlern und Asylbewerbern und die damit einhergehende kontrovers geführte Diskussion um die Änderung des Asylgesetzes. Die politische Entwicklung ab 1989 hat zu einem starken Zustrom von Aussiedlern aus Ost- und Südeuropa geführt, zugleich steigt die Zahl der Asylbewerber (v. a. aus Polen, der Türkei, Jugoslawien, Sri Lanka u. a.) sprunghaft an.

Am 26. 5. / 28. 5. 1993 beschließen Bundestag/Bundesrat eine **Grundgesetzänderung zum Asylrecht**

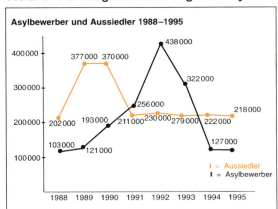

(Art. 16 GG), die am 1. 7. 1993 in Kraft tritt. Danach genießen politisch Verfolgte auch weiterhin Asylrecht, der Zustrom von Flüchtlingen wird aber deutlich eingeschränkt: So haben Ausländer, die über einen »sicheren Drittstaat« einreisen, keinen Anspruch mehr auf Asyl. Das gilt auch für Ausländer aus so genannten »sicheren Herkunftsstaaten«, in denen keine politische Verfolgung registriert wird.

1994 endet die Amtszeit des Bundespräsidenten *Richard von Weizsäcker* (CDU). Zu seinem Nachfolger wird am 23. 5. 1994 der bisherige Präsident des Bundesverfassungsgerichts, *Roman Herzog* (CDU), gewählt.

Die **zweiten gesamtdeutschen Bundestagswahlen** am **16. 10. 1994** bringen der Regierungskoalition von CDU/CSU und FDP zwar Einbußen, sichern ihr aber doch eine regierungsfähige Mehrheit. *Helmut Kohl* bleibt Kanzler. Die Nachfolgepartei der SED, die PDS, erreicht insgesamt 4,4 %, zieht aber wegen des Gewinns von Direktmandaten dennoch in den Bundestag ein. Das aus der ostdeutschen Bürgerbewegung hervorgegangene »Bündnis 90« und die Partei der Grünen, seit Mai 1993 vereinigt, erzielen zusammen 7,3 %. Der Kanzlerkandidat und Parteivorsitzende der SPD, *Rudolf Scharping,* ist 1993 erstmals in der Geschichte der SPD aufgrund einer Mitgliederbefragung gewählt worden. Er kann insgesamt nicht genug Profil gewinnen und wird am 16. 11. 1995 auf dem Bundesparteitag der SPD von dem saarländischen Ministerpräsidenten *Oskar Lafontaine* abgelöst.

Außenpolitisch ergibt sich für Deutschland eine neue Situation. Es hat 1990 durch die Wiedervereinigung nicht nur sein Territorium und seine Bevölkerungszahl vergrößert und die volle Souveränität

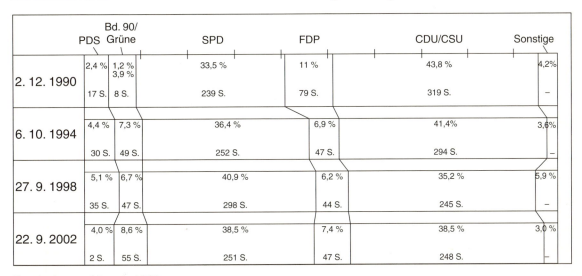

Bundestagswahlen ab 1990

erreicht, es ist auch durch den gleichzeitig erfolgten Zusammenbruch des Ostblocksystems und den Fall des Eisernen Vorhangs vom östlichen Rand des ehemaligen Westblocks ins Zentrum eines sich neu strukturierenden Europas gerückt.

Damit ergeben sich neue Aufgaben: So liegt es im fundamentalen Interesse Deutschlands, gute Beziehungen zu den östlichen Nachbarn zu pflegen und die politische und wirtschaftliche Stabilität dieser Staaten zu fördern. Das starke Wohlstandsgefälle zum Osten muss abgebaut werden, wozu eine Einbindung dieser Staaten in die EU als langfristige Perspektive sinnvoll erscheint.

Trotz der verstärkt notwendigen Orientierung nach Osten bleibt die von der »Bonner Republik« aufgebaute Westintegration für die deutsche Außenpolitik zentral, zumal die Wiedervereinigung nur durch die Einbindung in die westlichen Strukturen und die Zustimmung der europäischen Nachbarn möglich war. Die Verwirklichung der Europäischen Union (s. Seite 189) und deren Ausweitung nach Osten liegen folglich ebenso im deutschen Interesse wie die Mitgliedschaft in der sich verändernden NATO.

Es wird jedoch deutlich, dass dieses neue Deutschland, die »Berliner Republik«, international größere Verantwortung zu übernehmen haben wird. Das zeigt sich zum Beispiel in der Frage nach der Beteiligung deutscher Soldaten an Einsätzen der UNO und der NATO und dem deutschen Wunsch nach einem ständigen Sitz im UNO-Sicherheitsrat.

Die rot-grüne Koalition

Die letzten Jahre der Ära Kohl sind durch eine gewisse Stagnation gekennzeichnet. Die Finanzpolitik steht im Zeichen von Sparmaßnahmen, da bis Ende 1998 die Stabilitätskriterien von Maastricht (s. Seite 189) erfüllt werden müssen. Trotz eines leicht anziehenden Wirtschaftswachstums sinkt die Arbeitslosenquote nicht (s. Tabelle S. 208).

Bei den Bundestagswahlen 1998 tritt der niedersächsische Ministerpräsident *Gerhard Schröder* (SPD), der sich durch einen deutlichen Wahlsieg bei den Landtagswahlen am 1. 3. 1998 (SPD: 47,9 %) qualifiziert hat, als Herausforderer Kohls an. Schröder, der als pragmatisch und wirtschaftsfreundlich eingeschätzt wird, ist der geeignete Kandidat auch für solche Wähler, die nach 16-jähriger Kohl-Kanzlerschaft einen personellen Wechsel wünschen, ohne einen radikalen Schnitt zu wollen.

Die SPD gewinnt die Bundestagswahl am 27. 9. 1998 und bildet mit Bündnis 90/Grüne eine Koalition, die am 27. 10. 1998 die Regierung übernimmt.

Die neue Regierung hat mit erheblichen Anlaufschwierigkeiten zu kämpfen. Besonders umstritten ist die Finanzpolitik *Oskar Lafontaines.* Bei den Landtagswahlen in Hessen und im Saarland verliert die SPD die Regierungsmacht. Erst nach dem überraschenden Rücktritt Lafontaines als Finanzminister und Parteivorsitzender am 11. 3. 1999 fängt sich die Regierung. Neuer Finanzminister wird der bisherige hessische Ministerpräsident *Hans Eichel,* den SPD-Parteivorsitz übernimmt Schröder. Der Aufschwung der Regierung, die im Steuer-, Renten- und Gesundheitswesen Reformen einleitet, wird begünstigt durch eine kurzzeitige konjunkturelle Belebung, die erstmals auch zu einem leichten Rückgang der Arbeitslosenzahl führt. Im Mai 1999 wird *Johannes Rau* (SPD), ehemaliger Ministerpräsident von Nordrhein-Westfalen, zum Bundespräsidenten gewählt.

Die rot-grüne Koalition profitiert jedoch besonders von der Krise, in die die Oppositionspartei CDU stürzt: In der **Parteispendenaffäre** wird in immer neuen Enthüllungen bekannt, dass die CDU unter Kohl illegal Parteispenden auf »schwarzen Konten« verbucht und im Zusammenhang mit politischen Entscheidungen möglicherweise »Schmiergelder« angenommen hat. Die Affäre beschädigt erheblich das Ansehen des Ex-Kanzlers Kohl, der als Ehrenvorsitzender der CDU zurücktreten muss. Nachdem auch sein Nachfolger als Parteivorsitzender, *Wolfgang Schäuble,* über die Spendenaffäre strauchelt, wird im April 2000 mit *Angela Merkel* erstmals eine Frau zur CDU-Vorsitzenden gewählt.

Mittlerweile wird deutlich, dass die rot-grüne Koalition ihre wirtschaftspolitischen Versprechungen nicht einlösen kann. Die Zahl der Arbeitslosen verringert sich nicht (vgl. Tabelle auf S. 208); auch das Ziel, die Staatsverschuldung im Sinne der Maastricht-Kriterien (s. Seite 189) zu senken, erweist sich als nicht realisierbar. Die Regierung macht dafür vor allem die weltweite Wirtschaftskrise verantwortlich, die sich in der Folge des Terroranschlags vom 11. September 2001 (s. Seite 168 f.) verschärft hat. Andererseits versucht sie, durch eine Reform des Arbeitsmarktes dem Problem der Arbeitslosigkeit entgegenzusteuern.[1]

Innen- und Außenpolitik werden stark durch den Terrorangriff auf die USA vom 11. September 2001

---

[1] Vorschläge der so genannten *Hartz-Kommission* (nach ihrem Vorsitzenden *Peter Hartz*): Umstrukturierung der Arbeitsämter, Vereinfachungen auf dem Weg zur Selbstständigkeit usw.

beeinflusst. Noch Ende 2001 werden **Antiterrorgesetze** beschlossen, die eine wirksamere Bekämpfung terroristischer Aktivitäten ermöglichen und die innere Sicherheit gewährleisten sollen. Militärisch beteiligt sich Deutschland am Krieg gegen das Taliban-Regime in Afghanistan (s. Seite 169) und in der Folgezeit an der ISAF. Unter anderem übernimmt die deutsche Marine die Aufgabe, die Seewege am Golf von Aden zu kontrollieren, um Nachschub- und Fluchtwege von Taliban- und Al-Qaida-Gruppen zu unterbrechen.

Die anhaltende Wirtschaftsflaute und die hohe Arbeitslosenzahl lassen die Wiederwahl der Regierungskoalition fraglich erscheinen. Bei den Umfragen im Vorfeld der Bundestagswahl am 22.9.2002 liegen die Unionsparteien unter ihrem Kanzlerkandidaten *Edmund Stoiber,* dem bayrischen Ministerpräsidenten und CSU-Vorsitzenden, in Führung. In dem stark personalisierten Wahlkampf, bei dem es erstmals in der Geschichte der Bundesrepublik zu »Fernsehduellen« zwischen dem Kanzler und seinem Herausforderer kommt, stärken zwei Ereignisse die Stellung Schröders: Zum einen kann Schröder während der Hochwasserkatastrophe an der Elbe, der so genannten **Jahrhundertflut** (August 2002), sein Image als Krisenmanager festigen; zum anderen bezieht er in der schwelenden Irak-Krise (siehe S. 169) eindeutig die Position, Deutschland in jedem Falle aus einem Krieg gegen den Irak herauszuhalten. Damit nimmt Schröder zwar die nachhaltige Störung der Beziehungen zu Amerika in Kauf, trifft aber die Stimmung weiter Teile der Bevölkerung, die an der Legitimität des amerikanischen Vorgehens gegen den Irak zweifeln. Bei der Bundestagswahl erringen die Regierungsparteien einen äußerst knappen Sieg (siehe Tabelle S. 209) und können die Koalition fortsetzen.

Zeittafel
Deutsche Geschichte nach 1945

8.5.1945	**Kapitulation Deutschlands**	März 1952	Deutschlandnoten Stalins
17.7.–2.8.45	Konferenz von Potsdam Abtrennung der Ostgebiete (Westverschiebung Polens), Aufteilung Deutschlands in 4 Besatzungszonen, aber »wirtschaftliche Einheit«	26.5.1952	Deutschlandvertrag
		27.5.1952	EVG-Vertrag
		17.6.1953	**Volksaufstand in der DDR**
		23.10.1954	Pariser Verträge
		5.5.1955	**Beitritt zur NATO** Inkrafttreten des Deutschlandvertrages
Nov. 45–Okt. 46	Nürnberger Kriegsverbrecher-Prozess		
		28.1.1956	Beitritt der DDR zum Warschauer Pakt
1945	Bodenreform und Verstaatlichungen in der SBZ	1.4.1956	Einführung der allgemeinen Wehrpflicht
22.4.1946	Vereinigung von SPD und KPD zur SED **Auseinanderentwicklung von SBZ und Westzonen**	1.1.1957	Beitritt des Saarlandes zur Bundesrepublik Deutschland
		25.3.1957	*Europäische Wirtschaftsgemeinschaft*
25.4.–12.7.46	Pariser Außenministerkonferenz scheitert	27.11.1958	Berlin-Ultimatum Chruschtschows, wachsender Flüchtlingsstrom aus der DDR in die Bundesrepublik Deutschland
6.9.1946	**Byrnes-Rede in Stuttgart**		
1.1.1947	Bizone		
7.5.1947	Münchener Ministerpräsidentenkonferenz scheitert		
5.6.1947	**Marshall-Plan**	15.11.1959	Godesberger Programm der SPD
6.12.1947	1. Volkskongress in der SBZ		
23.2.–2.6.48	Londoner Sechs-Mächte-Konferenz	**13.8.1961**	**Bau der Berliner Mauer**
		22.1.1963	deutsch-französischer Freundschaftsvertrag
20.6.1948	**Währungsreform in den Westzonen**	15.10.1963	Rücktritt Adenauers; neuer Bundeskanzler wird *Ludwig Erhard (CDU)*
23.6.1948	Währungsreform in der SBZ		
24.6.1948	Einführung der **sozialen Marktwirtschaft** in den Westzonen	28.11.1964	Gründung der NPD
		1.12.1966	**große Koalition** (CDU/CSU-SPD) unter *Kiesinger (CDU)* und *Brandt (SPD)*
24.6.48–12.5.49	**Berlin-Blockade und Luftbrücke**		
August 1948	Entwurf einer Verfassung für die Westzonen (Grundgesetz)	1967/68	Studentenunruhen/Außerparlamentarische Opposition
1.9.1948	Parlamentarischer Rat	14.6.1967	Stabilitätsgesetz
8.4.1949	Trizone	28.6.1968	Inkrafttreten der Notstandsgesetze
23.5.1949	**Gründung der Bundesrepublik Deutschland**	27.10.1968	Gründung der DKP
7.10.1949	**Gründung der DDR**	21.10.1969	sozialliberale Koalition unter *Brandt (SPD)* und *Scheel (FDP)*
22.11.1949	Petersberger Abkommen		
8.7.1950	Beitritt zum *Europarat*	3.5.1971	Rücktritt Ulbrichts, Wahl Erich Honeckers zum 1. Sekretär des ZK der SED
25.7.1950	*Walter Ulbricht* Generalsekretär der SED		
24.10.1950	Pleven-Plan (EVG)	1970–73	**Ostverträge der Bundesrepublik Deutschland**
18.4.1951	Bundesrepublik Deutschland als Mitbegründerin der *Montanunion*	27.4.1972	Misstrauensvotum gegen Brandt scheitert

18.9.1973	Aufnahme in UNO (DDR 133. Mitglied, Bundesrepublik Deutschland 134. Mitglied)
Ende 1973	**Ölkrise**
6.5.1974	Rücktritt Brandts; neuer Bundeskanzler wird *Helmut Schmidt (SPD)*
ab 1974	terroristische Anschläge der Roten Armee Fraktion
Sept. 1977	Höhepunkt des RAF-Terrorismus (Entführung Schleyers)
1.10.1982	Misstrauensvotum gegen H. Schmidt (SPD); neuer Kanzler wird *Helmut Kohl (CDU)*
6.3.1983	Die *Grünen* ziehen als vierte Partei in den Bundestag
1989	**Demonstrationsbewegung in der DDR** schwillt an Flucht von ca. 350 000 DDR-Bürgern über Ungarn, Polen und die Tschechoslowakei in die Bundesrepublik Deutschland
18.10.1989	*Rücktritt Erich Honeckers*
7./8.11.1989	Rücktritt der DDR-Regierung und des Politbüros
9.11.1989	**Öffnung der Berliner Mauer**
13.11.1989	Übergangsregierung Hans Modrow
7.12.1989	»Runder Tisch«
15.12.1989	Auflösung der SED, Neubildung als Partei des Demokratischen Sozialismus (PDS)
18.3.1990	**erste freie Wahlen in der DDR**
12.4.–2.10.1990	Regierung *Lothar de Maizière (CDU)*
5.5.–12.9.1990	**Zwei-plus-vier-Gespräche**
18.5.1990	Staatsvertrag zwischen der Bundesrepublik Deutschland und der DDR
1.7.1990	**Währungsunion**
16./17.7.1990	Gespräche Kohl – Gorbatschow im Kaukasus
23.8.1990	**Beitritt der DDR zur Bundesrepublik Deutschland**
31.8.1990	deutsch-deutscher Einigungsvertrag
12.9.1990	Vertrag über die abschließende Regelung in Bezug auf Deutschland
13.9.1990	Freundschaftsvertrag mit der UdSSR
3.10.1990	**Wiedervereinigung Deutschlands**
14.10.1990	Landtagswahlen in der Ex-DDR
14.11.1990	deutsch-polnischer Grenzvertrag
2.12.1990	erste gesamtdeutsche Bundestagswahlen
20.6.1991	Entscheidung des Bundestages für *Berlin als Hauptstadt und Regierungssitz*
ab Sept. 1991	Häufung rechtsextremistischer, ausländerfeindlicher Gewalttaten (Hoyerswerda, Rostock, Mölln, Solingen …)
Mai 1993	Grundgesetzänderung zum Asylrecht
16.10.1994	zweite gesamtdeutsche Bundestagswahlen
1995	erster Einsatz der Bundeswehr im Rahmen der NATO-IFOR-Truppen in Ex-Jugoslawien
März 1998	Zustimmung zur Teilnahme Deutschlands an der EWWU (Europäische Wirtschafts- und Währungsunion)
27.9.1998	Bundestagswahlen: Bildung einer **rot-grünen Koalition** unter Bundeskanzler Gerhard Schröder (SPD) – Ende der »Kohl-Ära«
1.1.1999	Als einer von elf EU-Staaten führt die Bundesrepublik den **Euro** im bargeldlosen Zahlungsverkehr ein.
März – Juni 1999	Im **Kosovo-Konflikt** beteiligen sich deutsche Soldaten unter NATO-Kommando erstmals seit dem 2. Weltkrieg an Kampfeinsätzen; danach Beteiligung der Bundeswehr an der KFOR (Kosovo Force)
ab Ende 1999	Parteispendenaffäre der CDU → April 2000: *Angela Merkel* wird Parteivorsitzende der CDU
Mai 2000	Steuerreform
1.1.2002	Der **Euro** löst die Deutsche Mark als Zahlungsmittel ab

Register

Abkürzungsverzeichnis

amerikan. = amerikanisch; chin. = chinesisch; d. = der/des; dt. = deutsch; engl. = englisch; ev. = evangelisch; frz. = französisch; hinger. = hingerichtet; Kg. = König; Ks. = Kaiser; Min. = Minister; NS = natioalsozialistisch; Präs. = Präsident; preuß. = preußisch; russ. = russisch; s. = siehe; sozial. = sozialistisch; span. = spanisch; u. = und; u. a. = unter anderem; v. = von

A
Absolutismus 6–8, 23, 27
Abukir, Seeschlacht bei A. (1798) 10
Adenauer, Konrad, Bundeskanzler (1949–1963) 178, 185–193
Adrianopel, Frieden von A. (1829) 26
Afghanistan 131, 144 f., 147, 165, 169
Afrika 45–47, 171 f.
Afrikafeldzug (1941–1943) 123 f., 129
Ägypten 10, 46, 47, 62, 66, 158–162
Al-Aksa-Intifada, -Brigaden 168
Alexander I., Zar v. Russland (1801–1825) 16, 21 f., 26, 73
Alexander II., Zar v. Russland (1855–1881) 73 f., 157
Al Fatah 160–162
Alldeutscher Verband 47, 97, 104
Allgemeiner Deutscher Arbeiterverein (ADAV) 41 f.
Alliierte Hohe Kommission 187
Alliierter Kontrollrat 136, 180 f.
Alma Ata, Gipfeltreffen von A. A. (21. 12. 1991) 149, 155
Al-Qaida 165, 169, 211
Altkatholiken 60
Amerika, siehe: Vereinigte Staaten von Amerika
Amiens, Frieden von A. (1802) 14
Anarchie 74
Ancien régime 6 f.
Antifaschistischer Block 181
Antikominternpakt (1936) 121, 137
Antisemitismus 104, 109, 117 f., 126 f., 156, 157
ANZUS-Pakt 142
APO (Außerparlamentarische Opposition) 178, 194 f.
Appeasement 108, 120, 122
Aprilthesen 72, 77 f.
Araber, arabische Staaten 156–169
Arafat, Jassir, Führer d. Al Fatah (seit 1967), PLO-Vorsitzender (seit 1969) 160, 162, 167 f.
Arier, Arierparagraph 104, 109, 111, 117
Armenien 145
Arndt, Ernst Moritz (1769–1860), dt. Dichter 17, 19, 24, 25, 30
Artikel 48 91, 92, 101
Arusha-Erklärung (1979) 175
Aserbaidschan 79, 145
Äthiopien 120, 158
Atlantik-Charta (1941) 132
Atombombe 126, 134, 136, 154
Attlee, Clement Richard, engl. Premiermin. (1945–1951) 134
Aufklärung 6 f., 17, 42, 60
Auschwitz 127, 193
Austerlitz, Schlacht b. A. (1805) 14
Autokratie 72

B
Baader-Meinhof-Gruppe 195 f.
Baath-Partei 159, 165
Babeuf, François Noël (1760–1797), frz. Revolutionär 11, 41
Bagdadbahn 66, 67
Bakunin, Michail (1814–1876), russ. Revolutionär 74
Balfour-Erklärung (1917) 158, 159
Balkan/Balkankrisen 26, 50, 65, 67 f., 69, 151 ff.
Balkanfeldzug (1941) 124 f.
Ballhausschwur 7
Baltikum/Baltische Staaten 32, 70, 79, 90, 95, 123, 146, 149, 189
Bandung, Konferenz von B. (1955) 174
Barak, Ehud, israel. Min.präs. (1999–2001) 168
Barmer Bekenntnissynode 119
Barras, Paul Vicomte de (1755–1829), frz. Politiker 11, 13
Basel, Sonderfrieden von B. (1795) 10, 17
Bastille 8
Bauer, Gustav, Reichskanzler (1919–1920) 94, 96
Bauernbefreiung 17, 29, 73
Bayern 16, 23, 57, 86, 99
Bayrische Volkspartei (BVP) 59, 111
Bebel, August (1840–1913), Vorsitzender d. SPD 40, 41
Beck, Ludwig (1880–1944, hingerichtet), dt. Widerstandskämpfer 128, 129
Befreiungskriege 13, 15, 19, 24
Bekennende Kirche 119, 128
Belgien 21, 27, 47, 68, 123, 172, 185, 189
Belzec 127
Benesch, Eduard, tschechoslow. Politiker u. Staatspräs. (1933–1938 u. 1945–1948), Präs. d. tschechoslow. Exilregierung (1940–1945) 133
Beresina, Schlacht an der B. (1812) 15, 19
Berlin-Blockade (1948/49) 136, 137, 178, 183 f.
Berliner Kongress (1878) 61 f.
Berliner Mauer 131, 139, 141, 178, 179, 192, 193, 201 f., 204
Berliner Vertrag (1926) 100
Berlin-Ultimatum (1958) 131, 191
Bethmann Hollweg, Theobald v., preuß. Min.präs. u. Reichskanzler (1909–1917) 70
Bismarck, Otto v. (1815–1898), preuß. Min.präs., Reichskanzler (1862/71–1890) 43, 47, 52–64, 65
Bizone 136, 178, 182, 183
Blanc, Louis (1811–1882), frz. Sozialist 29

Blanqui, Louis Auguste (1805–1881), frz. Sozialist u. Revolutionär/Blanquisten 57
Blockfreie 134, 145, 174
Blücher, Gebhard Leberecht, Fürst (1742–1819), preuß. Generalfeldmarschall 16
Blutsonntag (9./22.1.1905) 75
Bolschewisten 72, 75, 77–79, 81
Born, Stephan (1824–1898), Buchdrucker u. Sozialreformer 41
Bosnien/Bosnische Krise (1908) 50, 61 f., 67
Bosnien-Herzegowina 151–153
Boxeraufstand (1900–1901) 49
Brandt, Willy, Bundeskanzler (1969–1974, gest. 1992) 175, 178, 193, 194 ff., 203
Breschnew, Leonid, Generalsekretär der KPdSU (1964–1982) 140, 145
Breschnew-Doktrin (1968) 140, 147
Brest-Litowsk, Frieden v. B.-L. (1918) 65, 70, 78
Bretton-Woods, Abkommen von B.-W. (1944) 174, 175
Briand-Kellogg-Pakt (1928) 100
Brockdorff-Rantzau, Ulrich Graf v., Reichsaußenmin. (1918–1919), dt. Botschafter in d. UdSSR (1922–1928) 94
Brüning, Heinrich, Reichskanzler (1930–1932) 101–104, 116
Brüsseler Pakt, 136, 185, 188
Bucharin, Nikolai Iwanowitsch (1888–1939, hinger.), russ. Politiker u. Wirtschaftstheoretiker 81, 82
Büchner, Georg (1813–1837), dt. Dichter 28
Bulgarien 61, 62, 67, 69, 70, 85, 94, 124, 134, 147, 189
Bund Deutscher Mädel (BDM) 112
Bundesrepublik Deutschland 136, 139, 144, 178 f., 184, 185–213
Bündnis 90/Grüne 191, 197, 209, 210 f.
Buren/Burenkrieg 46, 47, 66
Burschenschaften 24, 25
Bush, George, Präs. d. USA (1989–1993) 167
Bush, George W. (jun.), Präs. d. USA (seit 2001) 169, 170, 177
Bush-Doktrin (2002) 169
Byrnes, James Francis, amerikan. Außenmin. (1945–1947) 135, 178, 182
Byron, George Noel Gordon, Lord (1788–1824), engl. Dichter 26

C

Camp David, Abkommen von C.D. (1978) 144, 156, 162, Gipfeltreffen von C.D. (2000) 169
Campo Formio, Frieden von C.F. (1797) 10
Canning, George, engl. Außenmin. (1807–1809 u. 1822–1827) 25
Carbonari 25
Caritas 40
Carnot, Lazare (1753–1823), frz. Kriegsminister 10
Carstens, Karl, Bundespräsident (1979–1984) 198
Carter, Jimmy, Präs. d. USA (1977–1981) 144, 162, 165
Castlereagh, Henry Robert Stewart, engl. Außenmin. (1812–1822) 21 f., 25
Castro, Fidel, kuban. Min.präs. (seit 1959) 141
Cavour, Camillo (1810–1861), Min.präs. v. Piemont-Sardinien 35, 58

CDU (Christlich-Demokratische Union) 178, 182 f., 191–198, 206–211
Ceausescu, Nicolae, rumän. Diktator (1865–1989, hinger.) 147
Chamberlain, Houston Stewart (1855–1927), engl. Kulturphilosoph 109, 157
Chauvinismus 45
Chelmno 127
Chiang Kai-shek, chin. Politiker, Staatspräs. Taiwans (1950–1975) 136 f.
China (ab 1949 siehe: Volksrepublik China) 45–50, 131, 136–139
Chirac, Jacques, franz. Staatspräs. (seit 1995) 169
Christian IX., Kg. v. Dänemark (1863–1906) 53 f.
Christlich-Soziale Arbeiterpartei 40
Chruschtschow, Nikita, Generalsekretär der KPdSU (1953–1964) 82, 139–141, 191
Churchill, Winston, engl. Premiermin. (1940–1945, 1951–1955) 132, 134 f., 179
Clausewitz, Carl v. (1780–1831), preuß. General u. Militärtheoretiker 18, 19
Clemenceau, Georges, frz. Min.präs. (1906–1909, 1917–1920) 93
Clinton, Bill, Präs. d. USA (1993–2001) 167, 168
Club of Rome 175
Cocoyoc-Erklärung (1974) 175
Code civil 13, 14
Comecon, siehe: RgW
Compiègne, Waffenstillstand von C. (11.11.1918 u. 22.6.1940) 70, 92, 123
Containment (Eindämmung) 131, 135, 182
Cordeliers 8
Cordon sanitaire 95, 132
CSSR, CSR, siehe: Tschechoslowakei
CSU (Christlich-Soziale Union) 178, 182, 183, 191–198, 207, 209, 211
Cuno, Wilhelm, Reichskanzler (1922–1923) 98
Curzon-Linie 95, 132

D

Dänemark 23, 32, 53 f., 123
Danton, Georges Jacques (1759–1794), frz. Revolutionär 10, 11
Danzig 93
Darwin, Charles (1809–1882), engl. Naturforscher 45, 109
Dawes-Plan (1924) 100
Dayton, Friedensabkommen von D. (1995) 152
DDR (Deutsche Demokratische Republik) (1949–1990) 131, 147, 178 f., 185, 191 f., 194, 196, 197 f., 199–208
Dekabristenaufstand (1825) 73, 75
Dekolonisation 171 f.
Demokratischer Zentralismus 82, 199
Deng Xiaoping, chin. Politiker, Vorsitzender d. Militärkommission des ZK der KPCh (seit 1981, gest. 1997) 148
Dependenztheorie 174, 175
Desmoulins, Camille (1760–1794), frz. Revolutionär 11
Deutsch-Dänischer Krieg (1864) 54
Deutsch-Französischer Krieg (1870/71) 52, 55–58, 60
Deutsche Arbeitsfront (DAF) 113, 116

»Deutsche Christen« 119
Deutsche Demokratische Partei (DDP) 59, 90, 94, 98
Deutsche Kolonialgesellschaft 47
Deutsche Fortschrittspartei 40, 53, 58 f., 70
Deutsche Freisinnigen-Partei 59
Deutsche Reichspartei 59
Deutsche Staatspartei 105, 111
Deutsche Volkspartei (DVP) 59, 90, 98, 102
Deutscher Bund 23, 24, 32, 34, 35, 52–54
Deutscher Flottenverein 47
Deutscher Kolonialverein 47
Deutscher Zollverein (1834) 34, 39, 53, 55
Deutsches Kaiserreich 52, 57–71, 85–88, 92
Deutsch-konservative Partei 59
Deutschland, siehe: Deutscher Bund, Deutsches Kaiserreich, Weimarer Republik, Drittes Reich, Bundesrepublik, DDR
Deutschlandvertrag 178, 188, 190, 194
Deutschnationale Volkspartei (DNVP) 59, 90, 104
DFD (Demokratischer Frauenbund Deutschlands) 182
Dien Bien Phu 142, 170
DKP (Deutsche Kommunistische Partei) 195
Dolchstoßlegende 85, 95 f., 106
Domino-Theorie 142
DP (Deutsche Partei) 192
Dreiklassenwahlrecht 34, 55, 86
Drittes Reich 108–130
Dritte Welt 171–177, 202
DRP (Deutsche Reichspartei) 191
Dubček, Alexander, 1. Sekretär der KP der CSSR (1968–1969), Mitinitiator des »Prager Frühlings« (1968) 140, 147
Duma 72, 76 f.,
Dunant, Henri (1828–1910), Gründer des Roten Kreuzes 36
DWK (Deutsche Wirtschaftskommission) 182

E

Ebert, Friedrich, Reichskanzler (1918/19), Reichspräs. (1919–1925) 85, 87–90, 92
Ebert-Groener-Pakt (10. 11. 1918) 85, 88
EG (Europäische Gemeinschaft) 151, 188 f., 206, 210
EGKS (Europäische Gemeinschaft für Kohle u. Stahl, Montanunion) 187, 189
Eichmann, Adolf (1906–1962, hingerichtet), SS-Führer, Leiter des Judenreferats 193
Einigungsvertrag (1990) 206
Eisenhower, Dwight David, amerik. General, Präs. d. USA (1953–1961) 124, 139, 142
Eiserne Front 104 f.
Eiserner Vorhang 135, 147, 210
Eisner, Kurt, dt. Publizist u. Politiker, Min.präs. d. Bayrischen Republik (1918–1919, ermordet) 86, 97
Elfter September 2001 168 f., 210
Elsass-Lothringen 32, 56, 61, 69, 93
Elser, Johann Georg, Widerstandskämpfer 129
Elysée-Vertrag (1963) 187, 189, 193
Emser Depesche 56
Engels, Friedrich (1820–1895), sozialist. Theoretiker 40, 41
England 10, 13 f., 19, 21–26, 32, 34 f., 46–48, 61–63, 65–71, 80, 100, 123, 158 f., 171, 189

Entente cordiale (1904) 47, 65, 66
Entwicklungsländer 171–177
Enzyklika 40, 119
Erhard, Ludwig, Wirtschaftsmin., Bundeskanzler (1963–1966) 178, 183, 193
Ermächtigungsgesetz (1933) 108, 111
Erster Weltkrieg (1914–1918) 56, 61, 65–71, 85 f.
Erzberger, Matthias, Reichsfinanzmin. (1919–1920) (1921 ermordet) 92, 96, 97
EU (Europäische Union) 188 ff., 210
»Euro« (europ. Währungseinheit) 189
Europarat 187, 189
Euthanasie 128
EVG (Europäische Verteidigungsgemeinschaft) 188 f.
EWG (Europäische Wirtschaftsgemeinschaft) 189
EWI (Europäisches Währungsinstitut) 189
EZB (Europäische Zentralbank) 189

F

Faschismus 114 f., 121
Faschoda-Konflikt (1898) 47, 66
Favre, Jules (1809–1880), frz. Politiker 56
FDGB (Freier Deutscher Gewerkschaftsbund) 182
FDJ (Freie Deutsche Jugend) 182, 199
FDP (Freie Demokratische Partei) 178, 182, 183, 185, 191–198, 207, 208, 209
Februarrevolution (Frankreich, 1848) 29 f.
Februarrevolution (Russland, 1917) 75, 76 f.
Fedajin 159, 160
Fehrenbach, Konstantin, Reichskanzler (1920–1921) 96
Ferdinand I., Kg. v. Neapel-Sizilien (1759–1825) 25
Ferdinand VII., Kg. v. Spanien (1814–1833) 21, 25
Feuillants 8
Fichte, Johann Gottlieb (1762–1814), dt. Philosoph 17, 18
»Fonds Deutsche Einheit« 207
Franco, Francisco, span. General u. Diktator (1939–1975) 121
Frankfurt, Frieden von f. (1871) 56
Frankfurter Bundestag 23, 30
Frankfurter Fürstentag (1863) 53
Frankfurter Paulskirche 30–33, 58
Frankfurter Wirtschaftsrat 183
Frankreich 6–20, 21–23, 25–29, 32–36, 46 f., 55–57, 61 f., 65–71, 79 f., 93, 98, 100, 123, 141 f., 158, 171, 187, 188, 189
Franz II., Ks. (1792–1806), Ks. v. Österreich (1804–1835) 16
Franz Ferdinand (1863–1914, ermordet), österr. Thronfolger 65, 67
Franz Joseph I., Ks. v. Österreich (1848–1916) 35, 53
Französische Revolution 6–12, 30, 157
Frauenbewegung 90
Freikorps 90, 96, 98
Frick, Wilhelm, Reichsinnenminister (1933–1943) 110, 114
Friedrich VII., Kg. v. Dänemark (1848–1863) 32, 53
Friedrich Wilhelm III., Kg. v. Preußen (1797–1840) 19
Friedrich Wilhelm IV., Kg. v. Preußen (1840–1861) 30, 31, 33
Fundamentalismus 156, 157, 164 f., 166, 168 f.
Fünf-Prozent-Klausel 158 f., 192

G

Gagern, Heinrich v. (1799–1880), Präs. d. Frankfurter Paulskirche 32
Gaidar, Jegor, russ. Min.präs. (Juni–Dez. 1992) 150
Gambetta, Léon (1838–1882), frz. Politiker 56
Gandhi, Mahatma (1869–1948, ermordet), ind. Freiheitskämpfer 171
Garibaldi, Giuseppe (1807–1882), ital. Revolutionär 35
Gastein, Konvention v. G. (1865) 54
GATT (General Agreement on Tariffs and Trade) 174
Gauck-Behörde 208
Gaulle, Charles de, frz. General u. Staatspräs. (1959–1969) 141, 171, 187
Gaza-Jericho-Abkommen (1994) 167
GB/BHE (Gesamtdeutscher Block / Bund der Heimatvertriebenen u. Entrechteten) 192
Generalstände 6, 7
Gewaltenteilung 9
Gewerbefreiheit 29
Gewerkschaften 40, 111, 113, 115 f., 128
Girondisten 10 f.
Giscard d'Estaing, Valéry, franz. Staatspräs. (1974–1981) 189
Glasnost 123, 134, 145, 149
Gleichschaltung 111, 112–114
Gneisenau, August Graf Neithardt v. (1760–1831), preuß. General 18
Gobineau, Arthur de (1816–1882), frz. Schriftsteller 109, 157
Godesberger Programm (1959) 178, 192
Goebbels, Joseph, Reichspropagandamin. (1933–1945) 108, 113, 114, 126, 179
Goerdeler, Carl Friedrich (1884–1945, hingerichtet), dt. Widerstandskämpfer 128, 129
Goethe, Johann Wolfgang (1749–1832), dt. Dichter 17, 18
Golanhöhen 160, 161, 167
Goldene Zwanziger 85, 101
Golfkrieg, Ester (1980–1988) 156, 157, 165 f.
Golfkrieg, Zweiter (1991) 156, 166 f.
Gomulka, Wladyslaw, poln. Politiker, 1. Sekretär d. poln. KP (1956–1970) 140
Gorbatschow, Michail, Generalsekretär der KPdSU (1985–1991) 82, 131, 140, 145–149, 150, 178, 198, 203, 204, 206
Göring, Hermann (1893–1946, Selbstmord), NS-Politiker, Reichsmarschall 104, 110, 117
Göttinger Sieben 28, 30
Gravelotte, Schlacht bei G. (1870) 56
Gregorianischer Kalender 75
Griechenland 25 f., 67, 124
Grimm, Jacob (1785–1863) u. Wilhelm (1786–1859), Sprachwissenschaftler 25, 28, 30
Groener, Wilhelm (1867–1939), Generalstabschef u. Politiker 88, 89
Großbritannien, siehe: England
Große Koalition (1966–1969) 178, 194 f.
Grotewohl Otto, Min.präs. d. DDR (1949–1964) 199, 205
Grundgesetz 92, 186 f., 206, 209
Grundlagenvertrag (1972) 197, 203
Grüne, Partei der Grünen 178, 197, 210 f.

Gruppe der 77, 171, 174 f.
Guerilla 15
Guillaume-Affäre 196, 200
GUS (Gemeinschaft unabhängiger Staaten) 131, 149
Gysi, Gregor, Vorsitzender d. SED-PDS (1989–1993) 205

H

Haller, Carl Ludwig von (1768–1854), schweiz. Staatstheoretiker 22, 24
Hallstein-Doktrin (1955) 191, 194, 197, 202
Hamas 167, 168
Hambacher Fest (1832) 27, 28
Hannover, Königreich 22, 23, 28, 55
Hardenberg, Karl August v. (1750–1822), preuß. Staatsmann u. Reformer 17 f., 21
Hartz-Kommission 210
Harzburger Front (1931) 85, 104, 110
Havel, Václav, Bürgerrechtler u. Schriftsteller, Staatspräs. d. CSR (1989–1992), Staatspräs. Tschechiens (1993–2003) 147
Hébert, Jacques René (1735–1794), frz. Revolutionär 11
Hecker, Friedrich (1811–1881), dt. Revolutionär 30
Heilige Allianz 22, 25, 73
Heiliges Römisches Reich deutscher Nation 13, 16, 22
Heine, Heinrich (1797–1856), dt. Dichter 114
Heinemann, Gustav, Bundespräs. (1969–1974) 195
Helfferich, Karl (1872–1924), dt. Politiker 96
Helgoland-Sansibar-Vertrag (1890) 65
Herzen, Alexander (1812–1870), russ. Schriftsteller 74 f.
Herzl, Theodor (1860–1904), Begründer d. Zionismus 157
Herzog, Roman, Bundespräs. (1994–1999) 187, 209
Heuss, Theodor, Bundespräs. (1949–1959) 186, 187
Heydrich, Reinhard (1904–1942, ermordet), NS-Politiker 127
Himmler, Heinrich (1900–1945, Selbstmord), Reichsführer SS 112, 126 f.
Hindenburg, Paul v., Generalfeldmarschall, Reichspräs. (1925–1934) 69, 85, 92, 95, 102–106, 108, 112
Hiroshima u. Nagasaki 126
Hirsch-Duncker'sche Gewerkvereine 40
Hitler, Adolf (1889–1945, Selbstmord), NSDAP-Vorsitzender, Reichskanzler u. »Führer« (1933–1945) 85, 99, 103–106, 108–130
Hitlerjugend (HJ) 112 f., 115
Hitler-Ludendorff-Putsch (1923) 99, 109, 110
Hitler-Stalin-Pakt (23. 8. 1939) 95, 108, 123, 134
Ho Chi Minh (1890–1969), vietnam. Politiker, Staatspräs. v. Nordvietnam (1954–1969) 141
Hofer, Andreas (1767–1810), Tiroler Freiheitskämpfer 15
Holocaust 127
Honecker, Erich, Generalsekretär der SED (1971–1989, gest. 29. 5. 1994) 202–204, 208
Hoover-Moratorium (1931) 102
Hoßbach-Protokoll (1937) 121
Hoyerswerda 208
Huber, Kurt (1893–1943, hingerichtet), dt. Widerstandskämpfer 128
Hugenberg, Alfred, DNVP-Vorsitzender (1928–1933) 104, 108, 110
Humboldt, Wilhelm v. (1767–1835), Gelehrter, preuß. Staatsmann u. Reformer 18, 21

Hussein II., Kg. v. Jordanien (1952–1999) 160, 161, 162, 167, 168
Hussein, Saddam, irak. Staatspräs. (1979–2003) 165–167, 169 f.

I

IBRD (International Bank for Reconstruction and Development) 174
IFOR 152, 153
Imperialismus 45–51, 109
Indemnität/Indemnitätsvorlage 52, 53, 55, 59
Indochina 49, 141–143, 171
Indochinakonferenz (1954) 139, 142
Industrialisierung/industrielle Revolution 34, 37–44, 45, 70, 73, 82
INF-Vertrag (Intermediate Range Nuclear Forces) 147
Inflation 85, 97 f., 106
Intelligentsia 72, 74 f.
Intifada 162 f., 168
Irak 156, 158, 165, 166 f., 169 f.
Irak-Krieg (2003) 169 f., 211
Iran 145, 156, 162, 165 f.
ISAF 169, 211
Islamischer Jihad 168
Israel 156, 158–164, 166, 167 f.
Italien 21, 25, 27, 30 f., 34–36, 47, 54, 58, 60, 62 f., 66, 69, 93, 114 f., 120, 126
IWF (Internationaler Währungsfonds) 174

J

Jakobiner 8, 11, 57
Jalta, Konferenz von J. (1945) 132–134, 180 f., 187
Japan 45, 49 f., 93, 121, 126, 134, 137, 171
Jelzin, Boris, Präsident Russlands (1990–1999) 146–151
Jena u. Auerstädt, Schlacht bei J. u. A. (1806) 14, 17
Jesuiten 60
Johannesburg, Weltgipfel v. (2002) 177
Jom-Kippur-Krieg (1973) 144, 161, 196
Jordanien 158–163, 167
Juden 18, 108, 109, 117 f., 126 f., 156 ff., 163
Jugoslawien 95, 124, 134, 151 ff., 155
Julianischer Kalender 75
Julirevolution (Frankreich, 1830) 24, 26–28

K

Kádár, János, ungar. Ministerpräs. (1956–1958 u. 1961–1968) 140
Kaderpartei 75, 199
Kadetten 75
Kalisch, Vertrag v. K. (1813) 19
Kalter Krieg 131, 135 f., 137, 139, 145, 147, 181, 189
Kambodscha 141–143
Kamenew, Lew Borissowitsch (1883–1936, hinger.), russ. Politiker 81
Kapp-Putsch 85, 95 f.
Karl X., Kg. v. Frankreich (1824–1830) 27
Karlsbader Beschlüsse (1819) 18, 24 f., 30
Karzai, Hamid, Präs. d. afghanischen Übergangsregierung 169
Katyn 134
Kautsky, Karl (1854–1938), österr. Sozialist 42

Kennan, George F., amerik. Botschafter u. a. in Moskau (1944–1946) 135
Kennedy, John F., Präs. d. USA (1961–1963, ermordet) 141, 192
Kerenski, Alexander Fjodorowitsch, russ. Kriegsmin. u. Min.präs. (1917) 77, 78
Ketteler, Emmanuel v. (1811–1877), Bischof, Gründer der Zentrumspartei 59
Keynes, John M. (1883–1946), engl. Wirtschaftstheoretiker 194
KFOR (Kosovo Force) 152
Khmer Rouge 143
Khomeini, Ayatollah (1901–1989), Führer d. iran. Revolution 145, 157, 165 f.
Kibbuz 158
Kiesinger, Kurt Georg, Bundeskanzler (1966–1969) 178, 194
Kim II Sung, Min.präs. (1948–1972) u. Staatspräs. (1972–1994) Nordkoreas 138
Kirchenstaat 35, 60, 118
Kohl, Helmut, Bundeskanzler (1982–1998) 178, 198, 205, 206, 209, 210
Kolchose 82
Kolonien 45–51, 171, 174
Kolping, Adolf (1813–1865)/Kolpingverein 40
Kominform 131, 134, 135, 139, 183
Kommunistische Internationale 81, 98, 121
Kommunistische Partei Chinas (KPCh) 49, 136 f.
Kommunistische Partei Deutschlands (KPD) 85, 89, 98, 101, 103–105, 111, 128, 178, 181 f., 192, 195
Kommunistisches Manifest 41
Konfuzius (551–479), chin. Philosoph 47
Königgrätz, Schlacht v. K. (1866) 55, 56
Konkordat 14, 118
Konstruktives Misstrauensvotum 92, 186, 198
Kontinentalsperre 13, 14
Konzertierte Aktion 194
Korea 49 f.
Korea-Krieg (1950–1953) 131, 137–139, 188
Körner, Theodor (1791–1813), dt. Dichter 17, 24
Kornilow-Putsch (1917) 72, 78
Kosovo 151, 152 f.
Kostunica, Vojislav, Präs. d. Bundesrep. Jugoslawien (ab Oktober 2000) 153
Kotzebue, August von (1761–1819), dt. Dichter u. russ. Staatsrat 24
KPD, siehe: Kommunistische Partei Deutschlands
Kraft durch Freude (KdF) 113, 115
Kreisauer Kreis 128, 129
Krenz, Egon, Generalsekretär der SED (1989) 204
Kreuzzeitung/Kreuzzeitungspartei 52, 59
Kriegskommunismus 72, 80
Krimkrieg (1853–1856) 34–36, 73
Kroatien 151 f.
Kronstädter Matrosenaufstand (1921) 80
Krüger-Depesche 47, 66
Krümpersystem 8
KSZE (Konferenz für Sicherheit und Zusammenarbeit in Europa) 131, 144, 147, 198, 203
Kuba, Kubakrise (1962) 131, 141, 174
Kulaken 76, 82
Kulturkampf 52, 59 f.

Kuomintang (KMT) 49, 136 f.
Kurden 167
Kuwait 156, 166 f.

L

Lafontaine, Oskar, saarländischer Min.präs. (1985–1998), SPD-Vorsitzender (1995–1999), Bundesfinanzmin. (1998/99) 207, 209
Lambsdorff, Otto Graf, Wirtschaftsmin. (1977–1984) 198
Langemarck, Schlacht v. L. (1914) 68
Langer Marsch (1934/35) 137
Laos 141–143
Lassalle, Ferdinand (1825–1864), sozialist. Theoretiker 40, 41 f.
Lateinamerika 24, 26, 171
LDC (Less Developed Countries) 172
LDPD (Liberal-Demokratische Partei Deutschlands) 181, 182, 204
Leipzig, Völkerschlacht bei L. (1813) 15, 19, 24
Lenin (Wladimir Iljitsch Uljanow) (1870–1924), russ. Revolutionär u. Politiker 72, 74 f., 77–79, 81, 87
Leopold I. v. Sachsen-Coburg, Kg. v. Belgien (1831–1865) 28
Lessing, Gotthold Ephraim (1729–1781), dt. Dichter 17
Levée en masse (1793) 10
Ley, Robert (1890–1945, Selbstmord), Reichsarbeitsführer 113
Libanon 156, 158, 159, 163 f.
Liberalismus 6, 13, 21–28, 58, 60, 72, 114
Lidice 127
Liebknecht, Karl (1871–1919, ermordet), Führer d. Spartakusgruppe 87, 90, 97, 203
Liebknecht, Wilhelm (1826–1900), sozialist. Politiker 40, 41, 42
List, Friedrich (1789–1846), dt. Volkswirtschaftler 39
LLDC (Least Developed Countries) 172 f.
Lloyd George, David, engl. Premiermin. (1916–1922) 93
Locarno, Vertrag von L. (1925) 100
Londoner Sechs-Mächte-Konferenz (1948) 185
LPG (Landwirtschaftliche Produktionsgenossenschaft) 200, 201
Lubliner Komitee 134
Lückentheorie 53
Ludendorff, Erich (1865–1937), dt. Heerführer 69, 85 f., 99
Ludwig XVI., Kg. v. Frankreich (1774–1792) 6–10, 15, 26
Ludwig XVIII., Kg. v. Frankreich (1814–1824) 15, 21, 26 f.
Ludwig Philipp v. Orléans, Kg. v. Frankreich (1830–1848) 27 f., 29
Ludwig I., Kg. v. Bayern (1825–1848) 26
Ludwig II., Kg. v. Bayern (1864–1886) 57
Ludwig III., Kg. v. Bayern (1913–1918) 86
Lunéville, Frieden v. L. (1801) 14, 16
Lützow'sches Freikorps 24
Luxemburg 23, 68, 123, 189
Luxemburg, Rosa (1871–1919, ermordet), führendes Mitglied d. Spartakusgruppe 87, 90, 97, 203
Lwow, Georgi Jewgenjewitsch, Fürst, russ. Min.präs. (1917) 77

M

Maastricht, Vertrag v. M. (1991) 189, 208, 210
MacArthur, Douglas (1880–1964), amerikan. General 138 f.
Mafia 25
Magenta, Schlacht von M. (1859) 35
Maidanek 127
Maizière, Lothar de, Ministerpräs. der DDR (1990) 179, 205, 206
Malta 189, 190
Mandschu-Dynastie 48, 49
Mao Tse-tung (1893–1976), Gründer der Volksrepublik China 136 f., 148
Marat, Jean-Paul (1743–1793), frz. Revolutionär 9
Marie Antoinette (1755–1793), Gemahlin Ludwigs XVI. 9
Marie-Louise (1791–1847), Gemahlin Napoleons I. 15
Marokko/Marokkokrisen 47, 66 f.
Marseillaise 9
Marshall-Plan 135, 136, 174, 178, 182, 183, 188, 192
Mars-la-Tour, Schlacht bei M. (1870) 56
Marx, Karl (1818–1883), dt. Philosoph u. sozialist. Theoretiker 41–43
Marxismus 41–43, 193
Marxismus-Leninismus 72, 74 f., 114, 199
Märzrevolution (Deutschland, 1848) 24, 30–33
Masurische Seen, Schlacht an den M. S. (1914) 69
Max v. Baden, Prinz, Reichskanzler (1918) 70, 86 f.
Mazedonien 153
Mazzini, Giuseppe (1805–1872) ital. Revolutionär 27
McCarthy-Ära (1949–1954) 137, 138 f.
Mediatisierung 13, 16, 21
Mefowechsel 116
Mejii-Zeit 50
Memelland 93, 122
Menschewisten 72, 75, 77 f., 80
Merkel, Angela, CDU, Bundesfamilienministerin 1991–1994, -umweltministerin – 1998, seit April 2000 Parteivorsitzende der CDU 210
Metternich, Klemens Wenzel, Fürst (1773–1859), österr. Staatsmann 19, 21–24, 26, 30
Mielke, Erich, Chef der Stasi (1957–1989) 208
Milošević, Slobodan, Präs. Serbiens (1989–1997), Präs. d. Bundesrep. Jugoslawien (1997–2000) 151–153
Mirabeau, Honoré Gabriel Riqueti, Graf (1749–1791), frz. Politiker 7
Mir, Mir-Verfassung 73, 76
Modrow, Hans, Ministerpräsident der DDR (1989–1990) 178, 204
Mölln 208
Moltke, Helmuth James v. (1907–1945, hingerichtet), dt. Widerstandskämpfer 128
Monroe-Doktrin (1823) 21, 26
Montagnards (»Bergpartei«) 10
Montanunion (1951) 187, 189
Montesquieu, Charles-Louis de Secondat et de M. (1689–1755), frz. Philosoph u. Staatstheoretiker 7, 8
Morgenthau-Plan 132, 180, 182
Moskauer Vertrag (1970) 197, 202
MSAC (Most Seriously Affected Countries) 172, 175
MSPD (Mehrheitssozialdemokratie) 85–90, 94, 96, 98, 102, 104, 105

Mukden, Schlacht v. M. (1905) 50
Müller, Hermann, Reichskanzler (1920 u. 1928–30) 85, 96, 101 f.
Münchener Konferenz (1938) 122, 129, 133, 158, 198
Mussolini, Benito (1883–1945), ital. Min.präs. u. »Duce« 110, 114 f., 122, 126

N

Nagy, Imre, ungar. Min.präs. (1953–1955 und 1956, 1958 hingerichtet) 140, 147
Nahost-Friedenskonferenz (ab 1991) 156, 167
Nahost-Konflikt 144, 156–168
Napoleon I. Bonaparte (1769–1821), frz. Feldherr, Ks. (1804–1814/15) 10, 11, 13–20, 21, 29
Napoleon III., Ks. v. Frankreich (1852–1870) 29 f., 35, 54, 55 f.
Narodniki 74
Nasser, Gamal Abdel, ägypt. Staatspräs. (1954–1970) 159 f., 161, 174
Nationale Front 199
Nationalismus 6, 13, 17, 21–30, 45, 109, 145 f.
Nationalliberale Partei 53, 59
Nationalsozialistische Deutsche Arbeiterpartei (NSDAP) 85, 99, 101, 103–106, 108–130
Nationalsozialistischer Deutscher Studentenbund (NSDStB) 97, 112
NATO (North Atlantic Treaty Organization) 136, 142, 151, 178, 185, 188, 206, 210
Navarino, Seeschlacht bei N. (1827) 26
NDPD (National-Demokratische Partei Deutschlands) 204
Neapel-Sizilien, Königreich 35
Nečaev, Sergej (1847–1882), russ. Revolutionär 74
Necker, Jacques, frz. Finanzmin. (1777–1781 u. 1788–1790) 7, 8
Nehru, Jawaharlal, ind. Premiermin. (1947–1964) 174
Nelson, Horatio (1758–1805), engl. Admiral 10
Neolithische Revolution 37
NEP (Neue Ökonomische Politik) 72, 80 f.
Nesselrode, Karl Wassiljewitsch, Graf, russ. Außenmin. (1816–1856) 21
Netanjahu, Benjamin, israel. Min.präs. (1996–1999) 167 f.
Niederlande 22, 23, 27, 171, 189
Niemöller, Martin (1892–1984), ev. Pfarrer, Widerstandskämpfer 119
Nikolaus I., Zar v. Russland (1825–1855) 26, 34, 73
Nikolaus II., Zar v. Russland (1894–1917, 1918 ermordet) 76 f.
Nikolsburg, Waffenstillstand v. N. (1886) 55, 56
Nixon, Richard, Präs. d. USA (1969–1974) 137, 143, 144
Norddeutscher Bund 52, 55, 57, 58
Nord-Süd-Konflikt 171–177
Norwegen 123
Noske, Gustav, Reichswehrmin. (1919–1920) 89, 90, 96
Notabelnversammlung 7
Notstandsgesetze 194
Novemberrevolution (1918) 65, 70, 85–88
NPD (Nationaldemokratische Partei Deutschlands) 193

Nürnberger Gesetze (1935) 108, 117, 126
Nürnberger Prozesse 179
NWWO (Neue Weltwirtschaftsordnung) 171, 175

O

Oder-Neiße-Linie 135, 178, 181, 182, 190, 197, 206
OEEC (Organization for European Economic Cooperation) 183, 188
Ökologische Krise 171, 176 f.
Oktoberputsch (Russland 3./4. 10. 1993) 150
Oktoberrevolution (1917) 65, 70, 72, 75, 77–80
Ölkrise 161, 172, 178, 196 f.
Olmütz, Vertrag von O. (1850) 34
OPEC (Organization of the Petroleum Exporting Countries) 171, 172, 175, 196
Opiumkrieg (1840–1842) 48
Oradour 127
Osama bin Laden 165, 169
Oslo-Abkommen (1993–1995) 167
Osmanisches Reich/Türkei 25 f., 34 f., 61, 67, 69, 70, 158
Österreich 9 f., 14–17, 19, 21–23, 25, 27, 30–35, 52–55, 61–63, 65–71, 85, 94 f., 121 f., 189
Österreichischer Staatsvertrag (1955) 139
Ostverträge 131, 144, 178, 197 f.
Ost-West-Konflikt 131–148, 156, 161, 174, 181 f., 198
OSZE (Organisation für Sicherheit und Zusammenarbeit in Europa), siehe: KSZE

P

Palästina, Palästinenser 156–164, 166, 167 f., 196
Panthersprung 47, 66 f.
Papen, Franz v., Reichskanzler (1932) 104 f., 108, 110
Paris, Frieden v. P. (1856) 35
Pariser Friedenskonferenz (1919) 92–95, 115, 136
Pariser Kommune (1871) 57
Pariser Parlament 7
Parlamentarischer Rat 185
Partikularismus 23, 39
Pathet Lao 142 f.,
Paulskirche, siehe: Frankfurter P.
Pauperismus 28 f., 39
PDS (Partei des Demokratischen Sozialismus) 204, 205, 207, 209
Pearl Harbor 126, 169
Pentagon 168
Pentarchie 22
Peres, Shimon, israel. Min.präs. (1977, 1984–86, 1995–96), Außenmin. (1992–95 und ab 2001) 167
Perestroika 145, 148
Pestalozzi, Johann Heinrich (1746–1827), schweiz. Pädagoge 18
Petersberger Abkommen (1949) 187
Petrograder Exekutivkomitee 77
Pieck, Wilhelm, Staatspräsident der DDR (1949–1960) 181, 199, 201
Pillnitz, Deklaration v. P. (1791) 9
Pius IX., Papst (1846–1878) 60
Plechanow, Georg (1857–1918), russ. Sozialdemokrat 74
Pleven-Plan (1950) 188

PLO (Palestine Liberation Organization) 156, 160–164, 167 f.
Polen 22, 27, 69, 80, 93, 95, 99, 108, 120, 122 f., 132, 134 f., 140, 147, 179, 181, 206
Polnisch-russischer Krieg (1920/21) 80
Pol Pot, Führer der kambodschan. Khmer Rouge (1975–78) 143
Portugal 15, 171, 172
Potsdam, Konferenz v. P. (1945) 134 f., 137, 141, 178, 180 f., 182, 187
Präsidialkabinette 85, 101 f.
Prag, Frieden v. P. (1866) 55
Prager Frühling (1968) 140, 200
Prager Vertrag (1973) 198
Preuß, Hugo (1860–1925), Staatsrechtler u. Politiker 90, 92
Preußen 9 f., 14–19, 21–29, 32–36, 52–56, 90, 179, 182
Preußenschlag (1932) 90, 104 f.
Preußisch-Österreichischer Krieg (1866) 52, 53–55
Preußische Reformen 13, 17–19, 39
Pugatschow, Jemeljan Iwanowirtsch (ca. 1742–1775, hingerichtet), russ. Revolutionär, Kosakenanführer 73
Putin, Wladimir, russ. Min.präs. ab August 1999, nach Rücktritt Jelzins (31. 12. 1999) kommissarischer Präs., ab 26. 3. 2000 Präs. Russlands 151, 153, 169

R
Rabin, Yitzhak, israel. Min.präs. (ermordet 4. 11. 1995) 167
Radetzky, Joseph Wenzel, Graf (1766–1858), österr. Feldherr 31, 33
RAF (Rote Armee Fraktion) 162, 178, 195, 196, 200
Raiffeisen, Friedrich Wilhelm (1818–1888), dt. Sozialreformer 40
Rambouillet (bei Paris), Verhandlungen v. R. (1999) 152
Rapallo, Vertrag von R. (1922) 99
Rassismus 45, 109
Räte, Rätesystem (s. auch: Sowjets) 85–88
Rathenau, Walther, Reichsaußenmin. (1922, ermordet) 96, 97
Rau, Johannes, SPD, nordrhein-westfäl. Min.präs. 1978–1998, Bundespräsident seit 1999 210
Reagan, Ronald, Präs. d. USA (1981–1989) 145
Reaktionszeit 33 f., 41
Realpolitik 33
Reichsarbeitsdienst (RAD) 113, 116
Reichsbanner Schwarz-Rot-Gold 104
Reichsdeputationshauptschluss (1803) 16, 17
Reichskonkordat (1933) 118
Reichskulturkammer (RKK) 113 f.
Reichspogromnacht (Reichskristallnacht) (9./10. 11. 1938) 108, 118, 126
Reichspropagandaministerium (RMVP) 114
Reichsrätekongress (16.–21. 12. 1918) 88, 89
Reichstagsbrandverordnung (1933) 111, 113
Reichsverfassung (1871) 58, 86
Reparationen 94, 98, 100–103, 181, 200
Restauration 21–25
Revolutionäre Obleute 87, 88, 89
RgW (Rat für gegenseitige Wirtschaftshilfe) 183, 200, 207
Rheinbund 13, 16, 19
Rheinland 93, 98, 100 f., 120
Ribbentrop, Joachim v., Reichsaußenmin. (1938–1945, 1946 hingerichtet) 121
RIO-Bericht 175
Rio de Janeiro, Umweltkonferenz v. R. (1992) 177
Risikotheorie 65, 66
Risorgimento 35
Robespierre, Maximilian (1758–1794), frz. Revolutionär 11
Röhm-Putsch (1934) 104, 108, 111 f.
Roll-back-Politik 131, 138, 139, 142
Romantik 17, 25
Römische Verträge (1957) 189
Rommel, Erwin (1891–1944), Generalfeldmarschall 124
Roon, Albrecht v., preuß. Kriegsmin. (1859–1873) 52 f.
Roosevelt, Franklin D., Präs. d. USA (1933–1945) 132–134, 179, 180
Rosenberg, Alfred (1893–1946), NS-Ideologe 114
Rote Armee Fraktion, siehe: RAF
Roter Frontkämpferbund (Rotfront) 104
Rotes Kreuz 36
Rousseau, Jean-Jacques (1712–1778), frz. Philosoph 41
Roux, Jacques (1752–1794), frz. Revolutionär 11
Ruhrgebiet 96, 98, 100, 187
Ruhrkampf (1923) 85, 97 f., 99
Ruhrstatut (1949) 187
Rumänien 61, 62, 69, 124, 134, 139, 147, 189, 194
Russische Föderation 149 f.
Russische Revolution (1905) 72, 75 f., 157
Russische Revolutionen (1917), siehe: Februarrevolution u. Oktoberrevolution
Russischer Bürgerkrieg (1918–1920) 72, 79 f.
Russisch-Japanischer Krieg (1904/05) 50, 72, 75
Russland (ab 1917 s. UdSSR) 14–17, 19, 21–23, 26 f., 32–35, 50, 53 f., 61–63, 65, 67–71, 72–84
Russlandfeldzug (1941) 125 f.
Rykow, Alxei Iwanowitsch (1881–1938, hingerichtet), russ. Politiker 81, 82

S
SA (Sturmabteilung) 103 f., 111 f., 113, 117
SAG (Sowjetische Aktiengesellschaft) 181, 200
Saargebiet, Saarland 93, 120, 182, 187, 188
Sadat, Anwar, ägypt. Staatspräs. (1970–1981, ermordet) 161 f.
Sadowa, siehe Königgrätz
Säkularisation 13, 16, 21
SALT-Verträge (Strategic Arms Limitation Talks) 144
Sansculotten 6, 8–11
Sarajewo 65, 67 f.
Sardinien-Piemont, Königreich 35
SBZ (Sowjetische Besatzungszone) 134, 136, 178, 181 f., 190, 199
Scharnhorst, Gerhard Johann David v. (1755–1813), preuß. General u. Politiker 18
Scharon, Ariel, israel. Min.präs. (seit 2001) 168
Scheel, Walter, Bundespräs. (1974–1979) 187, 195
Scheidemann, Philipp, Reichsmin.präs. (1919) 87, 90, 94, 97
Schiiten 165, 167
Schiller, Friedrich v. (1759–1805), dt. Dichter 17, 18

Schiller, Karl, Wirtschaftsmin. (1966–1972) u. Finanzmin. (1971–1972) 194, 196
Schirach, Baldur v., Reichsjugendführer (1931–1940) 112
Schleicher, Kurt v., Reichskanzler (1932–1933) 102, 104f., 110, 112
Schlesischer Weberaufstand (1844) 29
Schleswig-Holstein 30, 32, 52, 53–55
Schlieffenplan 65–68
SDI (Strategische Verteidigungsinitiative) 145
Schmid, Carlo (1896–1979), dt. Politiker 185
Schmidt, Helmut, Bundeskanzler (1974–1982) 178, 196, 198, 203
Schönbrunn, Frieden v. Sch. (1809) 15
Scholl, Hans u. Sophie (1943 hingerichtet), dt. Widerstandskämpfer 128
Schröder, Gerhard, SPD niedersächs. Min.präs. (1990–1998), Bundeskanzler (seit 1998), SPD-Vorsitzender (seit 1999) 169, 210, 211
Schulze-Delitzsch, Hermann (1808–1883), dt. Sozialpolitiker 41
Schuman, Robert, frz. Min.präs. (1947–1948) u. Außenmin. (1948–1952) 187
Schwarzenberg, Felix zu, Fürst (1800–1852), österr. Staatsmann 31, 32
Schwarze Reichswehr 98
Schwellenländer 172
SEATO (South East Asia Treaty Organization) 142
Sechstagekrieg (1967) 160f.
SED (Sozialistische Einheitspartei Deutschlands) 178, 179, 181f., 192, 199–205
Sedan, Schlacht bei S. (1870) 56, 57
Seeckt, Hans v., Reichswehrchef (1920–1926) 96, 99, 104, 105
Serbien 25f., 61, 67f., 69, 151ff., 155
Siebzehnter Juni (1953) 139, 178, 200, 207
Sieyès, Emmanuel-Joseph (1748–1836), frz. Geistlicher (Abbé) u. Revolutionär 7, 13
Sinowjew, Grigori Jewsejewitsch (1883–1936, hingerichtet), russ. Politiker, Präs. d. Komintern (1919–1926) 81
Sizilien 124, 126
Skagerrak, Seeschlacht vor dem S. (1916) 69, 86
Slawophile 74f.
Slowenien 151f.
SMAD (Sowjetische Militäradministration in Deutschland) 181, 182, 199
Sobibor 127
Solferino, Schlacht bei S. (1859) 35, 36
Solidarität 21f.
»Solidaritätszuschlag« 207
Solidarność 147
Solingen 208
Sowchose 82
Sowjetische Besatzungszone, siehe: SBZ
Sowjets (Räte) 72, 76–78, 80, 82f.
Sowjetunion, siehe: UdSSR
Sozialdarwinismus 45, 109
Sozialdemokratie, Sozialdemokratische Partei Deutschlands (SPD) 41–43, 69, 85–90, 94, 96, 98, 102, 104, 105, 111, 128, 178, 181–183, 185, 191, 192–198, 210–211

Sozialdemokratische Arbeiterpartei Russlands 72, 74f.
Soziale Frage 28, 40–43
Soziale Marktwirtschaft 183, 192
Sozialgesetze 18, 43
Sozialistengesetz 43
Sozialrevolutionäre 74f., 77–79
Spanien 15, 17, 25f., 55, 171
Spanischer Bürgerkrieg (1936–1939) 120f.
Spartakisten/Spartakusaufstand (1919) 85, 87–90
SPD, siehe: Sozialdemokratie
Spicherer Höhen, Schlacht auf den Sp. H. (1870) 56
Spiegel-Affäre (1962) 178, 193
Sputnik 140f.
SS (Schutzstaffel) 111f.
Stabilitätsgesetz (1967) 194
Stahlhelm 104, 111
Stalin, Josef (Josef Wissarionowitsch Dschugaschwili) (1879–1953), Generalsekretär d. KPdSU (1922–1953) 72, 78, 81–83, 123, 132–134, 139, 179–181, 190, 200
Stalingrad 126, 129
Stalinismus 81–83
Stalinnoten (1952) 190
Stasi (Ministerium für Staatssicherheit) 196, 200, 201, 208
Stauffenberg, Schenk v. (1907–1944, hingerichtet), dt. Widerstandskämpfer 129
Stein, Heinrich Friedrich Karl vom u. zum, Reichsfreiherr (1757–1831), preuß. Staatsmann u. Reformer 17–19
St.-Germain, Vertrag von St.-G. (1919) 94f.
Stoecker, Adolf (1835–1909), ev. Theologe, Begründer der Christl.-Sozialen Arbeiterpartei 40
Stoiber, Edmund, bayr. Min.-Präs. (seit 1993) u. CSU-Vorsitzender (seit 1999) 211
Stolypin, Pjotr Arkadjewitsch, russ. Min.präs. (1906–1911, ermordet) 76
Stoph, Willi, Min.präs. d. DDR (1964–1973 u. 1976–1989) 203, 205
St. Petersburg (Petrograd, Leningrad) 73, 75, 76
Strauß, Franz-Josef, Verteidigungsmin. (1956–1962) u. Finanzmin. (1966–1969), bayer. Min.präs. (1978–1988) 193, 198, 203
Stresafront (1935) 120
Stresemann, Gustav, Reichskanzler (1923) u. Außenmin. (1923–1929) 85, 98–100, 188
Sudeten, -deutsche 122, 133
Sun Yat-sen (1866–1925), chin. Revolutionär, Gründer der Kuomintang 49, 136
Sykes-Picot-Abkommen (1916) 158
Syllabus errorum 60
Syngman Rhee, Staatspräs. v. Südkorea (1948–1960) 138
Syrien 158, 159, 160, 161, 164

T

Taiping-Aufstand (1850–1864) 49
Taiwan, Republik 137
Taliban 165, 169
Talleyrand, Charles Maurice de (1754–1838), frz. Staatsmann, Außenmin. (1797–1807) 21f., 27

Tannenberg, Schlacht v. T. (1914) 69
Tauroggen, Konvention v. T. (1812) 19
Teheran, Konferenz v. T. (1943) 132
Terroranschlag v. 11.9.2001 168f., 210
Terrorismus 162, 165, 168f., 196
Thermidorianer 6, 11
Thiers, Adolphe (1797–1877), frz. Politiker 56, 57
Tilsit, Frieden v. T. (1807) 14, 17
Tirailleur, -taktik 10
Tirpitz, Alfred (1849–1930), Admiral u. Politiker 47, 96
Tito, Josip, jugoslawischer Min.präs. (1945–1963) u. Staatspräs. (1963–1980) 134, 139, 151, 174
Tomskij, Michail Pavlovič (1880–1936, Selbstmord), russ. Politiker 81, 82
Totalitarismus 114, 135
Trade Union 40
Trafalgar, Seeschlacht bei T. (1805) 14
Treblinka 127
Tresckow, Henning v. (1901–1944), dt. Widerstandskämpfer 127, 129
Treuhandanstalt (1990–1994) 207
Triple-Entente 68
Trizone 182, 185
Trotzki, Leo (Leib Bronstein) (1879–1940, ermordet), russ. Revolutionär und Politiker 72, 78–81
Truman, Harry S., Präs. d. USA (1945–1953) 134–138
Truman-Doktrin (1947) 131, 135, 174, 178
Tschechoslowakei (seit 1992 geteilt in Tschechische und Slowakische Republik) 95, 108, 122, 131, 133, 136, 140, 147, 204
Tscheka 79, 80
Tschernomyrdin, Wiktor Stepanowitsch, russ. Min.präs. (1992–1998) 151
Tschetschenien, -kriege 149f., 151
Tsushima, Seeschlacht bei T. (1905) 50
Tuilerien 10, 57
Tunesien 46, 62
Turgot, Anne Robert (1727–1781), frz. Finanzminister 7
Türkei 46, 61, 67, 69, 189, 190

U

U-2-Affäre 141
UdSSR (Union der Sozialistischen Sowjetrepubliken) 72, 82, 93, 99f., 120, 125f., 131–152, 172, 174
UdSSR-Verfassung 82f., 146
Ulbricht, Walter, SED-Generalsekretär (1950–1971) 178, 181, 199–202
ultramontan 60
UNCTAD (UN-Conference for Trade and Development) 171, 174
Unfehlbarkeitsdogma 60
Ungarn 30f., 33, 94f., 124, 133f., 140, 147, 204
Ungarn-Aufstand (1956) 131, 139, 140, 200
UNO (United Nations Organizsation) 93, 132, 138, 152, 159, 166, 168, 170, 171, 174, 175, 203, 210
USA, siehe: Vereinigte Staaten
USPD/Unabhängige Sozialdemokratische Partei Deutschlands 69, 85–90, 98

V

Valmy, Kanonade v. V. (1792) 10
VEB (Volkseigener Betrieb) 181, 202
Vendée-Aufstand 6, 10f.
Verdun, Schlacht um V. (1916) 65, 68
Vereinigte Staaten von Amerika (USA) 26, 45, 65, 69–71, 93, 101, 126, 131–152, 166f., 168ff., 182–184, 206, 210f.
Vereinte Nationen, siehe: UNO
Vernichtungslager 127
Versailles, Versailler Vertrag (1919) 85, 92–95, 106, 108, 116, 119, 122
Viermächte-Abkommen, -status 144, 191, 192, 197, 206
Vierzehn Punkte 69, 70, 80, 85, 93, 94, 132
Vietcong 142
Vietminh 141–143, 171
Vietnam, -Krieg 131, 141–143, 171, 195
Viktor Emanuel II., Kg. v. Piemont-Sardinien (1846–1861), Kg. v. Italien (1861–1878) 35
Viktor Emanuel III., Kg. v. Italien (1900–1946) 115
Villafranca, Waffenstillstand v. V. (1859) 35
Völkerbund 69, 92f., 100, 119f.
Volksdemokratien 133f.
Volksdeputiertenkongress 146
Volkskammer 199, 204, 205, 206
Volkskongress 199
Volksrepublik China 136–139, 141, 143f., 148
Volkssturm 126
Vormärz 24, 41

W

Wagram, Schlacht bei W. (1809) 15
Währungsreform 136, 183
Walesa, Lech, Vorsitzender d. Solidarnosć, poln. Staatspräs. (1990–1995) 147
Wannsee-Konferenz (20.1.1942) 108, 127
Warschau, Großherzogtum 14
Warschauer Aufstand (1944) 134
Warschauer Pakt 136, 148, 200f.
Warschauer Vertrag (1970) 197
Wartburgfest (1817) 24
Waterloo, Schlacht bei W. (1815) 16
Weimarer Republik 65, 85–107
Weimarer Verfassung 85, 90–92, 186f.
Weißenburg, Schlacht bei W. (1870) 56
Weiße Rose 128
Weitling, Wilhelm (1808–1871), dt. Sozialist 41
Weizsäcker, Richard v., Bundespräs. (1984–1994) 187, 209
Wels, Otto (1873–1939), dt. Politiker, SPD-Vorsitzender (1931–1939) 89
Weltwirtschaftskrise 85, 97, 101–106, 110
Westfalen, Königreich 14, 21, 22
WEU (Westeuropäische Union) 185, 188
Wichern, Johann Hinrich (1808–1881), Begründer der Inneren Mission 40
Widerstand 127–129
Wiedervereinigung Deutschlands 179, 185, 187, 189, 190, 192, 197, 198, 204f., 206ff.
Wien, Frieden v. W. (1864) 54
Wiener Kongress (1814/15) 19, 21–24
Wilhelm I., Kg. v. Preußen (1861–1888), dt. Kaiser (1871–1888) 41, 52, 53, 55, 56, 57f.
Wilhelm II., Kg. v. Preußen u. dt. Kaiser (1888–1918, gest. 1941) 47, 58, 63, 65–71, 87

Wilson, Woodrow, Präs. d. USA (1913–1921) 69, 70, 85, 86, 93, 132
Windischgrätz, Alfred Fürst zu (1787–1862), österr. Feldherr 31, 33
Windthorst, Ludwig (1812–1891), Gründer der Zentrumspartei 59
Wirtschaftswunder 178, 183, 192, 201
Wohlfahrtsausschuss 6, 11
World Trade Center 168

Y

Yorck, Hans David Ludwig v. (1759–1830), preuß. Feldherr 19

Young-Plan (1929) 92, 100 f., 110
Ypern, Schlacht v. Y. (1915) 68 f.

Z

Zentrum/Zentrumspartei (Z) 59, 60, 70, 90, 94, 98, 111, 118, 185
Zionismus 156–159
Zunft 18, 29
Zwanzigster Juli (1944) 129, 179
Zwei-Lager-Theorie 135, 139, 147
Zwei-plus-vier-Gespräche 206 f.
Zweiter Weltkrieg 123–126, 171, 179–182
Zypern 189, 190